Foto: Frank Ferville/Agence Vu

Dermot Healy, 1947 in Finea/Irland geboren, veröffentlichte 1984 seinen ersten Roman. Er schrieb mehrere Theaterstücke und ist Herausgeber zweier Kunstzeitschriften. Für seinen Roman »Der Lachsfischer« (Hoffmann und Campe, 2000) erhielt er den renommierten Encore Award. »Jähe Zeiten«, sein dritter Roman, erschien 2001 ebenfalls bei Hoffmann und Campe.

Dermot Healy

Die schöne Welt der Lügen

Irische Memoiren

Aus dem Englischen
von Hans-Christian Oeser

Hoffmann und Campe

Die Originalausgabe erschien unter dem Titel
»The Bend for Home: A Memoir«
1996 bei The Harvill Press, London

»Der Pfarrer von Wakefield« von Oliver Goldsmith
zitiert nach der Übersetzung von Otto Weith,
Reclam Verlag, Stuttgart 1971

1. Auflage 2004

www.hoffmann-und-campe.de
Schutzumschlaggestaltung: Büro Hamburg/Isabel Bünermann
Umschlagfoto: Michael Prince/Graphistock/Picture Press (Junge),
zefa/masterfile/Boden/Ledingham (Rahmen)
Satz: UMP Utesch Media Processing GmbH, Hamburg
Druck und Bindung: Clausen & Bosse, Leck
Printed in Germany
ISBN 3-455-02977-9

HOFFMANN
UND CAMPE

Ein Unternehmen der
GANSKE VERLAGSGRUPPE

Inhalt

An der Brücke von Finea wende dich nach links
Und auf halbem Weg nach Cootehill halte an.

Percy French

Erstes Buch

Die Brücke von Finea

1. Kapitel

Der Arzt kommt ins Schlafzimmer geschlendert und klopft meiner Mutter den Bauch ab.

Sie sind noch nicht so weit, Ma'am, sagt er zu ihr.

Schockschwerenot, antwortet sie vertrauensvoll.

Ihre Frau da hat noch ein paar Stunden vor sich, sagt er im Vorbau zu meinem Vater. Er prüft den tief hängenden Himmel von Finea. Sie finden mich bei Fitz's.

Der Arzt wirft seine braune Tasche in den Fond des Fords, der schräg gegenüber unserem Tor geparkt ist, und geht hinauf zum Pub. Mein Vater setzt sich auf einen Stuhl am Fußende des Bettes. Meine Mutter schielt leicht, und da sie ihre Brille nicht aufhat, sieht sie noch verletzlicher aus. Schon den ganzen Tag über hat er unten Wasser kochen. Er trägt die Hose der Polizeiuniform und raucht John Players. Die Novembernacht zieht sich hin. Einige Zeit später setzen die Wehen wieder ein. Mein Vater rennt ins Dorf hinauf und holt den Arzt aus dem Pub.

Der tastet ihren Bauch ab, zählt den Abstand zwischen den Wehen und sagt dann: Rutschen Sie zur Seite.

Meine Mutter gehorcht. Er löst seine Schnürsenkel, zieht die Schuhe aus und legt sich neben sie.

Wecken Sie mich, Ma'am, wenn Sie so weit sind, sagt er und sinkt in trunkenen Schlaf.

Mein Vater wartet ungeduldig draußen auf der Treppe. Die Zeit vergeht. Schnarchgeräusche dringen an sein Ohr. Schließlich drückt er die Klinke hinunter und lugt in die Kammer mit der niedrigen Decke. Er traut seinen Augen nicht.

Jack, flüstert sie, geh und hol Mary Sheridan.

Er bringt Mary Sheridan auf der Lenkstange seines Fahrrads. Die Paraffinöllampen flackern. Um drei Uhr morgens entbindet die Hebamme meine Mutter von ihrem Kind. Wo sich der Arzt während dieser Vorgänge aufhielt, weiß ich nicht. Was das Kind angeht, so wuchs es nicht zu meiner Person heran, obwohl ich bis vor kurzem des Glaubens war, auf diese Weise zur Welt gekommen zu sein. Familiengeschichten wurden bei uns so oft erzählt, dass ich immer meinte, ich sei dabei gewesen. Dabei fand all dies im Haus einer Nachbarin weiter oben in der Straße statt, und es war meine Mutter, nicht Mary Sheridan, die auf ihrem Fahrrad eintraf, um zu assistieren.

Dichtung beginnt im Haus einer Nachbarin.

Zu Hause wartet eine Überraschung für dich, sagte mein Vater auf der Zugfahrt vom Multyfarnham College zu meinem Bruder.

Sag mir, was es ist.

Wart's ab.

Ach, nun sag schon, Daddy.

Wenn ich's dir sage, ist es keine Überraschung mehr.

Gib mir wenigstens einen Hinweis.

Mein Vater schüttelte den Kopf.

Kann man draufsteigen?, fragte Tony.

Mein Vater lachte.

Hat es Räder?

Scht!, sagte mein Vater. Du wirst schon sehen.

Für Tony war es eine lange Zugfahrt. Vor seinem geistigen Auge sah er ein schwarzes Raleigh-Fahrrad, das unter der Treppe abgestellt war. Auf dem Weg vom Bahnhof bombardierte er meinen Vater mit Fragen, doch ohne jeden Erfolg. Als sie nach Hause kamen, begrüßte meine Mutter ihn an der Tür. Er wurde in die Küche vorgeschickt.

Er ging auf den Kinderwagen zu.

Ungläubig und zutiefst enttäuscht blickte er hinein und sah mich.

Finea liegt am Fluss Inny. Dieser fließt zwischen Lough Sheelin und Lough Kinale unter einer gewaltigen Brücke hindurch, die Cavan von Westmeath trennt. Damals war Lough Sheelin, der in jüngster Zeit unter der Verschmutzung durch Schweinefarmen zu leiden hat, ein mächtiger, sauberer, schimmernder See. Lough Kinale dagegen ist stets magisch und dunkel.

Die sieben Brückenbögen sind Höhlen, in die beständig der Regen sickert. Menschliche und tierische Exkremente dampfen vor sich hin. Tom Keogh treibt das Vieh den Pfad hinab zur Tränke am Fluss. Aale schlängeln sich vorbei. Weiter flussaufwärts hat eine Familie Aalreusen ausgelegt, und wenn man durch die Öffnungen späht, kann man sie alle sehen, ein feuchtes und schwarzes Geringel. Der Fischgestank raubt einem den Atem. Die Aale sind gefährlicher als die Büchse der Pandora. Ihre Tarnung sind Algen und Schatten. Eine pfeilschnelle Bewegung über das sandige Flussbett. Mit einer flinken Drehung wühlen sie eine Kieswolke auf. Dann wieder Dunkelheit. Auf der Stufe vor seinem Geschäft schneidet Sonny Coyle den Aalen die Köpfe ab. Zornig fauchend tragen die Katzen sie ins Dorf hinunter.

In den Untiefen in der Flussmitte flitzen Forellen, sehen zu, wie unsere Würmer sich nähern, und schnellen davon. Es sind Aristokraten. Alle blicken sie in dieselbe Richtung, und in einer Lache intensiver Sonnenstrahlen zucken sie von einer Seite zur anderen. Sie haben zwei Fangzeiten – vor der Maifliege und nach der Maifliege. Unterdessen braten wir unter den Büschen auf Fitzsimon's Feld über einem offenen Feuer Flussbarsche, die wir mitsamt Haut und Gräten verspeisen.

Ausländische Angler in Ölzeug und mit langen bunten Angelruten stützen einander, wenn sie über die halb zerfallenen Mauern klettern. Von ihren Hutkrempen baumeln künstliche Fliegen wie Troddeln. Sie haben Sandwiches und Köder dabei. In einem Boot legen sie ab. Ein Ruderschlag, und schon sind sie fort.

Wir schwimmen im Fluss, Jungen und Mädchen, das tiefe, kalte Wasser reicht uns bis zum Hals. Nie wieder waren Mädchen so weiß wie damals. Wir auch nicht. Du tauchst zwischen den Beinen eines anderen hindurch und scheuchst einen Schwarm Elritzen auf. Kräftige Barsche beäugen dich. Einmal hatten die Kühe die Kleider der Mädchen aufgefressen, und sie mussten in Schlüpfern ins Dorf zurück.

Auf der Ostseite des Kinale ist das Wasser mit unerklärlichen Schichten trockenen, gelben Schilfrohrs bedeckt – wie ein Sieb. An der Westseite wachsen ganze Areale davon, raunend, straff und grün.

Ein Cousin von mir wohnte in Kildare. Er trug denselben Vornamen wie ich. Ursprünglich hatte er Fergus geheißen, aber aus Angst, er könnte Fergie gerufen werden, hatten sie seinen Namen zu Dermot abgeändert, nach mir. Ich war sechs Monate älter als er. Sein Vater, Onkel Jim, betrieb genau wie Onkel Seamus einen Süßigkeitenwagen.

Seit er sprechen konnte, vernahm Dermot in Celbridge von den Heldentaten Dermots in Finea. Offenbar konnte ich Geschirr abwaschen, Torf ins Haus tragen, beherrschte das Alphabet, ging gerne zur Schule, tat alles, was man mir auftrug, und hatte die irische Sprache gemeistert. Wenn er weinte, wurde ihm gesagt, Dermot Healy weine nicht. Und nicht nur das, Dermot Healy sprach auch seine Gebete, morgens, mittags und abends. Verschmähte er sein Mittagessen, bekam er zu hören, ich äße meinen Teller immer auf. Wenn er nicht einschlafen konnte, hieß es, ich schliefe rund um die Uhr.

Als er drei Jahre zählte, war Dermot so weit, dass er den bloßen Klang seines Namens verabscheute, so sehr erinnerte er ihn an sein Alter Ego in Finea. Ich war eine Qual für ihn. Er hörte nur Dermot Healy dies und Dermot Healy das, bis er mich herzlich leid war. Dann, eines Sommers, kam der Tag, an dem Nancy, Jim Kinane und Dermot in ihrem Süßigkeitenwagen von Kildare aufbrachen, um uns in der Grafschaft Westmeath zu besuchen.

Am Vorabend war mir gesagt worden, mein Cousin käme zu Besuch, und so war ich bereits im Morgengrauen auf den Beinen, stand am Torpfeiler und hielt Ausschau nach dem aus Castlepollard kommenden blauen Wagen. Zum Frühstück riefen sie mich ins Haus, aber gleich danach war ich wieder draußen. Beim Mittagessen die gleiche Prozedur. Ich saß auf der Mauer und zählte die Stunden. Wenn jemand vorbeikam, fragte ich ihn nach der Uhrzeit.

Als der blaue Wagen am Spätnachmittag an der Pumpe auftauchte, war ich vom vielen Warten ganz außer mir.

Sie hielten in einiger Entfernung an. Mein Vater trat aus dem Haus, und Jim schüttelte ihm die Hand. Nancy stieg aus, um ihre Schwester zu begrüßen. Ich stand dabei und sah zu. Dermot rutschte vom Trittbrett auf die Straße und starrte zu mir herüber.

Wer, glaubst du, ist das?, fragte Onkel Jim.

Ich blickte zu Boden und steckte die Hände in die Taschen meiner kurzen Hose.

Na, was meinst du?

Dermot kam herbei. Er blieb stehen und taxierte mich aus ein, zwei Metern Entfernung.

Nun sag schon was, forderte Onkel Jim ihn auf.

Sag deinem Cousin hallo!, polterte Tante Nancy.

Die Erwachsenen drehten sich um und beobachteten uns beide mit wohlwollendem Interesse.

Gebt euch die Hand, sagte Onkel Jim.

Ich stocherte mit der Schuhspitze im Kies und blickte zur Seite. Dermot trat auf mich zu und schlug mir mit der ganzen Kraft seiner Faust mitten ins Gesicht. Verblüfft setzte ich mich auf den Hosenboden. Nancy auf den Fersen, rannte mein Cousin den Green Hill hinauf.

Im Jahre 1912 war meine Mutter sieben. Sie ging in den unteren Spirituosenladen, der mit einer Bar verbunden war, um Pfefferminzbonbons zu kaufen. Hinter der Ladentheke stand die Frau des Hauses. Hinter der Bartheke stand der Mann, splitterfasernackt. Über dem Kopf hatte er einen schwarzen Regenschirm aufgespannt.

Warum?, fragte ich meine Mutter.

Um es seiner Frau heimzuzahlen, sagte sie mir, presste die Hände in den Schoß und schlug sich Sekunden später auf die Knie. Der verfluchte Alkohol, fügte sie hinzu und schüttelte den Kopf darüber, was Erinnerungen anrichten können.

Es herrscht ein Gewittersturm. In dem kleinen Ruderboot sitzen Onkel Tom aus England, der auf Pferde wettet, und seine Frau Bridgie, die Schwester meiner Mutter. Mein Vater rudert. Wir haben im Kinale auf Hecht gefischt.

Hinter dem Schilf dreht ein Hecht den Bauch nach oben.

Onkel Tom ruft: Verfluchte Scheiße! Hast du das gesehen, Jack?

Ein anderer Hecht verschlingt unter ärgerlichem Platschen junge Fische.

Der Mistkerl, sagt er.

Hinter einer dunklen Wolke sendet die ungesehene Sonne eine Lichtsäule aus. Das Unwetter jagt auf uns zu. Dann bricht der Sturm los.

Das Boot wird gefährlich hoch getragen, sodass die Bretter ächzen. Wütende Wellen klatschen herein. Regen prasselt hernieder. Wir haben keinen festen Boden unter uns. Und in dem Tumult verliert mein Vater ein Ruder.

Die Krähen sollen es holen, sagt er kleinlaut und versucht verbissen, ihm nachzupaddeln.

Das hat uns noch gefehlt, sagt Bridgie.

Ein dunkler Nebeldunst senkt sich herab. Wir sehen nichts. Das aufgewühlte Wasser um uns her kommt wieder zur Ruhe. Danach wird es taghell. Das Gesicht meines Vaters leuchtet auf wie das eines Fremden. Das Grollen scheint unter Wasser einzusetzen. Dann der Furcht erregende Donnerschlag. Tante Bridgie trägt einen grünen Südwester und Gummstiefel. Onkel Tom hat einen Strohhut auf. Ich sitze zwischen den Beinen meines Vaters, die sich fest gegen die Streben stemmen. Wir fahren im Kreis. Bridgie beginnt mit Toms Hut zu rudern.

Gütiger Gott, sagt mein Vater.

Über Finea schlägt ein Blitz ein. Er zuckt über den Spiegel des Sees. Danach scheint die Sonne. Das Wasser wird wieder wütend.

Stundenlang sind wir dort draußen. Dann zerteilt der Kiel bei Brian MacHugh's leise das Schilf. Dankbar greifen wir nach den Gräsern. Am Schilfrohr zerrend, pfeift Tom ein Cockney-Lied. Mein Vater steht im Bug und pullt uns mit dem verbleibenden Ruder voran. Die Dunkelheit bricht herein. Die Luft vibriert. Verängstigte Enten fliegen auf. Lange verharren wir so im Röhricht. Nie werde ich sein Rascheln vergessen. Oder den wild zuckenden Himmel. Endlich erreichen wir Land.

Alle im Boot, bis auf mich, sind tot.

2. Kapitel

Hinter dem Haus in Finea besaß Wachtmeister Healy einen Morgen Land mit Kohl und Kartoffeln. Als Dünger verwendete er die Fäkalien unseres Außenaborts, die Fladen von Jack Fitz' Kühen und Eselkot. Den Ertrag teilte er sich mit dem Rest des Dorfes.

Seinen Uniformrock hängte er am Zweig einer Esche auf und begann zu graben. Meine Mutter behauptete, er sei ein Fachmann des Spatenblatts. Mit der Rückseite der Schaufel drückte er die Rillen fest, die pfeilgerade an einem Stück Schnur entlangliefen, das zu beiden Seiten des Ackerrands an zwei Holzpfählen befestigt war. Abends stand er im Garten und rauchte. Am Himmel tummelten sich Möwen.

Es war Winter, und wir befanden uns im Freien, um aus der mit altem Stroh und Torf zugedeckten Grube ein paar Kartoffeln zutage zu fördern, als plötzlich eine Ratte hervorschoss. Mit der Zinke seiner Mistgabel nagelte er sie am Boden fest. Ich kann mich noch an meinen Vater und mich draußen im Torfmoor von Derrycrave erinnern. Als er den Karren wendete, rutschte eines der Räder in ein Torfloch ab. Der Esel bäumte sich auf. Ich rutschte das Kutschbrett entlang. Der Karren schwankte. Die Augen des Esels und die Augen meines Vaters waren weit aufgerissen. Aber sie schafften es, den Karren wieder aufzurichten.

Das feuchte Klirren der Schaufeln setzt ein. Ich finde wilde Blaubeeren. Wir fangen an, die Torfsoden zu wenden. Dann sieht jemand sie kommen. Mummy kommt. Sie kommt die schnurgerade Moorstraße entlang, die nach Castlepollard führt. Was immer sie in der einen Hand trägt, es ist in weißes Leinen eingeschlagen, von der anderen schlenkert ein Kübel mit Buttermilch. Als sie endlich bei uns anlangt, setzen wir uns auf die trockenen Soden.

Westmeath ringsum entspannt sich.

Die Männer von Westmeath legen sich zurück und blicken in den Himmel. Der Sheelin ist still und blau. Insekten brummen mutwillig vor sich hin. Alle sind wunderbar satt und matt. Mutter macht sich wieder auf den Weg. Jeden Montagabend geht sie zum Bahnhof in Ballywillan, um den Zug nach Cavan zu nehmen, wo dienstags Markt ist. Die Familie meiner Mutter hat dort ein Geschäft – eine Bäckerei mit Restaurant, das Milseanacht Breifne heißt, Leckereien aus Breifne. Sie serviert, und wenn die Viehhändler aus dem Norden gegangen sind, spült sie ab.

Und wenn sie fort ist, kommt mein Vater früher von der Wache nach Hause, um uns ins Bett zu bringen.

Es ist noch hell. Er zieht wieder los, um einen zu heben. Eine Brise bewegt das Laub in den Bäumen. Der Efeu schwankt hin und her. Es ist, als läge man in einem Bett aus raschelnden Blättern. Ich wundere mich über die Geräusche vom Dorf. Brian Sheridan hustet. Charlie Clavin schließt seine Halbtür. Charlie Clavins schwarzer Ford. Der Mann, der die Fahrräder repariert, noch immer bei der Arbeit. Ein Schwan rauscht über das Haus hinweg. Nach der Polizeistunde kann ich unter den anderen Schritten endlich auch die seinen heraushören.

Auf der Straße sagt er den Männern gute Nacht.

Er schiebt den Riegel zurück. Hustet. Stößt in der Dunkelheit an einen Stuhl. Stellt seine Schuhe zur Seite. Kommt auf seinen grauen Wollsocken die Treppe herauf. Ich bereite mich vor. Lautlos betritt er die Kammer und kleidet sich aus. Wirft seinen großen Polizeimantel übers Federbett und legt sich zu mir. Das Bettzeug raschelt. Man hört nur das Geräusch des Efeus. Ich stelle mich schlafend. Zuerst atme ich den süßen, kohlensäurehaltigen Geruch des Guinness ein. Dann warte ich.

Bald flammt das Streichholz auf. Die Zigarette erglüht. Wie hypnotisiert beobachte ich ihn. Sein Genuss ist ungetrübt.

An der grünen Pumpe vor Kit Daley's Geschäft, in der Mitte des Dorfes, steht ein Myles dem Schwertschwinger errichtetes Denkmal. Früher wurde ihm zu Ehren am ersten August eine Parade abgehalten. Er gehörte den Breifne O'Reillys an, den Stammesfürsten von Cavan, und verteidigte Westmeath gegen den Feind.

Nachdem er Hunderte getötet hatte, wurden ihm in der Schlacht beide Arme abgehackt. Doch trotz dieser fürchterlichen Verstümmelung, die ich mir oben in meinem Bett oft vergegenwärtigte, kämpfte er, ein Schwert zwischen die Zähne geklemmt, bis zum letzten Atemzug weiter. Es war ein Schwert, mit dem ein Feind ausgeholt hatte, um ihm den Todesstoß zu versetzen und ihn zu enthaupten; er jedoch hatte die Klinge mit den Zähnen gepackt und tapfer weitergekämpft.

Ich kenne die Stelle auf der Brücke, wo er gefallen war. Auf der Seite nach Westmeath, in einer kleinen Einbuchtung.

Es gibt ein Lied von Percy French mit dem Titel *Come Back Paddy Reilly to Ballyjamesduff.* Offenbar galt es einem Kutscher, der Mr. French, den Straßenbauingenieur, dort vom Bahnhof abzuholen pflegte. Dann wanderte der Kutscher nach Amerika aus, und nichts war mehr wie früher. Daher der Titel. Einer der Verse lautet folgendermaßen:

An der Brücke von Finea wende dich nach links
Und auf halbem Weg nach Cootehill halte an.

Aber das geht überhaupt nicht. Man kann machen, was man will, doch an der Brücke von Finea kann man sich nicht nach links wenden, es sei denn, man liefe die Bullasheer Lane hinauf, die am Ufer des Kinale mit seinem treibenden Schilfrohr endet. Einige Leute führen die alte Carrick Road ins Feld, die an den Klagemauern der in einem Steinbruch gelegenen Kirche von Carrick verläuft, doch die Carrick Road geht rechts ab. Alles der reinste Unfug.

Um eines Liedes willen hat Percy French sich in der Geographie geirrt. Selbst Straßenbauingenieure sind imstande, falsche Angaben zu machen, nur um ein Verspaar hinzubekommen. Und so habe ich herausgefunden, dass Schriftsteller sich Dinge nicht nur ausdenken, sondern sich in den Dingen auch noch vertun. Um einprägsam zu sein, verzichtet Sprache auf Genauigkeit.

Und sehr viel später fand ich heraus, dass Myles der Schwertschwinger überhaupt nie auf der Brücke von Finea gestanden hat. Der irische Geschichtsrevisionismus hat auch ihn ereilt. Heute sagen die Historiker, zu jener Zeit habe er für den König von Spanien gekämpft.

Um das Maß der Zufälle voll zu machen, nahm meine Mutter den Abzweig nach links, den es gar nicht gibt, und fand sich am Ende in Cootehill wieder. So was kann passieren. So ist das eben. Sie war den Worten des Liedes gefolgt. Und obwohl Myles der Schwertschwinger sich zur fraglichen Zeit ganz woanders aufgehalten hat, steht das der Dichtung errichtete Denkmal noch immer vor der Tür von Kit Daley's. So also macht man das.

Gebt den Dingen einen anderen Namen, und bevölkert sie mit Seelen aus einer anderen Welt.

Hauptwachtmeister Moran war lange Zeit Hauptwachtmeister der Polizei in Finea. Seine Familie und unsere Familie hatten sich eng befreundet. Er hatte viele Kinder. Die älteren waren Freunde meiner Schwestern, aber einige der jüngeren litten unter schrecklichen Behinderungen.

Auf die Damen Slacke machte die Geschichte ihrer Leiden einen ungeheuren Eindruck.

Mutter sprach oft mit Kümmernis von Mrs. Moran. Nach jeder Geburt wurde diese noch einsiedlerischer. Jede Schwangerschaft löste schreckliche Anfälle von Depressionen aus, erzählte mir meine Mutter. Und bei dem Gedanken an eine weitere Schwangerschaft sank ihr der Mut. Sie betete darum, sagte meine Mutter, das gebärfähige Alter hinter sich zu bringen, so wie andere Leute ums Himmelreich beten.

Dem Mitgefühl des Dorfes trat sie mit schwerem Herzen entgegen und gab es am Ende ganz auf, zum Einkaufen ins Dorf zu gehen. Maurice, einer ihrer älteren Söhne, schloss sich meinem Vater an, und mein Vater für sein Teil begann, sich um die Morans zu kümmern. Wenn er morgens zum Dienst kam, brachte er Brotlaibe, Kartoffeln, Kochschinken, Eier und Butter mit. Mrs. Moran blieb in der Dienstwohnung.

Gott segne Sie, Wachtmeister Healy, sagte sie und zog sich zurück.

Maurice klammerte sich an meinen Vater, während Hauptwachtmeister Moran in voller Uniform an seinem Tisch saß, wieder und wieder seine Listen durchging und fieberhaft Vorfälle von Bedeutung in Kilcogy, Togher, Castletown und Finea eintrug.

Oft kauerten die beiden Männer stundenlang schweigend vor dem

Kamin in der Wachstube. Im Dunkeln postierten sie sich gegenüber den Tanzsälen, und bei Sturm drehten sie in Mänteln ihre Dorfrunden, bis sie nicht mehr weiterkamen. Dann kehrten sie zurück und setzten sich wieder an den Kamin, und von ihren Mützen und Mänteln troff das Regenwasser auf die Kaminplatte.

Aus der Dienstwohnung kamen die gesunden und die verwirrten jüngeren Kinder in die Wachstube gelaufen. Und siehe da, sagte meine Mutter, tat er da nicht etwas, das er zu Hause nie tat? Mein Vater half den älteren Mädchen, die Kleinen zu füttern, kochte auf dem Herd Windeln aus, wechselte Höschen und wärmte ihre Milchflaschen. Oft stand der traurige Hauptwachtmeister in der Tür und sah zu, wie sein Untergebener seine Kinder aufzog. Gewöhnlich schlenderte meine Mutter, das Essen meines Vaters auf einem heißen, mit einem Tuch verhüllten Teller, ins Dorf hinauf. Und wenn sie eintrat, so erzählte sie uns oft, erblickte sie ihren Mann, wie er in einer der Zellen mit den Kindern der Morans spielte, während Maurice, die Dienstmütze meines Vaters auf dem Kopf, auf dem erhöhten Stuhl des Hauptwachtmeisters saß und den Dienst versah.

Mit denen hat er mehr Zeit verbracht als mit uns, erinnerte sie sich später. Es war ein furchtbares Kreuz.

Abends schlenderten der Hauptwachtmeister und der Wachtmeister, ein jeder eine Fahrradlampe in der Hand, durchs Dorf, trennten sich am Denkmal und trafen an der Brücke wieder zusammen. Über ihnen flogen die Schwäne vom Lough Kinale zum Lough Sheelin. Ein Schuss ging los. Sie kamen rechtzeitig zurück, um die Kinder ins Bett zu bringen, dann begutachteten sie das Feuer in der Wachstube und stocherten mit den Schuhen in der Asche.

Manchmal ertönte aus der Dienstwohnung ein Schrei. Und auf der Schwelle stand ein Kleinkind.

Keines der behinderten Kinder war lange von dieser Welt, erzählte mir meine Mutter Jahre später. Kein einziges von ihnen wurde auch nur so alt, dass es sprechen konnte.

In selbst gezimmerten Särgen wurden sie auf den Schultern der Polizisten zum Friedhof getragen. Die Nachbarn scheuten zurück. Während der Sonntagsmesse wurden die Namen der toten Kinder verlesen, und in den Ohren der Dorfbewohner klangen ihre Namen sonderbar.

Es waren Menschen, die sie nie zu Gesicht bekommen hatten, und doch hatten sie einige kurze Jahre lang unter ihnen gelebt. Als sie noch lebten, waren sie Phantome gewesen, doch als sie starben, wurden sie plötzlich wirkliche, leibhaftige Menschen.

Was die anderen Morans angeht, sagte meine Mutter, so ist aus denen allen was geworden, und sie sind über den ganzen Erdball verstreut.

Aber Maurice, sagte sie, hat deinem Vater seine Freundlichkeit nie vergessen.

Er radelte zur Schule nach Granard, erledigte seine Hausaufgaben bei Wachtmeister Healy in der Wachstube und ging mit ihm auf Streife. Die Hälfte seiner Zeit verbrachte er bei uns zu Hause. Ich erinnere mich noch, wie Maurice frühmorgens vor unserer Haustür stand. Für mich war er der ältere Bruder, den ich nie gehabt hatte, da Tony damals schon längst ins Ausland gegangen war. Er brachte mir bei, wie man Fahrrad fährt und auf den Händen läuft. Im Sommer wendete er das Heu, brachte Torf in den Schuppen hinter der einsamen Polizeiwache und begleitete seine Mutter auf ihren Spaziergängen am Fluss. Zusammen mit meinem Vater grub er den Garten um.

Er war ein Gelehrter, pflegte mein Vater zu sagen.

Er sagte Wachtmeister Healy, er wolle Priester werden, und so wurden große Vorkehrungen getroffen. Es war, als ginge es um seinen eigenen Sohn. Es bedeutete, dass wir ihn lange Zeit nicht sehen würden. Er war noch jung, als er unten im Süden in ein Priesterseminar eintrat, um als Geistlicher in der Mission zu arbeiten. Wenn er im Sommer wieder zu Hause auftauchte, sah er merkwürdig erwachsen aus in seinem abgetragenen Anzug. Dann baute er auf dem Schreibtisch in der Wachstube seine auf Lateinisch und Griechisch abgefassten Bücher auf. Nachmittags gingen mein Vater und er flussaufwärts, um alle möglichen Dinge zu bereden.

Hauptwachtmeister Moran wurde pensioniert. Er und seine Frau zogen aus Finea weg. Und so verloren wir sie aus den Augen. Er starb. Sie starb. Die anderen Mitglieder der Familie ließen sich nur selten blicken. Maurice verschwand aus unserem Leben. Euer Vater hat ihn furchtbar vermisst, sagte meine Mutter. Als er später erkrankte, rief er oft mitten in der Nacht seinen Namen: Maurice.

3. Kapitel

Auf der Türstufe ihres Hauses mit dem Wellblechdach haben Joe und Eileen Streit. Ich saß immer gern in ihrem Haus und lauschte in dem Chaos um mich her dem Regen. Regen auf einem Blechdach verzaubert.

Doch wenn sich seine Eltern streiten, wird es Tadhg Keogh schwindelig. Einmal gab Onkel Seamus ihm Zigaretten, und ihm wurde schlecht. Er stand im Dorf herum wie eine gackernde Henne, weil er Angst hatte, nach Hause zu gehen. Schließlich lief er hinunter zu den Sheridans. Die alte Mrs. Sheridan war bettlägerig. Den ganzen Tag über schlief sie, und nachts las sie Almanache und amerikanische Zeitschriften, die ihr die Witwe ihres verstorbenen Bruders schickte. Tadhg schlüpfte also leise an den beiden ältlichen Schwestern Sheridan vorbei, die am Küchenherd saßen, und stahl sich unbemerkt ins Schlafzimmer ihrer Mutter.

Er kletterte zu ihr ins Bett und sah zu, wie sich die Zimmerdecke drehte. Dank ihrer Körperwärme schlief er ein und stand erst auf, als er sich wieder besser fühlte. Als er in der Küche aufkreuzte, fragte Biddy: Wo kommst du denn her?

Ich bin zu Ihrer Mutter ins Bett gestiegen, antwortete Tadhg, weil mir zu übel war, um nach Hause zu gehen.

Großer Gott, sagte Sissy.

Die alte Dame, sie war in den Neunzigern, hatte ihn gar nicht bemerkt in ihrem Bett, so wie es unserer Nachbarin kaum etwas ausgemacht hatte, als der Arzt zu ihr geklettert war. Die Leute im Dorf legten sich die ganze Zeit zu anderen ins Bett. Man wusste nie, wen man neben sich fand, wenn man erwachte.

Tadhg Keogh sei ein großer Reisender, behauptete mein Vater, aber nicht annähernd so weit gekommen wie sein Vater Joe, der eine außergewöhnliche Reise hinter sich hatte. Denn an dem Tag, als er sich auf der Schwelle ihres Hauses mit seiner Frau stritt, hatte Joe zwölf Streichhölzer angerissen und sie, als sie brannten, Eileen ins Gesicht gestoßen.

Streichhölzer?, fragte ich meine Mutter.

Streichhölzer, nickte sie.

Eileen rannte los, um die Polizei zu holen. Mein Vater hatte auf der Wache Dienst. Als er ins Dorf heraufkam, war von Joe keine Spur zu sehen. Er war wie vom Erdboden verschluckt. Sie kontrollierten Ballywillan, da sie befürchteten, er könnte versuchen, den Zug nach Mullingar zu nehmen. Aber er war nirgendwo zu finden. Er hatte den einzigen Laib Brot im Haus mitgenommen und einen Topf mit Stachelbeermarmelade.

Dieser verfluchte Einfaltspinsel, schrie Eileen.

Na, na, sagte mein Vater, aber sie war außer sich.

Joe blieb auch am nächsten Tag verschwunden, am übernächsten und am überübernächsten. Am vierten Morgen saß Eileen beim Frühstück und genoss die Abwesenheit ihres Mannes, sie war geradezu froh, dass er verschwunden war, als aus einem Loch in der Decke ein Stein in ihre Haferbreischale fiel.

Den Stein hatte Joe fallen lassen. Ihm war das Brot ausgegangen, und er hockte oben im Dachgebälk, vor Hunger ganz von Sinnen. Der Anblick seiner frühstückenden Frau war der Tropfen, der das Fass zum Überlaufen brachte. Dann kletterte er herunter, und Tadhg kam in unser Haus gerannt. Und obwohl ich damals noch gar nicht geboren war, habe ich das Gefühl, ich sei da gewesen, ihn zu begrüßen.

Ich erinnere mich daran, gesehen zu haben, wie ein Mann von einem Baum herabhing. Vielleicht habe ich den Mann auch gar nicht selbst gesehen, sondern es nur von meiner Mutter gehört. Was immer ich sah, ich sah es noch einmal mit ihren Augen, so wie jetzt, da ich dies niederschreibe.

Aber ich weiß, dass es während der Messe geschah, und ich habe das Seil gesehen. Ich sehe noch die Schlinge herabbaumeln, neben der Reparaturwerkstatt, wo all die Fahrräder standen – mit den Rädern nach oben, auf der Seite, ohne Pedale, ohne Reifen, mit zerbrochenen Speichen, sattellos. Unter dem Fenster ein Hackklotz. Eine Fußpumpe. Spinnweben. An der Wand ein für Tabak werbendes Blechschild.

Eine Leiche, die in ihrem Sonntagsstaat von einem Baum hängt.

Eines Tages brachen einige junge Männer aus dem Dorf nach Aden auf. Mein Bruder ging mit. Aden war für Finea, was Schottland für Donegal war. Auf jedem Kaminsims lehnte ein Foto mit jungen Männern in Shorts an der Wand. Auf Fensterbrettern standen orientalische Vasen mit Primelsträußchen. Auf uralten Anrichten mit Drachen verzierte Teeservice aus Knochenporzellan. Auf dem Radio Postkarten mit Aufnahmen von den Pyramiden.

Mein Vater setzt sich an den Tisch, um an Tony zu schreiben. Die Lampe flackert. Seine Handschrift ist breit und ausladend. Er schreibt von den Geschehnissen im Dorf. In einer Handschrift, die nach rechts kippt, fügt meine Mutter ihre Grüße hinzu.

Meine Schwester Una fällt von einem Heuwagen, gerät zwischen die Deichselarme und unter die Pferdehufe. Ich sitze oben auf dem Heuhaufen und halte mich krampfhaft am Seil fest. Sie ist kreideweiß. Alle haben einen Schreck bekommen. Ein Junge lief vor ein Auto und verlor das Bewusstsein. Der schreckgelähmte Fahrer rannte zur Polizei. Als mein Vater zum Dorf heraufkam, wen fand er vor sich? Mich.

Der Mann, der den Regenschirm über seinem nackten Leib aufgespannt hatte, starb rittlings über einem erstickten Schwein – nackt. Und in dem Haus mit dem Wellblechdach war Tadhg schon wieder krank, er hatte Grippe und konnte nicht an den Abendandachten teilnehmen, mit denen die Fastenzeit begann.

Als seine Eltern nach Hause kamen, rief er aus Angst, es könnten neue, feinere Bußen erlassen worden sein, von seinem Krankenbett aus: Wie lauten die Bestimmungen?

Joe steckte den Kopf zur Tür hinein und sagte zu seinem Sohn: Für Geistesgestörte gilt die Fastenzeit nicht.

In Finea gab es ebenso viele Wunder wie in Fore weiter oben, wo des Nachts tote Mönche umherstreiften und Wasser bergauf floss. Westmeath hatte seinen Anteil am Ruhm. In einer kurzen, unvergesslichen Episode sandte James Joyce Blooms Tochter, die sich ihrem Vater entfremdet hatte, in ein kleines Geschäft in Mullingar, der Hauptstadt der Grafschaft. Auch Joyce beugte sich dem Fluch der zerrütteten Familie und verbannte die fiktive Millie in dieselbe Stadt, in die er einst gekommen war, um an einem *feis* teilzunehmen (bei einem Gesangswettbewerb belegte er nach John McCormack den zweiten Platz), so wie Jahre später Irland seine ledigen Mütter nach Castlepollard schickte.

Er hatte wohl geglaubt, der Grafschaft Westmeath hafte ein Sinn für Absonderung, Innerlichkeit, ja Abgestumpftheit an, die man benötige, um die Schuld an unerledigten Dingen darzustellen. Denn die Stadt liegt auf halbem Wege zwischen dem magischen Realismus des Westens und dem geschäftigen Treiben des Ostens.

Als ich drei Jahre alt war, aß ich ein Pfund selbst gemachter Butter aus Granard. Ich erinnere mich noch an ihren Anblick auf der Schale. Sie sah köstlich aus. Ich brauchte lange, bis ich sie verzehrt hatte, und ließ mir mancherlei durch den Kopf gehen, wie ich so allein an der Tischkante saß.

Das Gartenfenster befand sich hinter mir, der Tisch vor mir und das Torffeuer zu meiner Linken. Auf dem gegenüberliegenden Fensterbrett, das auf die Straße hinausging, stand das Radio, das stets auf Athlone, den Mittelpunkt Irlands, eingestellt war. Was mich dazu verleitete, die Butter zu essen, war das Radio. Die verschiedenen Stimmen lösten abwechselnd Schwächegefühle, unruhige Träume und Hunger aus. Seinem schläfrigen Klang war zu entnehmen, dass die Nacht hereingebrochen war. Dem Timbre des Sprechers waren die Mahlzeiten zu entnehmen, ob Frühstück oder Mittagessen.

Walton's lockte die Männer von den Feldern.

Aber ich hätte gar zu gern gewusst, wer an dem Tag redete, als ich die Butter aß. Als meine Mutter mit einem randvoll mit Wasser gefüllten Eimer von der Pumpe zurückkam, musste ich mich fürchterlich erbrechen. Dr. Galligan sagte meiner Mutter, ich würde es überleben. Dann sagte er ihr, ich sei hyperaktiv.

Geben Sie ihm was zu tun, riet er ihr.

Sie trug mir auf, ein paar Torfsoden aus dem Schuppen vor der Hintertür hereinzubringen. Dann vergaß sie mich. Als sie endlich die Tür öffnete, purzelte ihr ein mannshoher Stapel Torf entgegen. Gefolgt von den Hennen, hatte ich den halben Wintervorrat über den Hof geschleppt. Und schleppte immer noch. Und hätte bis zum heutigen Tage weitergeschleppt, wenn sie mir nicht Einhalt geboten hätte.

Es war eine wunderbar entspannende Tätigkeit. In Westmeath sind die Menschen alle sehr entspannt, wenn sie einer Tätigkeit nachgehen, die ebenso überflüssig wie außergewöhnlich ist.

Jim Keogh, Toms Bruder, rudert mit drei englischen Anglern an der Church Island vorbei. An der Auffahrt zum Crover House Hotel steht eine Hochzeitsgesellschaft. Onkel Seamus kommt mit drei Enten zur Tür herein, die er von der Ladefläche seines Lieferwagens geholt hat.

Sehr schön, sagt meine Mutter.

Er reicht mir einen Karamellriegel für einen Penny. Mutter beginnt, die erste Ente zu rupfen. Onkel Seamus setzt sich für eine Weile an den Kamin, dann geht er zu Fitz's, wo er sich nach Feierabend mit meinem Vater treffen will. Jack Healy kommt in seiner Polizeiuniform in den Pub, legt die Dienstmütze auf die Theke und bestellt eine Flasche Guinness und einen Powers Whiskey. Sie unterhalten sich über die Schnepfenjagd. Die Sperrstunde verstreicht. Die Lichter werden abgedämpft. Die Tür zur Straße verriegelt. Vor dem lodernden Feuer sitzen Männer, zu ihren Füßen Flaschen. Als mein Vater auf die Toilette geht, flüstert Seamus dem Wirt und den anderen zu, was er im Schilde führt, und Fitzgerald lässt ihn heimlich, still und leise zur Vordertür hinaus. Seamus sieht sich im Dorf um. Dann hämmert er laut an die Tür.

Polizeikontrolle!, ruft er und ahmt Hauptwachtmeister Ruane nach, der vor einiger Zeit ins Dorf versetzt worden ist.

Die Männer im Pub tun so, als würden sie sich ins Hinterzimmer flüchten. Mein Vater, der gerade aus der Toilette kommt, stürzt nach oben. Dort stößt er auf Mrs. Fitzgerald.

Der verfluchte Hauptwachmeister ist unten, flüstert er.

Kommen Sie hier herein, sagt sie.

Sie treten in die Privattoilette der Fitzgeralds. Unten betritt Seamus die kleine Schankstube.

Nun, Mr. Fitzgerald, sagt er laut.

Guten Abend, Hauptwachtmeister Ruane, antwortet Fitzgerald.

Hatten Sie Gäste im Lokal?

Nein, Herr Hauptwachtmeister.

Die Männer prusten vor Vergnügen. Seamus legt den Zeigefinger an die Lippen.

Können Sie mir vielleicht die Gläser hier erklären?

Ich bin noch nicht zum Abwasch gekommen.

Und können Sie mir die Mütze hier erklären, Mr. Fitzgerald?, ruft Seamus laut.

Oben hält sich mein Vater bestürzt die Hand an den Kopf.

Nein, Herr Hauptwachtmeister.

Das ist wohl eine Polizeimütze, Mr. Fitzgerald, nicht wahr?

Sieht ganz danach aus.

Ich wäre Ihnen sehr verbunden, wenn Sie bleiben würden, wo Sie sind, befiehlt Seamus, während ich das Lokal durchsuche.

Fitzgerald deutet nach oben, und Seamus steigt die Treppe hinauf. Er geht an der Toilette vorbei und klopft an die Schlafzimmertür.

Sind Sie da drin, Wachtmeister Healy?

Er öffnet die Tür und schließt sie wieder. Geht zum nächsten Zimmer. Klopft an die Tür, öffnet sie, schlägt sie wieder zu. Zum nächsten. Die gleiche Prozedur. Dann nähert er sich mit polternden Schritten der Toilette. Er drückt die Klinke. Die Tür ist versperrt. Er pocht zweimal dagegen.

Kommen Sie heraus, Wachtmeister, sagt er.

Mein Vater drinnen ist starr vor Angst.

Entschuldigen Sie, sagt Mrs. Fitzgerald, aber ich benutze gerade die Toilette.

Haben Sie einen Mann bei sich?

Nein doch.

Ich weiß, dass Sie da drin sind, Wachtmeister, sagt er. Kommen Sie jetzt heraus, Wachtmeister Healy, seien Sie so gut.

Mein Vater sitzt auf der Kloschüssel und schwitzt.

Wenn Sie nicht herauskommen, werde ich so lange hier stehen bleiben, bis Sie es tun.

Das ist Privateigentum, sagt Mrs. Fitzgerald.

Und ich bin im Dienst, sagt Seamus. Ich wäre Ihnen sehr verbunden, wenn Sie den Mann herausließen.

Mein Vater bedeutet Mrs. Fitzgerald, dass alles verloren sei. Sie dreht den Schlüssel herum, und mein Vater schiebt zaghaft den Riegel zurück. Er öffnet die Tür und sieht Seamus.

Der Teufel soll dich holen, beinahe hätte ich einen Herzinfarkt gekriegt.

4. Kapitel

Onkel Seamus erzählt von einer Totenwache, die weiter oben in der Straße gehalten wurde. Im Vormonat hatte der Verstorbene seine amerikanischen Verwandten exhumiert, die in verschiedenen Gräbern auf dem Friedhof beigesetzt worden waren, einer davon erst im vorangegangenen Frühjahr. Dann hatte er sie im gleichen Familiengrab bestattet.

Im Laufe der Jahre waren aus den Staaten Leichname zur Beerdigung im Heimatboden nach Finea geschickt worden, und die im Ausland lebende Familie hatte ihrem einzigen verbliebenen Anverwandten, Matt Reilly, ansehnliche Summen telegrafiert, um angemessene Grabsteine errichten zu lassen. Dieser hatte die Yankee-Vettern, denen er nie begegnet war, in anonyme Gräber gekippt, ein Holzkreuz in den Boden gerammt und war in Granard auf Sauftouren gegangen.

Seine Lügen kamen erst ans Licht, als ein gewisser Onkel, ein jüngst in den Ruhestand getretener Feuerwehrmann aus New York, davon sprach, nach Irland reisen zu wollen, um das Familiengrab in Augenschein zu nehmen. Dies trieb Matt Reilly zu gehetzter Bautätigkeit an. Er zog sich einen Overall über, ging, einen Spaten geschultert, zusammen mit dem schwachsinnigen Sohn eines Nachbarn auf den Friedhof und machte sich daran, die Toten auszugraben.

Er erwarb eine neue Grabstelle und warf die alten Gerippe hinein. Er und der Schwachsinnige saßen da und tranken Tee, umgeben von Ghulen. Der Gestank verwester Leichen drang bis zum Straßenrand. Ein Taschentuch vor die Nase gepresst, beobachtete der entsetzte Priester vom Fenster der Pfarrei aus den Vorgang. Mit einem Steinmetz aus Kilnaneck wurde sich Matt Reilly über einen mächtigen Grabstein einig, bei Harton's bestellte er Kies, und als der letzte Yank bestattet war, säuberte er seine Schaufel an einem Grasbüschel und fiel selber tot um.

In seiner Innentasche fanden sich zweihundert Pfund. Damit bestellten die Nachbarn in Granard einen Leichenwagen, ließen ein Grab ausheben, um Reilly selber zu beerdigen, und hielten in den drei Zimmern seines Cottage eine Totenwache. Der Tote wurde in einen Schwalbenschwanz gekleidet und im Nebenzimmer auf ein Bett gelegt; man stülpte ihm einen steifen Hut auf den Kopf und sagte: Wie er leibt und lebt. Du warst schon immer eine großmütige Seele, meinte Bernie Sheridan. Nicht ganz richtig im Oberstübchen, sagte Mary Ellen Flynn. Whiskey und Schinken und Guinness wurden gereicht und ein bullerndes Feuer entfacht. Das Haus war mit Stroh gedeckt, und die Funken erfassten das Strohdach. Das Haus ging in Flammen auf, und die Trauergäste flüchteten auf die Straße. Dann fiel ihnen ein, dass Matt Reilly noch immer auf dem Bett lag.

Zwei Männer stürzten ins Haus und retteten den Leichnam. Matt wurde auf die andere Straßenseite getragen und unter einen Baum gelegt. Um den Frühtau abzuhalten, warf ihm jemand einen Mantel über. Dann ging jedermann nach Hause. Anderntags kam der Leichenwagen aus Granard in das stille Dorf gezockelt und fuhr vor den verkohlten Überresten des Hauses vor. Der Leichenbestatter war verwirrt. Er stand auf der Straße und wusste nicht, was tun, bis eine Nachbarin kam und ihn zu Matt Reilly brachte. Als er in den Sarg gelegt worden war, trafen die Dorfbewohner auf ihren Fahrrädern ein, um ihm das letzte Geleit zu geben. Die Leichenprozession brach auf.

Das Grab, das er für die Yanks ausgehoben hatte, schloss sich nunmehr über ihm. Bald darauf meißelte der Steinmetz auch Matts Namen auf dem Grabstein ein. Dieser wurde an einem stillen Sommernachmittag errichtet. Und nicht lange danach wurde der feine blaue Kies von Harton's ausgestreut.

Es ist Nacht, und auf dem Gehweg höre ich Stimmen. Ich spähe aus dem Fenster und sehe meinen Vater mit zwei weiteren Männern. Sie tragen Lampen. Auf dem Gehweg ausgestreckt liegt ein Hecht. Später habe ich erfahren, dass er an die zwanzig Kilogramm wog – ein Rekord. Ein Mann nimmt eine Säge und zerlegt den Fisch in drei Teile. Welchen Teil wir abbekamen, weiß ich nicht. Sie waren zum Schießen draußen auf dem Kinale gewesen, als ihnen dieser große Hecht zu folgen begann wie ein Wal. Im Kielwasser des Bootes hatte er sich aus dem Röhricht herausbewegt.

Als sie an Land gingen, war er noch immer bei ihnen.

Da schossen sie ihn.

Der Kinale ist immer noch einer der hechtreichsten Seen Europas. Die Deutschen wissen das.

Unterhalb der Wasserlinie treffen Sie auf die merkwürdigsten Dinge, die Sie je gesehen haben. Der Grund ist bald sandig und weniger als einen Meter entfernt, bald ist er grün und strudelig und zwei Meter tief. Und dann rudern Sie mit Herzjagen über das Nichts hinweg. Dieses Nichts kann Leute ängstigen. Ich habe einen Mann erschrocken ans Ufer rudern sehen, als es geschah. Das Gewässer war zu viel für ihn.

Ich bin in meinen Träumen auf dieses Nichts gestoßen. Und in meinen Liebesaffären. Wenn man sich im Gedächtnis eines anderen gefangen fühlt. Wenn der Kiel plötzlich über unergründliche Wasser hinweggleitet. Unlängst kam ein Bibelpult aus seiner Tiefe hoch, das seitdem im Dubliner Museum steht.

Ein Wald aus Schilf, die Schnepfen, Brian McHughs Küche. Die Flussmündung, wo die Mädchen uns ihre Schamgegend zeigen wollten, falls wir ihnen unsere zeigten, und das taten wir auch, und alles wurde eingehendst untersucht. Und davon bebt meine Stimme manchmal heute noch. Es gab Pinkelwettbewerbe. Und anderes mehr.

Meine Mutter steht in der Küche und singt mit einer Stimme, wie sie in ihrer Jugend beliebt war – vereinzelte Noten auf dünnem Eis –, und in einem Tonfall, der lebensüberdrüssig klingen soll und doch sehr gebildet:

On broken wings
No bird can fly
And broken promises
Means love must fade and die.
I trusted you
You can't be true
My heart no longer sings
Its wings are broken too.

Ihr ganzes Leben lang hatte sie schreckliche Angst vor dem Irrsinn. Mit vierzehn war sie als Dienstmädchen in eine Irrenanstalt für wohlhabende Verrückte weiblichen Geschlechts vor den Toren Dublins geschickt worden. Maisie, ihre Schwester, arbeitete ebenfalls dort. Auch sie fürchtete sich zeit ihres langen Lebens vor dem Wahnsinn. Die beiden Mädchen wurden gemeinsam auf einem Zimmer untergebracht.

In der ersten Nacht dort hörte meine Mutter Schreie, Getorkel und wilde Streitereien. Die Störungen schienen aus ihrem Kopf herzurühren. Sie stieg zu Maisie ins Bett und weinte. Am nächsten Morgen um sieben rief die Oberschwester sie herbei. Maisie ging Betten machen. Winnie wurde in die fremde Küche beordert. Von dort hörte sie gellende Schreie aus dem Speisesaal.

Die Köchin reichte ihr ein Tablett mit Schälchen voller Hafergrütze. Da stand sie, das Tablett in der Hand.

Nun mach schon, sagte die Köchin.

Ich kann nicht, antwortete meine Mutter.

Sie werden dir schon nichts tun.

Ich will nach Hause.

Geh, befahl die Köchin und stieß die Tür auf.

Mutter trat mit dem Tablett ein. Sie erwartete, dass sich ein Schweigen herabsenken, all die verrückten Augen sich nach ihr umdrehen würden. Stattdessen fuhren die Damen in ihren Morgenröcken mit ihrem Schweigen und ihren zerfasernden Gesprächen fort. Sie servierte Mrs. Small ein Schälchen, das diese prompt wieder auf das Tablett zurückstellte.

Pst, sagte die Dame neben Mrs. Small.

Ja?, fragte Mutter.

Mrs. Small nimmt keine Hafergrütze.

Oh.

Sie nimmt nur Tee. Stimmt's, Mrs. Small?

Mrs. Small antwortete nicht. Die anderen Damen aßen fröhlich. Einige trugen schwere Klunker. Andere Straßenkleider. Alle hatten Handtaschen dabei. Mrs. Tige umklammerte den Arm meiner Mutter und erkundigte sich nach der Welt draußen. Lady Cheevers gab ihr ein Sixpencestück und bat um einen Einspänner zum Wohltätigkeitsbasar. Wenn die Frauen im Aufenthaltsraum beisammensaßen, unterhielten sie sich über Pferde, Kindstaufen und die englische Königsfamilie. Meine Mutter wischte den Korridor vor den Privatzimmern auf, die nach Urin, süßlichem Parfüm und strengen weiblichen Körperausdünstungen rochen.

Sie durfte sich nicht mit Maisie unterhalten.

Dann musste sie die Damen waschen. Zum ersten Mal in ihrem Leben sah sie erwachsene Frauen nackt vor sich. Schamrot rubbelte sie ihnen, während sie in der riesigen Wanne saßen, den Rücken ab, schnitt ihnen die Zehennägel und kämmte ihnen die grauen Haare aus. Sie hielt sich gerade in Mrs. Phersons Zimmer auf, als es an die Tür klopfte. Draußen stand Mrs. Flood, angetan mit einem adretten Kostüm. In der Hand hielt sie einen in Weihnachtspapier eingewickelten Pisspott.

Bitte, würdest du Mrs. Pherson meine verbindlichsten Grüße ausrichten, sagte Mrs. Flood und überreichte meiner Mutter den Nachttopf.

In ihrer Unschuld tat meine Mutter, wie geheißen.

Mrs. Pherson schlug die Verpackung auseinander.

Was ist das?, fragte sie.

Angeekelt schüttete meine Mutter den Inhalt aus dem Fenster. Sie gab den Nachttopf Mrs. Flood zurück. Wenige Tage später stand Mrs. Flood abermals vor Mrs. Phersons Tür.

Bitte, würdest du Mrs. Pherson meine verbindlichsten Grüße ausrichten, sagte Mrs. Flood und hielt ihr den Nachttopf hin.

Ich kann das Geschenk nicht annehmen, sagte meine Mutter.

Warum nicht?

Ach, Mrs. Pherson ist heute nicht da.

Sie ist außer Haus?, fragte Mrs. Flood.

So ist es, antwortete meine Mutter.

Richte ihr aus, dass wir wieder vorsprechen werden, wenn sie das nächste Mal in der Stadt ist. Und die alte Dame ging davon und trug den Pisspott wie eine wertvolle Antiquität vor sich her.

Der Arzt suchte Mrs. Small auf. Sie hatte Mühe mit dem Schlucken. Er ließ ihr Pillen da, doch ihre Zunge war noch immer geschwollen. Mit jedem Tag wurde sie größer, bis die Frau nur noch Flüssignahrung zu sich nehmen konnte. Meine Mutter hatte die Aufgabe, sie mit Hilfe eines Strohhalms zu füttern. Angehörige kamen und gingen. Mrs. Small wurde spindeldürr.

Gibt es irgendetwas, das Sie besonders gern mögen?, fragte meine Mutter sie.

Ich möchte … Die Worte wollten ihr nicht über die Zunge.

Ja?

Ich möchte … phtärben.

Nein, Sie werden nicht sterben.

Ich möchte … meine Haare …

Ja?

Meine Haare … Meine Haare …

Nur zu.

Meine Haare färben, sagte sie.

So spülte meine Mutter der im Sterben liegenden Frau die Haare aus und färbte sie schwarz. Mrs. Small betrachtete ihr neues Ich im Handspiegel. Sie lächelte meiner Mutter zu. Am nächsten Morgen war sie tot.

Mit einem Fuhrwerk fährt meine Mutter zur Tanzstunde nach Togher. Ein Mann, der eine Kur gegen die Wurmkrankheit weiß, steht im Saal, und wenn er einem später die Hand auflegt und sein Gebet murmelt und man die Augen aufschlägt, fühlt man sich, als sei man an einer erhöhten Stelle unter Wasser geschwommen. Er schwingt sich auf sein Fahrrad und fährt davon, ein furchtsamer Mann mit einer Passion für Eulen.

5. Kapitel

Mein Vater stammte aus Elphin in der Grafschaft Roscommon. 1922, einige Monate nach der Proklamation des Irischen Freistaats, trat er wie viele andere, die in der IRA gekämpft hatten, in die Garda Siochána, die neue irische Polizeitruppe, ein. Zuerst wurde er in der Stadt Cavan stationiert, später in Finea.

Oben im Dorf lebten die Geschwister Slacke. Ihr Vater war der alte Viktorianer Thomas Slacke, Hauptwachtmeister a. D. der Royal Irish Constabulary. Die RIC hatte nicht nur als britisch, sondern auch als protestantisch gegolten, und wegen der Uniform, die er trug, hatten die Mädchen in der Schule höhnische Bemerkungen über sich ergehen lassen müssen. Trotz seines Familiennamens war Tom Slacke strenger Katholik. Als junger Mann hatte er Priester werden wollen, doch dann zog er den Polizeidienst vor. Er war ein Büchernarr, der Geschichtsbücher, biblische Geschichten und manierierte Romane verschlang.

Meine Mutter nahm ihn als distanzierten Menschen wahr, der zurückgezogen lebte, mit seinen Töchtern von oben herab redete und doch kleine, empfindsame Seitenbemerkungen von sich gab. Er war um vieles älter als seine Frau. Trank und rauchte nicht. Er hatte, was sie den von der Gelehrsamkeit herrührenden Slacke'schen Buckel nannte, und litt gegen Ende seines Lebens an der Parkinson'schen Krankheit. Mit den Dorfbewohnern kam er gut aus. Vor der Brandschatzung der Polizeiwachen im Jahre 1919 war Hauptwachtmeister Slacke die Warnung zugekommen, er solle die alte Polizeiwache evakuieren. Er brachte seine Familie am Flussufer in Sicherheit. Wachstube und Dienstwohnung brannten vollständig aus.

Während die Dinge im Freistaat neu geordnet wurden, musste die Familie Slacke ein provisorisches Quartier beziehen. Im neuen Irland gingen die Angehörigen der RIC entweder in den Norden, um der jüngst gegründeten Royal Ulster Constabulary beizutreten, oder nahmen die von England angebotene Pension an. Thomas Slacke trat in den Ruhestand und bezog eine kärgliche Pension, baute für seine Frau, seine fünf Töchter Maisie, Bridgie, Nancy, Gerty und Winnie und seinen Sohn Seamus oben im Dorf ein Haus und blieb in Finea wohnen.

Die alte Polizeiwache wurde wieder aufgebaut und von der Garda Siochána bezogen. Die jungen unbewaffneten Polizisten nahmen Notiz von den Geschwistern Slacke. Sie nahmen auch Notiz von dem alten Hauptwachtmeister, der in der Geborgenheit seines Arbeitszimmers seine Bücher las und mit alledem endlich fertig war, während sie in ihren brandneuen Uniformen durch ein Land brausten, das in einen Bürgerkrieg verwickelt war.

In der Person meiner Mutter trafen die Polizeikräfte zweier unterschiedlicher Traditionen aufeinander. Vielleicht hatte sie meinen Vater das erste Mal auf der Brücke gesehen, als er seinen Rundgang antrat. Vielleicht auch im Fenster des Tagesraums ihres früheren Heims. Oder als sie auf Fitzsimon's Feld stand und flussaufwärts in eine von den Zeitungen verheißene Sonnenfinsternis schaute. Womöglich gar in einer Nebenstraße in Cavan.

Ich weiß es nicht. Ich weiß nur, dass sie hemmungslos flirtete.

Während sie in Finea mit ihm ging, hatte sie's mit einem anderen Polizisten in der Stadt Cavan. Als mein Vater für ein Jahr nach Gowna versetzt wurde, bändelte sie mit Sonny Fitzgerald an. Sie ging mit einem Kesselflicker aus. Sie besuchte Tanzveranstaltungen, die bis zum Morgengrauen andauerten. Aber mein Vater blieb hartnäckig. Er stellte ihr nach. An dem Tag, als mein Vater kam und um ihre Hand anhielt, hatte sie sich hinter seinem Rücken mit einem Wachtmeister McLoughlin verlobt. Und gleichzeitig schäkerte sie wieder mit Sonny Fitzgerald, der ihr einen Bauernhof mit vielen Morgen Land und Zufriedenheit versprach.

An diesem Tag nun sagte ihre Mutter zu ihr, Wachtmeister Healy stehe vor der Tür.

Wachtmeister Healy?, rief sie aus.

Ja, sagte ihre Mutter.

Das kann nicht sein.

Aber es ist so.

Aber der ist doch in Gowna.

Seit heute ist er wieder in Finea.

Sag ihm, er soll weggehen.

Er wird nicht weggehen. Er hat gesagt, er wird draußen stehen bleiben, bis du mit ihm sprichst.

Was soll ich tun?

Das kann ich dir nicht sagen.

Nun, sie zog den Verlobungsring ab und schleuderte ihn auf den Sessel gegenüber. Jack Healy – wie es so geht – kam herein, setzte sich nichts ahnend auf den Ring und bat sie, ihn als ihren Zukünftigen in Betracht zu ziehen. Und oft frage ich mich, wie die Sache wohl verlaufen wäre, wenn Sonny Fitzgerald mein Vater gewesen wäre. Das hätte ich gerne ausprobiert, vielleicht als Stützpfeiler gegen die Nostalgie, die ihr Material aus der nämlichen Quelle bezieht wie die Dichtung und dann die Wirklichkeit für unzureichend befindet.

Die Flitterwochen verbrachten sie in Bundoran. An ihrem ersten Morgen setzte sich eine Frau zu ihnen an den Frühstückstisch. Sie war nachlässig gekleidet und wirkte beunruhigt, und ihre braunen Augen wiesen blaue Flecken auf. Ach, ihr sei etwas zugestoßen, etwas Schreckliches. Hätten sie etwas dagegen, wenn sie sich zu ihnen setzte?

Angeblich bin ich Mrs. Richards, vertraute sie ihnen flüsternd an, aber ich glaube, in Wirklichkeit bin ich immer noch Milly Kane.

Jack, sagte mein Vater und erhob sich.

Winnie, nickte meine Mutter.

Sehr erfreut, sagte sie.

Setzen Sie sich ruhig zu uns, sagte mein Vater.

Haben Sie wirklich nichts dagegen?

Nein, sagte mein Vater.

Sie setzte sich.

Und hinterher können wir alle einen Spaziergang machen, sagte Milly Kane.

Das wäre sehr schön, pflichtete meine Mutter ihr bei.

Im meereshellen Julisonnenschein spazierte Milly Kane mit ihnen die Strandpromenade entlang. Als sie auf den Sandstrand traten, drängte sie sich zwischen das frisch verheiratete Paar und hakte sich unter. Die fremde Frau zwischen sich, liefen sie den Strand entlang. Sie kamen bei der Main Street heraus. Das Glockenzeichen für den mittäglichen Angelus ertönte, und die Besucher lüfteten ihre Strohhüte. Milly schaute in die Auslage des Textilgeschäfts und brach in Tränen aus. Mein Vater reichte ihr sein Taschentuch. Sie blies einen lauten Weckruf hinein.

Sie müssen mich entschuldigen, sagte sie, aber wenn Sie durchgemacht hätten, was ich durchgemacht habe, würden Sie verstehen.

Dann löste ein bellender Hund einen hysterischen Anfall aus. Sie umklammerte den Arm meines Vaters.

Lassen Sie diesen Teufel vorladen, Wachtmeister Healy, sagte sie und zeigte auf den Besitzer des Hundes.

Warum?

Die Bestie hätte mich beißen können.

Ist doch nur ein Schoßhund, erwiderte mein Vater, und er bückte sich, nahm die Schnauze der Promenadenmischung in die Hand und drehte sie hin und her. Mein armes Kerlchen, sagte er.

Im Foyer eines Hotels nahmen sie Tee und süße Brötchen zu sich.

Das geht auf meine Rechnung, sagte Milly Kane.

Das können Sie nicht tun, sagte mein Vater.

O doch. Jetzt gehen wir zwei Frauen erst einmal auf die Toilette.

Meine Mutter folgte ihr zur Damentoilette unter der Treppe. Sie schminkte sich die Wangen und die Lippen.

Männer, sagte sie und fasste meine Mutter am Handgelenk.

Schauen Sie mir in die Augen, sagte sie.

Meine Mutter sah ihr in die Augen.

Stimmt irgendetwas mit mir nicht?

Meine Mutter schüttelte den Kopf.

Milly Kane betrachtete sich eingehend im Spiegel. Sie zog die Stirn kraus. Sie lächelte. Sie hakte meine Mutter unter. Sie stolzierten hinaus zu der weißen Bank mit Blick aufs Meer, auf der mein Vater auf sie wartete.

Sie beide sind meine besten Freunde, sagte Milly Kane.

Das sind wir, bestätigte mein Vater.

In einem billigen Speiselokal nahm sie mit ihnen ein aus Schinken und Tomaten bestehendes frühes Abendessen ein und schilderte, wie ihr Mann sie am ersten Morgen ihrer Ehe verlassen habe.

Auf der anderen Straßenseite können wir einen Portwein trinken, schlug mein Vater vor.

Er hat mich hier sitzen lassen, sagte sie. Ich habe Glück, dass ich überhaupt noch einen Penny besitze. Und wie soll ich die Schande zu Hause ertragen?

In der Bar hielt sie die Hand meines Vaters und weinte.

Habe ich, fragte sie meinen Vater, eine juristische Handhabe?

Ich bin überzeugt davon, antwortete er.

Sie können von Glück sagen, sagte sie zu meiner Mutter, dass Sie einen solchen Mann gefunden haben.

Am Abend tanzte mein Vater im Pavillon mit beiden Frauen Walzer. Meine Mutter saß zwischen den alten Jungfern. Sie befingerte ihr Brautkleid und sah ängstlich zu Boden. Der Regen trommelte aufs Dach und übertönte die Klänge der Band. Die blauen Flecken in Millys Augen verschwammen. Sie kam mit auf ihr Zimmer, setzte sich aufs Bett und redete ohne Unterlass.

Wenn Sie Dicky Richards gekannt hätten, Winnie, dann wüssten Sie, wie gut Sie dran sind. Dicky Richards ist ein gemeiner Hund. Es ist nicht recht.

Das ist es nicht, stimmte mein Vater ihr zu.

Was hätte ich getan, wenn Sie beide nicht gekommen wären? Ich hatte schon mit dem Gedanken gespielt, mich umzubringen.

So dürfen Sie nicht reden.

Ach, Winnie. Dieser Mann hat mich zur Verzweiflung getrieben. Dick Richards. Dick Richards – zeit meines Lebens habe ich ihn gekannt. Zeit meines Lebens. Und das Schlimmste ist – *er ist intim geworden.* Und sie brach erneut in Tränen aus.

Am nächsten Morgen klopfte es an die Tür.

Guten Morgen alle miteinander, rief sie durch die Tür, ich sehe Sie unten.

Gott steh uns bei, sagte mein Vater.

Eine ganze Woche lang hatten sie, wo immer sie hingingen, Milly auf den Fersen. Und mehr als sechzig Jahre später spukte sie meiner Mutter immer noch im Kopf herum.

Sie war eine wahre Geißel, sagte meine Mutter. Ungestört waren wir nur, wenn wir zu Bett gingen. Von morgens bis abends hat sie sich an uns gehängt. Sie war ein Nervenbündel. Dauernd hieß es *Jack dies* und *Jack das*. Und *ach, was für ein wunderbarer Mann*. Wir waren es leid, überhaupt aus dem Bett zu klettern. Und dein Vater war zu sanftmütig, um sie fortzuschicken.

Und siehe da, sagte meine Mutter, das war unsere Hochzeitsreise. Ich dachte, wir würden nie wieder nach Hause kommen.

Eine Weile später fügte meine Mutter hinzu: Die arme Milly, manchmal frage ich mich, was aus ihr geworden ist.

Zum Gericht in Mullingar war mein Großvater noch zu Fuß gelaufen; jetzt, einige Jahre später, fuhr mein Vater mit dem Fahrrad.

Der Streifendienst eines Ordnungshüters der Republik hatte den gleichen Umfang wie der eines früheren Polizisten im British Empire. Sie mussten zu denselben Gerichtshöfen, waren in denselben restaurierten Wachlokalen untergebracht und stapften dieselben Landstraßen entlang. Aber die Gewehre wurden weggesteckt. Die Polizei hielt sich, so gut sie konnte, aus dem Bürgerkrieg heraus. Auf einem Feld in der Nähe von Kilcogy bildete Wachtmeister Healy Männer für die faschistischen Blauhemden aus. Dann kam er nach Hause, um meine Großtante Jane, ein führendes Mitglied der republikanischen Partei Fianna Fáil, zu pflegen, die ihre letzten Tage bei ihnen verbrachte.

Vor Eamonn de Valera, als dieser die Regierung übernahm, war er auf der Hut. Der »Wirtschaftskrieg« mit England stimmte die Menschen bitter und patriotisch. Die Tuberkulose raffte die Gemeinde dahin. Tony wurde ermahnt, nicht mit Kindern aus Häusern zu spielen, die von der Krankheit heimgesucht wurden. Es hieß, die Tbc bleibe in den Spinnweben hängen und könne nie ganz besiegt werden. Wenn meine Mutter nach Cavan fuhr, nahm sie die jüngsten Kinder mit, steckte sie ins Bett und ging nach unten, um zu arbeiten. Offenbar warf sie Tony, als er noch ein Kind war, ein Bündel Bananen und eine Hand voll Comics hin und sperrte ihn ins Zimmer ein. Den ganzen Tag saß er da, las und aß Bananen. Und meine Mutter vergaß ihn.

Mehr als eine Woche lang litt er an Verstopfung.

Tony erkrankte an Diphtherie und verbrachte lange Zeit im Sanatorium. Er sehnte sich danach, wieder bei meinem Vater im Torfmoor zu sein. Er machte seine Schulabschlussprüfung und ging nach Aden. Dann nach England. Auf Jahre verschwand er aus unserem Leben und kam als Fremdling zurück. Miriam wurde nach Cavan geschickt, wo sie aufs Loreto College ging und im Breifne arbeitete. Meine Tante Maisie musste ihre Freunde von der Tür wegscheuchen. Später heiratete Miriam und übersiedelte in die Staaten.

Ich weiß noch, wie ich einmal als Kind zum Milseanacht Breifne mitgenommen wurde. Ich erinnere mich noch an die genauen Umrisse des Zuges. An den Schimmel des CIE-Fuhrwerks, der vor dem Bahnhof von Cavan mit den Hufen scharrte. Das Treiben unter mir. Die langen Korridore im Breifne. Das Dielenbrett auf dem Treppenabsatz hinter dem Hausaltar, das unter meinem Fuß nachgab. Den riesigen Spiegel im Speisesaal, der auf ein anderes Zimmer ging.

Ich lag in den Armen meiner Mutter. Muddy, meine Großmutter, saß in einem Sessel in der guten Stube. Die Fenster gingen auf die Main Street. Sie war in Schwarz gekleidet. Von meinen Großeltern war sie die Einzige, die ich je zu Gesicht bekommen habe. Die anderen waren schon lange vor meiner Geburt gestorben. Draußen zog eine Prozession von Marschkapellen durch die Straße. Sie feierten Myles den Schwertschwinger wegen einer Heldentat, die er nie begangen hatte.

Jemand hob mich auf die Schultern, damit ich besser sehen konnte.

Er ist wie die andere Seite des Hauses, sagte Muddy, aber er hat deine Augen, Winnie. Diamanten in einem Pisspott.

6. Kapitel

Kit Daley sitzt auf einem Lehnstuhl vor seiner Tür. Sein Hemdschoß flattert. Zum Schutz gegen die Sonne hat er einen flachen, dunklen Hut auf. Schwäne fliegen übers Dorf. Immerzu fliegen Schwäne.

Tom Keogh trägt einen Eimer Milch zu Ledwidge's hinüber. Auf dem Rückweg hält er auf halbem Wege an und rückt seine Kopfbedeckung zurecht. Ein Brotauto kommt über die Brücke gefahren. Der Pumpenschwengel bewegt sich auf und ab. Ich verliebe mich in Sheila Ledwidge, deren Vater das Postamt gehört. Meine Cousinen aus England verdrehen den Jungs am Ort den Kopf. Tante Bridgies Tochter Patricia kam im Krieg hierher und wollte nicht wieder nach London zurück. Die Leute im Dorf kennt sie noch von ihrer Schulzeit her.

Ich gehe zu Fitzsimon's und esse mit den Schnittern einen Teller Culcannon. Auf dem Kartoffelbrei, dem Schalotten, Krauskohl und Milch, frisch aus dem Kuhstall, beigemengt sind, zerläuft echte Butter. Mrs. Fitzsimon sagt: *Langt zu.* Das Heu wird rechtzeitig eingebracht. Wenn man den Männern zusehen will, muss man durch ganze Bäche von Saatkörnern waten. Schlimme Dinge, die geschehen, machen die Menschen unvergesslich. Ein Todesfall färbt das Dorf weiß. Gerry Fitzgerald, Sonnys Sohn, sitzt auf einer Stufe und trinkt einen Eisbecher mit Sirup und Sodawasser. Noel Kiernan spielt mit Gerry Doyle Fußball. *Hört ihr, dass ich euch zusehe?,* fragt Mr. Clarke. Und er schickt mich ins Dorf, um seine Nachbarn zu verfluchen. Wieder findet eine Sonnenfinsternis statt. Wir versammeln uns mitten im Dorf und starren durch blau getöntes Papier in den Himmel.

Als das Dunkel das Dorf überfliegt, beginnen aufgeregt die Hähne zu krähen. Hunde bringen sich in Sicherheit. Mücken verflüchtigen sich. Dann tritt eine lange Stille ein. Zwielicht quert das Land. Ein Schatten.

Ich weiß, irgendetwas stimmt nicht. Manchmal fällt meinem Vater das Atmen schwer. Er schneuzt sich in ein helles Taschentuch. Sein hageres Gesicht blickt besorgt drein. Zu jeder Stunde kommen Besucher. Sie fangen an, die Sachen im Haus wegzuräumen. Mitunter fährt meine Mutter tagelang nach Cavan.

Tom Keogh sitzt mit meinem Vater in der Küche. Vor dem Kamin werden Flaschen Guinness gewärmt. Die Männer halten die Hände über die Flammen.

Es wird eine andere Welt sein, sagt Tom.

Ja.

Wir werden dich vermissen.

Ich falle die Treppe hinunter. Mein Vater trägt mich auf den Schultern wieder hoch.

Was hast du gemacht?, fragt er.

Er setzt sich auf die Bettkante, um mich zu beruhigen. Er tastet meine Arme und Beine ab.

Es ist nichts gebrochen, sagt er. Was hast du gemacht?

Ich habe gelauscht.

Gelauscht hast du?

Ja.

Und was hast du gehört?

Dinge.

Was für Dinge?

Dies und das.

Wenn du nicht gelauscht hättest, wärst du nicht gefallen.

Er deckt mich warm zu und schleicht sich auf Zehenspitzen hinaus. Sonny Fitzgerald kommt mit einer Flasche Whiskey vorbei. Seamus gibt *Dangerous Dan McGrew* zum Besten. In der Spülküche schneidet mein Vater Scheiben vom Kochschinken ab. Ich sitze wieder auf dem Treppenabsatz. Als der Morgen hereinbricht, gehen die Männer den Pfad hinunter. Ich laufe zu Brian McHugh hinüber und setze mich in die Küche mit der hohen Decke. Er lässt mich in den Lauf seines Gewehres schauen. Wir waten durchs Schilf. Er legt den Finger an die Lippen. Wir gehen in die Hocke. Aber was immer er dort vermutet, es steigt nicht zur Oberfläche auf.

Ihr nehmt die Landstraße, sagt er.

Ja, sage ich.

Aber ich weiß nicht, was er meint.

Aus Cavan kommen Miriam und Sheila Reilly in der Uniform des Loreto College. Sie setzen sich auf die Fensterbretter in die Sonne und steigen auf den Green Hill, um wild wachsende Blumen als Tischschmuck zu pflücken. Una nimmt den Vorhang vor dem Fenster ab. Am Abend packt Miriam oben ihre Kleider und nimmt sie mit. Mein Vater steht in seinem Garten und stützt sich auf einen Spaten. Er ist verwirrt. Der Spitz namens Croney läuft an der Mauer entlang und setzt sich auf den Torpfeiler. Onkel Seamus trifft mit seinem Süßigkeitenwagen ein, in dem die Sachen aus dem Wohnzimmer verschwinden. Langsam leert sich das Haus.

Ich weiß, irgendetwas stimmt nicht.

Noel Kiernan und ich gehen zur Schule. Die Gurns gesellen sich zu uns. An der Kirche schwenken wir nach rechts ab statt nach links und gehen schwänzen. Hinter einer Böschung nehmen wir den Feldweg ins Torfmoor. Dann laufen wir auf eine Heuwiese und rennen von Schober zu Schober. Wir ducken uns und schlängeln uns hindurch, bis wir auf einer Wiese gegenüber der Schule stehen. Wir beobachten die Fenster der Klassenzimmer und essen gegenseitig unsere Sandwiches auf. Noel Kiernan hat Schinken drauf, Noel Gurn Marmelade und ich Eier. Hinter einer Gruppe von Eschen sehen wir den anderen Kindern in der Elf-Uhr-Pause beim Spielen zu.

Plötzlich bockt ein Esel. Er tritt mir gegen den Kopf. Ich kam auf einer Wiese zu mir, auf der Schlüsselblumen wuchsen. Das ist das Gefühl, das ich habe.

Bei Sonny Fitzgerald findet eine Party statt. Das ganze Dorf ist da. Mein Vater und meine Mutter gehen gemeinsam hin. Sie trägt ein braunes Kleid und weiße Sandalen. Er hat einen marineblauen Anzug mit ausgestellten Hosen an. Es ist Spätsommer.

Ich sehe ihnen zu, wie sie losgehen. Von Pferden und Eseln gezogene Karren fahren vorbei. Alle halten bei Sonny an. Männer in eleganter Aufmachung kommen über die Brücke. Der Polizeihauptwachtmeister und die beiden Wachtmeister laufen zusammen das Dorf herauf. Frauen mit dampfenden Blechen überqueren die Dorfstraße.

Es gibt Musik.

Ja, Musik.

In der Nacht höre ich Männer auf der Straße singen. Auf dem Hügel wird jemandem schlecht, und er stöhnt laut. Die Küche füllt sich mit Stimmen. Ich sitze auf dem Treppenabsatz. Die Männer ahmen brüllende Tiere nach. Ich höre, wie Leute an die Hauswand pinkeln. Auf dem Gehsteig kläfft Croney. Meine Mutter lotst meinen Vater nach oben und lässt die ganze Bagage unten zurück.

Allmächtiger, sagt mein Vater, wo sind wir?

Du bist zu Hause in Finea, antwortet sie.

Das stimmt, versetzt er.

Das stimmt, sagt sie. Dann zitiert sie aus heiterem Himmel:

Good evening, John
Your shirt is gone
And your wife
Won't be home
In the morning.

Tags darauf zieht mein Vater seine Uniform nicht wieder an. Er hängt sie in einen Wandschrank. Ich weiß nicht, warum. Jahre später sollte ich erfahren, dass er aufgrund seines schlechten Gesundheitszustands vorzeitig in den Ruhestand getreten war. Er nimmt meine Hand, und wir gehen am Fluss spazieren, über den Zauntritt und hinaus zur Mündung, wo sich die Flussbarsche sonnen, ganze Schwärme von ihnen, und nach jungen Fischen Ausschau halten, die in den Kinale schwimmen und wieder heraus; Enten gleiten aus dem Schilfgras und lassen einen Schimmer zurück; ein altes Boot verrottet; eine Libelle summt; mein Vater breitet ein Taschentuch aus und setzt sich darauf, krempelt die Hosenbeine auf und zündet sich eine Zigarette an.

Wir ziehen weg, sagt er.

Ich weiß, sage ich.

Aha!

Wer zieht weg?

Wir alle.

Wann?

Bald.
Wohin?
Nach Cavan.
Ich will nicht weg.
Er dreht das Streichholz hin und her, zerbricht es und schnipst es fort.
Auch wenn du jetzt nicht weg möchtest, nach einer Weile wird's dir nichts mehr ausmachen. Er streicht sich die Haare zurück. Und wir können jederzeit zurück.
Wirklich?
Ja.
Wie oft?
So oft wir wollen. Das Haus wird immer dastehen.
Wir blicken hinaus auf den Kinale.

Später wurde der Sheelin für mich groß wie der Atlantik. Dem Kinale bin ich nie auf den Grund gekommen. Er hat Geheimnisse, die man nicht preisgeben darf. Eine Zeit, die nicht zurückgeschenkt werden kann, sondern kontinuierlich da ist. Vor dem Schlafengehen rauche ich stets eine Zigarette im Dunkeln, und in allem, was ich je geschrieben habe, kommen eine Brücke, ein Mann in Uniform und eine Frau vor, die die Leitung eines Geschäfts übernimmt. Ein Mädchen auf dem Loreto College. Ein Mädchen bei den Armen Klarissen. Hinter ihnen die Schweigsamen, meine Schwester, der Bruder. Sie haben ihr eigenes Finea, vollständiger als meines, da sie älter sind.
Was geschieht, ist ein Wunder, auch wenn die Erinnerungen unvollständig sind, wie eine Karte, auf der einige Orte fehlen. Aber es ist in Ordnung, dies alles ist in die Vorstellung eingegangen, und nichts bleibt, wie es ist.

7. Kapitel

Eines Tages wusste ich, dass es so weit war. An einem staubigen Nachmittag wendete Charlie Clavin seinen alten schwarzen Ford und hielt vor unserem Tor an.

Mutter und Una waren bereits nach Cavan vorausgefahren und zu Miriam gestoßen. So blieben nur noch ich selbst und mein Vater zurück. Wir saßen in der alten Küche, als die Hupe ertönte. Es brauchten nur noch ein paar zerbeulte Koffer und ein halber Sack Saatkartoffeln weggeschafft zu werden. Mein Vater verstaute sie im Kofferraum, dann machte er einen letzten Rundgang durchs Haus. An den Wänden waren nur noch die viereckigen Flecken zu sehen, wo die Bilder gehangen hatten. Die Schubladen in der Anrichte waren leer. Nun, da die Möbel ausgeräumt worden waren, hing ein Geruch nach Moder in dem kleinen Wohnzimmer. Er räumte sein Rasierzeug vom Spülküchenfenster. Dann prüfte er die Hintertür nach. Wir gingen durch die Schlafzimmer, und er kontrollierte die Fenster.

Das wär's, sagte er und schloss das kleine grüne Tor.

Ich saß vorne bei Charlie, mein Vater stieg hinten ein. Dann rief ich den Hund herbei. Croney lag zusammengerollt vor der Haustür. Ich pfiff. Widerstrebend kam er den Weg herauf, sprang auf die Mauer und setzte sich auf den Torpfeiler. Ich hob ihn auf meinen Schoß. Noel Kiernan sah zu. Brian Sheridan winkte. Tom Keogh winkte. Wir passierten das Denkmal, fuhren über die Brücke und an der Polizeiwache vorbei, vorbei an den vierzig Schwänen auf dem Finea Lake. Als wir die lange Steigung aus dem Tal hinaufkrochen, stöhnte der Motor auf, der Wagen ruckte, und Charlie trat aufs Gaspedal, aber bald waren wir oben, schnurrten hübsch die Straße entlang, hinter uns lag der Kinale, zu unserer Rechten Lough Sheelin, und vor uns breiteten sich ganz Westmeath und Cavan aus.

In Kilcogy fuhren wir an dem Tanzsaal mit dem Wellblechdach vorbei, wo mein Vater seinen Nachtdienst versehen hatte, an dem Handballplatz an der Kreuzung in Mullahoran, wo er oft gespielt hatte, während sein Uniformrock an einer Seitenmauer hing, und durch das Dorf Ballinagh. Auf dem letzten Wegstück nach Cavan ließ Charlie den Wagen auf die falsche Straßenseite rollen. Als einer von Hartons Lastwagen auf uns zu jagte, riss er im letzten Augenblick das Steuerrad herum, und wir kamen auf der richtigen Straßenseite zum Stehen.

Tut mir Leid, Wachtmeister Healy, sagte Charlie.

Einige Minuten lang saßen wir schweigend da. Charlie stieg aus und setzte die Anlasskurbel an. Er drehte sie einmal, zweimal und betrachtete uns. Auf seiner Stirn standen Schweißperlen. Bei der dritten Drehung sprang der Wagen an. Wir rasten in die leeren Straßen von Cavan.

Die Geschäfte hatten geschlossen.

Ich weiß noch, wie ich, nachdem der Wagen angehalten hatte, vor der geschlossenen Markthalle stand. Es roch nach Saatkörnern, Öl und Zement. Ich blickte die Straßen hinauf und hinunter – nirgends eine Menschenseele, in der Brise schaukelten Ladenschilder, auf einer Seite der Straße schien die Sonne, vor Provider's hielt schlitternd ein streunender Hund an und schnüffelte an der Tür.

Croney begann zu winseln. Die Koffer in der Hand, überquerten mein Vater und Charlie die Straße und klingelten. Meine Mutter kam zur Tür. Sie riefen mich zu sich. Wir gingen durch die lang gestreckte Diele, dann durchs Esszimmer und ins Wohnzimmer. Alle waren da: Una, Miriam und Tante Maisie. Der Tisch bog sich unter den Speisen. Charlie Clavin legte seine Mütze auf die Knie und aß.

Ich saß neben Charlie, und als er sich zum Gehen anschickte, begleitete ich ihn zur Tür.

In der Diele entlohnte ihn mein Vater. Charlie tippte an seine Mütze. Er drehte die Anlasskurbel und fuhr davon. Da standen wir nun in der Haustür und blickten die Straße auf und nieder, bis mein Vater mich bei der Hand nahm und zurückbrachte. Mit Croney ging ich in den Hintergarten und fand einen Stachelbeerstrauch.

Im Garten des Nebenhauses sah ich einen Jungen.

Wer bist du?, fragte er.
Ich bin Dermot Healy, antwortete ich.
Ich bin Dermot Burke, erwiderte er.
Es kann nicht drei Dermots geben, sagte ich.
Wer soll denn der andere sein?
Dermot Kinane.
Den kenne ich nicht.
Mein Cousin.

Wir stiegen den Hintergarten hinauf zum Gallows Hill, dann hinunter auf den Nonnenfriedhof hinter dem Kloster der Armen Klarissen. Der Anblick des hohen, strengen Kreuzes zwischen den Bäumen erstaunte mich. In der Abenddämmerung kletterten wir auf einen Baum. In der Stadt Cavan gingen die Lichter an.

In der Nacht schlief ich wie ein Mann in einem Boot, das auf einem fremden Gewässer flussaufwärts fährt. Im Dunkeln aß ich einen Riegel Schokolade und trank Cidona. Ich hatte mein eigenes Zimmer und meine eigene Lampe. Nebenan hörte ich die Burkes brüllen, die von ihrer Großmutter verprügelt wurden. Sie flehten sie an aufzuhören, aber es kam nur noch schlimmer. Deutlich hörte ich, wie der Lederriemen auf ihre Hinterbacken klatschte.

Als es ausgestanden war, empfand ich enorme Erleichterung. Ich ging hinaus auf die Treppe, um zu lauschen, konnte aber nichts hören. Aus dem Esszimmer unten drangen sämtliche Geräusche herauf. Ich hörte, wie die Frauen sich mit meinem Vater unterhielten. Das Radio. Wie meine Schwester zu Bett ging. Am Fenster raschelte kein Efeu. Auf dem See gab es keine Vögel, die ihre Schreie ausstießen.

Die Dorfgeräusche, die mich in den Schlaf gewiegt hatten, waren nicht mehr.

Das Ticken der Fahrräder von Finea war verklungen. Der Hahn verstummt. Der iahende Esel in weiter Ferne. Ich vermisste die Tür des Außenaborts, die sich hinter meinem Vater geschlossen hatte. Den Gesang meiner Mutter in der Spülküche. Die gelegentlichen Schritte, wenn jemand von Sonnys Haus zurückkam. Stattdessen hörte ich einen Zecher, der sein Fahrrad durch Con Reillys Durchgang schob. Ich hörte, wie Con ein Fass ins Haus rollte. Eine Fehlzündung in der Main

Street. Die Glocken, die die Stunde anzeigten, klangen ganz nahe. Lastwagen brausten vorbei. Ein Holztor fiel zu, und ein Riegel wurde vorgeschoben. Maisie lachte. Mutter kam aus der Küche und öffnete die Tür zur Backküche, um das Feuer im Herd zu inspizieren. Mein Vater legte Kohle nach.

Ich stand am Fenster und blickte über die Dächer. Ich sah die alte Miss Reilly an ihrem kleinen Fenster stehen. Sie hatte ein winziges Gesicht und wildes graues Haar. Sie stützte die Hände aufs Fensterbrett und starrte ins Dunkel hinaus. Wie jede Nacht stand sie etwa zwanzig Minuten lang da und beobachtete etwas, was tief in ihrem Unbewussten vergraben war.

Kurz nachdem ich eingeschlafen war, hörte ich, wie die Tür aufging.

Alles in Ordnung, Dermot?, flüsterte mein Vater.

Ja, antwortete ich.

Nachdem mein Vater gegangen war, konnte ich nicht wieder einschlummern, und um mich einzuschläfern, wanderte ich durch Finea. Und all die nichts sagenden Dinge kehrten zurück. Ich nahm Blumentöpfe, Lampen, Polstersessel wahr, die Farbe der Haustüren. An jedem Haus ging ich vorbei und benannte die Menschen, die darin lebten. Voller Zuneigung sagte ich laut ihre Namen auf. Manchmal war ich schon eingenickt, wenn ich bei den Coyles ankam. Manchmal musste ich bis zu den Dohertys gehen. In guten Nächten brauchte ich nur die Brücke zu überqueren. In den allerärgsten Nächten musste ich die ganze Fahrt wiederholen, die wir mit Charlie Clavin unternommen hatten, und dann kam ich wieder in der makellosen Dunkelheit an, in der ich jetzt kauerte.

Doch das beste Anlaufziel von allen war die Tür von Kit Daley. Hier herrschte Stille. Auf dem Zementsockel der Pumpe blieb ich stehen. Das Dorf schlief.

Zweites Buch

Leckereien aus Breifne

8. Kapitel

Am nächsten Tag um elf Uhr wachte ich in dem fremden Haus auf. Ich probierte das Badezimmer aus. In der Wanne und im Waschbecken ließ ich die Wasserhähne laufen. Dann ging ich zurück, öffnete sämtliche Schlafzimmertüren und lugte hinein. Fünf Schlafzimmer zählte ich. Ich betrachtete die Fotos der alten Slackes, die an den Wänden des Flurs hingen. Vor dem Altar, der in einer Nische auf dem Treppenabsatz stand, blieb ich stehen. Hinter riesigen, dicken Glasscheiben ließ eine Christusfigur, das Haupt von Dornen umwunden, echtes Blut herabtröpfeln. Ich ging in die gute Stube im Obergeschoss. Dort gab es einen tiefroten Teppich, ein langes Sofa, Lehnsessel, einen gewaltigen Radioapparat, ein großes Foto von Thomas und Elizabeth Slacke, eine mit Tafelsilber voll gestopfte Anrichte. Auch zwei seltsame Flusslandschaften gab es.

Leise öffnete ich die letzte Tür. Ein schaler Geruch nach Puder wehte mich an. Vor den drei Spiegeln ihrer Frisierkommode saß Tante Maisie auf einem Stuhl.

Sie bürstete sich die Haare zurück.

Ja?, fragte sie. Wer ist da?

Ich bin's, Dermot.

Und was, bitte schön, möchtest du?

Ich suche meinen Vater.

In meinem Zimmer findest du deinen Vater nicht. Kann man nicht einmal hier ungestört bleiben?, fragte sie streng. Geh nach unten. Und mach bitte die Tür hinter dir zu.

Ich verdrückte mich.

Ich fand den Weg zum Laden. Hinter der Theke stand meine Mutter. Ihr Haar hatte eine neue blaue Tönung. Auf der Straße blieb ich stehen und ließ mich von der Menschenmenge gefangen nehmen.

Plötzlich kam mitten auf der Straße der öffentliche Ausrufer, Tommy Keyes, anstolziert. Ein paar Kinder liefen hinter ihm drein. Er läutete seine mächtige Glocke, dann brüllte er irgendetwas Unverständliches. Die Haustürklinke in der Hand, schaute ich ihm verblüfft zu.

Dermot!, rief meine Mutter.

Was?

Komm rein, frühstücken. Und richte den Mädchen aus, Tommy Keyes hätte gesagt, dass um zwei Uhr das Wasser abgestellt wird.

Ich machte die Tür zur Teestube auf.

Nein, sagte sie, geh den Durchgang entlang.

Die Fenster unten waren alle vergittert. In der Backstube drehte sich der große Rührbesen. In der Küche kochten Kartoffeln. Im Esszimmer hieß Mary mich vor dem großflächigen Spiegel Platz nehmen. Ich musterte mich eingehend. Dann bat ich sie um einen Laib Finea-Brot. Dies war ein viereckiges Brot in einem Stück, oben bronzen und unten rösch. Das Mädchen hatte mir eine einfache Scheibe Weißbrot angeboten.

Finea-Brot, so was gibt's doch gar nicht, sagte sie.

Gibt's wohl, entgegnete ich.

Davon hab ich noch nie gehört, sagte sie.

Wie ich so in dem dunklen Zimmer vor dem Spiegel saß, herrschte ein ständiges Kommen und Gehen. Die Leute gingen durch das Zimmer, in dem ich mich befand, und zugleich durch das andere Zimmer im Spiegel.

Mit Croney stand ich auf dem Hof. Der Tag war vom Klappern des Geschirrs erfüllt, vom Klopfen des Nudelholzes, mit dem die jungen Bäckerinnen den Teig schlugen, vom Rasseln des Mixers mit den Ausmaßen einer Zementmischmaschine, der Biskuit- und Butterkuchenteig verrührte. Teig spritzte. Aus dem Spritzbeutel quoll Sahne. Der große Durchlauferhitzer in der Küche sandte Dampfschwaden zu der feuchten, dick mit Glanzlack gestrichenen Decke empor. In der Pfanne zischte Schweinefett.

Die Tür zum Restaurant flog auf und zu, den Farmern wurden Bleche mit Pommes frites gebracht; Bleche voller Baisers, Eclairs, Biskuittörtchen, Apfelteilchen, Sodafladen, mit Sahne gefüllter Hörnchen, Schokoladenkringel, gedeckter Apfelkuchen, Biskuitkuchen,

Kirschkuchen, Kümmelkuchen, Geburtstagstorten, Rosinenkuchen; Vollkornbrot-»Squares«, die in Wahrheit Dreiecke waren, kamen den Durchgang entlang.

Die süßen Brötchen wurden in den Glasvitrinen unter der Theke aufgebaut, die Kuchen kamen auf die Wandregale, die Auslage wurde voll gestapelt. Einer Kiste hinter der Theke entnahm meine Mutter Tee und füllte ihn löffelweise in kleine weiße Beutel ab. Anderthalb Löffel voll für eine einfache und drei für eine doppelte Portion. Daraufhin wurden die Teebeutel in die Küche gebracht, in einer Keksdose aufbewahrt und je nach Bedarf in die Teekannen entleert. Auf diese Weise konnte sie die Menge, die jeder Kunde erhielt, genauestens kontrollieren.

In einer Schale mit Wasser auf dem Fensterbrett in der Küche schwammen Butterportiönchen.

Wie heißt du?, fragte Josie Rahily, als ich in die Backstube guckte. Von Bienen umschwärmt, presste sie heiße Schokolade aus dem Spritzbeutel. Die Bienen waren allgegenwärtig. Miss Smith hob ein Blech mit Biskuittörtchen aus dem Ofen, zum Schutz gegen die Hitze fasste sie es mit Lappen an.

Möchtest du ein süßes Brötchen?, fragte sie mich.

Nein, antwortete ich.

Warum nicht?

Ich mag keine süßen Sachen.

Na, da bist du aber am falschen Ort gelandet, so viel steht fest.

Ich irrte im Haus umher, bis ich endlich meinen Vater fand. Er hielt sich im Garten auf und setzte Saatkartoffeln.

Du hast aber tief geschlafen, meinte er.

Ein paar Tage später nahm Una mich bei der Hand und brachte mich zur Klosterschule. Man hatte mich mit einer kurzen Hose ausstaffiert, der an den Knien abgeschnittenen marineblauen Uniformhose meines Vaters. Der Arsch war riesig. Als wir die Vorschule passierten, hörten wir die Waisenmädchen singen. Una klopfte an die Tür, und eine Nonne trat heraus. Ich rannte über den Klosterhof, zum Tor hinaus und die Main Street entlang.

Hinter der Theke stand meine Mutter. Ich stieß mit ihr zusammen.

Dermot!, rief sie.

Mammy!, rief ich.

Wieso bist du nicht in der Schule?

Ich will da nicht hin.

Du musst aber.

Nein.

Warum nicht?

Da sind Strohmänner.

Was?

Da sind die Strohmänner.

Una brachte mich ein zweites Mal hin. Als die Nonne mich ansprach, hielt ich den Blick auf den Boden geheftet. Ich fürchtete mich vor den »Strohmännern«. Am zweiten Weihnachtstag zogen sie immer mit Masken aus Stroh und schwarzen Kitteln durchs Dorf und brüllten etwas von Mullahoran, Kilnaneck und Cromwell. Am Habit der Nonne klirrten Schlüssel. Sie beugte den Kopf zu mir herab, bis er auf einer Höhe mit meinem war. Ihre Haut war weiß und klar. Hinter den Ohren und über der Stirn konnte ich ein paar Haarfransen erkennen. Sie hatte große Augen. Das Kruzifix schlenkerte.

Sehe ich etwa aus wie ein Strohmann?, fragte sie lächelnd.

Sie führte mich in eine Klasse. Ich hielt den Kopf gesenkt. In einem Singsang leierten die Schüler das Einmaleins herunter. Matt Donnelly rückte beiseite. Ha-ho, sagte Raymond Green. Ich setzte mich. Schaut euch das Landei an, flüsterte jemand. Als die Nonne sich zur Tafel wandte, hob der Typ vor mir seinen Arsch und ließ direkt vor meinem Gesicht einen Furz ab. Der Geruch stach mir satt und feucht in die Nase.

An einem Donnerstag spazierte ich mit Miriam aus Cavan hinaus. Als wir loszogen, war es später Nachmittag. Der Himmel verdüsterte sich. Wir liefen die Straße nach Dublin entlang, an den Reihenhäusern vorbei.

Führt die Straße nach Finea?, fragte ich nach einer Weile.

Schon möglich, erwiderte Miriam.

Was soll das heißen, schon möglich?

Es ist ein weiter Weg.

Können wir hin?

Ja.

Jetzt?

Ja, sagte sie. Warum nicht?

Die Dämmerung brach herein. Die weißen Geländer hörten auf. Wir traten aufs Land hinaus. Der Dunst duftete nach Maienblüte.

Hier entlang, sagte Miriam.

Wieso?

Das ist kürzer.

Bist du dir sicher?

Natürlich bin ich mir sicher.

Sparen wir da Kilometer ein?

Oh, viele, viele Kilometer, sagte sie.

Das ist gut.

Und so nahmen wir verschiedene Abkürzungen, um zum Dorf zu gelangen. Wir kamen an einem Herrenhaus vorbei. Eine Frau, die zwei Eimer Wasser trug, durchquerte den Hof. Auf einer Weide jagte ein Pferd davon. Wir liefen ein Sträßchen mit Kopfsteinpflaster hinauf, und an einem Tor sprach uns ein Mann an.

Herrlicher Abend, sagte er.

Herrlich, erwiderte Miriam.

Die Nächte, sagte er, werden kürzer.

So ist es.

Wer ist das?

Einer von den Gurns.

Ist er nicht.

Ist er doch.

Ich blickte mich um, aber er war schon verschwunden. Wir liefen eine Böschung hinauf und gelangten auf eine Anhöhe, eine weite Fläche mit Stechginster und Steinen. Ein Esel hob den Kopf, um uns zu beäugen.

Wie viele Kilometer noch?

Vielleicht sechs, antwortete sie.

Bist du dir sicher?

Höchstens acht, sagte sie.

Acht Kilometer ist ein weiter Weg.

So schlimm nun auch wieder nicht.

Weiter als sechs Kilometer.

Das stimmt.

Und sechs Kilometer sind schlimm genug.

Wir begannen den Abstieg in ein Tal. Die Straßen waren schmal und die Gräben voll. Auf einer überfluteten Wiese tunkten Schwäne das Haupt ins Wasser. Amseln sangen, dann gab's Krähen und ein Geraschel.

Haben wir die Hälfte geschafft?

Mehr als die Hälfte, antwortete sie.

Bist du sicher?

Ja.

Wie weit ist es zurück bis nach Cavan?

Vielleicht sechs Kilometer.

Sechs Kilometer?

Ja.

Das war ein weiter Rückweg, und je weiter wir wanderten, desto länger würde er werden. Meine Schwester lief neben mir und hinter mir.

Ob das Haus noch steht?

Natürlich steht es noch.

Und können wir darin übernachten?

Ja.

Wo werden wir schlafen?

Auf dem Fußboden.

Was wird Mammy sagen?

Sie wird nichts dagegen haben.

Na schön.

Wir wichen einem Auto aus. Miriam entfernte einen Stein aus ihrem Schuh. Ein Ochse folgte uns die Hecke entlang. Ein Bach ergoss sich in einen Gully. Der Mond schien.

Ist es noch weit?

Nicht mehr sehr weit.

Wird ein Kaminfeuer brennen?

Ja.

Und wer hat's angemacht?

Charlie Clavin.

Aha.

Die Schatten der Bäume fielen quer über die Straße. Nur noch das Geräusch unserer Schuhe war zu hören. Ich fasste sie bei der Hand.

Meine richtige Heimat ist Finea, sagte ich.

Gefällt's dir in Cavan nicht?

Nein.

Warum nicht?

Darum.

Darum was?

Einfach darum.

Der Mond verbarg sich hinter einer Wolke. Im Dunkeln blieb sie stehen. Ich lauschte angespannt. Unsere Augen gewöhnten sich an die Finsternis.

Sind das die Lichter von Finea?, fragte ich und zeigte geradeaus.

Könnte sein.

Ja oder nein?, wollte ich wissen.

Sie blieb stehen, um sich zu vergewissern.

Ja.

Dann komm, sagte ich.

Ich komm ja schon.

Ich schritt aus. Immer wieder wartete ich auf sie, dann ging ich weiter. Auf ihr Geheiß bogen wir in eine Straße, doch das Licht im Haus war verschwunden. Bald darauf blinkte ein weiteres auf, dann noch eins.

Wessen Licht ist das?, fragte ich.

Charlie Clavins, antwortete sie.

Und das?

Coyle's Laden.

Die haben aber spät offen, sagte ich.

Ja.

Warum wohl?

Es war eine lange, ermüdende Wanderung. In der Ferne tauchten weitere Lichter auf. Das ganze Dorf war erleuchtet. Wir liefen hinter einen Hügel, und das Dorf war wie vom Erdboden verschluckt. Als wir um eine Kurve bogen, war es wieder da.

Komm, sagte ich.
Ich komm ja schon.
Komm, wiederholte ich.
Renn doch nicht so.
Ich renne doch gar nicht.
Tust du doch.
Aber jetzt nicht mehr.
Warte auf mich, sagte sie.
Ich blieb stehen und wartete auf sie. Wir kamen an einer Tankstelle vorbei, die nicht in Finea stand. Wir erreichten eine Straße, die von langen Zeilen Reihenhäusern gesäumt war. Wäsche flatterte, und Straßenköter kläfften.
Den Ort kenne ich nicht, sagte ich.
Klar kennst du den, erwiderte sie.
Nein, tu ich nicht.
Siehst du denn nicht?
Irgendwas stimmt nicht.
Was meinst du damit?
Das ist nicht Finea, sagte ich.
Nein, erwiderte sie, das ist der Half Acre.
Wir bogen um eine Ecke, und plötzlich waren wir wieder in Cavan. Was wir gesehen hatten, war überhaupt nicht Finea. Es war eine herbe Enttäuschung, wieder in diesen düsteren, dämmrigen Gassen anzukommen, zu hören, wie sich die Tür ins Dunkel der Diele öffnete, zwischen den Restauranttischen mit den weißen Marmorplatten hindurchzulaufen. Im dunklen Esszimmer knipste meine Schwester das Licht an. Da standen wir, alle beide, wieder im Spiegel.
Ich war für immer in Cavan gefangen.

9. Kapitel

Mein Vater saß auf der Bettkante. Schon einige Zeit lang musste er so dagesessen haben. Er fragte mich, ob mir etwas fehle. Ich verneinte. Er blickte auf den Nachttopf auf dem Boden.

Bist du dir sicher?

Ja.

Dann gehe ich jetzt.

Ich konnte es nicht erwarten, dass er endlich fortging, aber er wollte bei mir bleiben. Schließlich erhob er sich widerstrebend. Das Bett hob sich. Mein Magen hob sich. Er ging am Spiegel vorbei, hielt die Tür auf und wandte sich um.

Soll ich dir irgendetwas mitbringen?

Nein, antwortete ich leise, schloss die Augen und stellte mich schlafend.

Voller Bedauern nahm er es hin, und mit einem leisen Klicken schloss sich die Tür hinter ihm. Ich wartete ab, bis ich ihn die Treppe hinuntergehen hörte, dann lehnte ich mich aus dem Bett und erbrach mich heftig. Die Tür flog auf. Er kam hereingerannt, außer Atem und besorgt. Er nahm meine Stirn in die Hand. Für den Druck war ich ihm dankbar.

Nur zu, mein Junge, sagte er.

Als mich die Krämpfe durchzuckten, drückte ich nach unten, presste meine Stirn fest gegen seinen Handteller. Als ich fertig war, legte ich mich zurück, und mit einem feuchten Waschlappen wischte er mir Wangen und Lippen ab.

Warum wolltest du, dass ich gehe, fragte er, wo du doch wusstest, dass du dich übergeben musst?

Ich weiß nicht.

Geht's dir jetzt besser?

Ja.

Ich legte mich aufs Kopfkissen zurück. Die Hände auf den Knien, setzte er sich mit dem Rücken zu mir. Vom Kloster der Armen Klarissen drang das Gekreisch der Waisenmädchen, die während der Mittagspause auf dem Schulhof spielten, über die Dächer zu uns herüber. Frank Lee kam in seinen weiten Gummistiefeln mit einer Kanne Milch fürs Café den Durchgang entlang. Die Mädchen in der Bäckerei kneteten Teig. Auf dem Hof leerte jemand eine Teekanne in den Ausguss.

Möchtest du eine Limonade?

Nein.

Ich verstehe nicht, wieso du nicht wolltest, dass ich bei dir bleibe.

Ich wollte allein sein, wenn es mir hochkam. Aber das sagte ich meinem Vater nicht. Seit ich die Gelbsucht hatte, war ich es gewohnt, mich allein zu übergeben. Dann hörte ich den Lärm in der Ferne, sah meine Handgelenke leuchten und die Tapetenmuster flimmern. Gleich darauf wurde eins meiner Beine unscharf. Mein Körper verschwamm. Jeder Geruch, jeder Laut schien mich heftig anzugrinsen. Dann verschwand für einen Augenblick mein Kopf. Das war der entscheidende Moment, und man musste sich darauf konzentrieren, es richtig hinzukriegen. Es hinter sich zu bringen. Ich wollte niemanden dabeihaben.

Ich schaff das nur eben fort, sagte er, ich komme gleich wieder. Das Gefäß in der Hand, durchquerte er das Zimmer. Ich lag da, und als die andere Welt wieder auf mich einstürmte, kam ich mir vor, als sei ich soeben aus dem Beichtstuhl gekommen.

Daddy?, sagte ich.

Was ist?

Es geht mir schon besser.

Gut, sagte er, gut.

Um diese Zeit, oder kurz darauf, hatte ich eine andere Krankheit, deren Namen ich nicht wusste. Vielleicht war es überhaupt keine Krankheit, sondern ein Alb, der den Körper im Wachzustand befällt. Wieder bedeutete es, dass die Wände sich um mich schlossen und der Körper seine physische Präsenz abstreifte.

Unten im Wohnzimmer lief vermutlich das Radio. Im Milseanacht Breifne lief ständig das Radio. Das Gerät selbst stand in der guten

Stube über der Main Street, von dort führte ein Kabel nach unten in den Süßwarenladen, entlang der Wand im Café dahinter und schließlich zu dem Lautsprecher in dem kleinen Wohnzimmer zwischen Restaurant und Küche. Das Radio spielte ununterbrochen den ganzen Tag über, von dem Augenblick an, da Tante Maisie es einschaltete, kaum dass sie mittags aufgestanden war, bis Mitternacht, wenn die Nationalhymne auf die Main Street hinaus plärrte und wieder ein Tag zu Ende war.

In dieser Nacht drang die Stimme des Sprechers durch die grünen Gitterstäbe vor dem Fenster, pflanzte sich fort über den Durchgang und erreichte mich oben in dem Zimmer, in dem ich lag, gewichtslos und durchsichtig.

Wovon die Stimme redete, weiß ich nicht mehr. Es war eine Erwachsenenstimme, eine nostalgische Männerstimme; vielleicht war es James Mason; vielleicht war es Perry Mason; vielleicht der Angehörige eines religiösen Ordens, der von Akten der Nächstenliebe sprach, oder eine Stimme, die einen Walzer ankündigte; wessen Stimme auch immer, sie beunruhigte mich.

Während ich auf das Leben lauschte, das sich unten abspielte, hatte ich wie stets zunächst das wohltuende Gefühl sich herabsenkenden Schlafes. Ich hörte, wie die Damen das Haus verließen, um ins Kino zu gehen, und wusste, dass mein Vater allein dort unten saß.

Ich hatte Angst, er könnte seinen schlimmen Zahn mit einem Bindfaden an der Klinke festbinden und die Tür zustoßen. Das hatte er schon einmal getan, und als wir das Esszimmer betraten, hielt er sich ein blutiges Taschentuch an den Mund, und auf einer Untertasse lag der lange, gelbe, oben schwarz verfärbte Zahn. In dieser Nacht jedoch war alles still, bis auf die Stimme im Radio.

Ich lief zu Fuß nach Finea, dann geschah etwas Verkehrtes, und ich schrie auf. Ich schrie abermals. Ich hörte, wie er die Treppe heraufhastete und den Flur entlangstürzte. Als er die Tür aufstieß und das Licht einschaltete, war er blass und außer Atem.

Wo ist er, mein Junge?, brüllte er.

Gütiger Gott, mein Junge, sagte er mit heiserer Stimme, was ist nur los?

Ich wusste es nicht zu sagen. Er hielt das Fußgitter des Betts umklammert und blickte sich verstört um. Er rang nach Atem, und auf seinen Wangen bildeten sich zwei blaue Flecken.

Was ist?, fragte er. Wo ist er?

Aber da war niemand.

Ich hatte Angst, sagte ich.

Angst wovor?

Ich wusste keine Antwort.

Ich dachte schon, man hätte dich ermordet, sagte er.

Daraufhin muss ich mich wieder hingelegt und den Kopf zur Seite gedreht haben.

Da ist niemand, bekräftigte er.

Ja, Daddy.

Ich knipse jetzt das Licht aus, sagte er.

Er löschte das Licht, aber ich spürte, dass er, auf den nächsten Schrei gefasst, im Dunkeln noch lange so dastand und mich beobachtete.

Ein andermal ertappte er mich dabei, wie ich auf dem Flur schlafwandelte. Er hatte sich in einem Seitenzimmer der Stadthalle zu einer Whistpartie aufgehalten und sich anschließend mit Frankie Brady im Ulster Arms auf ein paar Flaschen Guinness getroffen, und als er aufsperrte und in die düstere Diele trat, erblickte er mich, wie ich im Schlafanzug vor dem Altar am Treppenabsatz stand.

Was machst du denn da?, fragte er.

Ich antwortete nicht.

Dermot?, sagte er.

Ich streckte eine Hand aus, berührte die Wände und tastete mich die Treppe hinab. Behutsam näherte er sich mir.

Schläfst du?, fragte er, und seine Stimme drang wie aus einer anderen Dimension an mein Ohr.

Wo immer ich hinwollte, ich bemühte mich, so gut ich konnte, anzuhalten. In Wahrheit wollte ich nur allzu gern zurück an jenen ersten Ort, und es war ein Verlust für mich, dass ich nicht hingelangte. Jetzt büßte ich ihn ganz ein.

Was ist denn los?, fragte meine Mutter von unten herauf.

Ich habe ihn erwischt, antwortete mein Vater, gerade noch rechtzeitig.

Dermot?, fragte sie.

Weck ihn nicht auf, riet er. Es heißt, man soll sie nicht jählings aufwecken.

Ich spürte, wie die Welt ringsum Gestalt annahm: das blutige Haupt der Christusfigur auf dem Altar, die rosa Blütenkelche der Plastikblumen, die weißen Vorhänge an den Fenstern, die auf das Flachdach gingen. Dann sah ich meine Mutter im blauen Morgenrock, mit leuchtender Brille und einem von Nivea-Creme glänzenden Gesicht, und meinen Vater, der wie ein Gespenst unter mir stand und mich, die flache Hand auf meiner Brust, abstützte.

Wo wolltest du hin?, fragte sie.

Nirgendwohin, erwiderte ich.

Jetzt bist du zu Hause, sagte sie.

Das stimmt, bestätigte mein Vater.

Er führte mich zurück zu meinem Bett.

Du bist nachtgewandelt, erklärte er, während er mir die Laken bis ans Kinn zog. Wieder setzte er sich, die Hände auf den Knien, aufs Bett. Sein Schatten war angenehm und wohltuend. Er zündete sich eine Zigarette an und klopfte die Asche über dem Feuerrost des kleinen schwarzen Kamins ab.

Du bist ein großartiger Nachtwandler, sagte er.

Etliche Jahre danach war er es, dem ich auf der Treppe begegnete, eine dünne, ausgezehrte Gestalt im Schlafanzug, mit offener Hemdbrust und um die Knie schlotternden Hosen. Er wähnte, er sei auf dem Weg zur Polizeiwache. Ich führte ihn zurück zu seinem Bett, wie er einst mich zu meinem.

Ich kann nicht sagen, wo ich mich in der Nacht, als er mich fand, aufgehalten hatte. Meistens aber brachen wir nach Finea auf. Stets begegneten wir einander irgendwo auf dem Flur oder auf der Treppe, in der Vorstellung, es sei die Brücke oder die Polizeiwache, dem Bewusstsein stets ein Stück weit entrückt, in einer Grauzone, wo, aus einem dumpfen Pflichtgefühl oder einer undeutlichen Sehnsucht heraus, gewisse Reisen erst noch abgeschlossen werden mussten.

10. Kapitel

Über Miriam, auf Whistpartien oder Pokerrunden, im Ulster Arms oder im Farnham Hotel lernte mein Vater Leute kennen.

Sein auf lange Sicht engster Freund war Frank Brady, einer der Bradys, die das Ulster Arms betrieben. Frank war damals Ende Zwanzig, mein Vater Anfang Fünfzig. Frankie hatte ein blasses, lachendes Gesicht, eine pomadige Haartolle und die langen Finger eines Kunstmalers. In der Tasche seiner Sportjacke steckte stets eine Ausgabe des *Daily Express*. Er hatte in Glasgow Konditor gelernt, jetzt jedoch brachte er seine Zeit damit dazu, im Hotel seiner Familie hinter der Theke zu stehen.

Sie spielten an der Theke Karten und leerten Flaschen Stout. Sie fachsimpelten über Pferde und Jockeys. Meistens schlief Frankie mitten im Gespräch ein, das Kinn sank ihm auf die Brust, und der Abend ging eine Weile ohne ihn vonstatten, bis er sich plötzlich wieder einmischte, als wäre er nie weggetreten.

Einmal gewann mein Vater bei einer Whistpartie in der Stadthalle ein Paar schwarze Schuhe von Clark, die er ins Ulster Arms mitnahm, um sie Frankie vorzuführen.

Wirklich, Jack, meinte Frankie, ein hübsches Paar.

So ist es.

Nach der Sperrstunde ging mein Vater nach Hause, den säuberlich verpackten Schuhkarton unterm Arm. Er trat in die Küche. Meine Mutter war am Hemdenbügeln.

Schau mal, was ich habe, sagte er.

Maisie schlug das Packpapier auseinander.

Die hab ich beim Whist gewonnen, erklärte er.

Sie öffnete den Karton, in dem sich ein Paar brauner, kotbespritzter Schuhe ohne Zungen oder Sohlen befand.

Frankie Brady, sagte mein Vater.

Vor den Auslagen des Geschäfts und über dem Tor zum Durchgang hingen große Markisen. Im Lauf der Jahre strich ich sie in allen möglichen Farben an.

Im Geschäft wurden die Backwaren verkauft. Hinter dem Laden befand sich ein kleiner Raum, in dem die Kuchenschachteln aufeinander gestapelt waren. Es gab ein paar kleine Tische, an denen die Gäste saßen und aus hohen Gläsern Eiscreme mit Sirup und Sodawasser löffelten. Linker Hand ging es zur Toilette, vorbei an der Besenkammer unter der Treppe, in der Croney schlief. Geradeaus war eine Tür mit einem kreisrunden Fenster, die zum öffentlichen Speisesaal führte. Dahinter befand sich unser privates Esszimmer, das allerdings keineswegs privat war, denn dahinter lagen die Küche und die Spülküche, und die Kellnerinnen liefen stets geschäftig hin und her.

Eine Tür in der Küche ging auf den Hof. Am Haus entlang verlief ein Durchgang. Gegenüber der Küche befand sich die alte Backstube, in der sich Fässer mit Eiern in Lake, Kartons mit Margarine und säckeweise Mehl stapelten. Weiter oben im Hof lag die neue Backstube. In einer Ecke stand ein riesiger Koksofen, der vier Backbleche auf einmal aufnahm. Über der alten Backstube befand sich ein langer Dachboden aus Holzlatten – früher ein Lagerraum – mit einem Wellblechdach. Dieser war voll gestopft mit Antiquitäten und Büchern aus der Zeit meiner Großtante Jane. Um die Jahrhundertwende hatte sie in Frankreich als Au-pair zwei Mädchen betreut, über deren Familie ein schwerer Skandal hereingebrochen war. Der Vater hatte die Mutter ermordet. Und später zerstritten sich die Mädchen wegen eines Mannes. Dann wurde ein Hollywoodfilm über die Affäre gedreht.

Großtante Jane, die an der Fachschule Hauswirtschaft unterrichtete, hatte nie geheiratet und mit einem kleinen Darlehen von John Brady, Tuchhändler und Frank Bradys Großvater, das Breifne eröffnet. Es war eines der wenigen von einer Frau geführten größeren Geschäfte (vielleicht sogar das einzige) im neu gegründeten Irischen Freistaat. Und es florierte. Sie ihrerseits hinterließ es ihren Nichten Maisie und Winnie, sodass es über die weibliche Linie weitervererbt wurde. Hätten die Umstände sich nicht verändert, wäre es vielleicht meiner Schwester Una oder Miriam vermacht worden. Wie auch immer.

Es war ein wunderbarer Dachboden. Als Erstes fand ich in einem hohen Pappkarton einen ältlichen Santa Claus mit Silberbart auf einem gelben Strohlager. Später erfuhr ich, dass er zur Weihnachtszeit ins Schaufenster gestellt wurde, wo er den Passanten zunickte und mit einer raschen Verbeugung unzählige Gunstbeweise erteilte. Noch später sollte ich in London immer wieder Männern aus Cavan begegnen, die sich wehmütig an die Tage erinnerten, da sie vor dem Breifne gestanden und Santa um Geschenke gebeten hatten. Er blieb zwei Wochen lang im Schaufenster und nickte jedermann sein Ja zu, bis Tante Maisie ihn am Heiligabend Schlag zwölf wieder hereinholte und ihn auf den Dachboden stellte, wo er ein weiteres Jahr überwinterte.

Jetzt hingegen gab er mir gewaltige Rätsel auf. Als wäre er ein Erwachsenenspielzeug. Resolut stand er da, mit steifem Bart, und starrte mit stummen Augen geradeaus über den Deckel. Ich hob ihn heraus und stellte ihn auf den Fußboden. Er war mehr als einen halben Meter groß, trug einen Mantel aus rotem Samt und adrette kleine schwarze Stiefel. Seine Augenbrauen waren verstaubt. In seinem Rücken steckte ein Schlüssel. Ich studierte den Schlüssel gründlich und drehte ihn einmal herum.

Sogleich begann der Santa zu nicken. Ich wich zurück. Er nickte einmal, zweimal, dreimal, dann, als müsse er gleich niesen, begann sich ganz langsam sein Kinn zu bewegen, die Umdrehungen verlangsamten sich, und ruckend kam er zum Stillstand. Flugs zog ich ihn wieder auf. Er nickte mir zu, und ich nickte zurück. So trieben wir es eine Weile, bis er wieder erlahmte. Das war das. Ich tat ihn zurück auf sein Strohbett, stellte den Pappkarton wieder auf die Leiste, wo ich ihn mit seinem starren Blick, als stiere er auf die Zeiger einer plötzlich stehen gebliebenen Uhr, gefunden hatte.

Als Nächstes fand ich ein französisches Medizinbuch, das alle denkbaren Abnormitäten enthielt. Einen riesigen Fuß von der Größe eines Baumstamms, ein Ohr, das sich wie eine Frucht öffnete, Hände mit sechs Fingern, abnormale Schwellungen an einer Wade, Diagramme des menschlichen Herzens. Dann schlug ich eine Seite mit dem Bild einer Mutter auf, die ihr Kind stillte. Ihr feiner Spitzenschal war der Frau von der schlanken Schulter geglitten. Sie führte ihre Brustwarze in den Mund des Kindes. Die volle, hängende Brust war entblößt. Sie wirkte schockierend echt. Der Hof der schwarzen Brustwarze war von kleinen Knötchen übersät. Ich konnte die sanften Rundungen des Fleisches fühlen.

Unten kam jemand in die alte Backstube. Mein Herz hämmerte. Ich versteckte das Buch. Machte einen Spaziergang und kam wieder zurück. Und da war sie, lebensprall unter den verstaubten Seiten. Mit dem Finger zeichnete ich ihre Umrisse nach. Ich studierte den dunklen Warzenhof. Mein Mund trocknete aus. Mein Magen hob sich. Zitternd verbarg ich das Buch wieder.

Ich ging die großen grünen irischen Geschichtsbände mit Bleistiftzeichnungen der Tuatha Dé Danann und Brian Borus durch. Dann durchblätterte ich Kochbücher. Ich stieß auf ein französisch-englisches Wörterbuch, dessen Vorsatzblatt von Großtante Janes eigener Hand signiert war: *Paris 1912. Jane McGloughlin*. Es gab ein signiertes Bild der Tänzerin Isadora Duncan. Sodann ein undeutliches Foto der riesigen Villa, in der der Mord stattgefunden haben musste. Zeitungsausschnitte aus der *New York Times*: Prominente französische Familie von Skandal heimgesucht. Offenbar war die Tote eine Hollywoodschauspielerin gewesen. Der Mann war festgenommen worden, als er in Marseille ein Schiff betreten wollte.

Stundenlang las ich so weiter, bis ich meinen Vater meinen Namen rufen hörte.

Wo hast du denn gesteckt?, fragte er.

Ich habe gelesen, antwortete ich.

Bei Gott!

Ich habe einen Mord aufgeklärt.

Das ist mehr, sagte er, als ich je zustande gebracht habe. Halt dich gerade! Sie haben dich überall gesucht. Dein Mittagessen steht auf dem Tisch.

Als ich aufgegessen hatte, ging ich schnurstracks wieder auf den Dachboden. Die Fenster hatten Bleiverglasung, und Strahlen roten und blauen Sonnenlichts fielen auf den Parkettfußboden. Ich linste in alte Kupfertöpfe, die von blauem Schimmel überzogen waren. Ich fand einen Pappkarton voller Landkarten. Eine alte Waage. Einen marmornen Siphon. Auf den Regalen standen kunstvoll gearbeitete Lampen.

In einigen war noch ein Rückstand von Paraffin. Als ich die Dochte berührte, zerbröselten sie. Ich fand mächtige Quittungsbücher aus den zwanziger Jahren, jeder der Einträge in gestochener Schrift. Das Symbol für das Pfundzeichen war wie eine Ballett-Tänzerin eingezeichnet. Ich fand alte Fotos von Cavan. Fotos von Frauen, die ich nicht kannte, an einem See, der mir nicht vertraut war.

Ich saß auf dem Fußboden, links und rechts von mir ganze Stapel von Büchern.

In den Sonnenstrahlen wirbelte der Staub auf. Ich hielt es nicht länger aus. Ich holte das Medizinbuch aus seinem Versteck, schlug die Seite mit der Brust auf und betrachtete sie mit schwindelnder Hingabe. Aus der alten Backstube unten stieg der Geruch frischen Mehls auf. Der Duft machte mich wahnsinnig. Seitdem kann ich kein Mehl riechen, ohne an Sex zu denken. Bei frisch gebackenem Brot gerate ich in Verzückung. Doch ein Sack Mehl ist der sinnlichste Gegenstand von allen.

Auf vielen unserer Bettlaken war in verblichenen hellblauen Lettern der Name RANK'S FLOUR MILLS DONEGAL zu erkennen. Zusammengekrümmt kamen die Mehlmänner den Durchgang entlang. Auf Rücken und Kopf hatten sie ein Schutzleder. Die Mehlsäcke hielten sie an den Zipfeln. Die Mädchen machten den Männern von Rank's Tee, und zusammengekauert saßen sie in der Küche, weißgesichtig wie Clowns.

Meine Mutter nahm die leeren Säcke und fertigte daraus Laken. Am Fenster nähte sie sie zusammen. So hatte ich sogar, wenn ich einschlief, einen vagen Mehlgeruch in der Nase. Und als ich zum ersten Mal einer echten Brust ansichtig wurde, rieselten Mehlstäubchen herab.

Es war jener Dachboden, der mir den Wunsch zu schreiben eingab. Der erste richtige Aufsatz, den ich in der De La Salle Brothers School verfasste, handelte vom Regen. Ich weiß noch, wie ich ihn vorlas. Die Zeilen hatte ich aus einem Buch von Charles Lamb abgekupfert, das ich auf dem Dachboden gefunden hatte. Die Vorstellungskraft, schreibt der russische Dichter Joseph Brodsky in seinem Buch *Flucht aus Byzanz*, beginnt mit unserer ersten Lüge.

Es fällt mir schwer, mich an meine erste Lüge zu erinnern, da ich doch so viele Lügen erzählt habe. Und jetzt bin ich schon wieder dabei. Darf ich hier lügen, einer Erinnerung ausweichen, die ich lieber nicht berücksichtigen möchte, und sie dann der Dichtkunst zu anderweitigem Gebrauch überlassen? Denn genau dies tut doch zuweilen die Dichtung. Sie wird zum Behältnis jener Wahrheiten, die wir in unsere Geschichten vom Ich lieber nicht einlassen.

Erfundene Figuren tasten sich mit Hilfe von Gedanken voran, die der Romancier für sich abstreitet. Insofern möchte ich meinen ersten Versuch schildern, zu Ruhm zu gelangen, auch wenn es mich beschämt. Was mich antrieb, war eine Kombination von Lügen und einer Vorliebe für Wörter. Ich erinnere mich noch daran, wie flüssig sich jene Wörter für Regen anfühlten. Wie die Tropfen gegen eine Fensterscheibe wehten, glitzerten und herabrannen. Die Wörter für Regen waren schöner als dieser selbst. Ich wollte Wörter tippen.

Einige verheerende Trimester lang ging ich aufs University College Dublin. Statt die Vorlesungen zu besuchen, brachte ich das Jahr damit herum, dass ich gebrauchte Betten verkaufte und zusammen mit meinem Cousin Vincent O'Neill, der mich seinen Kunden als Studenten der Naturwissenschaften vorstellte, Leitungen verlegte. Oder ich saß mit seinem Vater Pop O'Neill, wenn diesem die Rente ausbezahlt wurde, am Küchentisch und trank eine Flasche Stout nach der anderen. Wir warteten darauf, dass Vincent mit dem Mittagessen nach Hause käme. Aus der Grafschaft Clare ist noch nie was Gutes hervorgegangen, sagte Pop verächtlich. Der Grund? Vincent war dort geboren. Pop war wie mein Vater Polizist gewesen, und davor war er Angehöriger der Connaught Rangers, die in Indien gegen die Behandlung der Iren durch die Engländer im irischen Unabhängigkeitskrieg gemeutert hatten.

Fünf Tage lang stand er in der sengenden Sonne, und manchmal kamen die Erinnerungen wieder hoch, und er wetterte und starrte mich an. – *Student? Dass ich nicht lache!*, brüllte er. *Zu nichts zu gebrauchen! Zu nichts! Zu nichts!*

Oder ich saß mit Kitty, Vincents hochschwangerer Frau, zusammen, und beide starrten wir stundenlang ins Kaminfeuer. Ich hatte tiefe Schuldgefühle, weil ich das Geld meiner Mutter verjubelte und einen Studienplatz in Anspruch nahm, über den Una sich so gefreut hätte.

Eines Tages rappelte ich mich auf und fuhr nach London. Danach ging ich nicht mehr zur Universität, sondern fand eine Stelle bei der Firma Securicor. Während einer Hitzewelle im Jahre 1968 saß ich in Unterhosen auf einer Million Pfundnoten auf der Ladefläche eines Geldtransporters in Ealing. Ich wohnte als Untermieter bei einer Familie namens Healy, deren jüngster Sohn Dermot hieß. In diesem Haushalt war Dave Allen der letzte Schrei. Von meinem ersten Wochenlohn kaufte ich mir eine Schreibmaschine, die ich in einem Schaufenster in der High Street gesehen hatte.

Diese Schreibmaschine war eine ausgemachte Lügnerin. Sie schrieb umgearbeitete Gedichte von Dylan Thomas, Satzfetzen aus der Poplyrik der Liverpooler Dichter, die in der Reihe *Penguin Modern Poets* veröffentlicht worden waren, und viele zerstückelte Zeilen mit freundlicher Genehmigung von e. e. cummings und William Carlos Williams. Manchmal log sie wunderschön. Als Nachtwächter bewachte ich Fabrikanlagen in der Nähe von Smithfield Market, die mit stinkenden Viehkadavern angefüllt waren. An den Wänden hingen Tierhäute. In einer Ecke stapelten sich Hörner und Hufe. Ich las Camus. Hinter dem Zaun am anderen Ende des Hofes brausten die Züge dahin und scheuchten Ratten auf.

Irland und meiner Familie ging ich aus den Augen. Ich saß bei Healys hinten am Fenster und las *Porträt des Künstlers als junger Hund.* Dann machte ich mich an Dylan Thomas' Gedichte. Die Worte flimmerten auf dem Papier und befreiten sich aus dem Gefängnis der Sätze, in das sie eingesperrt waren. Sie wurden Dinge an sich. Ein einziges Wort nahm eine Vielzahl von Bedeutungen an. Verben tollten wie Fohlen umher. Ein Substantiv war wie eine Schüssel Schlagsahne. Es enthielt die weitesten aller Welten. Ein Adjektiv machte ein Bild unendlich.

Aber was mich bei der Stange hielt, war die Verantwortung für den Alltag. Ein stöhnender Ofen in der Gießerei. Die steifen Tierhäute. Die Ratten, die über die Bahngleise huschten. Lastwagen, die, zurück von einer Fahrt nach Schottland, irgendwann im Morgengrauen vor dem Tor hupten. Heathrow, wo wir zu zweit morgens um neun Gold in ein Flugzeug luden und abends um fünf das gleiche Gold wieder ausluden. Zwischendurch war das Gold in Frankreich gewesen und wieder zurückgekommen. Es hatte damit zu tun, den Wechselkurs stabil zu halten. Jene Goldbarren faszinierten mich. Wie leicht wäre es gewesen, sie zu rauben. Später wurden die Barren tatsächlich gestohlen.

Danach wurde ich Wachmann in Heathrow und war mit Ausländern befasst. Ich hatte ein eigenes Büro neben zwei Zellen, wo sie in Gewahrsam gehalten wurden. Die Gefangenen waren junge Pakistanis, die nach England geschickt worden waren. In vielen Fällen war ihr Heimatdorf für die Flugkosten aufgekommen. Sie trafen ohne gültige Papiere ein, und ich führte sie über den Asphalt. Sie gingen hinter mir, wie es der Brauch war. In ihrem Namen telefonierte ich mit verschiedenen Botschaften, mit Verwandten und Einwanderungsbehörden, dann sperrte ich sie ein und holte meinen Dostojewski hervor.

Als Bürger Londons kehrte ich mit der Fähre von Holyhead nach Dublin zurück, um einer Hochzeit in Cavan beizuwohnen. Nach Cavan fuhr ich per Anhalter. Nachmittags, auf dem Empfang, kam ich neben dem Redakteur des *Anglo-Celt*, der Regionalzeitung, in der ich meine erste Kurzgeschichte veröffentlicht hatte, zu sitzen.

Wie steht's mit der Schriftstellerei?, erkundigte er sich.

Och, gut, antwortete ich.

Er schenkte mir ein weiteres Glas Wein ein.

Das freut mich zu hören, sagte er.

Danke.

Dann werden wir also bald ein Buch zu Gesicht bekommen?

Noch nicht. *(Pause.)* Aber ich habe ein Stück beendet.

Und wird es aufgeführt?

Ja.

Wo? Im Abbey Theatre?

O nein. Verzweifelt suchte ich nach einem Ausweg. Im Fernsehen.

Im Fernsehen?, sagte er.

Ja, ITV.

Na, das ist doch wunderbar.

Ich habe tausend Pfund bekommen.

Sie haben's geschafft. Er hob sein Glas. Wie heißt es denn?

Nachtüberfahrt, antwortete ich.

Auf die *Nachtüberfahrt*, sagte er.

Wir stießen an.

Es beginnt mit zwei jungen Männern, die mit dem Fährschiff nach Holyhead fahren.

Klingt gut.

Die Leute fingen an zu tanzen, und ich vergaß das Theaterstück, das ich nie geschrieben hatte.

Eine Woche später saß ich in Ward's Irish House, als Dermot Burke, mein Nachbar in Cavan und durch einen weiteren Zufall inzwischen auch mein Nachbar in Piccadilly, mit lächelnder Miene und einem Exemplar des *Anglo-Celt* hereinkam. Er knallte die Zeitung auf die Theke.

Schau her, sagte er.

Und da war ich, auf der Titelseite: mit einer Zigarette im Mund über einer kleinen Schlagzeile, die lautete: AUTOR AUS CAVAN WIRD BERÜHMT. Ach, dieser Burke nahm das Exemplar des *Anglo-Celt* überallhin mit, in jede Gesellschaft, in der ich mich befand; wenn wir mit Freunden beisammensaßen, zog er es aus der Tasche; er ließ es ablichten und verschickte es mit der Post.

Er stellte mir Fragen zur Handlung, und je mehr er fragte, desto mehr musste ich erfinden.

Mit der Zeit erfand ich einen Produzenten bei ITV, einen gewissen Mr. Evans, der in Hammersmith wohnte. Offenbar besuchte ich ihn von Zeit zu Zeit. Er sprach mit mir die Szenen und die Kameraeinstellungen durch. Am Ende legte ich sogar einen Termin fest, an dem das Stück ausgestrahlt würde – sagen wir, den 10. November. Allmählich glaubte ich selber daran. Ich glaubte, dass es das Drehbuch wirklich gab. Je mehr ich sie erfand, desto wirklicher wurde die Geschichte.

Dann fing ich plötzlich an, aus Angstträumen aufzuwachen, von Schrecken erfasst über meine Doppelzüngigkeit. Langsam versuchte ich, mich aus meinem Lügengespinst herauszuwinden. Ich sagte, es gebe Schwierigkeiten mit den Produktionsgeldern. Irgendetwas sei schief gelaufen. Das Sendedatum verstrich. Das Stück wurde von niemandem mehr erwähnt.

Trotzdem, ich hatte mir eine Aufgabe vorgesetzt. Alles, was ich seither geschrieben habe, ist ein Versuch, jene schreckliche Lüge wettzumachen. Hätte ich nicht gelogen, vermutlich hätte ich mich niemals an der Dichtkunst versucht. Wahrheit ist eine einmal erzählte Lüge, die immer wiederkehrt und einen peinigt.

11. Kapitel

Ich ging allein in die Poliklinik. Der Krankenschwester überreichte ich die Überweisung des Arztes. Namen wurden aufgerufen, einer nach dem andern rückten wir einen Sitzplatz weiter vor, traurige Gestalten allesamt: Damen vom Lande mit Einkaufstaschen, trübsinnige, bleiche Städter, erschrockene Kinder auf den Schößen ihrer Mütter, schwangere Frauen.

Warum bist du hier?, fragte mein Nachbar. Doch noch ehe ich antworten konnte, wurde mein Name aufgerufen.

Der junge Medizinalassistent wies mir ein Bett hinter einem Vorhang an. Draußen hörte ich sie davon reden, wie bedenklich es aussah. Ich war entsetzt. Er kam zurück.

Hast du dich noch nicht frei gemacht?, fragte er mich.

Dann ging er wieder hinaus. Ich streifte Hemd und Hose ab, dann meine Unterhose. Eine Krankenschwester schaute herein. Ich stieg ins Bett und zog mir das Laken bis ans Kinn. Am Fuße des Bettes stand ein indischer Arzt und hielt meine Überweisung in der Hand. Er las sie, musterte mich und reichte sie dem Medizinalassistenten, der sie seinerseits studierte. Der Arzt verschwand.

Der Medizinalassistent lüftete das Laken und klopfte meinen Bauch ab.

Schmerzen?, fragte er.

Nein.

Er klopfte abermals und drückte.

Jetzt?

Nein.

Wo denn dann?

Da unten, sagte ich und zeigte auf die Stelle.

Hier?

Er presste die Finger in die Bauchdecke oberhalb der Leistengegend.

Die Blase auch?, fragte er.

Ich weiß nicht.

Wir machen eine Röntgenaufnahme, sagte er, so bald wie möglich.

Er sah mir in die Augen und leuchtete mir ins Weiße. Der Arzt kehrte mit einem Krankenblatt zurück.

Er hat bemerkenswert gute Farbe, sagte der Medizinalassistent. Schauen Sie, Dr. Rao.

Der Arzt betrat die Kabine und lächelte mich an. Auch er sah mir in die Augen. Er las das Krankenblatt. Dann zog er ein Lid zurück und leuchtete mit seiner Lampe.

Er hat Beschwerden mit der Blase, sagte der Medizinalassistent, aber die Leber scheint mir völlig in Ordnung zu sein.

Die beiden sahen mich an.

Du bist sehr krank gewesen, sagte Dr. Rao.

Mein Herz setzte aus.

Ist deine Mutter bei dir?

Nein, antwortete ich.

Du lieber Himmel. Bist du etwa allein hierher gekommen?, fragte er erstaunt.

Ja.

Du bist ein äußerst tapferer Mann, sagte der Arzt. Nicht wahr?

Ja, erwiderte der Medizinalassistent.

Aber jemand hätte dich begleiten sollen, fuhr der Arzt fort. Er sah den Medizinalassistenten bestürzt an und schüttelte den Kopf, als hätten meine Mutter und mein Vater gänzlich verantwortungslos gehandelt.

Ts, machte er. Ts, ts. Hast du deinen Schlafanzug mitgebracht?

Ja.

Jetzt sag mal, wo hast du Schmerzen?

Ich zeigte auf meinen Pimmel.

In deinem Penis?, fragte er entgeistert.

Ja, antwortete ich.

Du lieber Himmel, sagte er.

Sie konsultierten von neuem das Krankenblatt, dann sahen sie mich ungläubig an.

Verstehe ich nicht, sagte er. Ist das *Brendan Heaney*?

Mein Name ist Dermot Healy, antwortete ich rasch.

Sie zogen sich zurück. Ich lag da und fragte mich, was als Nächstes passieren würde. Dr. Rao kam lächelnd wieder.

Dann bist du also wegen der Beschneidung hier?

Ja.

Wir haben dich für jemand anderen gehalten, erklärte er. Zieh deinen Schlafanzug an, und ich bring dich nach oben.

Als ich im Schlafanzug das Zimmer durchquerte, sah ich Brendan Heaney mit seinem Vater und seiner Mutter hereinkommen. Sie halfen ihm. Seine Haut war hellgelb, und er hatte Pantoffeln an. Die Kleider unterm Arm, nahm ich den Fahrstuhl zum zweiten Stock. Vierzig Jahre später wurde ich mit einem anderen Heaney verwechselt. In Sligo hielt mich ein Mann an, ergriff meine Hand und sagte: *Sie haben's geschafft. Jetzt können Sie über sie lachen*. Dann gratulierte er mir zum Nobelpreis für Literatur.

Vater A.B. McGrath ging durch die Abteilung. Dann sah er mich in meinem Bett.

Was machst du denn hier?, fragte er.

Sie haben mir ein Stück von meinem Pimmel abgenommen, antwortete ich.

Wurde auch Zeit, entgegnete er. Das ist ein Chorknabe von mir, erklärte er der Krankenschwester. Er setzte sich zu mir aufs Bett. Wozu haben sie denn das mit dir angestellt?

Er hat angefangen zu jucken.

Ach ja?

Meine Vorhaut war zu lang.

Aha.

Da haben sie sie abgeschnitten.

Das Gleiche, sagte er, ist auch Jesus widerfahren.

Una und zwei ihrer Freundinnen besuchten mich. Flüsternd und scherzend saßen sie um mein Bett herum und waren fasziniert von dem, was mir widerfahren war. Die Vorstellung, dass ich ein so außergewöhnliches Organ eingebüßt haben mochte, machte mich zu einem Gegenstand großen Interesses.

Hast du Schmerzen?, fragte mich die junge Keogan.

Ein bisschen.

Dürfen wir ihn mal angucken?, fragte Doreen Smith.

Nein.

Kannst du aufs Klo gehen?

Ja.

Wie gehst du aufs Klo?

Behutsam, sagte ich.

Da mussten sie lachen. Einige Tage später wurde ich entlassen, mit der Auflage, eine Woche später wiederzukommen, um den Faden entfernen zu lassen. Jeden Tag urinierte ich unter großen Schmerzen, und bei dem Gedanken, noch einmal die Ärzte an mich heranzulassen, geriet ich in Panik. Als die Woche verstrichen war, brachte ich nicht den Mut auf, erneut die Poliklinik aufzusuchen.

An dem vereinbarten Tag ging ich zum Swellan Lake, kehrte wieder zurück und sagte, ich hätte es hinter mich gebracht.

Nachdem ich ihnen diese Lüge aufgetischt hatte, wusste ich nicht, was ich tun sollte. Als ich am nächsten Morgen aufwachte, waren die Stiche noch da, ein purpurner Saum um meine ramponierte Vorhaut. Tags darauf waren sie immer noch da. Ich bekam schon Angst, dass die Fäden für immer bleiben würden.

Ich blieb vor dem Krankenhaus stehen, konnte mich aber nicht überwinden, hineinzugehen. Im Operationssaal im zweiten Stock stand das Fenster offen. Ich sah, wie sich Moloney, der Chirurg, eine blaue Plastikhaube auf dem Kopf, die Hände wusch. Eine Krankenschwester mit einem Tablett voll chirurgischem Besteck kam vorbei. Aus dem Fallrohr der Dachrinne strömte Dampf.

Ich rannte nach Hause.

Noch am selben Abend nahm ich im Schlafzimmer eine Schere zur Hand und durchtrennte geduldig jeden einzelnen Stich, dann zog ich vorsichtig die Fäden heraus. Den Schmerz fühlte ich bis in die Fußsohlen. Als ich fertig war, fürchtete ich schon, die Eichel könnte abfallen. Dem war aber nicht so. Es war eine delikate, intime Angelegenheit, und als alles vorbei war, verspürte ich ungeheure Erleichterung. Doch jedes Mal, wenn mein Penis steif zu werden drohte, hielt ich den Atem an und versuchte, an andere Dinge zu denken.

Langsam normalisierte sich alles wieder. Ich scheute nicht mehr zurück vor unanständigen Gedanken. Wenn ich in die Disko ging, mussten Unas Freundinnen immer lachen, aber ich hielt den Kopf hoch, als nähme ich sie gar nicht wahr.

Von Sex hörte ich zum ersten Mal reden, als ich ein Halteschild hochgeklettert war, dort, wo die Town Hall Street in die Farnham Street mündet. Wer immer an der Stange des Verkehrsschilds stand, erklärte eingehend, dass Babys aus dem Bauchnabel ihrer Mutter kröchen. Als ich das hörte, kletterte ich äußerst langsam wieder herab.

An Samstagvormittagen stand ich immer stundenlang in der Bücherei und sah mir in großformatigen Büchern über klassische Kunst die Aktbilder an, dann nahm ich mir als Lektüre *Das Leben der Märtyrer* mit nach Hause. Lust und Schmerzen waren regelmäßige Bettgefährten.

Die Fummelei ging neben einem Heuhaufen auf der Wiese los. Anfangs war's ja noch zahm. Dann aber presste der Älteste von uns eines der Mädchen ins Heu.

Er rief uns zu: Seht mal.

Eine Art sexueller Raserei befiel jeden von uns. Die Mädchen wehrten sich lachend. Ich strich mit den Fingern über den Schlüpfer des Mädchens. Der Junge ließ ihre Hände los. Da schlang sie die Arme um meinen Hals und küsste mich. Gleich darauf standen wir auf und liefen mit hochrotem Gesicht in die Stadt zurück. Einige Tage später hielt ich mich mit meiner Mutter im Garten hinter dem Breifne auf.

Ich sagte, ich müsse ihr etwas beichten. Wir stapften durch den wilden Rhabarber. Ich tat mich schwer, ihr die Schuldgefühle anzuvertrauen, die an mir nagten. Meine Sünde wog, so empfand ich, entsetzlich schwer.

Ich habe ein Mädchen berührt, sagte ich.

Denk nur, sagte sie, wenn das deine Schwester gewesen wäre.

Mit diesen Worten trennten wir uns. Sie hatte mir halb verziehen. Aber das Gespräch führte zu beängstigenden Verletzungen meiner Privatsphäre. Sie ging mein Tagebuch durch, in dem ich sämtliche sexuellen Handlungen in Geheimcode festgehalten hatte. Sie wollte wissen, was sich dahinter verbarg. Natürlich sagte ich es ihr nicht, aber der Blick, mit dem sie mich bedachte, verriet mir, dass sie Bescheid wusste.

Jenes Gespräch im Garten erfuhr seine Apotheose, als ich zum ersten Mal Zeuge wurde, wie meine Schwester Una ihren Freund küsste. Ich wollte ausreißen. Alle meine Schuldgefühle meldeten sich wieder. Ich wusste, was der Mann wollte. All meine irren Sehnsüchte pflanzten sich durch ihn hindurch fort. Die Verlegenheit, die ich empfand, war wie eine Krankheit. Darüber bin ich, wie man sagt, heute noch nicht hinweg.

12. Kapitel

Tante Maisie schlief vorn im Haus, an der Main Street, unter einem grauen Druck Unserer Lieben Frau von den Blumen. Jeden Tag um zwölf Uhr stand sie auf, stellte das Radio an und schlenderte, den Nachttopf in der Hand, mit besorgter Miene ins Badezimmer. Sie berührte die Vorhänge im Flur und sah in jedem Zimmer nach, ob die Lichter ausgeschaltet waren. Dann erbrach sie die blutroten Wachssiegel auf den Rechnungen der Konditoreiwarenfirmen und fluchte entsetzt. Anschließend nahm sie ein gemütliches, aus Tee und warmem braunem Brot mit Butter bestehendes Frühstück zu sich. Sie saß da, betrachtete die hin und her eilenden Mädchen im Spiegel und rauchte im Dunkeln eine Afton. In das Esszimmer fiel kein Tageslicht.

Alles in Ordnung, Miss Slacke?, fragte Katie German.

Ja, Katie.

Möchten Sie sonst noch etwas?

Nein, danke.

Sie brachte ihr Geschirr in die Spülküche und ließ kochend heißes Wasser darüberlaufen. Manchmal trocknete sie sogar ein paar Teller aus der Teestube ab, die auf dem Abtropfbrett standen. Wenn ihre Schicht im Geschäft näher rückte, änderte sich ihr Benehmen. Ihre Wangen glühten vor Verachtung. Bei dem Gedanken an all die Pflichten, die ihr bevorstanden, verhärtete sich ihr Blick. Sie schlug auf den Tisch.

Haben die nichts anderes zu tun, rief sie voller Geringschätzung für ihre Kundinnen, als sich den Bauch voll zu stopfen? Die verfluchten Huren!

Fraß kochen, bei Gott!

Dann schimpfte sie über irgendeinen Gegenstand in der Küche, wrang wütend einen Spüllappen aus und ging mit gesenktem Kopf den

Durchgang entlang. Vor dem Garderobenspiegel richtete sie sich Haare und Gesicht, danach ging sie auf ihr Zimmer, um die Geldkassette zu holen, und löste um ein Uhr meine Mutter ab.

Während der Wachablösung wechselten die beiden kein einziges Wort, es sei denn, um auf Bestellungen hinzuweisen, die eingetroffen waren.

Mrs. Smith möchte für fünf Uhr eine Kirschtorte, sagte meine Mutter etwa.

Ach wirklich? Die Schlampe!

Und der Mann von der Zuckerraffinerie ist vorbeigekommen.

Wozu denn das? Der braucht einen Tritt in den Arsch.

In der Teestube wird man dich hören.

Sollen sie doch!, kreischte sie.

Ganz wie du willst, entgegnete meine Mutter.

Maisie schlug mit der Faust auf die Handfläche.

Das könnte ich mit ihnen anstellen!, sagte sie ingrimmig.

Ich gehe jetzt hinein.

Geh nur, sagte sie dann, wer hält dich?

Dann drehte sie sich um und fand eine Kundin hinter sich. Ein flüchtiges Lächeln huschte über ihre Lippen.

Ja?, erkundigte sie sich. Ja, was kann ich für Sie tun?

Meine Mutter, die um acht aufgestanden war, um die Mädchen einzulassen, flüchtete sich in die Küche, um dort auszuhelfen. Es war Mittagspause, die betriebsamste Stunde des Tages. Unverheiratete Bankkaufleute, Büroangestellte des Grafschaftsrats, die Mädchen vom Finanzamt, Tierärzte, Lehrlinge aus den Schuhgeschäften, junge Lebensmittelhändler, alte Tuchhändler, Männer aus der Eisenwarenabteilung in Provider's, Kohlenmänner von Fegan's, Landfrauen, die ihre Einkäufe hinter der Theke abstellten, Straßenbauarbeiter, Männer von den Guinnesstransportern – sie alle defilierten an ihr vorbei.

Guten Tag, Miss Slacke.

Guten Tag, Mr. Igo.

Wenn die Kunden eintraten, läutete Tanta Maisie am Ende der Theke eine Glocke, um die Mädchen drinnen zu alarmieren. Dann läutete es schrill in dem kleinen Speisesaal. Sie drückte den Daumen fest auf den Klingelknopf und klingelte stets länger als jeder andere.

Meint die, wir sitzen auf den Ohren, oder was?, fragte Mary Kate.

Dann klingelte es noch einmal, um das Maß voll zu machen.

Das Miststück, sagte Mary Kate, man könnte schwören, sie hat mich gehört.

Maisie, umgeben von Kunden, faltete Kuchenschachteln zusammen oder füllte Teebeutel ab, oft kaute sie dabei ein Gummibärchen. Es bereitete ihr viel Mühe, in die Hocke zu gehen, aber sie tat es jeden Tag. In der Vitrine wurden die frisch gebackenen Brötchen nach vorne gelegt. Die vom Vortag wurden nach hinten geräumt, sodass man sie als Erste verkaufen konnte.

Um halb zwei flog die Ladentür auf, und es strömten die Kinder von der Klosterschule herein. Obwohl das Breifne für anspruchsvolle Kunden gedacht war, bot es, dank Onkel Seamus, die preisgünstigsten Süßigkeiten in der ganzen Stadt an. Am begehrtesten war ein Stück Chester-Kuchen für einen Penny. Dies war ein schwerer, aus den Zutaten für Biskuitrollen, Madeira-Kuchen und Biskuitkuchen zusammengepappter Kuchen – alles, was gerade zur Hand war. Er war mit einer Schokoladenschicht überzogen und mit Liebesperlen bestreut.

Einen Chester-Kuchen, Missis.

Ein Nappo.

Einen Makronenriegel.

Einer nach dem andern, knurrte Maisie.

Sie nahm den Penny, bevor sie die Süßigkeit überreichte. Die Schar der Kinder wuchs. Hinter ihnen standen die Bankangestellten in ihren Anzügen und Regenmänteln, die geduldig darauf warteten, dass sie ihr Mittagessen bezahlen konnten, während Maisie Gläser mit Riesenlutschern öffnete, Tüten mit Brötchenbruch verteilte, rosa Kaugummi heraussuchte oder Eiscreme für Waffeln zu drei Penny das Stück abschnitt. Endlich drangen die Bank- und Büroangestellten zu ihr vor. Mit höflichem Nicken nahm sie ihre Rechnungen entgegen, prüfte sie eingehend, dann rief sie mit honigsüßer Stimme die Summe aus, die man ihr schuldig war, und zählte widerstrebend, Münze um Münze, das Wechselgeld hin.

Ab halb drei wurde alles ruhig. Meine Mutter setzte sich zum Mittagessen hin, dann legte sie die Füße auf dem Kaminsims hoch. Das diente der Beschleunigung des Kreislaufs. Meine Mutter hatte Mühe mit ihren Füßen. Jeden Monat ging sie mehrere Male zur Pediküre, um sich Hühneraugen entfernen und die Zehennägel schneiden zu lassen. Sie tauchte die Füße in vergällten Alkohol und wischte sie mit Wattebäuschchen ab.

An den Nachmittagen tauchte ein anderer Kundenschlag im Geschäft auf. Landfrauen, die Brötchen einholten. Vornehme Akademikergattinnen kauften Baisers und Eclairs, Sekretärinnen einen Imbiss. Betrunkene kamen in die Teestube getorkelt und verlangten Pommes frites. Der Stumme erschien. Bestellungen für Geburtstagstorten gingen ein. Auf Hochzeitstorten wurde besondere Sorgfalt aufgewendet. Mutter und Braut wurden in den kleinen Raum hinter den Laden geführt.

Hier wurde ihnen der goldene Hochzeitstortenständer vorgeführt. Maisie zeigte sich von ihrer beredsamsten Seite.

Es ist immer eine schwierige Zeit, sagte sie dann.

Größe und Anzahl der Etagen wurden erörtert. Sie holte die Dekoration hervor – goldene Borten, einen silbernen Brautpaaraufsatz, Blumensträußchen aus Plastik, ein Paar auf einer Schaukel.

Dann wurde das Auftragsbuch vom Nagel genommen. Die Mutter studierte die Preise, während die Braut sich abseits hielt, erschrocken über die Kosten und das, was ihr bevorstand. Während im Laden draußen die Kunden darauf warteten, bedient zu werden, ging Maisie, ungerührt von ihrer Ungeduld, der Mutter der Braut zuliebe abermals die Kosten der Hochzeitstorte durch.

Man wurde handelseins. Die Vorauszahlung wurde überreicht.

Mit einem falschen Lächeln näherte sich Maisie der nächsten Kundin.

Ja?, fragte sie, während sie das Bündel Banknoten sorgfältig wegsteckte, und was kann ich für Sie tun?

Einige Wochen später gingen meine Schwestern und ich dann die Main Street entlang und brachten die dreistöckige Hochzeitstorte zum Hotel. Der Tortenständer, im Breifne das hoch geschätzte Preisstück, ach, Hunderte wert, wurde später gesondert übergeben.

Um vier Uhr wurde Maisie abgelöst.

Die Brunftzeit hat wieder begonnen! bellte sie. Da ist eine Madeline Slowey, die eine Hochzeitstorte will.

Gut, entgegnete meine Mutter.

Schon wieder so eine Gebärfreudige, erwiderte Maisie.

Hast du Una gesehen?

Ich hab keinen von deinen Sprösslingen gesehen.

Und mit gesenktem Kopf und baumelnden Ellbogen stampfte sie durch die Seitentür und den Durchgang entlang. In ferner Vergangenheit war Maisie in der Liebe enttäuscht worden, sie hatte sich verlobt und erleben müssen, dass die Verlobung gelöst wurde, und sich nie wieder auf einen Mann eingelassen. In schwermütiger Betäubung saß sie bis sechs Uhr im Esszimmer, betrachtete ihr Abendessen, betrachtete ihr Spiegelbild, eine angehobene oder gegen die Wange gepresste Gabel, während sie über leichte Aufgaben und stille Erinnerungen nachgrübelte, dann geriet sie ins Träumen, doch manchmal durchschoss sie der falsche Gedanke, und sie knallte ihre Gabel oder ihr Messer auf den Tisch, schlug auf die Tischplatte und fluchte empört.

Die Mädchen hielten den Atem an.

Ein seltsames Schuldgefühl trieb Maisie in die Küche, wo sie über jede Missetat herfiel. Einen Augenblick wütete sie am Durchlauferhitzer. Jammerte, dass Öl vergeudet wurde. Über den Preis von Tee. Den Preis von Kohle. Waren die Kaminfeuer mit Kohlengrus bedeckt? *Und der Steuerberater, dieser Scheißkerl! Himmelherrgott noch mal! Was sollen wir tun? Was sollen wir nur tun? Steuern! Steuern! Die Löhne! Die Löhne!* Vor riesigen Stromrechnungen hatte sie am meisten Angst. Wenn sie durch den Speisesaal raste, attackierte sie die Lichtschalter und tauchte das Zimmer trotz des einzigen Kunden, der in einer Ecke etwas Gebratenes zu sich nahm, in Dunkelheit. Die Vorstellung, in den Laden zurückzumüssen, trieb sie zum Wahnsinn.

Doch während der letzten Schicht, von sechs bis halb acht, war es ruhig.

Mrs. English kaufte Käsesahnetorte. Mrs. Burkes Scones. Mrs. McCarren Blätterteig. Mit Zucker bestäubte Apple Pies wurden zum Tee ins Farnham Hotel geschickt. Wie meine Mutter vor ihr saß Maisie da und füllte Teebeutel ab. *Teebeutel! Teebeutel!* Sie riss den Deckel der Teekiste ab. Anderthalb Löffel Tee. Den Teebeutel aufgehalten. Den Löffel geleert. Einen halben Löffel voll gefüllt. Geleert. Den Beutel gefaltet. In die Keksdose gelegt. Einen weiteren Beutel mit anderthalb Löffeln gefüllt. In die Keksdose. Wenn die Dose voll war, läutete sie zweimal die Glocke, um eins der Mädchen in den Laden zu rufen.

Geh achtsam damit um, sagte sie dann.

Jawohl, Miss Slacke.

Wir sind kein Wohltätigkeitsverein.

Jawohl, Miss Slacke.

Und bring mir die leeren Beutel zurück!

Die leeren Beutel kamen zurück. Sie setzte sich wieder vor die Kiste. Das Ganze ging wieder von vorne los.

Dann schob sie das Fenster auf und spähte auf die Straße. Faltete Kuchenschacheln. Sie trafen flach ein, man kniff sie an den Fugen, löste die Laschen, steckte sie in die Schlitze, senkte den Deckel herab, und die Schachtel war fertig. Um halb acht schloss sie die Ladentür, ohne noch einmal auf die Straße zu blicken, schaltete die Lichter aus und saß eine Weile im Dunkeln an der Kasse. Meine Mutter hängte Wäsche an die Leine. Maisie ging mit den Einnahmen auf ihr Zimmer. Noch eine Zigarette. Eine Radiosendung. Abendessen.

Kommst du, Winnie?, fragte sie huldvoll.

Ich hol mir nur noch meinen Mantel.

Und die beiden gingen ins Kino.

Nach dem Kinogang zählte Maisie auf ihrem Bett umständlich die Einnahmen ab. Das Bargeld wurde in Häufchen aufgeteilt. Am folgenden Tag wurden die Pfundscheine zur Allied Irish Bank gebracht, um die Schecks zu decken, die sie dem Mehllieferanten, den Süßwarenvertretern, dem Kartoffelchipshersteller, dem Keksproduzenten, der Hefefirma, dem Afton-Händler, dem John Player-Händler, den Elektrizitätswerken – *den vermaledeiten Elektrizitätswerken!* –, der Zuckerraffinerie ausgestellt hatte. Wenn die Schecks ausgestellt waren, wurden sie mit der Post verschickt oder den Handlungsreisenden persönlich übergeben, und die entsprechende Summe wurde zur Bank getragen, um die Schecks zu decken. Maisie verfügte weder über ein Spar- noch ein Girokonto, sondern bewahrte sämtliches Bargeld in einem grünen Schließfach unter ihrer Frisierkommode auf. Ihr Schlafzimmer war ihr Tresor. Dort berechnete sie die Löhne der Mädchen.

Füllte Tüten mit Pennys, Zweieinhalbshillingstücken, Sixpence-, Viertelpenny-, Halbpenny-, Dreipence-, Shillingmünzen, die sie morgens zur Hibernian Bank gegenüber bringen ließ, um sie in Geldscheine einzutauschen.

Wenn alles berechnet war, rauchte sie eine Zigarette, zog ein wenig die Vorhänge auseinander und lugte durch eine Spalte in der Jalousie auf die Main Street hinunter. Jahre zuvor hatte sie von demselben Fenster aus gesehen, wie der Polizist, dem sie anverlobt war, auf der anderen Straßenseite mit seiner neuen Braut entlangging, und war in Tränen ausgebrochen. Jetzt starrte sie nur einen Augenblick lang hin, dann sah sie weg. Die ganze Zeit über dudelte das Radio. Sie ging die Treppe hinunter, die drei Stufen hinauf und den Flur entlang, um dem Thron einen letzten Besuch abzustatten. Ihre Schritte waren schleppend. Sie rülpste geräuschvoll. Auf dem Rückweg schaltete sie das Licht im Flur aus. Manchmal hörte ich sie wie ein nachtaktives Tier durchs Haus schleichen und die Lichter überprüfen. Hörte, wie sie auf das lose Dielenbrett vor dem Altar trat. Durch den Türspalt stahl sich eine Hand in mein Schlafzimmer und knipste den Schalter aus.

Lichter! Lichter! Festbeleuchtung! *Wir wollen keine Festbeleuchtung!* Der Boiler! Das Elektroöfchen im Laden! Der Warmwasserbereiter! Der Badeofen! Sie prüfte sie alle nach.

Nur das Radio war vor ihr sicher.

Sie saß vor dem Spiegel und wartete auf die Nationalhymne. Im Licht, das aus ihrem Schlafzimmer drang, ging sie durch die gute Stube und stellte das Radio aus. Die Main Street verstummte.

13. Kapitel

Mein Vater brachte mir Handball bei; ich musste einen Ball aus Sackleinen gegen die Mauer von Provider's werfen.

Wirf ihn nach unten, sagte er. Nach unten ist das einzig Wahre.

Man musste den Ball gegen den untersten Teil der Mauer werfen, damit der Gegner ihn nach dem Abprallen nicht traf. Die Faust, meinte mein Vater, durfte dabei nicht benutzt werden. Mit der Faust konnte man nicht zielen. Die offene Hand war der einzig geeignete Schläger. Stundenlang stand ich da und übte. Dann lehrte er mich boxen. Aus zusammengerolltem Zeitungspapier bastelte er einen Punchingball, den er im Schuppen an einer Kordel aufhängte. Dermot Kinane war auch dabei. Er forderte uns beide auf, den Ball hin und her zu schlagen.

Ich duckte geschickt ab und tänzelte.

Hör auf abzuducken, sagte er. Nimm Deckung und schlag einen Jab.

Und als der Ball das nächste Mal auf mich zuschwang, versuchte ich, ihn zu treffen. Stattdessen prallte er mir ins Gesicht. Die Tränen stürzten mir aus den Augen. Ich war gedemütigt.

Du musst ihn mit den Fäusten treffen, sagte er, nicht mit dem Kopf.

Dermot schlug abermals fest zu. Ich reckte den Kopf vor. Der Ball schlug mir gegen die Nase.

Du guckst ja mich an, sagte mein Vater. Du musst den Punchingball angucken. Hör auf, nach mir zu schielen.

Ich versuchte, seine Gegenwart zu vergessen, als ich die Birne aus *Anglo-Celts* traf. Diesmal trieb ich sie kräftig zurück. Stolz blickte ich zu meinem Vater hinüber. Dermot boxte die Birne wieder zu mir her. Ich drehte mich um und duckte ab.

Schlag zu, sagte mein Vater, sei ein Mann, wirst du wohl?

Wütend und beschämt stand ich da. Entgeistert wandte er sich ab.

Jahre später machte ich mit meinem Sohn Dallan und seiner Mutter Anne-Marie einen Spaziergang entlang der Themse. Ein klarer, blauer Himmel stand über London. Lang gestreckte, dunkle Lastkähne durchpflügten das Wasser. Kräne schwenkten.

Wir kauften Eiscreme und lauschten den Zügen, die über uns hinwegdonnerten, als wir in Pimlico unter einer Brücke standen. Die Londoner lagen auf hohen Balkons und auf jedem verfügbaren Grünflecken und sonnten sich. Dallan rannte fröhlich vorneweg, wartete, bis wir aufgeholt hatten, und rannte wieder davon. Wir spazierten durch den Park und sahen dem Rauch zu, der von den vier riesigen Schloten des Kraftwerks in Battersea aufstieg.

Oben am Himmel stießen Papierdrachen herab. In einem Musikpavillon im Park spielte eine Blaskapelle. An einem Stand kauften wir Hamburger. Wir spazierten zum Parlamentsgebäude. Dann machten wir uns auf den Weg zum neuen Nationaltheater. Auf einem der Vorplätze des Komplexes stand eine riesige aufblasbare Hüpfburg für die Kinder zum Spielen. Ich hob Dallan hinauf.

Zuerst hüpfte er mit den anderen Kindern in der Mitte. Dann bewegte er sich auf uns zu und vollführte eine Anzahl besonders hoher Luftsprünge.

Hör auf, nach uns zu schauen, rief ich.

Er sprang erneut, und diesmal geriet er noch näher an den Rand.

Dal, hör auf, zu mir herzusehen!, brüllte ich.

Er sprang abermals, und als er wieder landete, traf er auf dem Rand des Strohsacks auf, stürzte einen Meter tief und schlug mit dem Kopf auf dem Betonfußboden auf. Benommen richtete er sich auf und begann zu weinen. Ich nahm ihn in meine Arme. Nach einer Weile beruhigte er sich. Über meine Schulter schaute er den anderen Kindern zu, die sicher in der Mitte der Burg in die Höhe sprangen.

Du hättest nicht zu mir herschauen dürfen, sagte ich.

Er antwortete nicht, sondern starrte nur zu ihnen hinüber. Und da wusste ich, dass auch er, wie damals ich, von der entsetzlichen Sucht befallen war, jemandem etwas zu Gefallen zu tun.

Ich ging zur Erstkommunion. In der ganzen Stadt stellte ich Sodafladen und Braunbrot zu. Ich ging zur Firmung. Und von den Schutzimpfungen gegen die Krankheiten, die damals grassierten, war mein Oberarm mit Narben übersät. Mutter, ein Staubtuch um den Kopf gebunden wie ein Kopftuch, säuberte den Kaminrost von Asche.

Der Ausrufer läutete zum letzten Mal seine Glocke, und im Reservoir oben in Tullymongan stellte Tommy Reilly vom Regal Shop das Wasser ab. Wir bauten uns vor dem Gewächshaus in Burkes Garten auf, beugten uns vor, und mit seinem Luftgewehr jagte uns John Burke eine Kugel in den Hintern. Mir wurden sämtliche Vorderzähne gezogen, weil einer von ihnen verfault war, und mit zwölf Jahren bekam ich meine erste Gaumenplatte verpasst.

Sie waren alle unten im Esszimmer. Uns gegenüber hing der riesige Spiegel, der sich fast die gesamte Länge der Wand entlangzog. Dieser Spiegel hatte meiner Familie und mir eine zweite Identität beschert.

Wenn wir aßen, sahen wir unser Spiegelbild. Wir waren nie ganz wir selbst, sondern immer von anderen beherrscht. Betrat jemand das Zimmer, sprachen wir ihn im Spiegel an. Wenn sich die Familienmitglieder miteinander unterhielten, brauchten sie einander nie direkt anzublicken. Wir alle redeten durch den Spiegel. Von Kindesbeinen an erlernten wir Unaufrichtigkeit und Verstellung. Stets gab es zwei von uns: den einen, in dem das Bewusstsein angesiedelt war, und den anderen, den Körper, der irgendwie nicht dazugehörte und einen gewissen Abstand wahrte.

Dieser Spiegel und die Art, wie wir ihn benutzten, brachte Besucher aus der Fassung. Sie sahen uns direkt an, wir aber betrachteten sie im Spiegel. Selbst wenn der Betreffende vor einem stand, schaute man über seine Schulter. Diese verzerrte Perspektive hat mich noch Jahre später begleitet.

Der Abstand zwischen meinem Geist und meinem Körper ist mir stets geblieben und ist unüberwindlich.

Wie auch immer, eines Abends kamen einige Bekannte aus Finea zu Besuch. Brian McHugh war da, Mr. Dolan und Mrs. Reilly. Meine Mutter erkundigte sich nach Brian Sheridan, der mit ihr auf der Volksschule gewesen war. Sie wurden durchs Breifne geführt und ins Esszimmer gebracht, wo es einen Imbiss und Getränke gab. Wir saßen an den beiden weißen Tischen, und wie immer wiederholten sich die Gruppen und die Tische im Spiegel.

Von allem gab es zwei – zwei Brian McHughs, zwei Flaschen Paddy, zwei Väter, zwei Mütter.

Also, was ist passiert?, fragte mein Vater.

Nun ja, antwortete ich, wir sind in das Flugzeug eingestiegen.

War es ein großes Flugzeug?, fragte Brian McHugh.

Es war ein kleines Flugzeug, antwortete ich und sah meinen Vater an.

Das stimmt, bestätigte er. Und wir sind vom Curragh losgeflogen.

So ist es, sagte ich kopfnickend.

Hattest du keine Angst?, fragte Mr. Dolan, der Lastwagenfahrer, der Brian hergebracht hatte.

Damals nicht, antwortete ich.

Erst hinterher, ergänzte mein Vater und musterte mich im Spiegel. Erst, als wir über Finea hinwegflogen.

Und was geschah dann?

Der junge Bursche musste eine Strickleiter hinunterklettern.

So ist es, pflichtete ich ihm bei. Die Leiter wurde aus der Tür des Flugzeugs hinuntergelassen, bis sie den Erdboden berührte. Und zwar aus gewaltiger Höhe, und dann musste ich hinabklettern.

Und die Flaschen tragen?, fragte Brian McHugh.

So ist es, antwortete ich. Die Flaschen Guinness.

Und er ist unten angekommen, ohne auch nur eine einzige zu zerbrechen, sagte mein Vater lachend.

Ich nickte vor mich hin. Alles lachte.

Dann bin ich wieder hochgeklettert, und wir sind zurückgeflogen zum …

… zum Curragh, fügte mein Vater hinzu.

… zum Curragh, sagte ich, und zurückgefahren durch Westmeath sind wir in Onkel Seamus' Süßigkeitenwagen.

Alle Achtung, meinte Brian McHugh. Was für eine Reise!

Die Bekannten aus Finea beugten sich vor und lachten in den Spiegel. Ich fing ihr Augenzwinkern auf. Es wurde nachgeschenkt.

Mein Vater schlug mir aufs Knie.

Du bist ein großer Reisender, sagte er stolz. Er und sein Doppelgänger schaukelten sanft auf dem Stuhl. Meine Mutter rückte ihre Brille zurecht. In einem blauen Aschenbecher klopfte Tante Maisie ganz behutsam ihre Asche ab.

An Samstagabenden schloss das Geschäft um neun, und alles durfte sich entspannen. Den ganzen Nachmittag über suchte Mrs. Betty Ronaghan, eine Näherin und Freundin der Damen, in der Main Street einen Tuchhändler nach dem anderen auf, nahm hier ein Kostüm, dort einen Hut mit, alles nur leihweise, damit die Damen sie begutachten konnten, und brach, die gefalteten Kleider über dem Arm, zum Breifne auf. Sie hängte die Kleider über den Spiegel oder über einen Stuhl, dann steuerte sie die Textilgeschäfte John Brady oder P. A. Smith an, wo es elegantere Ware gab, und Vera Brady's Fashion, um die neueste Mode in Augenschein zu nehmen.

Wenn Maisie und meine Mutter hereinkamen, hatte Betty eine Kollektion alter und neuer Moden zusammengetragen. Daraufhin gingen Una und Miriam in die Küche und zogen sich aus. In gepunkteten Kleidern, Satinblusen und Tellerröcken traten sie wieder ein. Auf Nylonstrümpfen schritten sie vor dem Spiegel auf und ab.

Mein Vater und ich gaben unser Urteil ab.

Gefällt dir das, Dermot?, fragte Miriam.

Es ist sehr weiß.

Zu weiß für mich?

Es macht deine Augen so groß.

Du lieber Gott, sagte mein Vater.

Unas Kleider waren auffällig geblümt. Sie schleuderte verschiedene Tanzschuhe von sich und drehte sich zur Seite.

Und?

Du siehst zum Abschießen aus, sagte Maisie.

Als Nächstes erschien meine Mutter in einem federgeschmückten Hut oder ordentlichen Kostüm, eine glänzend rote Handtasche über dem Arm. Wenn Betty ihr ein neues Kleid überstreifte, stand sie im Unterrock da. Maisie probierte einen Pullover an. Betty strich den Kragen glatt und zupfte am Rückenteil.

Und, fragte Maisie, sehe ich wie eine Landstreicherin aus?

Es steht dir, Maisie, sagte mein Vater.

Das sagst du doch bei allem.

Dann brachte meine Mutter die Flasche Portwein. Mein Vater zog den Kronkorken von einer Flasche Guinness ab. Maisie schüttete Kohlen aufs Feuer. Seamus stellte sich mit einer Taschenflasche Whiskey ein. Mein Vater klopfte eine Kippe im Kamin ab. Meine Mutter trank ein Glas Portwein und tanzte in der Küche umher, dann schlug sie sich auf die Knie und zeigte auf Seamus, der einen Hauptfeldwebel in einem englischen Kriegsgefangenenlager nachzuahmen begann. Una schlug Sahne. Miriam stand mit ihrem Freund, dem Sänger einer Showband, in der Diele – sie wollten heiraten und zusammen in die Staaten fahren. Betty zog eine Stopfnadel aus ihrem Hut und klemmte sie zwischen die Zähne. Sie hob eine Bluse ans Licht, fand den Saum, der genäht werden musste, und führte den Faden vorsichtig durch das Nadelöhr.

14. Kapitel

In Cavan war wieder Donnerstag, ein verkaufsfreier Nachmittag. Die redselige Kundschaft wurde von der Tür fern gehalten. Die Damen durften sich entspannen. Das Haus fühlte sich wieder wie ein Zuhause an.

Kurz nach Mittag versiegte alle Tätigkeit. Die Stadt stieß einen Seufzer der Erleichterung aus.

Säcke mit Kartoffeln wurden hereingeholt, die Rollläden vor den Türen heruntergelassen, die Scherengitter vor den Schaufenstern zugezogen; das Restaurant machte zu; die Ladenglocken der Lebensmittelläden verstummten; Maisie leerte die Kasse, und das Geschäft lag im Dunkeln; Flood's Blumen wurden hereingeholt und gegossen; das Brot vom Tag wurde gegen das Brot vom Vortag eingetauscht; in Katie Bannon's wurden die letzten Eiswaffeln verkauft; Hughie Smith, der Grafschaftssekretär des Gälischen Athletikverbandes, stand auf den Stufen des Gerichtsgebäudes, strich sich über den spärlichen grauen Haarflaum auf seinem Kinn und machte sich auf den Weg zum White Star; im Billardraum des CVJM befeuchtete der Schuster seinen Daumen, hob Karten ab und begann ein Pokerspiel; Mr. Tom McKenna in einem großen, feschen Nadelstreifenanzug trat vorsichtig auf bestrumpften Füßen in seine Auslage, um eine Schaufensterpuppe zu entkleiden; die Hand auf die Hüfte gestützt, blieb Maisie im Durchgang stehen und nieste; Hickey's Fleischerladen rollte die Markise ein; der Mann ließ den Wohnwagen auf der Brückenwaage stehen; die Frau des Bankfilialleiters stand befremdet an ihrem Fenster und blickte auf die Stadt hinab; Mutter hängte Wäsche zum Trocknen auf; ein Hund hetzte durch den Breifne Park; in der Main Street saßen fünf Tagelöhner in einem Anglia, verzehrten Sandwiches und tranken Milch; eine Frau steuerte einen Kinderwagen durchs Stadttor; Bruder Cyril warf jemandem den Tafelschwamm an den Kopf; hinter den ausgebleichten Vorhängen des White Swan stand ein Vertreter von Jacob's Biscuits und wischte sich die Brille; Mrs. Battle steckte ihre Mottenkugeln weg; bei Fox's wurden Gummistiefel, Straßen- und Stöckelschuhe ins Geschäft geräumt; Vera Brady's Fashions wurde verriegelt; im Central Café kam das Geschäft zum Erliegen, und Mrs. McManus (geb. Moloco) brach in ein heiseres Italienisch aus; die Postangestellten lehnten sich gegen Whelans Schaufenster und sahen neidvoll zu, wie die Stadt dichtmachte; auf Reillys Hof ließ Dinny Brennan seine Leiter und seine Farbtöpfe fallen und betrat das Imperial Hotel; Hugh Gough stellte Phil Hill eine Flasche Stout hin; Bruder Cyril schnäuzte eine grüne Rotzglocke in sein Taschentuch; auf der Main Street ließen sich Dohlen nieder; Green, der Müller, ging wie ein Schneemann heim nach Saint Felim's; im Breifne wurde das Restaurant ausgefegt; im Seitenzimmer der Stadthalle begannen die Proben für das weihnachtliche Märchenspiel; in einem Schuppen auf dem Marktplatz versammelte sich die Arbeiterkapelle; in der River Street schob Doonegan, der Schornsteinfeger, eine seiner Bürsten durch den Kamin himmelauf, während seine beiden Söhne Säcke mit Ruß zur Mühlenmauer karrten; im Breifne wurden die Kuchen aus der Auslage geholt; die Textilverkäuferinnen radelten aus der Stadt nach Hause; hinter die Markthalle wurden Säcke mit Saatgut geschleppt, die riesigen Tore geschlossen; Miss Foster zog sich ins Dunkel ihres Hinterzimmers zurück; der Grundstücksmakler machte einen Spaziergang ums Triangle; Floods Leichenwagen wurde abgespritzt; Clarence Frogman Henry sang in einem Radio in der Abbey Street; in den Reihenhäusern des Half Acre wurde Wäsche aufgehängt; Jack Flood beförderte einen Fahrgast nach Killinkere; Bud McNamara überquerte im blauen Overall mit seinem Werkzeugkasten den Gallows Hill; eine läufige Hündin raste die Bridge Street hinunter; Wolken ballten sich zusammen; Monty Montgomery schloss seinen Eierstand ab und ging wieder ins Farnham Hotel; Jalousien wurden herabgelassen; junge Männer stiegen die Treppe zum Boxverein hinauf; der Straßenfeger pausierte am Viehpferch; Mr. Corr, der Zahnarzt, saß in seinem eigenen Wartezimmer; im Schönheitssalon schaltete Mrs. McCusker die Haartrockner aus; Benny Hannigan fuhr Phil Hill in seinem Taxi nach Latt; im Gebäude des *Anglo-*

Celt kam das erste Exemplar der Wochenzeitung frisch von der Druckerpresse; die Arbeiter aus McCarren's Fleischfabrik gingen die River Street entlang; in den Autosalons erloschen die Lichter; Maisie Hertrug die Einnahmen des Vormittags in ihr Zimmer; Reilly, der Herrenfriseur, kehrte in einer Ecke Haare zusammen; im Ausstellungsraum der Elektrizitätsgesellschaft loderte ein künstliches Kaminfeuer; über den Kohlköpfen in Burkes Garten flatterten Schmetterlinge; Schinken wurden in den Kühlschrank zurückgelegt; zwischen den stummen Akkordeons im Versammlungsraum der Pfadfinder trank Mr. Donoghue, der Führer der Pfadfindergruppe, allein eine Tasse Tee; Mutter legte sich für ein Viertelstündchen mit hochgelegten Füßen ins Bett, dann raffte sie sich wieder auf; Snowball Walsh musste sich übergeben und durfte nach Hause; der Zug aus Clones fuhr ein; ein Lastwagen mit Äpfeln aus Armagh fuhr nach Süden; Louie Blessing fütterte seine Schweine mit Kartoffelschalen; der Cavaner Limonadenlieferant fuhr rückwärts auf den Hof des Farnham Hotel; Vater McManus saß in seinem Ford und las in seinem Brevier; Johnny McDonagh kam beschwipst und mit wildem Blick aus dem Straw Lodge und torkelte grölend durch die Stadt; Tommy Lauden, der von einem blank gescheuerten, kniehohen Stein am Briefkasten aus den lieben langen Tag dem Verkehr zusah, stieg langsam den steilen Half Acre hinauf; eine Dose Erbsen von Batchelors fiel scheppernd auf die Straße nach Dublin; einige Straßenarbeiter tauchten auf; Mrs. English ging nach nebenan; die beiden Miss Hickey stiegen nach oben; Dermot Morgan machte sich auf den Weg zum Golfplatz; Dr. Sullivan kehrte in der Abbey Bar ein; Barnie Buckley schob eine Schubkarre voll glühender Kohle nach Tullymongan; in der Kathedrale beteten ein paar Seelen; im Garten des Farnham Hotel stiegen Krähen auf; ein Mann mit Migräne läutete die Glocke des Apothekers Burke; Johnny McDonagh erreichte Hourican's; Moloney, der Chirurg, gingen hinten herum zu Louie Blessing's; Wachtmeister Gaffey kam die Town Hall Street herauf, ging hinüber zu Jack Brady's in der Main Street und sah sich im Schaufenster die Schuhe an; in McGinty's klingelte das Telefon, aber es hob niemand ab; die Mädchen aus dem Breifne bestiegen ihre Fahrräder; Packie Clay ging in die Hub Bar – *draußen ist Johnny McDonagh*, sagte er; aus dem Haus der beiden Miss Power drang Klaviermusik; durch den Torbogen zum Viehpferch flog ein rotes Huhn; ein Lastwagen aus Monery hinterließ in der College Street eine stinkende Jauchespur; der Küster stutzte die Rasenfläche vor der Kathedrale; Bill Anderson trat durchs Tor der Royal School, zündete sich eine Zigarette an und rieb sich die Hände; irgendwo löste sich ein Gewehrschuss; aus Nee's Restaurant traten einige Gruppen Gäste; in dem riesigen Koksofen hinten im Breifne kühlten die Baisers ab; die Mädchen von Woolworth's tauschten ihre Kittel gegen eigene Kleider ein, und die Verkaufsleiterin entließ sie auf die Straße; meine Mutter verriegelte das Hoftor; Lord Farnham suchte zackigen Schritts seinen Anwalt auf; Miss Sheridan, die Bibliothekarin, stempelte das Rückgabedatum in Walter Mackens *Gott schuf den Sonntag*; Skiddely Doonegan kam vorbeigelatscht; meine Mutter schnitt ihre Zehennägel; in der Keadue Lane holte der Chauffeur des Bischofs sein Mädel im Wagen des Bischofs ab; Mr. P. A. Smith, der Tuchhändler, ging in raschem Tempo zu Cooke's; der Tierarzt nahm einen Anruf entgegen; ein Pony, das Zigeunern gehörte, kam vom Fair Green durch Cooke's Torbogen getrabt und wieherte; vor Black's, der Druckerei, lag ein Straßenköter und schlief; Con Reilly stach ein Fass an; Mr. McDonell, der Bäcker, bestellte einen Power's Whiskey; im Hof wuschen sich die Kohlenmänner von Fegan's unter einem Wasserhahn; der Himmel war grau, der Wind wie gewöhnlich; wir hörten den Zug aus Dublin; im Hinterzimmer des Bahnhofshotels setzte Bill Anderson sich ans Klavier und spielte einen Blues; Mrs. Byrne erzählte Stick Donoghue die letzten Neuigkeiten; der Barmann im Congo ließ über die Schnittwunde an seinem Finger kaltes Wasser laufen; der taube Smith schraubte das Rückenteil eines Radios ab und spähte angestrengt hinein; Tom McCusker kreidete die Spitze seines Queues ein; Johnny McDonagh verließ die Stadt; Frank Conlon, der Antiquitätenhändler, stellte einen neu zu polsternden Sessel auf die Ladefläche seines Lieferwagens und fuhr nach Hause nach Billis; vor dem Fahrkartenschalter des Busbahnhofs tschilpten Elm-Bank-Küken; Frank Brady ging, eine Zeitung in die Jackentasche gestopft, zum Buchmacher, strich sich den Haarschopf zurück und setzte seine Brille auf.

Na, was gibt's Neues?, fragte er.

Es trat Schweigen ein.

Um drei Uhr waren die Straßen menschenleer. Nur auf den Banken und in den schwach beleuchteten Anwaltskanzleien oder in den Büroräumen des Grafschaftsrats ging der Arbeitstag seinen gewöhnlichen Gang.

Meine Mutter legte die Beine auf den Kaminsims und machte ein Nickerchen. Mein Vater hantierte im Garten herum. Maisie hielt sich in ihrem Zimmer auf, rauchte und hörte Radio. Das Milesanacht Breifne mit der Bedeutung »Leckereien aus Breifne« – Breifne war das alte Stammesgebiet der Reillys – ruhte. Ich hatte das Haus und die Stadt ganz für mich.

Drittes Buch

Die Leinen ausgeworfen

15. Kapitel

Mein Bruder Tony wollte in Brighton heiraten. Mein Vater und meine Mutter reisten in ihrem Sonntagsstaat über Holyhead nach London, wo sie bei Tante Bridgie in Pimlico übernachten würden.

Sie waren schon seit geraumer Zeit fort. Ich hatte die Welt für mich. Ich nahm mein Frühstück mit Una ein und verabschiedete mich von ihr an Con Reillys Tor, dann verstaute ich meine Tasche hinter der Stadthalle und machte mich auf eine ausgedehnte Schwänztour an verschiedene Stellen in und um Cavan. Manchmal fuhren wir mit einer Draisine, die wir mit der Kraft unserer Arme antrieben, auf der inzwischen stillgelegten Bahnstrecke durch die Wälder bei Loreto und weiter bis Butlersbridge.

Die Draisine, mit der früher die Schienenarbeiter die Gleisstrecke abgefahren hatten, auch »Wippe« oder »Knochenmühle« genannt, stand jetzt in einem Schuppen am verlassenen Bahnhof von Swellan. Zu fünft hoben wir das Fahrzeug auf die Gleise und setzten uns drauf. Das war die Swellan-Bande. In früheren Zeiten musste man sich, um aufgenommen zu werden, auf die Schwellen legen und den Zug aus Dublin über sich hinwegbrausen lassen. Jetzt verkehrten keine Züge mehr, nur die Draisine war geblieben. Doch die Strecke war noch intakt. Snowball Walsh setzte eine Eisenbahnermütze auf, die seinem Vater gehörte. Schon mit dem ersten Drücken des Antriebshebels setzte sich die Draisine in Bewegung. Wir fuhren die Strecke entlang und sangen dazu *Davy Crockett*.

Für eine alte Frau, die allein an der Strecke wohnte, sägten wir Holz, und sie gab uns dafür Buttermilch. Ihr künstliches Gebiss lag eingeweicht in einer Schüssel auf dem Fensterbrett. Vom Bahnhof brachten wir ihr mit der Draisine Kohlengrus und setzten uns um ihren rußigen Herd. Unter dem Dachvorsprung schossen Schwalben hervor.

Euch gefällt's wohl nicht in der Schule?, sagte sie, und ihr Schnurrbart schimmerte silbrig.

Nein, Ma'am.

Mir hat's da auch nie gefallen. Sie trank aus ihrem Becher und umfasste ihre Knie. Und in der Stadt gefällt's mir auch nicht. Ich bin hier zufrieden.

Sie musterte uns prüfend. Wie heißt du?

Healy.

Und du?

Hickey.

Seht ihr das Auge hier?, fragte sie und zeigte auf ihre braune Iris. Wir inspizierten die Pupille. Ich war dabei, einen Strauch zu beschneiden, fuhr sie fort, als ein Zweig zurückschnellte und die Dornen sich in meine Augenhöhle bohrten. Deswegen kann ich heute auf dem linken Auge nichts mehr sehen. Das Auge, sagte sie, hat der Welt den Rücken gekehrt.

Sie lehnte sich vor und seufzte.

Aber es hat nicht wehgetan, sagte sie, überhaupt nicht wehgetan.

Das ist gut, sagte Ollie Smith.

Immer wenn ihr nicht zur Schule wollt, kommt ihr zu mir heraus, sagte sie, ich find schon was zu tun für euch.

Zum Abschied winkte sie uns nach. Wir fuhren weiter zum nächsten Haus, indem wir den Handhebel, der die Räder in Bewegung setzte, vorstießen und zurückzogen. Wir rollten Gleise entlang, die ihren Glanz verloren hatten. In einem Haus aus Granit, aus dessen Dach ein ganzes Antennenbündel ragte, lebten zwei weißhaarige Brüder. Im Inneren des Hauses sang Burl Ives. Die beiden wiesen uns verschiedene Arbeiten zu. Wir wässerten die Kartoffeln, trieben Rinder von einer Weide zur anderen, füllten alte Badewannen mit Wasser und stapelten Torf. In der Küche reparierten die Brüder Radiogeräte und ließen uns ausländische Sender mithören. Auf Tisch und Fußboden stapelten sich blaue Batterien. Die beiden Männer aßen mit bloßen Händen kaltes Schweinefleisch und erklärten, sie seien in den beiden Schubladen der Kommode großgezogen worden.

Ernie in dieser Schublade und ich in der hier, sagte einer der Brüder. Stimmt's, Ernie?

Stimmt, Walter, sagte Ernie, aber jetzt sei kein Dussel-Schussel.

Sie ölten die Draisine und schenkten uns Holzäpfel.

Wie weit fahrt ihr heute noch?, fragte uns Walter.

Keine Ahnung, antwortete ich.

Wenn ihr kräftig genug wärt, könntet ihr mit dem Ding bis nach Clones fahren, erklärte er.

Wirklich?

Aber ja doch. An einem guten Tag könntet ihr sogar das Meer erreichen. Stimmt's, Ernie?

Stimmt, bestätigte Ernie. Dann legte er seine feuchte Hand auf meinen Arm. Hab ich dich nicht weiter unten mit Mrs. White reden sehen?

Ja, sagte ich.

Wie schafft sie das nur?, sagte er zu sich selbst. Wie schafft sie das nur? Das würde ich gar zu gerne wissen. Dann wirbelte er herum und blickte hinüber zu Mrs. Whites Haus. Hat sie uns erwähnt?

Nein, sagte ich.

Nein, wiederholte Ernie. Mit keinem Wort?

Sie hat Sie nicht erwähnt.

Das kann ich mir denken. Er stand auf den Bahnschwellen und schaute hinüber zu ihrem Haus. Das kann ich mir denken.

Die Brüder schoben uns an, und über Loreto fuhren wir nach Butlersbridge. Bei jedem Ausflug mit der Draisine wagten wir uns weiter vor. Wir rollten bis Kansas City, machten unterwegs Station in Delaware. Wir gelangten bis nach Tombstone. Und Black Creek. Fuhren an alten Eisenbahnerhäusern und heruntergekommenen Gehöften vorbei. An den Steigungen ermüdeten unsere Arme. Snowball Walsh erteilte die Befehle. Wir schoben und zogen, bis wir den höchsten Punkt erreicht hatten. Die letzten paar Zentimeter waren die reine Hölle. Oben angekommen, jubelten wir, schossen in rasendem Tempo an alten Bahnübergängen und Bretterzäunen vorbei und grölten dazu *Davy, Davy Crockett, king of the wild frontier.* Weiße, an Bäume geheftete Zahlen flogen vorüber. Wir setzten uns in einen Graben, aßen wilde Erdbeeren und pusteten Wollgras.

Wenn wir an eine Brücke kamen, über die eine Straße führte, bremsten wir scharf ab und hielten unter den kalten, feuchten Brückenbögen an. Wir horchten, ob Autos kämen. Pressten unsere Ohren gegen die Granitmauern und lauschten, wie der Regen ins Erdreich sickerte. Wenn sich niemand zeigte, fuhren wir weiter ins Land hinaus und genossen unsere Freiheit.

Bei anderen Gelegenheiten ging ich mit der Truppe aus Cavan zum Spukhaus am Nonnensee. Es hieß Lavell's House. Im Schuppen hing noch eine Schlinge, auf dem gesamten Grundstück lagen Rinderschädel verstreut, in einem sonnigen Zimmer im Obergeschoss stand ein kleines Harmonium. Wir ließen uns auf die rostigen alten Betten fallen und entwirrten Angelschnüre.

Hinten im Garten wuchsen Apfelbäume, und in den Schubladen der Küche lag noch Besteck. Dort stand auch eine Anrichte mit blauen Tellern und einem auf einem Bein balancierenden Wecker. Das Besteck und die alten Teller wuschen wir im See ab und legten auf dem Küchentisch Gedecke. Wir zündeten in Benzin getränkte Rohrkolben an und stellten sie in große Obstkonservendosen. Dann verzehrten wir unsere Sandwiches.

Der Mann, der zuletzt hier wohnte, hatte sich das Leben genommen. Mit den Geschichten über ihn machten wir uns gegenseitig Angst. Im Kleiderschrank hingen drei Anzüge, es standen dort ein reisefertig gepackter Koffer und eine Hutschachtel voll alter Rechnungen. Jemand hatte am Ersten Weltkrieg teilgenommen. Seine Briefe waren in einer Tasche aus Öltuch verwahrt. Wir durchsuchten die Zimmer nach einem Gewehr und klopften die Wände nach Geheimgängen ab. Alte Kühe mit großen Hörnern wanderten auf dem Grundstück umher und fraßen pausenlos. Das düstere Haus hallte von ihren Kaugeräuschen wider.

Einmal erwischte uns ein Bauer, als wir in der Scheune saßen und abwechselnd mit Schleudern auf Marmeladengläser schossen. Im Obstgarten hatten wir ein Feuer angezündet, um Unrat zu verbrennen.

Ich habe den Rauch gesehen, erklärte er.

Guten Tag, sagte ich.

Einen guten Tag auch euch, sagte er. Was treibt ihr denn hier?

Wir haben Ferien, antwortete Matti Donnelly.

Einen Teufel habt ihr. Hältst du mich für einen Trottel? Er ging ins Haus. Du lieber Himmel, sagte er, was ist denn hier los?

Der Linoleumfußboden war gefegt, das Geschirr gedeckt, und die Fenster waren geputzt.

Donnerwetter, das gibt's ja wohl nicht.

Er trat wieder ins Freie und setzte sich auf die zerfallene Mauer.

Wollt ihr noch länger hier bleiben?, fragte er und steckte sich eine Zigarette in den Mund.

Wir sagten nichts.

Wollte nur gefragt haben, fügte er hinzu und lächelte in sich hinein.

Wir sind Pfadfinder, sagte Ben Gaffney.

Pfadfinder, du lieber Himmel. Seid ihr im Verein?

Sind wir, sagte ich.

Sehr gut. Sehr gut. Er schüttelte einen Stein aus seinem Gummstiefel. Ich habe ein lahmes Bein, erklärte er. Dann musterte er uns. Habt ihr keine Angst vor dem alten Lavell?, fragte er. Er wies auf den Balken. Genau da hat er sich aufgehängt. Seht ihr den See dort? Er zeigte über das Schilf. Eine geisteskranke Nonne kam den Hügel herab und ging ins Wasser. Eine gewisse Schwester Concepta. Ich habe selber das Wasser nach ihr abgesucht. Und als sie auftauchte, war sie torfschwarz. Dann gab's da noch den Jockey. Aber das war vor meiner Zeit. Ob ihr's glaubt oder nicht, es hat hier mal 'ne Rennbahn gegeben, und er ist doch glatt hineingefallen und ertrunken.

Er stand auf.

Und danach war's vorbei mit den Pferderennen. Er musterte uns. Bist du vielleicht der junge Smith?

Nein, antwortete Ollie Smith.

Du hast den Kopf deines Vaters, sagte er. Nun, ich werde jetzt gehen. Pfadfinder, du lieber Himmel.

Auf Wiedersehen, Mister, sagte Matti.

Er berührte seine Nase mit dem Zeigefinger. Und falls jemand fragt, ich hab euch nicht gesehen. In Ordnung? Zum Gruß tippte er sich mit dem Zeigefinger an die Stirn. Passt auf euch auf.

Auf seinem lahmen Bein humpelte er durch den Obstgarten davon und hieb dabei mit einem Stock auf die Brennnesseln ein. Wir unterhielten uns über die Nonne, den Jockey und den alten Lavell. Im See warfen wir Angelleinen mit Hechtködern aus und stapften durch das rauschende Schilf. Auf dem Rückweg ließ Ollie Smith auf dem

Gallows Hill einen Drachen steigen. Mit einem fauchenden Geräusch schoss er in die Luft und trieb über die Stadt hinweg. Das war das Zeichen dafür, dass wir schwänzten. Von der Schule der Christlichen Brüder aus konnten die Jungs ihn sehen.

Dann liefen wir den Cock Hill hinunter, um den Torbogen zum Viehpferch herum und die River Street entlang. An einer Ampel flitzten wir über die Bridge Street, die Abbey Street hinauf und in den Markthof in der Nähe des Klosters, wo Owen Roe O'Neill begraben liegt. Wir untersuchten die breiten, braunen Knochen in den verfallenen Gräbern. Das sind Schulterblätter, meinte Matti Donnelly. Wir kletterten über das Tor in den Hof der Stadthalle. Dort warteten wir, bis die Jungs von den Christlichen Brüdern herbeiströmten. Dann nahmen wir unsere Taschen und machten uns auf den Heimweg. Dabei mussten wir uns vor den Kugeln ducken, die Paddy Ronaghan mit einem Luftgewehr von seinem Schlafzimmerfenster aus abfeuerte. Peng! Peng! Die Kugeln schwirrten wie Funken über den Marktplatz.

16. Kapitel

Ich erfuhr, dass mein Vater in Brighton erkrankt war. Er hatte ein blutendes Magengeschwür. Stundenlang standen Una und Miriam in der Telefonzelle vor der Post und versuchten, zum Krankenhaus durchzukommen. Telegramme schwirrten hin und her. Bridgie schrieb uns, nach der Hochzeit sei er im Hotel zusammengebrochen.

Ich schickte ihm einen Brief, in dem ich ihm von der Schule erzählte. Mittlerweile waren sämtliche Jungen, mit denen ich schwänzte, erwischt worden, sodass ich mich jetzt an den meisten Vormittagen allein auf den Weg machte. Manchmal verließ ich vor Una das Haus und huschte um Con Reillys Torbogen, durch Burkes Hof und über den Zaun zurück in unseren Garten. Dann kroch ich auf allen vieren unter den Fenstern der Backstube vorbei und witschte in den alten Schuppen und auf den Dachboden. Einmal schlich ich den Durchgang entlang, schlüpfte zur unteren Tür hinein und dann die Treppe hinauf ins Bett. Doch meistens lenkte ich meine Schritte ins umliegende Land. Bei Billis vorbei zum Behy Lake. Zwischen den Felsen bei Shantemon hindurch, wo der Clan der Reillys einst seine Hauptburg im Stammesgebiet von Breifne gehabt hatte. In einem Graben sitzend, wartete ich das Angelusläuten ab, bevor ich mich zum Abendessen auf den Heimweg machte.

Die Angst, erwischt zu werden, begleitete mich ständig, und doch wagte ich mich immer weiter fort.

Eines Tages verpfiff eine Frau im Laden mich. Man hatte mich gesehen, wie ich beim St. Patrick's College am Waldrand entlangschlenderte. Als ich an diesem Nachmittag um vier Uhr mit meiner Schultasche nach Hause kam, stieß Maisie einen schrillen Schrei aus. Sie jagte mich den Durchgang entlang. Bis zum Einbruch der Nacht blieb ich oben auf dem Nonnenfriedhof. Später hob ich den Riegel der

Küchentür an und lauschte. Trat ins dunkle Esszimmer. Niemand da. Aus dem Kühlschrank nahm ich Kochschinken und verspeiste vier Scheiben.

Da ist er, sagte Maisie.

Weißt du nicht, dass Daddy krank ist?, sagte Una.

Marsch ins Bett!, schrie Maisie.

Sie nahmen mir das Radio weg, sodass ich nicht mehr Radio Luxemburg hören konnte. Das Zimmer hallte von ihren vorwurfsvollen Stimmen wider. Am nächsten Morgen brachte mich Una bis zum Schultor.

Ich gehe nicht, sagte ich.

Du musst aber.

Die bringen mich um, sagte ich.

Geh schon.

Nein.

So brachte sie mich bis zur Klassenzimmertür und erklärte dem Schulleiter, ich hätte gefehlt, weil mein Vater krank sei.

Seitdem tauchte Maisie im Morgengrauen plötzlich in meinem Zimmer auf.

Steh auf, Zeit, in die Schule zu gehen, sagte sie dann.

Una und ich aßen allein im Esszimmer. Miriam hielt sich im Laden auf. Von der Stadthalle aus sah Una mir nach, um sich davon zu überzeugen, dass ich auch wirklich durchs Schultor ging. In der Gesangsstunde wartete der von mir gefürchtete Bruder auf mich. Als ich mich umdrehte, um mit meinem Hintermann zu sprechen, schlug er mich so heftig, dass mir das Trommelfell platzte und meine Nase zu bluten begann. Maisie war außer sich vor Empörung. Ich irrte wie ein Zombie in der Schule umher. Während die anderen Jungen auf dem Pausenhof Fußball spielten, saß ich auf dem Klo und las *Beano* und die *Classic*-Comics.

Ständig hörte ich Dinge, die nicht vorhanden waren. So schoss mir etwa ein jäher Kreischlaut durch den Schädel. Manchmal vernahm ich ein Donnern. Zu anderen Zeiten eine Art Dröhnen. Dann wieder eine Art verwirrender Stille, als sei man ganz allein auf der Welt. Das Echo des Schlags hielt wochenlang an. Der Bruder wusste, dass er mir Unrecht getan hatte, und versuchte, nett zu mir zu sein. Wenn er bei den Chorproben in der Kathedrale seinen Platz hinter mir einnahm, schenkte er mir ein kurzes, konfuses Erwachsenenlächeln. Seine Unterlippe zitterte. Mit hell bestrumpftem Fuß trat Vater A. B. McGrath das Orgelpedal. Wir sangen in die leere Kirche hinab.

Stille senkte sich hernieder. Die von dem Schlag ausgelöste Taubheit stellte sich wieder ein. Wir alle sangen, doch ich hörte nichts. Dann kehrten die Stimmen wie auf Knopfdruck plötzlich wieder.

Nach der Schule ging ich zum ummauerten Handballplatz und spielte mit Eamon Smith und Dag Carroll, mit den Busfahrern, den irischen Soldaten und den Anstreichern bis zum Einbruch der Dunkelheit Handball. Wenn Una kam, um mich abzuholen, sagte Mr. Smith stets: Nur noch ein Spiel. Nur noch eins, Una. In der Abenddämmerung konnten wir den Ball kaum noch sehen. Die Hände wurden härter. Die Innenseite war wie Leder. Man lernte, wie man den Ball an den Mauern entlangspringen lassen konnte. Wie man ihn mit der leicht gehöhlten Hand so anschneiden konnte, dass es kein Geräusch dabei gab.

Samstagmorgens stand ich um zehn Uhr auf dem Handballplatz oben auf dem Barrack Hill, um ein Uhr kam ich zum Mittagessen herunter, war um zwei wieder oben und blieb bis acht, vielleicht neun Uhr.

Statt vor dem Einschlafen von Finea zu träumen, begann ich vom Handballspielen zu träumen. Ich träumte davon, dass ich perfekte Angaben machte, die glatt an der linken Mauer anlagen oder um die Mauerecke sprangen und unerreichbar waren. Niedrige Bälle fing ich mit einer geschickten Unterhand ab und versetzte die Soldaten damit in Staunen. Ich holte Würfe aus der Luft und machte sie unschädlich. Aufprallende Bälle stellte ich kalt. Eines Morgens aber erwachte ich, ging über den Flur und traf meinen Vater auf den drei Stufen.

Gott sei Dank, sagte er und nahm mich in die Arme. Ich dachte schon, ich würde dich nie wieder sehen.

Mit einem Taschentuch tupfte er sich die Lippen ab. Im Flur stand meine Mutter in einem kanariengelben Kostüm neben einem Koffer und hatte Tränen in den Augen. Sie setzte den Straußenfedernhut ab, den ihr Lady Ashton Smith, eine Cousine der Königin, gekauft hatte.

Warst du auch schön brav?, fragte sie mich.
Ja, antwortete ich.
Una stand stumm dabei.
War er brav?
Ja, log Una.
Meine Mutter zog ihre Arbeitskleidung an und begab sich in die Küche. Mein Vater und ich gingen in den Garten und setzten uns unter den Efeu auf eine Bank, die er gezimmert hatte.
Ich war krank, sagte er.
Er legte mir einen Arm um die Schulter. Sein Gesicht war spitz und blau.
Bald spiele ich Handball für Cavan, sagte ich.
Alle Achtung, sagte er.

Noch am selben Abend erzählte Maisie, was mir in der Schule widerfahren war. Sie sagte, die Sache müsse ein Nachspiel haben.
Geh hin, sagte sie zu meinem Vater, und beschwer dich.
Es widerstrebte ihm.
Damit richte ich womöglich mehr Schaden an als Nutzen, sagte er.
Wenn du nicht gehst, sagte Maisie, gehe ich. Moloney, der Chirurg, hat sich sein Ohr angeschaut, beharrte sie, und er hat gesagt, es sei schrecklich, einem Kind so etwas anzutun.
Na schön, sagte er.
Am nächsten Morgen legte meine Mutter ihm wie gewöhnlich seine Zehnerpackung Players auf den Frühstückstisch, er rauchte seine erste Zigarette und bekam einen schrecklichen Hustenanfall. Dann brachte er mich zur Schule. Auf der Anhöhe rauchte er eine zweite Zigarette und erlitt einen zweiten Hustenanfall. Gemeinsam traten wir auf den Pausenhof. Alle hörten auf zu spielen. Sie schauten zu uns herüber. Mein Vater war nervös. Er rieb sich mit dem Taschentuch die Nase und legte mir die Hand auf die Schulter. Ultan, der Schulleiter, der, in ein Gebet versunken, umherschritt, wandte sich um und erblickte ihn. Er raffte seine weite schwarze Soutane und kam auf uns zu. Bruder Augustine ließ seine Sense auf der Wiese liegen, streifte seine schwarze Weste über und näherte sich ebenfalls, ein hoch gewachsener, breitschultriger Mann mit Halsadern, die wie

Trossen hervorquollen, abstehenden Ohren und frommen, geistlosen Augen.

Und wer ist das?, fragte Ultan, der Schulleiter.

Das ist mein Vater.

Nun, Dermot, geh du spielen, während dein Vater und ich ein paar Worte wechseln.

Ich fürchte, mein Sohn muss Ihnen schon selbst erzählen, was ihm zugestoßen ist.

Also, was ist dir zugestoßen, Dermot?

Bruder Augustine hat mich geschlagen, sagte ich, und ich musste ins Krankenhaus.

So, so, sagte Bruder Ultan.

Das ist keine zufrieden stellende Antwort, meinte mein Vater.

Bruder Augustine erschien. Einen Moment lang herrschte Schweigen.

Das, sagte der Schulleiter, ist Bruder Augustine. Das ist Mr. Healy.

Bruder Augustine schüttelte meinem Vater die Hand.

Ich bin mir sicher, Sie wissen, was Sie meinem Sohn angetan haben, sagte mein Vater.

Es tut mir Leid, sagte Bruder Augustine. Ich habe die Beherrschung verloren.

Er grimassierte mit dem Mund, wie er es häufig tat, seine Stirn glänzte, und er rang die Hände.

Es tut mir Leid.

Geh jetzt spielen, Dermot. Und Sie machen weiter, Bruder Augustine.

Ich bewegte mich auf die behelfsmäßigen Tore zu. Jemand dribbelte einen Ball in meine Richtung. Ich stellte meinen Fuß darauf. Bruder Ultan berührte die Schulter meines Vaters, und die beiden Männer schlenderten über den Spielplatz. Mit gesenktem Haupt trollte Bruder Augustine sich auf die Wiese. Er warf seine dunkle Weste ab und begann wieder mit kräftig ausholenden Sensenschwüngen das Gras zu mähen. Ich hörte das Ticken der Garben, wenn die Klinge sie durchschnitt. Bruder Augustines muskulöse Arme waren unnatürlich weiß. Er hielt einen Moment inne und schaute mich an, wie ich ihn anschaute. Seine Augen flehten um Vergebung. Ich sah weg.

Als ich das erste Mal LSD nahm, wähnte ich mich im Himmel. Damals war ich Mitte Zwanzig und wohnte in der Denbigh Street in Pimlico, London. Ich erinnere mich noch daran, wie ich die glitzernde Themse entlangspazierte, bis wir zu der Skulptur von Henry Moore gegenüber der Tate Gallery gelangten. Es war jedoch nicht die Skulptur, die mich interessierte, sondern der Sockel, auf dem sie stand.

LSD macht sich nicht viel aus Kunst.

Ich arbeitete in einem Versicherungsbüro – im Gebäude der Westminster County Insurance, das auf die Hippies hinuntersah, die sich in den späten sechziger Jahren unter der Eros-Statue auf dem Piccadilly Circus räkelten. An dem Morgen, an dem ich die Stelle bekam, stand ich mit dem Direktor an den hohen Fenstern, die das Treiben unten im Circus überschauten.

Die tun mir Leid, sagte er, während er auf ihre in Tücher gehüllten Köpfe hinuntersah. Vor Ablauf eines Jahres gehörte ich wieder zu ihnen.

Jeden Morgen zog ich meinen Nadelstreifenanzug an, wünschte den Typen aus der Grafschaft Cavan, mit denen ich die Wohnung teilte, viel Glück und machte mich durch die Rochester Row, über die Victoria Street, am Portal des neuen Scotland Yard vorbei, vorbei am Standesamt in der Caxton Hill, wo die Stars heirateten, in den Green Park und dann die Mall hinauf auf den Weg zur Arbeit in meinem Büro am Piccadilly Circus. Dort strich mein unmittelbarer Vorgesetzter aus meinen langen Geschäftsbriefen die Poesie heraus, zensierte unangemessene Vertraulichkeiten und unterdrückte Wetterberichte.

In Ward's Irish House nahm ich ein irisches Mittagessen ein, trank ein Pint Guinness und sah den Romancier Francis Stuart allein an einem anderen Tisch sitzen. Anschließend schlief ich, das Telefon an mein Ohr gedrückt, auf meinem Schreibtisch ein. Weihnachten tanzte ich mit der Tochter eines schottischen Peers, der einer der Direktoren des Unternehmens war. Tante Bridgie, die Schwester meiner Mutter, ihr Lebensgefährte Leo und ich frequentierten den Irish Club am Eaton Square. Als meine Mutter zu Besuch kam, besuchten wir alle eine Vorstellung von Danny La Rue. Sie fand, dass er wunderbare Kleider trug. Und auf dem Heimweg liefen wir Stepptoe in die Arme, und meine Mutter grub ihre Finger in meinen Arm. Wie auch immer.

Ins Stockwerk unter uns zog Sebastian, ein Student aus Oxford, ein. Zu dem Zeitpunkt war es uns noch nicht gelungen, an Drogen heranzukommen. Einmal hatte ich vor Ward's ein paar Tabletten erstanden.

Ich saß mit den Typen aus Cavan im Zimmer, hörte die Beatles und wartete darauf, dass es passierte. Aber es passierte nichts. Am nächsten Abend beschwerte ich mich bei dem Dealer in Piccadilly.

Hey, sagte ich zu ihm, das war aber schlechter Stoff, den du uns da verkauft hast.

Damit hab ich nichts zu schaffen, Kumpel.

Du hast ihn mir verkauft.

Ich hab ihn einem anderen abgekauft.

Das war Aspirin.

Ich dachte, es wäre LSD.

War's aber nicht.

Also, was willst du von mir?

Du solltest kein schlechtes Zeug verkaufen.

Hey, hört euch das mal an, sagte er und rief einige andere Dealer herbei.

Es ist unrecht, so was zu tun, sagte ich.

Hört euch das an, sagte er, wir haben es mit einem religiösen Fanatiker zu tun.

Bald nahm ich, von Sebastian ermutigt, jeden Mittwoch um sieben und dann erneut am Freitagabend LSD. Eines Freitagabends warf ich zusammen mit einem anderen irischen Typen zwei Tabletten ein. Er war mir nicht ganz geheuer, weil er mich in der Vergangenheit übers Ohr gehauen hatte, aber er war high und lachte, daher vertraute ich ihm. Wir saßen in meinem kleinen Zimmer und staunten.

Tut mir Leid, was passiert ist, sagte er, damals.

Schon gut, sagte ich.

Ich möchte mich einfach entschuldigen.

Mach dir nichts draus, sagte ich.

Ich wollte die Sache nur aus dem Weg räumen, fuhr er fort.

In Ordnung.

Ich hab dir unrecht getan.

Lass die Sache auf sich beruhen.

Es war meine Schuld.

Ist ja gut.

Verstehst du mich?, beharrte er.

Ja, sagte ich und wünschte mir, dass er endlich damit aufhörte.

Sag, dass du's tust.

Mann, jetzt hör auf, sagte ich.

Was ist denn?

Ich will davon nichts mehr hören.

Eine Weile saßen wir in zitterndem Schweigen.

Du willst mir nicht verzeihen, sagte er bekümmert.

Ich wandte mich von ihm ab und sah nicht ihn, sondern Bruder Augustine, der mich beschwor.

Lass uns einen Spaziergang machen, schlug ich vor.

Na schön, antwortete er, und seine Stimmung schien sich zu heben.

Im Schneckentempo zogen wir los, die Denbigh Street hinauf. An jeder Straßenlampe blieben wir stehen. Blieben furchtsam stehen, wenn ein Polizeiwagen vorbeifuhr. Hielten uns an den Ampeln gegenseitig zurück und rasten, wenn es grün wurde, über die Straße. Der Fluss unter der Vauxhall Bridge toste. Wir gingen zum anderen Ufer, kamen aber nicht weiter. Als wir wieder die Hälfte der Brücke zurückgelegt hatten, ergriff er plötzlich meine Hand.

Schau mir in die Augen, sagte er.

Ich schaute ihm in die Augen. Dort sah ich ein fürchterliches Bild meiner selbst.

Es tut mir Leid, sagte er flehentlich.

Als ich ihn so betteln hörte, kehrte ich mich von ihm ab und flüchtete in den Verkehr. Autos bremsten, Reifen quietschten, Hupen ertönten. Ich fiel zu Boden, rappelte mich wieder auf und rannte davon. Ein Taxifahrer schrie uns an. Ich rannte, bis ich in der Denbigh Street ankam. Vor der Haustür holte er mich ein. Und wieder sah ich es: Sein Gesicht war in zwei Hälften zerschnitten. Ich sah ihn an und versuchte, sie wieder zusammenzusetzen. Ich versuchte, die Augen aufeinander abzustimmen, die Mundwinkel zu korrigieren, die beiden Nasenlöcher an die richtige Stelle zu bringen. Doch die Linie zerschnittenen Fleisches hatte eine Hälfte seines Gesichts unter die andere rutschen lassen.

Sag's nicht, befahl ich ihm.

Tu ich schon nicht.

Wir stiegen die Treppe hoch auf unser Zimmer. Wir sprachen eine Weile, legten Musik auf, und langsam kehrte das Staunen zurück. Doch als wir uns eben wieder hätten vertragen können, sagte er: Ich gehe jetzt. Ich wollte nicht, dass er ging. Doch er wollte quer durch London nach Hause laufen. Als er fortging, befiel mich eine unerklärliche, vielen jedoch wohl bekannte Angst. Sie sprang mich an aus den unbekannten und den vertrauten Episoden der vor mir liegenden Jahre.

Am nächsten Morgen saß ich wieder an meinem Schreibtisch. Bei der Erinnerung an den vorhergehenden Abend und bei dem Gedanken daran, wie ich mich in den Verkehr gestürzt hatte, beschlich mich ein Gefühl der Verwirrung und leisen Entsetzens. Im weiteren Verlauf des Tages wurde mir wieder wohler. Die stumpfsinnige Büroarbeit stellte mich wieder her. Die hemdsärmeligen Angestellten fachsimpelten. Die Sekretärin des Direktors sah untadelig normal aus, als sie zusammen mit mir im Aufzug ins Untergeschoss fuhr.

Mit der Begeisterung und Konzentration eines Gelehrten durchstöberte ich alte Akten. Auf der anderen Seite der Kellerwand lag die Herrentoilette der U-Bahn-Haltestelle von Piccadilly. Durch die Gitter hörte ich die Spülung der Toiletten und das Gemecker der Toilettenwärter. Die andere Welt, die ohne mich weiterging. Die Schrecken wichen zurück und verbargen sich in kleinen Abteilungen meiner Frontallappen, schlummerten in verschiedenen Hirnzellen, aus denen sie eines Tages, bald schon, wütend und bösartig hervorbrechen würden, wie Parasiten, die sich während ihrer kurzen Überwinterung in den tiefsten Winkeln meines unbewussten Selbst vermehrt hatten.

Ich hörte, wie sie meine Identität und mein Ego berannten. Weg mit euch, ihr Ärsche, sagte ich dann immer.

Sebastian begann, einen Drogenhandel aufzuziehen. Sein Vater hatte ihm 200 Pfund gegeben, damit er in Oxford seine Studiengebühren bezahlen könne. Sebastian beschloss, das Geld in Drogen anzulegen. Er kaufte vierhundert Tabletten White Lightning zu je zehn Shilling, die er später zu je einem Pfund weiterverkaufen wollte.

Probierst du sie mit mir aus?, fragte er.

Im Haus warfen wir jeder eine Tablette ein und machten uns per U-Bahn und Bus auf den Weg zum Clapham Common. Als wir den Park erreichten, war noch nichts passiert. Also nahmen wir jeder noch eine Tablette LSD. Es war ein sonniger Tag. Wir lagen unter einem Baum und warteten darauf, dass die Wolken ihre Muster bildeten. Hunde jagten Bällen nach. Zwei Jungen mit Hurling-Schlägern schlenderten vorüber. Ein Italiener in weißen Schuhen fragte uns nach dem Weg zur Wandsworth Road. Wir sahen zu, wie Väter und Söhne auf den Teichen ihre Spielzeugboote fahren ließen. Wir schauten uns die Blumenreihen an. Doch die Halluzinationen blieben aus. Stattdessen durchdrang uns beide ein Gefühl tiefer Trauer.

Ich glaube, die haben mich reingelegt, sagte er.

Daraufhin nahm er noch zwei Tabletten, und ich noch eine. Es war äußerst anstrengend, die sonnenbeschienenen Wege bis zur U-Bahn entlangzulaufen. Die Gesichter, die uns begegneten, waren freudlos und von einer befremdlichen und unfreundlichen Tatkraft besessen. Sobald wir in dem brausenden U-Bahn-Schacht standen, setzte Panik ein. Ich rannte wieder durch den Verkehr, weil ich nicht verzeihen konnte. Ein Schmerz schoss mir durch den Magen.

Ist alles in Ordnung?, fragte Sebastian.

Nein, antwortete ich.

Mein Mund fühlte sich merkwürdig an. Ich suchte Halt an einer Reklametafel an einer der gerundeten Mauern. Sebastians Brauen schienen sich aufzudröseln. Ich konnte ihm nicht in die Augen sehen. Schweigend saßen wir im U-Bahn-Wagen, und in Pimlico wankten wir wie Zombies ins Freie. Ein neuerlicher Schmerz verschlug mir die Sprache.

Was ist los mit dir?, fragte er.

Das ist vielleicht ein Trip, antwortete ich schließlich.

In der Wohnung legte ich mich mit dem Gesicht zur Wand auf ein Sofa. Die Abstände zwischen den Schmerzen wurden immer kürzer. Sebastian brachte mir Wasser. In meiner Kehle wurde es zu Erbrochenem. Er setzte sich zu mir auf die Sofakante.

Daran bin ich schuld, sagte er.

Red nicht, sagte ich. Das macht die Sache nur schlimmer.

Dann packte mich eine gewaltige Halluzination. Die Wand flog auf und schloss sich wieder. Mir gegenüber sah ich mein eigenes Bild, so wie ich im Spiegel des Breifne häufig mein Spiegelbild gesehen hatte. Doch da war kein Spiegel. Sebastian führte mich in mein Zimmer. Ich legte mich hin, fand jedoch keinen Ruheplatz für meinen Kopf. Das Kissen fühlte sich an wie ein Sack Zement. Neben mir gaben sich alte Dämonen zu erkennen. Minuten verstrichen. Meine Gedärme spannten sich wie Seile.

Du bist auf einem Horrortrip, sagte Sebastian.

Ist es das?

Ja. Mach dir keine Sorgen. Er wird bald vergehen.

Aber warum diese Schmerzen? Es sind richtige Schmerzen, sagte ich.

Ich weiß nicht. Hör zu, ich geh kurz los und komme gleich wieder. Ich besorg dir was.

Als er gegangen war, wurde es auf der Straße draußen dunkel. Das Zimmer roch nach Karbid. Auf den Balkons hängten die Italienerinnen ihre Wäsche auf und schwatzten miteinander. Der rote Dunst des Londoner Himmels lichtete sich. Von der Themse waren Sirenen zu hören. Ich blieb, solange ich konnte, in derselben Position liegen und versuchte, mich des überwältigenden Mahlstroms verrückter Ideen zu erwehren, der mich hinabzuziehen drohte.

John McCaffrey, der Friseur aus Belturbet, schaute vorbei.

Wie war's?, fragte er.

Nicht so gut, antwortete ich.

Er ging nach nebenan und legte Crosby, Stills, Nash and Young auf. Die Musik, die mich so oft in Hochstimmung versetzt hatte, kam mir unecht vor. Ich schrieb etwas in ein Notizbuch und drehte mich auf die andere Seite. Shay McArdle kam nach Hause. Der Samstagabend nahm seinen Lauf. Die Kerls warfen sich in Schale und gingen in den Pub. Stockstill blieb ich im Zimmer liegen und fragte mich, auf wen ich eigentlich wartete. Wiederholt erfasste mich ein plötzlicher Schwall von Fröhlichkeit, der ebenso rasch wieder verflog.

Es klingelte. Ich schaute aus dem Fenster und sah unten in der Denbigh Street Tante Bridgie und Leo stehen. Sie hatten sich für den Irish Club fein gemacht. Ich schlich mich wieder ins Bett. Sie klingelten noch ein paar Mal, dann gingen sie weg. Daco, der Spanier unter uns, legte eine Flamenco-Platte auf. In der Dunkelheit scharten sich unheimliche Geister zusammen. Gesichter schwammen vorüber. Doch die Hitze des schlechten LSD gestattete mir kein Mitleid.

Um zwölf kam Sebastian mit einem Freund zurück. Als ich die Augen aufschlug, sah ich sie auf Stühlen an meinem Bett sitzen.

Dermot?

Ja.

Da war Gift drin.

Was?

In einigen von den Tabletten war Blausäure.

War sie das?

Aus einem unbestimmten Grund fühlte ich mich etwas besser. Zumindest hatte das, was in mir vorging, eine konkrete Ursache.

Ich hab das Zeug untersuchen lassen, sagte er. Es tut mir Leid.

Ist schon in Ordnung.

Hast du geschlafen?

Ich glaube nicht.

Ich hab dir was mitgebracht.

Er zog eine kleine weiße Schachtel hervor, in die man Gästen, die nicht zum Empfang kommen können, ein Stück von der Hochzeitstorte einpackt. Sie enthielt vier Tabletten.

Das ist Mandrax.

Das holt dich wieder runter, erklärte sein Freund. Gutes Zeug.

Ich nahm zwei Mandrax. Langsam begann die Dunkelheit sich aufzulösen. Die Schmerzen ließen nach oder wanderten zumindest an eine andere Stelle. Ich war erschöpft. Sebastian holte seine Gitarre hervor und begann zu spielen. Sein Freund drehte sich einen Joint. Die anderen kamen nach Hause, schauten ins Zimmer und gingen wieder. Shay brachte mir ein Bier. Ich lallte ein bisschen. Die Nacht ging weiter. Ich bemühte mich zu schlafen, doch jedes Mal, wenn ich so weit war, schwappte eine riesige Welle des Nichts über mir zusammen. So fing ich denn abermals an zu ratschen. Versuchte zu schlafen und scheiterte.

Sebastian und sein Freund waren noch da, schienen in dem winzigen Zimmer, mit seinen in die Londoner Nacht geöffneten Fenstern, in großer Entfernung von mir zu sitzen. Sie brühten Tee und verabreichten mir die restlichen zwei Mandrax. Die Lider fielen mir zu, doch mein Verstand konnte das Bewusstsein nicht loslassen. Es hatte den Anschein, als wäre ich auf immer zu starrem Wachsein verdammt. Das machte mir große Angst. Im Morgengrauen wachte ich auf und sah, dass die beiden Männer auf dem Boden neben mir schliefen.

Ich ging zum Fenster und legte die Hände aufs Fensterbrett. Es erstaunte mich, zu sehen, dass es die Welt dort draußen noch gab. Eine der streunenden Katzen, die weiter unten auf einem zerbombten Grundstück hauste, kam mitten auf der Straße herbeigelaufen. Sie war ungeheuer groß. Sie setzte sich, blickte zurück und wunderte sich.

17. Kapitel

Bei den Sonntagsmatinees in der Stadthalle, einem hohen Fachwerkbau, schloss ich mich all den sündhaften Pärchen auf der wackeligen Galerie an, die verzückt auf Roy Rodgers hinabstarrten.

Hin und wieder streifte Packie Cullen mit dem Lichtstrahl seiner Taschenlampe Gesichter, auf denen die Kindheit schnell verblasste oder bereits gänzlich verschwunden war. Erwachsen zu sein bedeutete, im Dunkeln zu tappen. Die Weiber waren ruhelos und weich, während die Männer auf der Galerie mit offenem Mund den Atem anhielten und ihn danach mit einem Seufzer wieder ausstießen. Aus der hintersten Reihe kam das feuchte Schmatzen eines Kusses. Während Orna Galligan ihre Haare herunterließ und sich in Kit Finnegans Arm zurücklehnte, bohrte sich ihr weißes Knie in die Rückseite meines Sitzes. Des Hickey warf seinen Mantel über Ursula Smiths Schoß und drehte sich mit strengem Blick um.

Was glotzt du da an?, brüllte er.

Nichts, sagte ich.

Das will ich auch gehofft haben.

Mit den Fingerspitzen bürstete er seine Tolle zurück. Unbeirrbar starrte ich über seinen Kopf hinweg auf die Leinwand. Er legte sein Ohr an Ursulas Ohr und behielt mich weiterhin im Auge. Ernst lauschten sie den Gedanken des anderen. Er flüsterte etwas. Jetzt schaute sie sich um. *Stör dich doch nicht an dem*, sagte sie. Sie wandten sich ab. Der Projektor ratterte weiter. Große Burschen ohne Begleitung bliesen aus den brennenden Enden ihrer Zigaretten Funken und sogen den Rauch tief ein. Es sang der alte Cowboy Walter Brennan. Die Luft wurde trocken und erwartungsschwanger.

Dann explodierte eine Papiertüte.

Hau sie noch mal, sagte jemand, mit mir ist sie nicht verwandt.

Eine Gruppe vollbusiger Mädchen in weißen Blusen stampfte lachend die Treppe hinunter zur Toilette. Gerry Brady stellte sich vor die Leinwand und klatschte. Die Lehne eines Sitzes brach ab. Im Dunkeln Geriss der Verschluss eines BHs. Ein Knopf sprang auf. Der milchige Geruch von Sperma verbreitete sich wie Kuckucksspeichel.

Eines Sonntags waren wir wieder im Kino. Auf der Leinwand waren The Three Stooges zu sehen. Danach die Werbung für McCarren's, für Provider's, für Fegan's. Anschließend wurde ein Schwarzweißfilm über Afrika gezeigt. Als wir merkten, dass es kein Spielfilm war, erhob sich ein verächtliches Gebrüll. Wir dachten, der Film hätte mit den Missionsstationen zu tun. Der Dokumentarfilm wurde von einer fernen BBC-Stimme kommentiert. Wir marschierten durch Dschungel und hörten das Gelärme exotischer Vögel.

Dann wurde ein Dorf voll nackter Schwarzer gezeigt. Man hörte zahlreiche Kehllaute, Gelächter und schüchtern beiseite gesprochene Worte. Lagerfeuer loderten. Im Hintergrund ein Tamtam. Die Kamera zoomte auf Brüste, Lenden und riesige schwingende Penisse. Die Stadthalle verstummte.

Niemand griff in seine Tüte mit Süßigkeiten. Pärchen ließen voneinander ab.

Man zeigte uns eine Entbindung. Führte uns vor, wie das Kind an der Brust der Mutter saugte. Dann sahen wir fasziniert zu, wie eine Erektion zustande kam. Die Stimme gab etwas von sich, das wir nicht hören konnten. Dem erregten Mann näherte sich eine Frau mit ausgefallenem Kopfschmuck und besonders üppigem Haarwuchs zwischen den Schenkeln. Gemalte Pfeile zeigten auf ihre Brustwarzen. Zärtlich berührte sie den jungen Mann an der Wange und gab sanfte Kehllaute von sich. Die anderen Dorfbewohner stimmten einen schaurigen Stammesgesang an und schwangen ihre Schwänze und Brüste. Der Mann stand da mit dunkel aufragendem Glied und ließ die Hände herabbaumeln. Es war kein Laut zu hören.

Was geht hier vor?, hörten wir Packie Cullen brüllen.

Keine Ahnung, antwortete Mr. McKiernan.

Dies, erläuterte die Stimme, ist ein uraltes Fruchtbarkeitsritual.

Du lieber Himmel, sagte Packie.

Wir hielten den Atem an, als sie dem Mann mit Blumen über die Brust strich. Dabei blickte sie ihm unverwandt in die Augen. Die Wände der Stadthalle schienen sich unmerklich zu straffen. Mit den Blütenblättern streichelte sie seinen Bauch. Wir hörten, wie Packie zum Projektionsraum hinaufstürzte. Klatsch! Klatsch! Klatsch! Sie klatschte dem jungen Mann auf den Hintern.

Aufhören, sagte Packie.

Was?!

Ich habe gesagt: Aufhören!

Der Film wurde angehalten, die Leinwand war weiß, und es trat Stille ein. Niemand stampfte mit den Füßen. Die Lichter gingen an.

Uns ist ein Fehler unterlaufen, verkündete der Kartenverkäufer.

Niemand rührte sich.

Ihr bekommt euer Eintrittsgeld am Eingang zurück, brüllte Packie.

Der müde, dunkeläugige Filmvorführer stand an der Tür zur Galerie und kratzte sich am Kopf. Einer nach dem anderen zogen wir verdutzt an ihm vorbei und bildeten eine Schlange. Als wir uns das Geld auszahlen ließen, sah Packie, noch immer entrüstet über den Vorfall, nicht einmal von seiner Holzkiste auf. Wie eine Volksmenge, die von einer Erscheinung zurückkehrt, zogen wir langsam die Town Hall Street hinauf.

Hast du gesehen, was ich gesehen habe?, fragte Tony Gilhooley.

Und ob, sagte ich.

Am Montag hatte die Geschichte in der Stadt die Runde gemacht. Diejenigen, die dabei gewesen waren, erzählten denen, die nicht dabei gewesen waren, was passiert war. Und wir übertrieben alles, was wir gesehen hatten. So wie ich es hier tue, und nicht zum ersten Mal.

Wir brachen in den Golfplatz ein und stahlen Bier. Kletterten in Colm Smiths Lager und stahlen Cidre.

Es ärgert mich, mir diese Tage vergegenwärtigen zu müssen. Lieber würde ich sie einem fiktiven Charakter andichten, den später eine abgemilderte moralische Strafe ereilt. Aber diese Handlungen, Dummheiten, Raubzüge: Das bin ich.

Doch welche Abscheulichkeiten lassen wir aus, wenn unser Gedächtnis sein Territorium verteidigt? Welche Bilder sind weggeschlossen, die sich nur von der Einbildungskraft befreien lassen? Jenseits der wilden sexuellen Erregungen sind es andere, weniger dramatische Momente, als Klischees maskiert, die sich der Sprache der Begeisterung entziehen. Es sind die banalen Alltagsdinge, derer sich das Gedächtnis nicht annimmt.

Mit dem Irish Stew im Breifne stimmte etwas nicht. Er wurde dienstags serviert. An das Sodbrennen, das dieser Stew verursachte, kann ich mich noch bestens erinnern. Nächtelang lag ich im Bett und langte nach einer Schüssel, die neben dem Bett stand, um die Galle aufzufangen, die sich aus meinem Mund erbrach. Feuchte Träume, statt Freudenkrämpfe durch meine Lenden zu jagen, verschossen schmerzende Kugeln. Während ich mich in wachen Stunden ganz und gar der Lasterhaftigkeit überließ, versuchte ich in diesen Träumen, meine Verfehlungen von mir zu weisen. In meinem Unterbewusstsein erhob die Schuld ihr Haupt. Im Schlaf griff ich unter ein Kleid, nur um dort ein männliches Organ, ganz so wie das meinige, vorzufinden. Vergebens suchte ich nach der weiblichen Spalte, den honigsüßen Lippen, dem gelobten Land der Weichheit.

Stattdessen musste ich diesen Penis in die Hand nehmen. Ich verspürte Ekel, Schrecken und Erregung. Feucht und voller Schmerzen schrak ich auf. Die Frau, die ich missbraucht hatte, war ich selbst.

Auf dem Kirmesplatz holten sich die Jungs voller Schuldgefühle einen runter, und im Spukhaus am Nonnensee verglichen sie die Länge ihrer Schwänze. Mit gezückten Schwänzen standen wir auf dem Lattenboden, und Derek Flynn zeigte uns, wie man's macht. Sogar die Stipendiaten bei den Christlichen Brüdern masturbierten vor der ganzen Klasse zweimal am Tag fröhlich an ihren Pulten, während Bruder Cyril die irische Grammatik durchnahm.

Hormone durchrasten die Stadt.

Bei den Christlichen Brüdern roch der fünfte Jahrgang nach Kreide und Sperma. Hosen waren mit Glibber befleckt. Derek Flynn, der einen sehr langen Schweif hatte, beugte sich vor und zog aus einem Loch im Gesäß seiner Hose seine Schwanzspitze hervor. Im Kino warf Bill Crosby einen Mantel über Eamon McCabes Knie. Wir konnten den Mantel auf und ab tanzen sehen. Hinter einer Toilettentür war lautes

Keuchen zu hören. Du Wichser, schrie jemand. Verpiss dich, kam die Antwort. Dann stieß Brian Leddy im Schlafzimmer seiner Mutter auf ein Exemplar von *Lady Chatterley*. Damit zogen wir hinaus in die Wälder von Loreto. In der vordersten Reihe ließ Dennis Farrely mit einem Seufzer den Kopf auf die Tischplatte sinken. Wenn man mit dem Klassenbuch in Bruder Felims Klasse kam, ließ dieser einen hinters Katheder treten und befummelte einem, während man die Namen aufrief, den Schwanz.

Felim Coffey, sagte man.

Anseo, antwortete Felim. Hier.

Bimbo Flynn, sagte man.

Anseo, antwortete Bimbo.

Der Bruder öffnete erst einen Knopf, dann einen anderen und schlang seine Finger um das Glied. Er schob einem die feuchte Vorhaut vor und zurück. Sofern man eine hatte. Einmal pinkelte der Bursche von der Brücke ihm auf die Hand. Der Bruder zog einen nahe zu sich heran, sodass man zwischen seinen Beinen stand. Er roch nach Haferbrei und kaltem Tee. Seine blauen Stoppeln zerfielen zu Staub. Den Höcker seiner Erektion konnte man noch durch seine Soutane hindurch am Oberschenkel fühlen.

Patsy Lee.

Anseo.

Misey Crow.

Anseo.

Man schaute nach unten ins Klassenbuch und geradeaus in die Gesichter, während seine Hand hastiger und sein Atem hechelnder wurde.

Dickey Smith.

Anseo.

Plötzlich ließ er einen wie einen verachtungswürdigen Gegenstand los. Knöpfte den Hosenstall wieder zu. Er zeichnete das Klassenbuch ab, dann ging er hinüber zum Fenster und blickte, die Hände in der Soutane vergraben, auf die Stadt hinunter. Auch dort tobte der Sex.

Steht er dir?, fragte der Anstreicher.

Wenn er dir steht, lass uns ins Seitenzimmer der Stadthalle gehen, und ich werd's dir besorgen.

Während der Segnung hämmerte Charlie McGriskin auf die Orgel ein, die Monstranz wurde gezeigt, auf der Orgelempore sang der Chor *Salutaris*. Weihrauch dampfte himmelwärts. Wir kamen von der Orgelempore herunter, wie wir von der Galerie in der Stadthalle herunterkamen, und glitten hinaus in die frostige Nacht. Die Gloriole des Lichts hinter uns ergoss sich aufs Gras. Der Küster trat aus dem Dunkel auf die Einfahrt unterhalb der Kathedrale.

Wenn ihr die Hand hier reinsteckt, geb ich euch ein Sixpencestück, sagte er.

Wir Chorknaben stellten uns um ihn auf. Er hielt das steife Glied in seiner Hose in unsere Richtung.

Greift euch den mal, sagte er.

Wir taten desinteressiert, doch in Wahrheit waren wir fasziniert. Die Ausbuchtung seiner Hose war riesig. Er öffnete einen Knopf. Die weiße Spitze seines Penis sprang heraus. Er schob die feuchte Vorhaut zurück.

Hat einer von euch Burschen auch so einen?

Rasch schob er die schlüpfrige Haut vor und zurück. Für einen rohen Kerl tat er das beinahe elegant. Fasst ihn mal an, sagte er.

Auf den Stufen der Kirche tauchte ein Erwachsener auf. Der Küster zog sich in die Anlagen zurück. In der Kathedrale erloschen die Lichter. Über die Straßen stob Märzenschnee.

An Beichttagen roch die Kathedrale morgens nach Urin, feuchten Schlüpfern und klammen Hosen. Die Luft war von Reue erfüllt. An den Marmorwänden rann das Kondenswasser herab. Kerzen raschelten wie Motten. Zwischen ätzenden Fürzen und klopfenden Herzen wartete man darauf, dass man an die Reihe kam. Furchtsam bewegten wir uns die Kirchenbank entlang. Dann war ich dran.

Ich zählte meine Sünden auf und wartete.

Er beugte sich zu mir, sodass ich sein Gesicht, seine violette Stola und seine gestrickte Weste sehen konnte. Sein Atem roch nach Baisers oder auch nach Gewürznelken.

Dermot, sagte er.

Ja, Hochwürden?

Wer war denn nun das Mädchen, das du berührt hast?, fragte er lächelnd.

Was?, fragte ich erstaunt.
Wer war das Mädchen?, wiederholte er seine Frage.
Ich hab's Ihnen doch gesagt, Hochwürden.
Aber ich möchte ihren Namen wissen.
Den darf ich Ihnen nicht verraten, Hochwürden.
Warum nicht?
Es wäre nicht recht.
Na, komm schon, Jung-Healy.
Sagen Sie es auch bestimmt niemandem weiter?
Nein.
Mary, antwortete ich schließlich.
Wie weiter?
Mary Smith.
Mary Smith aus Farnham?
Ja.
Ist die nicht ein bisschen zu alt für dich?
Ja, Hochwürden.
Und hat sie dich berührt?
Nein.
Sie hat dich nicht berührt? Seine Augen weiteten sich.
Ein bisschen.
Ein bisschen. Was soll denn das nun wieder heißen?
Vielleicht hat sie mich gestreift.
So, so. Dich *gestreift*?
Ja, Hochwürden.
Aber sie hat dich nicht berührt?
Nein.
Nicht ein einziges Mal?
Nein, Hochwürden.
Also hast du dich selbst berührt.
Ja, Hochwürden.
Natürlich hast du das. Gleich, sofort?
Nein, Hochwürden. Hinterher.
Wie oft?
Zweimal.
So, so. Mary Smith, sagte er.

Ja.

Und wirst du sie wieder sehen?

Nein, Hochwürden.

Nein?

Nein, Hochwürden. Ich glaube nicht.

Und gibt es noch eine andere?

Nein.

Noch nicht, meinst du wohl.

Nein, Hochwürden.

Und das ist alles?

Ja, Hochwürden.

Bete ein Vaterunser und drei Ave-Maria. Und Dermot?

Ja?

Du würdest mir doch keine Lügen auftischen?

Nein, Hochwürden.

Was Mary Smith angeht?

Nein, Hochwürden.

Wenn ich sie daraufhin anspreche, wird sie also wissen, wovon ich rede?

Ich denke, das sollten Sie lieber nicht tun, Hochwürden, erwiderte ich verängstigt.

Warum?

Sie wird nicht gerne hören, dass ich es Ihnen verraten habe.

Dass sie dich *gestreift* hat?

Ja, Hochwürden.

Na schön. Bereust du es?

Ja, Hochwürden.

Wirst du es wieder tun?

Nein, Hochwürden.

Haha, sagte er ungläubig.

Dennoch erteilte er mir seinen Segen, und als ich aus dem Beichtstuhl trat, schaute mich jeder an, weil er mich so lange dabehalten hatte. Ich vergrub mein Gesicht in den Händen, machte einen Kniefall und sprenkelte mir Weihwasser auf die Stirn. Freudigen Herzens stand ich auf den Stufen der Kathedrale, zu allen Schandtaten bereit.

18. Kapitel

Die Stufen der Kathedrale von Cavan erheben sich zu großer Höhe. Meinem Vater, dessen Asthma sich zu einem Emphysem entwickelte, fiel es schwer, sie zu erklimmen. An Tagen, an denen die Messe gefeiert wurde, verließen wir vor allen anderen das Haus. Meine Aufgabe war es, ihm eine Schulter zu bieten, auf die er sich stützen konnte. Alle paar Schritte blieben wir stehen, damit er verschnaufen konnte.

Wir hielten am Farnham Hotel an. Wir hielten am oberen Ende der Ashe Street an. Wir hielten am Gemeindesaal der Protestanten an, wo es im Herbst Kastanien regnete. Wir hielten am Fuß der Kathedrale an, vor dem alten Pfarrhaus, unter dem verbarrikadierte unterirdische Tunnel zusammentrafen. Vor dem letzten Anstieg nahm er immer Augenmaß. Stets taten wir nur einige wenige Schritte, blieben wieder stehen, schätzten die Entfernung ab und gingen weiter. Über mir pfiff sein Atem. Wenn wir schließlich zwischen den Säulen standen, stützte er sich eine Weile auf mich und blickte über die Stadt hinweg.

Die Drüsen auf der linken Seite seines Halses waren angeschwollen. Eine war so groß wie eine Billardkugel. Manchmal platzte sie auf, und an seinem Hals lief ein Blutrinnsal herab und tropfte auf sein frisches Hemd. Heute blutete die Drüse wieder. Während der gesamten Messe tupfte er sich die wunde Stelle und starrte unverwandt auf den Altar. Ein Windstoß fuhr durch den Mittelgang und kündete von einer Nachzüglerin. Die gewaltigen Kirchenportale schlugen zu. Mrs. Reilly, die der Kathedrale am nächsten wohnte, kam stets als Letzte. Jeder sah zu, wie sie langsam, den auf sie gerichteten Blicken keinerlei Beachtung schenkend, im linken Seitenschiff nach vorne schritt. Im rechten Arm eine Handtasche, in der Linken ein riesiges Messbuch mit einem roten Leseband, auf dem Kopf eine mit einem Gesteck bunter Haarnadeln geschmückte grüne Wollmütze, so rückte sie unaufhaltsam vor.

Einige Leute in der zweiten Reihe rutschten beiseite. Sie nahm Platz.

Jetzt waren alle da.

Das Husten setzte ein.

Bevor er niederkniete, zog mein Vater seine beiden weiten Hosenbeine ein wenig nach oben. Er trug weiße Socken. Er hielt das Kruzifix seines alten braunen Rosenkranzes am unteren Ende fest, spreizte die Ellbogen auf die Lehne der Kirchenbank vor ihm und sah zu, wie Vater A. B. McGrath, der immer zum Pokerspielen ins Milseanach Breifne kam, die Stufen zum Altar emporstieg. Die goldene Tür öffnete sich. Der Priester griff hinein.

Mein Vater mochte Reverend A. B.s Plaudereien von der Kanzel. Einmal hatte der Priester eine ganze Predigt Becketts *Warten auf Godot* gewidmet; er war eigens nach London gefahren, um sich das Stück anzusehen. Wir alle warten auf den Boten, sagte er. Wir warten, obwohl niemand kommt. Wir setzten uns zurück und zogen die Knie an; die Kerzen flackerten. Ein Tenor, der bei der Post arbeitete, sang *Jerusalem*. In den langstieligen Klingelbeuteln klimperten die Münzen. Die Messdiener studierten ihre gefalteten Hände. Mein Vater schlug ein Gebetbuch für Kinder auf.

Die Hostie wurde erhoben. Die Köpfe wurden gesenkt. Aufmerksam betrachteten wir die geöffneten Münder der Kommunikanten. Weißliche Zungen schossen heraus, zwischen dick bemalten Lippen schlüpfte ein Zünglein hervor. Einige reichten ihre Münder wie Jungvögel ihre Schnäbel dar, andere verschlangen gierig die Oblate. Charlie McGiskin, der Geschäftsführer des Magnet-Kinos, strampelte sich an der Orgel ab. Als ein lauter, schriller Akkord die Kirche erschütterte, schaute A. B., der gleichzeitig als Chorleiter fungierte, fragend zur Empore auf.

Meine Mutter ging in einem schwarzen Pelzmantelimitat an mir vorüber.

Als wir uns zum Ende der Messe erhoben, konnte mein Vater wieder normal atmen. Er tauchte die Finger ins Weihwasserbecken und besprengte erst sich, dann mich.

Als wir durchs Portal ins Freie traten, umdrängte uns eine Menschentraube. Ich sah, wie zwei junge Burschen lachend auf die blutende Drüse am Hals meines Vaters wiesen. Ich empfand Wut, Scham, Entsetzen und Stolz und eine Art unerschütterlicher Treue.

Was gafft ihr so?, fragte ich.

Kümmer dich nicht um die, sagte er, glaube ich.

Einen Moment lang blieben wir auf den Stufen der Kathedrale stehen, er steckte sich eine Zigarette an, und wir blickten noch einmal über die Stadt Cavan hinweg, der keiner von uns beiden entstammte, auf die protestantische Kirche hinter ihren Ulmen, auf die würdevollen viktorianischen Häuser in der Farnham Street, den Cock Hill und den Gallows Hill, auf dem die inhaftierten Rebellen gehängt worden waren. Wir standen zwischen den wuchtigen Säulen der riesigen Kathedrale und blickten auf die Stadt hinunter, bis er so weit wiederhergestellt war, dass er den Heimweg antreten konnte.

Er warf die Kippe seiner John Player fort, und wir machten uns auf den Weg zu den Ulster Arms, wobei wir auf dem Rückweg an denselben Stellen anhielten, damit er Luft schnappen konnte. Frank Brady stand hinter der Theke. Er las den *Sunday Express*. Mein Vater lachte Frankie zu und bestellte eine Flasche Guinness und einen Power's Whiskey. Er zog den Kopf ein und dachte einen Moment nach, dann trank er den Whiskey in einem Zug aus.

Viel Glück, sagte Frank.

In einem meiner Träume flog ich von meinem Bett auf und glitt wie ein Vogel über Cavan dahin. Ich flog direkt über die Kathedrale von Cavan. Es war ein wunderbares Gefühl, hoch oben an dem Aufsatz aus Granit vorbeizufliegen, der die Turmspitze hielt – niederzustoßen, sich aufzuschwingen und dahinzuschweben.

Während die Kirchgänger im Inneren um halb zwölf die Messe feierten, flog ich über den stillen Grünanlagen der Kathedrale hin und her. Wenn die Ersten von ihnen nach der Messe ins Freie traten, stieß ich von einem Turm hinab und flog nur wenige Zentimeter über ihre Köpfe hinweg, machte an der protestantischen Kirche kehrt und flog wieder zurück. Wieder und wieder schwebte ich über ihre Köpfe hinweg.

Und dann geschah es regelmäßig. Es überkam mich ein solches Glücksgefühl, dass ich vergesslich wurde und nicht bemerkte, dass die

Fähigkeit zu fliegen mich verließ. Statt dazubleiben hätte ich sofort über die Stadt in die Sicherheit meines Zimmers zurückfliegen sollen. Stattdessen unternahm ich einen letzten langen Sturzflug über die letzten Kirchgänger hinweg und stellte dann fest, dass ich mich nicht wieder emporzureißen vermochte.

Zu spüren, dass meine Flügel plötzlich kraftlos wurden, zu wissen, dass ich nicht mehr fliegen konnte, war eine fürchterliche Empfindung. Die Luft, die mich einen Moment zuvor noch getragen hatte, ließ mich nun zur Erde sacken. Dann, beim Aufprall, fand ich mich in meinem Bett wieder, mit dem Gesicht nach unten, die Arme an meiner Seite. Erleichtert stellte ich fest, dass ich nur ein elendes Menschenwesen war, sicher in seinem Wachzustand, erschöpft und voller Selbstmitleid.

Hinter meinen geschlossenen Lidern erblickte ich noch immer von meinem Platz auf dem Turm das ganze Panorama unter mir. Ich konnte die protestantischen Tannen riechen. Ich konnte die Kiefern über den Gräbern der Bischöfe riechen. Ich sah, wie unter mir die Gemeinde aus der Kirche quoll. Beim nächsten Mal, beim nächsten Mal würde ich daran denken, nach Hause zu fliegen, bevor ich abstürzte, dachte ich. Doch ich tat es nie. Immer blieb ich zu lange oben.

In der Fastenzeit wachte man um halb acht in einer fremden Welt auf. Meine Mutter weckte mich und ging nach unten, um Tee aufzusetzen. Das Linoleum unter meinen Füßen war eisig. Die Fenster waren überfroren. In der blauen Schuluniform der Armen Klarissen saß Una ganz blass am Küchentisch. Mein Vater blieb im Bett. In den Straßen türmte sich der Schnee. Vor acht saßen wir in der Kathedrale.

In der Fastenzeit waren die Messen ruhige, einschläfernde Angelegenheiten. Wenn die Autos vor der Kirche zum Stillstand kamen, ließen sie vor dem Haupteingang graue Eiszapfen fallen wie Pferdeäpfel; niemand sprach, wenn er die weißen, schlüpfrigen Stufen hinaufstieg; die schneebeladenen Bäume in den Anlagen der protestantischen Kirche winkten zu uns herüber; Hunde sprangen in die Luft, um nach den Schneeflocken zu schnappen; Geld gelangte gleich hinter dem Eingangsportal auf die Tische; auf die Seitenaltäre wurden Vasen mit Osterglocken gestellt; Leute stampften den Schnee von den Füßen, schüttelten ihre Schirme aus und strichen sich die Haare glatt; das Weihwasserbecken wurde trüb, und die grünen Fliesen im eiskalten Vestibül waren mit Schneematsch überzogen; die Türen der Beichtstühle öffneten und schlossen sich wie Kuckucksuhren; das Geflüster der fremden Missionare, wenn sie eine Buße auferlegten, bewirkte, dass man zur Toilette gehen musste; wenn die Sünder beteten, stieg ihr Atemdunst wie Weihrauch auf; alte Frauen schritten die Stationen des Kreuzwegs mit geflüsterten Bittgebeten ab und setzten sich anschließend in die Nähe der Heizkörper; schemenhaft schlurfte die fastende Gemeinde die Gänge entlang; Echos erstarben; von ferne war ein störendes Geräusch zu vernehmen, dann trat, einen bedächtigen Blick in die Runde werfend, der frisch rasierte Priester in schwarzen Schuhen aus der Sakristei; mit einem Rascheln seines strengen purpurroten Gewands küsste er den kalten Altar, und wir sanken auf die Knie; aus den Nasen der schläfrigen Messdiener tropfte der Rotz; ein allgemeines Gehuste durchbrach die Stille; die Leute träumten von den Dingen, die sie sich versagten, andere fühlten sich wegen der Sünden, die sie verschwiegen hatten, krankhaft schuldig, während sich wieder andere wegen ihrer lässlichen Sünden sorgten; wenn der Priester den Kelch an die Lippen führte, roch man den Wein noch im hinteren Teil der Kathedrale; sämtliche Erinnerungen an unbeholfene Geschlechtsakte wurden vom Gebet erstickt; das Evangelium vom Tage handelte von der Notwendigkeit, sich zu läutern; ein auf der Orgelempore gefangener Vogel zwitscherte verängstigt; gewisse Frauen verströmten eine intensive erotische Aura; ein Eindruck von aufgeschobener düsterer Gewalt, leichtfertig gegebenen, aber unhaltbaren Versprechungen lag in der Luft; Krankenschwestern in weißer Tracht, die unter ihren Gabardinemänteln hervorschaute, saßen mit großen Augen wie im Traume da; wir bereiteten uns darauf vor, uns am Karfreitag um den Kalvarienberg zu versammeln und dreieinhalb nicht enden wollende Stunden lang lateinischen *sean nos* über uns ergehen zu lassen; wir konnten bereits die Palmsonntagsprozession hören, die unter Gesängen die Church Street heraufgezogen kam; am Ostersonntag sahen wir an bestimmten Türen die irische Trikolore; biblische Ortsnamen wie der Garten Gethsemane oder der Olivenberg erfüllten uns mit einem Sinn für tragische Poesie; die Mädchen vom Loreto College, von geheimem Verlangen ganz benommen, korrigierten den Sitz ihrer Baskenmützen; in den Kirchenbänken roch es stark nach Palmolive-Seife, Pond's Feuchtigkeitscreme und Johnson's Babypuder; wer in der Fastenzeit auf Schokolade verzichtete, kaute Nelken; die Zahl derjenigen, die sich in den geistlichen Stand berufen fühlten, schnellte in die Höhe; die Wände weinten; ein Mädchen, dem vor lauter Hunger schlecht wurde, sank an ihrem Platz in sich zusammen; Halbwüchsige mit Bürstenschnitten knieten nieder, die Köpfe in den Händen vergraben; Make-up wurde gemieden; man sah aufgesprungene Lippen, Zeitungsfetzen auf den Schnittwunden von Rasiermessern, mit Pomade eingefettetes Haar; in den Augen nüchterner Männer leuchteten hell die Halluzinationen; schwangere Frauen saßen die Messe wie in Trance ab; in den vordersten Reihen knieten wie kleine Preiskämpfer Kinder mit schmerzhaften Gerstenkörnern; als drei Missionare herzukamen, um dem Priester bei der Ausgabe der Hostie zu helfen, beäugten sie ihn kritisch bei der Vorbereitung des Sakraments; sie entstammten einer asketischeren Welt: die nackten Füße in Ledersandalen, die Hände von roten Härchen bedeckt, die Augen leuchtend und seltsam gälisch; sie erhoben die Oblate wie ein Toreador sein Schwert und stießen sie tief in uns erbärmliche Wesen; ihre Gebete waren laut, ihre Kniefälle theatralisch, und in ihren Kutten klapperten Rosenkränze; Ladengehilfinnen empfingen die Kommunion und vermieden, während sie wieder an ihre Plätze zurückgingen, schuldbewusst den Blickkontakt mit den Männern vom *Anglo-Celt*; am Altargitter bildeten sich drei Reihen schüchterner Kommunikanten; die Behinderten kehrten langsam auf ihre Plätze zurück; die Missionare verließen uns mit einer tiefen Verneigung; die Onanisten erschauderten; wer Fleisch gegessen hatte, wurde fromm; eine junge Frau stand da und hatte statt eines Hutes ein Männertaschentuch übergeworfen; jetzt, da dem Akt selbst abgeschworen worden war, herrschte in der Kirche ein erstaunlich starker Geruch nach Sex; ganze Familien senkten die Köpfe; Mütter wiegten greinende Babys; wer sich wegen jüngster Streitereien schämte, wahrte seine Würde; wie Wachtposten standen die bärtigen Missionare in ihren grauen Kapuzen an den Portalen und drückten den Kirchgängern Broschüren über ausländische Missionsstationen in die verfrorenen Hände; auf den Stufen draußen warteten Hunde auf ihre

Herren, die Jungs von St. Pat's schwangen sich auf ihre Fahrräder, Woolworth's öffnete seine Türen.

Unterdessen tauchte in den Auslagen der Fleischer Fisch auf; die Stadtbewohner, ein Aschenkreuz auf der Stirn, machten einen Bogen um die Glitschbahnen, die die Jungen auf den gefrorenen Gehsteigen der Bridge Street angelegt hatten; über den Hof des Klosters strömten die Armen Klarissen; grau berockte Waisenmädchen rannten die Korridore entlang. Mit dem Tanzen hatte es ein Ende, und man spielte Whist. Schlechte Katholiken nahmen teil an Veranstaltungen in den Versammlungssälen des Oranierordens nach Farnham hin. Missionare latschten in flachen Sandalen die Seitenstraßen entlang.

Unsere Abstinenz gab uns das Gefühl, gesegnet zu sein.

19. Kapitel

Etwa zu der Zeit, als ich im St. Patrick's College mit der Oberstufe begann, wurde mein Vater bettlägerig. Es kann nicht alles auf einen Schlag passiert sein. An einem Tag war er noch in der Backstube und schaufelte Koks in den Ofen oder saß an einem Sonntag mit seinen Zeitungen in der Bäckerei, dann versagte seine Lunge. Er musste das Bett hüten. Um halb eins radelte ich immer die anderthalb Kilometer in die Stadt, um mein Mittagessen in seinem Zimmer einzunehmen. Bevor ich in die Schule zurückfuhr, trug ich noch seine Wetten zum Buchmacher.

Seine Wetten waren komplizierte Mehrfachwetten, Kreditwetten genannt. Man setzte einen Shilling auf ein Pferd, und wenn es siegte, wurde ein Teil des Gewinns für eine weitere Wette auf ein anderes Pferd oder eine Gruppe von Pferden verwendet. Wenn die zweite Wette ebenfalls Erfolg hatte, wurde mit dem Gewinn eine weitere Wette finanziert, und so weiter. Für einen Shilling konnte sich seine Wette auf bis zu acht Pferde erstrecken. Falls das erste Pferd verlor, war alles verloren. Wenn ich um halb fünf nach Hause kam, schrieb ich mir im Wettbüro die Sieger auf, und wir gingen seine Einsätze durch.

Dieser verdammte Piggott, sagte er dann.

Er hielt sich die Lesebrille dicht vor die Nase.

Joe Sime, pflegte er zu sagen.

Ich setzte mich auf sein Bett und erledigte meine Hausaufgaben. Wir wurden so vertraut, dass es schmerzte. Während ich Griechisch paukte, las er den *Anglo-Celt*. Manchmal, wenn ich von den Spartanischen Kriegen aufschaute, sah ich, dass er mich beobachtete. Der rechte Bügel seiner Brille wurde von einem Pflaster zusammengehalten. An seinem Hals klebte ein weiteres Pflaster. Er senkte die Augen und vertiefte sich wieder in seine Zeitung.

Im Badezimmer wrang Mutter Bettlaken aus. Wenig später kam sie in einem blauen Hauskittel mit einem Wäschekorb den Flur entlang. Sie klopfte an die Tür und reichte mir den Korb. Ich brachte ihn zur Wäscheleine. Wir hängten Laken, Socken, steife braune BHs, Geschirrtücher, Mieder, Taschentücher, Hemden, Maisies blaue Blusen, aus Mehlsäcken gefertigte Kissenbezüge und manchmal auch goldene Kissenbezüge auf die Leine.

Dann brachte ich ihm das Abendbrot nach oben. Kalten Kochschinken mit Senf, Braunbrot und in Scheiben geschnittene Tomaten. An Winterabenden trug er einen Schal um den Hals, und seine Nase glühte. An warmen Abenden öffnete er die Knöpfe des Oberteils seines Schlafanzugs. Um die Brust trug er eine Binde. Wir sprachen wenig. Ich half ihm zur Toilette und wieder zurück. Ich lernte Latein. Er schlummerte ein und wachte mit einem jähen Schaudern auf.

Gütiger Gott, flüsterte er dann.

Er setzte sich auf und klatschte mit den Innenflächen seiner Hände auf die Laken. Einen Moment lang waren wir Fremde füreinander. Er umklammerte die Zeitung. Sein Atem jagte. Er schaute mich an. Dann stellte er erleichtert fest, wo er sich befand.

Dermot!, rief er.

Papa, antwortete ich.

Du bist da.

Ja.

Dann legte er sich zurück und strich sich mit dem Taschentuch über die Lippen. Sein Atem beruhigte sich. Er faltete die Hände.

Hast du alle Fragen beantwortet?

Die meisten.

Braver Junge.

Manchmal schalteten wir gar nicht erst das Licht ein, sondern saßen an den langen Abenden unter dem wachsenden Schatten von Burkes Dach da. Ich ließ ihn nur ungern allein. Wenn ich meine Hausaufgaben erledigt hatte, stellte er sein Transistorradio an. Wir lauschten langen Hörspielen über merkwürdige Begebenheiten. Wir hörten uns Perry Mason an. Über Leo McDonalds Haus kreischten die Dohlen. Miss Reilly zog den Vorhang zur Seite und sah zum Cock Hill hinüber.

Die Klosterglocke schlug sieben. Wenn Maisie ihren Nachttopf zur Toilette brachte, warf sie einen Blick ins Zimmer.

Hier ist es sehr friedlich, sagte sie.

Auf den Stuhl neben seinem Bett legte sie eine kleine Tüte Gummibärchen, und jeder von uns nahm sich eins. Mit vorgestülpten Lippen kauend, arrangierte sie gedankenlos einigen Zierrat auf der Frisierkommode und blieb eine Weile in der Tür stehen, bevor sie sich davonstahl.

Er begann, Albträume über Finea zu haben. Mitten in der Nacht hörte ich meine Mutter rufen: Jack, Jack, du bist hier, hier in Cavan.

Ruf den Hauptwachtmeister, rief er.

Jack! Jack! Ich bin's. Winnie.

Wo ist Hauptwachtmeister Ruane?

Er ist tot.

Ruf den Hauptwachtmeister, verlangte er. Hier ist ein Mann, dem es nicht gut geht.

Du bist im Breifne, Jack.

Ruf Hauptwachtmeister Ruane.

Jack! Kannst du mich nicht hören?

Wo ist Maurice Moran?

Er ist im Priesterseminar.

Im Priesterseminar?

Ja. Er ist im Priesterseminar. Er will Priester werden.

Ich muss ins Dorf hinaufgehen. Und er sprang aus dem Bett.

Nein, Jack.

Wo ist die Tür?

Bleib, wo du bist.

Ich muss den Männern Bescheid geben. Die Männer müssen Bescheid wissen. Im Schlafanzug trat er hinaus auf den Flur. Meine Mutter schaltete die Flurbeleuchtung an.

Wo ist meine Uniform?, wollte er wissen. Wo ist meine Mütze?

Jack, mahnte meine Mutter.

Er öffnete die Augen und atmete heiser. Sie führte ihn wieder zu seinem Bett. Ich stand an der Tür und schaute zu. Mit dem Zeigefinger gab er mir ein Zeichen.

Ich habe geträumt, erklärte er.
Dein Vater hat geträumt, stimmte meine Mutter ihm zu.

Ich fing wieder an, die Schule zu schwänzen. Draußen in Drumalee fand ich eine Scheune. Ich versteckte mein Rad unter einem Strohhaufen und kletterte durch ein Loch in der Decke auf einen Heuboden. Ich las meine Bücher und schaute über die Landschaft.

Über den Fußboden huschten Mäuse. Ich schrieb Liebesbriefe an ein Mädchen im Loreto College. Eines Tages radelte ich wie immer um halb fünf nach Hause. Als ich den Laden betrat, sah Maisie von der Kasse auf und sagte: Du bekommst Ärger.

Warum?, fragte ich entsetzt.

Deine Mutter will dich sprechen.

Ich schaute ins Esszimmer, doch da war sie nicht. Ich ging nach oben zum Zimmer meines Vaters. Als ich den Flur entlangging, tauchte meine Mutter plötzlich mit einem Besen vor mir auf. Sie schlug mir damit auf den Rücken.

Du!, schrie sie.

Ich duckte mich.

Was hast du nur wieder ausgefressen?! schrie sie.

Nichts, sagte ich.

Du Schurke. Schurke! Seit zwei Monaten bist du nicht im College gewesen.

Natürlich bin ich da gewesen.

Lüg mich nicht an. Der Priester war hier. Wir sind mit dir gestraft – *gestraft!* –, hörst du? Hast du mich gehört?

Ja.

Wo hast du dich jeden Tag herumgetrieben?

In einer Scheune.

In einer Scheune, in einer Scheune, wiederholte sie. Zwei volle Monate, klagte sie. Was soll nur aus uns werden?

Im Flur zeigte sich mein Vater, der den Lärm mitbekommen hatte. Mit einer Hand stützte er sich auf den Türgriff, mit der anderen gegen den Türrahmen.

Sieh nur, was du deinem Vater angetan hast!, sagte meine Mutter.

Es tut mir Leid.

Uns jeden Tag zu täuschen!

Es tut mir Leid.

Sprich du mit ihm, Jack. Er hat mir das Herz gebrochen. Ich habe nichts mehr zu sagen.

Sie zog sich zurück. Er sah mich an, als sei ich ein Altersgenosse von ihm. Ich versuchte, meine Tränen zu verbergen.

Möchtest du nicht auf die Oberschule gehen?

Nein, antwortete ich.

Sieh die Sache so: Bleib noch bis zur Zwischenprüfung, und wenn du dann abgehen willst, gehst du eben ab.

Ich erschrak, es so unverblümt gesagt zu bekommen.

Geht das in Ordnung?, fragte er mich.

Ja, antwortete ich.

Er ging wieder in sein Bett zurück.

Du tust deiner Mutter weh, sagte er. Tu deiner Mutter nicht weh.

Werd ich nicht, sagte ich. Ich setzte mich an sein Bett. Zwei Jahre lang saß ich an seinem Bett, meine Schulbücher gegen meine Knie gelehnt.

20. Kapitel

Dann, als habe ihn mein Vater aus dem ständig wiederkehrenden Traum von Finea herbeizitiert, nahm Maurice Moran, der mit fünfzehn weggegangen war, um Missionspriester zu werden, Kontakt mit ihm auf.

Nachdem wir Finea verlassen hatten, war er aus unserem Leben verschwunden, bis sein Name, zusammen mit denen von Sonny Fitz, Jim Keogh, Tom Keogh, Brian Sheridan und vielen anderen, mitten in der Nacht von meinem Vater herausgebrüllt wurde. Zurück kam die andere Welt – die Polizeiwache, die Brücke, die Wachstube, die verwirrten Kinder, die schrillen Schreie aus den Zellen, die kalte Kirche und die kleinen Särge –, doch am nächsten Tag war Maurice vergessen, die Bewohner Fineas zogen sich in die Traumwelt zurück, und wir waren wieder in Cavan. Dann traf ein Brief ein.

Er ist für dich, sagte ich.

Ist er von Tony?, fragte mein Vater.

Nein, sagte ich, er kommt aus Irland.

Wer könnte es sein?, fragte mein Vater.

Er studierte den Poststempel.

Was steht da?, fragte er.

Corcaigh, sagte ich.

Cork? Wen kennen wir denn da?

Weiß ich nicht.

Ich auch nicht, sagte er, und das ist eine Tatsache.

Er öffnete den blauen Umschlag. Er hielt den Brief ans Licht, legte eine Hand um den Brillenrand und kniff die Augen zusammen. *Lieber Jack Healy*, las er, dann brach er ab. Er schob sich im Bett hoch und nahm seine Brille ab.

Er reichte mir den Brief. Lies mir vor, sagte mein Vater.

Mittwoch, den 7. Juni

Lieber Jack Healy und alle anderen in Cavan,
nächste Woche werde ich zum Priester geweiht. Ich habe erfahren, dass Sie erkrankt sind, und natürlich ist mir klar, dass Sie nicht kommen können, aber ich möchte um die Ehre bitten, die erste Messe nach meiner Ordination in Ihrem Haus lesen zu dürfen. Würde Ihnen der 15. passen? Bitte schreiben Sie mir, und sagen Sie Bescheid. Am 17. reise ich nach Amerika ab. Dies ist also meine letzte Chance. Ich freue mich darauf, Sie alle wieder zu sehen. Sie waren immer wie ein Vater zu mir. Ich denke oft an Sie. Bitte grüßen Sie Mrs. Healy und Ihre Familie von mir.

Mit herzlichen Grüßen
(Vater) Maurice Moran

Vater Maurice Moran, sagte mein Vater, nahm seine Brille ab und legte sie auf seinen Schoß.

So ist es, sagte ich.

Wann ist der fünfzehnte?

Nächsten Donnerstag.

Du lieber Himmel! Er schwang seine Füße aus dem Bett und saß da, den Blick an die Wand geheftet. Mit seinem Taschentuch wischte er sich rasch die Lippen ab. Ein seltenes Leuchten überflog sein Gesicht.

Hol Winnie, mein Sohn. Hol deine Mutter, und richte ihr aus, dass uns ein Priester besuchen kommt, sagte er.

Im Breifne herrschte ziemlicher Trubel. Das Schlafzimmer meines Vaters erhielt eine neue Tapete, das Wohnzimmer wurde ausgefegt, die Tür und die Fußleisten wurden gestrichen, Vasen mit frischen Geranien im Flur aufgestellt. Meine Mutter rasierte meinen Vater. Sie wusch seine Achseln und schnitt seine Zehennägel. Vor den Wohnzimmerkamin stellten sie einen Tisch, den sie mit einem weißen Spitzentuch bezogen. Die silbernen Kerzenhalter wurden aufgereiht, die unheimlichen Flusslandschaften von den Wänden genommen, vor dem Tisch ein schwarzer Läufer ausgerollt.

Vater Maurice traf am frühen Nachmittag ein. Er hatte dunkle, lockige Haare und ein helles Gesicht. Der schwarze Anzug schien ein wenig zu klein für ihn. Er stellte seine Sachen auf dem provisorischen Altar ab und kniete einen Moment nieder. Er wirkte seltsam immateriell, wie ein menschliches Wesen, das von einem überirdischen Licht berührt wird. Dann geleitete ich ihn zusammen mit meiner Mutter in das Zimmer meines Vaters hinüber. Wir klopften an die Tür.

Herein, sagte mein Vater.

Er saß in seinem alten blauen Anzug auf der Bettkante. Als Maurice eintrat, sank er auf die Knie.

Jack, Jack, sagte Maurice.

Als der junge Priester meinem Vater die Beichte abnahm, zogen wir uns zurück. Dann führten wir ihn von seinem Krankenbett den langen Flur entlang. Die Hose meines Vaters schlotterte ihm um den Körper. Seine Füße schienen zu klein für die Pantoffeln. Er trug einen Morgenmantel, der ihm bis zu den Schienbeinen reichte. Er legte eine Hand auf meine Schulter, ließ sich neben mir auf ein Knie nieder und stützte die Ellbogen auf den Sitz eines der kunstvollen Wohnzimmersessel.

Vater Maurice drehte sich um und kniete nieder, zum Zeichen, dass er anfangen wollte. Meine Schwestern, meine Mutter und meine Tante lasen die lateinischen Antworten ab. Durch die Hauptstraße wälzte sich der Verkehr. Neben dem ausgeschalteten Radio flackerte eine Kerze.

Ich war erstaunt, die Hostie in einer häuslichen Umgebung erhoben zu sehen und tatsächlich zu hören, wie der Wein aus dem Kelch getrunken wurde. Wir knieten neben unseren Stühlen und empfingen die Kommunion.

Seinen ersten Segen als Priester erteilte Vater Moran meinem Vater, der ihn wie ein nervöser Mann vom Lande entgegennahm. Er tupfte sich den Mund mit seinem Taschentuch ab und versuchte lautstark eine Art von Gebet. Die Hand des Priesters senkte sich sanft auf seinen Kopf. Er küsste ein blaues Tuch, das vom Papst stammte. Dies war mehr als ein bloßer Segen – die Berührung eines Gleichgesinnten, ein Zeichen zwischen Nachbarn, eine Geste zwischen Vertrauten –, obwohl mein Vater in Wahrheit peinlich berührt und vielleicht ein wenig stolz war.

Ein Rauschen der Gewänder, und die Messe in dem langen, mit Teppich ausgelegten Zimmer war zu Ende.

Mein Vater erhob sich und schüttelte dem Priester die Hand. Von meiner Mutter am Ellbogen gestützt, die andere Hand auf meiner Schulter, schlurfte er wieder den Flur entlang. In ihn war Ruhe eingekehrt.

Vater Maurice blieb bei ihm im Zimmer sitzen, bis das Abendessen fertig war. Es muss ein verkaufsfreier Nachmittag – ein Donnerstag – gewesen sein, denn das Milseanacht war geschlossen. Wir hatten das Haus für uns allein. Mutter hatte bei geringer Hitze einen Schmorbraten oder eine Lammschulter aufgesetzt, der Grünkohl war kochfertig und würde mit dem Bratensaft serviert werden. Miss Smith spritzte Sahne auf die Baisers, die frisch aus der Backstube kamen. Una deckte den Tisch mit Silberbesteck und hellen Spitzendeckchen. Aus dem Laden wurde Eiscreme geholt. Meine Mutter und Maisie nippten Sherry.

Die beiden Männer hatten allein dort oben gesessen und sich ein, zwei Stunden unterhalten, als meine Mutter sagte: Ruf Vater Maurice zu Tisch.

Als ich ins Schlafzimmer kam, hatte ich das Gefühl, etwas zu unterbrechen. Ich konnte die Zigaretten riechen, die meinem Vater verboten waren. Der Priester saß mit gesenktem Kopf in einem Sessel, mit dem Rücken zum Fenster. Mein Vater zeichnete mit seinen langen Fingern etwas in die Luft. Bei meinem Eintreten wirkten die beiden Männer leicht schockiert. Es war nicht leicht, sich bemerkbar zu machen. Der Priester hielt ein kleines Glas Brandy in der Hand, und mein Vater hatte einen roten Kopf und einen wilden Blick.

Bist du's, Dermot?, fragte er.

Ja, antwortete ich.

Setz dich dort hin.

Das Abendessen ist fertig.

Bekommst du langsam Hunger?

Ich bin am Verhungern, antwortete ich.

Gütiger Gott, sagte mein Vater und begann zu lachen. Seit gestern fasten sie.

Ich gehe lieber nach unten, sagte Maurice.

Noch eine, sagte mein Vater.

Vater Maurice zündete eine weitere Zigarette an und reichte sie ihm. Nach dem ersten Zug bekam mein Vater einen heftigen Hustenanfall. Der Priester gab ihm das Glas Brandy. Er nahm einen kleinen Schluck, dann noch einen, tupfte sich den Mund ab und sah mich von der Seite an.

Wenn's mir besser geht, fahren wir nach Finea.

Gut, sagte ich.

Er nippte. Er lächelte schüchtern, als bemühe er sich, der Mann zu sein, der er einstmals war.

Ein guter Tropfen, sagte er.

Nach dem Abendessen ging der Priester zu meinem Vater hinauf, um sich von ihm zu verabschieden. Mit Tränen in den Augen trat er auf die Straße. Er stieg in einen schwarzen Ford, der dem Vater Superior gehörte. Zunächst sprang er nicht an, und als er es tat, war der Priester mit einem Mal verschwunden. Nachdem Vater Moran in seine erste Gemeinde in Boston abgereist war, sahen wir ihn nie wieder. Er starb in Amerika, noch ein junger Mann.

Noch Tage nach seinem Besuch glaubte mein Vater, es werde ihm wieder besser gehen. Er saß in einem Sessel am Fenster seines Zimmers und schaute auf Burkes Dach und die Dohlen auf Con Reillys Dach. Seine Augen waren düster und kläglich. Er begann, Pläne zu schmieden. Wenn die Sonne schien, führte ihn meine Mutter ins Hinterzimmer, sodass er auf den Garten hinausblicken konnte.

Er lehnte den Ellbogen aufs Fensterbrett und starrte hinaus. Alte Kohlstängel verrotteten in ihren Beeten. Wusstest du, fragte er mich, dass Kohlstängel gut sind gegen Trunkenheit? Die Kartoffelbeete waren überwuchert, die Bank unter dem Efeu am Auseinanderbrechen. Er stand vor dem Spiegel im Badezimmer und strich sich übers Kinn, als wollte er sich davon überzeugen, dass er dort noch intakt sei. Er wollte das Ulster Arms aufsuchen und sich mit Frank Brady treffen.

Morgen, sagte er, gehen wir ins Ulster Arms.

Am nächsten Morgen lag er im Bett. Er ließ sich eine kleine Flasche Power's bringen, zog sich mit Hilfe meiner Mutter seinen Anzug an, setzte sich in den Sessel und trank den Whiskey.

Bestell ein Taxi, sagte er.

Das Taxi wurde für acht Uhr bestellt. Die Nachricht wurde Frank überbracht, der alte Mantel meines Vaters auf den Garderobenständer gehängt. Maisie schloss den Laden ab und machte sich fein, um ihn zu begleiten. Meine Mutter wartete vor dem Spiegel im Esszimmer. Das Taxi fuhr vor. Als sie nach oben ging, hatte er sich wieder ins Bett gelegt.

Heute Abend nicht, Winnie, sagte er.

Wenn der Prophet nicht zum Berg kommt ..., sagte Frank, als er an diesem Abend um zehn klingelte. In seiner Hosentasche steckte eine Flasche Whiskey. Meine Mutter führte ihn die Treppe hinauf.

Ich hab's nicht geschafft, Frankie, sagte mein Vater.

Gibt's in diesem Etablissement Gläser?, fragte Frankie.

Meine Mutter ließ die beiden allein. Als ich in den Hof ging, um Kohlen zu holen, konnte ich Franks warmes Lachen hören. Ich brachte ihnen Schinkensandwiches. Ich brachte ihnen Tee. Was stellen die beiden da oben bloß an?, fragte meine Mutter. Sie trinken, sagte ich. Rauchen sie auch? Ja, rauchen tun sie auch, antwortete ich. Na ja, sagte sie. Wir saßen bis um eins am Kamin, dann entschied meine Mutter, es sei Zeit, Einhalt zu gebieten. Als sie den Flur entlangging, war aus dem Zimmer kein Laut zu hören. Sie klopfte an die Tür und schlich sich auf Zehenspitzen hinein. Frank war im Sessel eingeschlafen und schnarchte.

Mein Vater legte den Zeigefinger auf die Lippen.

Psst!, sagte er.

Was soll das heißen, *psst!*, entgegnete sie. Ich muss ins Bett. Es ist schon nach eins.

Der arme Kerl ist todmüde.

Frank!, rief meine Mutter. Frank!

Er rührte sich nicht. Sie stieß ihm mit dem Zeigefinger gegen die Schulter. Frank Brady, es ist Zeit, nach Hause zu gehen.

Wie ich soeben sagte, Winnie, meinte Frank, ohne die Augen zu öffnen, Sinatra ist doch der Beste. Stimmt's, Jack?

Ja, sagte mein Vater.

Was hat Sinatra damit zu tun?, wollte meine Mutter wissen, und sie kniff Frank.

Frank griff nach seinem Glas, leerte es, ließ sich zurückfallen und war bereits wieder eingeschlafen.

Der arme Frankie, sagte mein Vater.

Was soll ich jetzt tun?, fragte meine Mutter.

Weck ihn auf.

Frank! Frank!

Frankie, sagte mein Vater.

Frank griff vorsichtig nach einem Aschenbecher, der auf dem Stuhl neben dem Bett stand, und rührte mit den Fingern in der Asche. Bevor irgendjemand etwas sagen konnte, nahm er den Stummel einer Zigarette heraus und steckte ihn in den Mund.

Dem wird kotzübel sein, sagte meine Mutter.

Danke schön, erwiderte Frankie.

Gottverdammich, sagte mein Vater und brach in einen Lachanfall aus.

Dermot, sagte meine Mutter.

Ja, Mutter.

Heb Frank Brady bitte hoch, ja?

Frank, sagte ich.

Der bin ich, sagte Frank.

Ich versuchte ihn anzuheben, aber er sackte einfach in seinen Sessel zurück.

Am besten lässt du ihn einfach da sitzen, meinte mein Vater.

Was redest du da?, sagte meine Mutter. Ich kann doch nicht zu Bett gehen, während Frank Brady danebensitzt.

Es wird dir nichts anderes übrig bleiben, sagte mein Vater.

Das geht nicht.

Was willst du denn sonst tun?

Der Herr sei gelobt, sagte sie. *Und er sitzt da und sieht mich die ganze Nacht an*. Das kann ich nicht.

Irgendwann wird er schon aufwachen, sagte ich.

Und zu uns unter die Decke kriechen, das garantiere ich dir, sagte sie und fing an zu lachen.

Winnie, sagte Frank und schlug die Augen auf. Das würde mir im Traum nicht einfallen. Er stand auf. Ich glaube, ich gehe jetzt besser.

Du elender Schurke, sagte meine Mutter. Du warst die ganze Zeit wach.

Frank, alter Knabe, sagte mein Vater.

Gute Nacht, Winnie.

Du Bösewicht, lächelte sie.

Bis bald, Jack, sagte Frank und ging, indem er vor sich hin summte, den Flur entlang.

21. Kapitel

Am Heiligabend 1962, als ich fünfzehn Jahre alt war, ging ich zu einer Tanzveranstaltung im Sportzentrum von Cavan. Ich trug Anzug und Hemd, beides hatte man mir neu gekauft. Ich kann mich nicht mehr daran erinnern, wer spielte, doch ich weiß noch, dass der Schweiß auf meinem Gesicht wie eine zweite Haut trocknete, als ich ins Freie trat, um nach Hause zu gehen. Die Nacht war bitterkalt. Eine fröhliche Horde kam die Gasse herunter, vorbei am *Anglo-Celt*. Pärchen strömten in alle Richtungen davon. Wir begegneten betrunkenen Alten, die an den Mauern der protestantischen Kirche vorbei nach Hause torkelten. Als ich mit Teddy O'Neill die Church Street entlangkam, fuhr Noel Brady, ein Nachbar von mir, vorbei, drehte um und hielt neben uns an.

Er lehnte sich herüber und öffnete die Beifahrertür. Ich stieg ein.

Dein Daddy ist tot, sagte er.

Wir fuhren die Hauptstraße hinunter. Auf den Gehsteigen spazierten die Grüppchen aus dem Sportzentrum. Sie waren ausgelassen und ungezwungen. Obwohl es bereits nach Mitternacht war, brannte in einigen Ladenfenstern noch Licht. Kleine heilige Familien umstanden Krippen auf Stroh. In der Bridge Street grölten Nachtschwärmer. Mit Flaschen bewaffnete Trupps steuerten den Half Acre an. Und obwohl Mitternacht längst vorüber war, nickte im Fenster des Breifne noch immer unser Santa, verteilte Geschenke, erfüllte Wünsche, was das Herz auch begehrte.

Wie gewöhnlich war er auch dieses Jahr vom Dachboden geholt und zwischen den Weihnachtskuchen und den Pralinenschachteln von Cadbury's aufgestellt worden. Der Schlüssel in seinem Rücken wurde fachmännisch aufgezogen, und er begann zu nicken, anmutig, in genau abgestimmten Zeitintervallen. *Ja, du, du da drüben. Ja, du, hab ich gesagt.* Der größte Fehler, den man machen konnte, bestand darin, ihn zu stark aufzuziehen, denn dann zerbrach die Feder, und der Santa stand unbeweglich da. Man hatte ihm etwas Puderzucker auf die Schultern gestreut. Maisie kämmte ihm den dichten, weißen Bart aus, und Una, wie Miriam vor ihr, staubte seinen roten Mantel ab. Unter seine schwarzen Stiefel wurde ein Zierdeckchen gelegt, und er wurde auf einen niedrigen, gläsernen Kuchenständer gestellt – der Mittelpunkt der Auslage. Und an jedem der Vorweihnachtstage drängten sich vor dem Fenster die Kinder und wünschten sich was, und Santa nickte dazu.

Da stand er nun: nickte, nickte, nickte, obwohl er schon längst wieder auf den Dachboden hätte gebracht werden müssen. Man hatte ihn vergessen.

Als ich die Tür zur Diele aufschloss, kam Maisie gerade die Treppe herunter. Bei meinem Anblick blieb sie stehen, außer sich vor Schmerz.

Dermot, sagte sie.

Ja.

Ihr Unterkiefer zitterte. Sie deutete hinter sich und ging auf ihr Zimmer zu.

Santa steht noch im Schaufenster, sagte ich.

Was?!, fragte sie und blieb stehen, die Hand auf dem Geländer.

Er bewegt sich noch, sagte ich.

Sie wandte sich um und sah mich entgeistert an. Gott im Himmel, sagte sie. Ich kam zu den drei Stufen vor dem Altar. In panischer Angst lief sie hinunter in den Laden. Ich ging den schwach beleuchteten Flur entlang. Die Tür zum Zimmer meines Vaters stand offen. Una war allein darin und weinte. Ich weiß nicht mehr, wie er aussah, nur dass sein Blick starr und sein Unterkiefer verzerrt war. Während die Männer den Leichnam ankleideten, ging ich nach unten. Das ganze Haus war voller Menschen. Als ich durch die hell erleuchtete, mit zahllosen Stechpalmenzweigen geschmückte Teestube ging, hörte ich meine Mutter.

Ich öffnete die Tür, und als sie mich sah, war sie so durcheinander, dass sie fast zornig wurde. Sie stand auf und wies mit dem Finger auf mich.

Jetzt!, rief sie und begann zu jammern.

Jetzt! Jetzt! Jetzt bist du der Mann im Haus! Ihre Stimme wurde immer schriller, und die Frauen hielten sie fest.

Jetzt!, kreischte sie.

Die Besucher nahmen die Stechpalmenzweige ab. Der Weihnachtsbaum wurde ins Freie geschafft. Die bunten Lichter kamen wieder in ihren Karton. Der Santa wanderte auf den Dachboden zurück.

Wieder stand Una in der öffentlichen Telefonzelle vor der Post. Sie rief Ballinagh an, um Onkel Seamus Bescheid zu geben; Toronto, um es Tony beizubringen, dem das Herz brach und dem das Geld fehlte, um nach Hause zu kommen; Grand Rapids, wo Miriam lebte, die schwanger war und bei der der Schock die Wehen auslöste; London, um Nancy und Bridgie und Gerty zu unterrichten; und schließlich Elphin in der Grafschaft Roscommon, wo sämtliche Healys lebten. Tabletts mit Sandwiches wurden gereicht. Ich ging den Flur entlang. Um in mein Zimmer zu gelangen, musste ich an seinem vorbeigehen. Ich hörte Schritte, jedoch keine Stimmen. Ich blieb im Dunkeln stehen und horchte.

Halte ihn einen Moment so, sagte Noel.

Ich stellte mir vor, wie mein Vater bei jemandem auf dem Arm saß.

Richtig, genau so, sagte Noel.

Er ist leicht wie eine Feder, kam die Antwort.

Der Tod ist schnell gekommen.

Auf Zehenspitzen schlich ich in mein Zimmer. Ich setzte mich auf mein Bett und wartete. In der lastenden Dunkelheit schimmerte etwas Licht. Der Arzt kam. Ich hörte, wie er mit einem Klicken seine Tasche öffnete. Er ging. Jemand rief mich. Als ich mich wieder nach unten zu den anderen setzte, prasselte ein Feuer im Kamin.

Wo warst du?

Ich war auf meinem Zimmer.

Bleib hier bei uns, sagte meine Mutter. Wir brauchen dich jetzt.

Wusstest du, dass er sterben würde?, fragte ich.

Ja, sagte meine Mutter. Wir hatten beschlossen, dich damit zu verschonen.

Warum?

Weil wir dich nicht erschüttern wollten, antwortete Una.

Du standst ihm zu nahe, sagte meine Mutter. Wir konnten es dir nicht sagen.

Hat er etwas gesagt?

Er hat nach dir gefragt.

Wirklich?

Ja. Er hat deinen Namen genannt. Dein Vater war krank. Dein Vater war sehr krank. Was sollen wir jetzt nur tun?

Beruhige dich, Winnie, sagte Maisie.

Ich habe ihn geliebt, sagte meine Mutter.

Meine Aufgabe bestand darin, die Tür zu öffnen, wenn Leute klingelten. Ich saß an einem der Tische in der Teestube und kämpfte mit den Tränen. Mit den Leuchtstoffröhren stimmte etwas nicht. Ständig flackerten sie. Ich stellte mich in die Haustür und schaute die Main Street hinunter. Auf der Straße glänzte der Frost. Vor Leonard's, dem Tuchhändler, hielt ein Auto voller Partygäste an. Ein Fenster wurde geöffnet, die Tür ging auf, und der Lärm verhallte. Nachbarn kamen herein und schüttelten mir die Hand. Vater McManus hängte seinen Hut auf den Garderobenständer. Onkel Seamus traf ein. Er schloss mich in die Arme.

Ich habe getanzt, als er starb, sagte ich.

Mach dir deshalb jetzt keine Vorwürfe, sagte er.

Etwa gegen vier Uhr rief Noel Brady, der meinen Vater gewaschen und angekleidet hatte, uns nach oben. Wir drängten uns in das Zimmer. Mein Vater hatte seinen blauen Nadelstreifenanzug an. Neben ihm brannte eine Kerze. Sein Gesicht war nicht mehr verzerrt. Er lächelte nicht, aber er roch frisch. Er war zweiundsechzig. Der Moment, den ich jahrelang vor mir her geschoben hatte, war eingetreten.

Eine Leere tat sich auf, bis meine alte Mutter eines Tages Ende der achtziger Jahre mit einem kleinen Tagebuch, das ich geführt hatte, als ich sechzehn war, in Cootehill aus ihrem Schlafzimmer trat. Zuletzt hatte ich es zu Gesicht bekommen, als sie es unter meinem Bett gefunden hatte und wissen wollte, was für Schweinereien ich mir da zusammenschmierte.

Jetzt lächelte sie und legte das Tagebuch in meine Hand.

Da, sagte sie. Das habe ich für dich aufgehoben.

Auf dem blauen Umschlag stand: *Die Sodalität Unserer Lieben Frau 1963*. Ich blätterte das Tagebuch durch. Die Seiten waren eng bekritzelt mit schmutzigen Einzelheiten in Geheimschrift, und die Geheimschrift war so gut, dass ich sie kaum entziffern konnte. Unpassenderweise war jede Abscheulichkeit unter kirchlichen Feiertagen und den Festtagen von Heiligen festgehalten. Der erste Eintrag lautete:

Dez. '62

Am 25. starb Daddy. Ich kam gerade mit Teddy von einem Tanzabend, und Noel sagte es mir. Am Abend des 26. um 18 Uhr 15 wurden seine sterblichen Überreste in die Kirche überführt. Am 27. die Beerdigung. Sehr kalt. Das Beerdigungsinstitut Meehan vergaß, einen Wagen für die Familie zu schicken. Bitterkalt. Beim Gang durch Finea war uns sehr einsam zumute. Als wir vor unserem alten Haus Halt machten, weinten alle. Tony O'Neill und Onkel Seamus hoben den Sarg auf meine Schulter. Am Sonntag kamen die Mädchen ins Breifne. Ich stellte sie meiner Mutter vor und machte Tomatensandwiches.

Verborgen hatte sie mein Tagebuch zwischen ausrangierten alten Parfümfläschchen, Eigentumsurkunden, Steuererklärungen, Fotos von Miriam im Weihnachtsmärchen aus dem *Anglo-Celt*, auf denen sie in kurzen Hosen mit Schottenmuster die Beine schwingt, von Una, die bei einem *feis* auf den Zehenspitzen balanciert, Buchbesprechungen, die ich in der Wochenzeitung *Hibernia* veröffentlicht hatte, alten Geschichten aus dem *Anglo-Celt*, einem Foto von Tante Jane, Karten zum Lesen der Messe, Aufnahmen von Tony in Aden, Briefen von Vater Maurice Moran, einem Foto von ihr selbst an den Niagarafällen.

Na, steht irgendwas Interessantes drin?, fragte sie mich.

Gelegentlich, antwortete ich.

Gut, sagte sie.

Vielen Dank, sagte ich, dass du's aufbewahrt hast.

Komme ich darin vor?

Ab und zu.

Und worum geht's?

Um Tomatensandwiches und Flaschen Stout.

Oh, antwortete sie und sah mich an. Dann lies mir daraus vor, sagte sie.

Kann ich nicht.

Warum nicht?

Ich blätterte eine Seite weiter und suchte nach einem harmlosen Eintrag.

Steht was Unanständiges drin?, fragte sie.

Ja.

Dacht ich's mir doch.

Ich las weiter. Nach dem Tod meines Vaters war meine Mutter so mitgenommen, dass ihre Schwester Nancy sie dazu überredete, mit ihr nach England zurück zu fahren. Ich erinnere mich noch daran, wie das Auto losfuhr und meine Mutter sich durch ihre blau getönten Brillengläser argwöhnisch nach mir umsah. Unsicher winkte sie mir zu. Sie nahmen die Nachtfähre und kamen in South Kensington an. Sie schrieb umgehend nach Hause. Nach einer Woche des Nichtstuns nahm sie eine Stelle als Putzfrau an. Sie reinigte die Zimmer von Filmregisseuren und Fernsehpersönlichkeiten in Drayton Gardens.

Plötzlich war das Breifne verwaist. Nachts ging ich am Zimmer meines Vaters vorbei, verharrte einen Augenblick, öffnete die Tür und lugte hinein. Nur die Schreie der Dohlen waren zu hören. Ein Kissen ohne den Abdruck eines Kopfes. An der Rückseite der Tür der Bademantel. Im Kleiderschrank der schwarze Pelzmantel meiner Mutter. Am seltsamsten fand ich, dass im Badezimmer noch das Rasiermesser lag, mit dem man ihn nach seinem Tod rasiert hatte. An der Klinge klebten noch einige Stoppeln von seinem Kinn.

Ich ging in mein Zimmer, legte mich voll bekleidet unter die Bettdecke und hörte Radio Luxemburg. Maisies höfliche Schritte kamen über den Flur, auch sie schaute einen Moment in das Zimmer meiner Eltern, dann spülte sie die Toilette, hielt mit ihrem Nachttopf an meiner Tür an und prüfte nach, ob ich da war. Dann fiel Unas Tür zu, die Katzen im Durchgang mauzten, eine Dose klapperte, Miss Reilly schloss ihre Vorhänge, Mr. Dale verließ Noels Bar und zog die Hoftür hinter sich zu. Und als ich glaubte, dass Maisie ihren letzten Rundgang durch das Haus beendet hatte, um nachzuschauen, ob auch alle Lichter gelöscht waren und jeder im Bett, zog ich meine Schuhe an, stieg durchs Fenster auf das niedrige Wellblechdach der Küche, blieb einen Moment dort stehen, bis die Geräusche verhallt waren und meine Augen sich an die Dunkelheit gewöhnt hatten, tappte dann leise über das Blechdach und kletterte an einem Regenrohr hinunter. Unten angekommen, verharrte ich wieder einen Moment, um mich zu vergewissern, ob irgendwo ein Licht anging, und als ich sah, dass alles dunkel blieb, lief ich über den gefrorenen Erdboden in den gespenstischen Garten, schwang mich über die Mauer von Provider's, sprang über die Holzbretter, Bausteine und Fliesen, die sich im Hof stapelten, stieg über den Zaun zum White Star, schlich den Durchgang entlang und machte mich auf der Main Street davon in die Nacht.

Viertes Buch

Die Sodalität Unserer Lieben Frau

Fassung eines Tagebuchs von 1963

22. Kapitel

JANUAR

Di 8.
Halt mich fest!, rief Sheila.

Ich halt dich doch fest, sagte ich.

Du wirst mich loslassen.

Nein, werd ich nicht.

Wirst du wohl, rief sie, ich weiß, dass du mich loslassen wirst.

Ich stieß uns ab, durch den Schnee.

Dermot!, kreischte sie.

Bäuchlings schlitterten wir auf der umgedrehten Kühlerhaube eines Autos johlend eine Wiese hinter dem Gallows Hill hinab. Mit der Linken umklammerte sie meine rechte Hand. Rambazamba! Wir zogen eine Furche durch den Schnee, ihr Rock flog hoch, ich sah die Stadt näher kommen, und mit einem Schlenker hielten wir gerade noch rechtzeitig an.

Ich dachte schon, mir zerspringt gleich das Herz, sagte sie.

Wir kletterten wieder den Hang hinauf und rutschten noch einmal hinunter, dann musste sie nach Hause gehen. Ich blieb oben und sah mich um. Ganz Cavan war weiß, und die Seen waren alle zugefroren.

Mi 9.
Mutter ist mit Tante Nancy nach England gefahren. Die beiden trugen große rote Hüte und Pelzmäntel.

Sei brav, du, sagte sie.

Ich winkte ihr nach und verbrachte einen Großteil des Tages mit der Clique im Central Café.

Do 10.
Heute Abend bin ich auf einen Schwof ins Central Café gegangen, klasse!, und habe mit Mary getanzt, aber dann kam Sheila herein, stellte sich neben die Jukebox und sah mich bald mit funkelnden Blicken, bald mit feuchten Augen an. Du siehst wahnsinnig gut aus, sagte ich, aber sie war unheimlich eifersüchtig.

Ich hab dich gesehen, sagte Sheila.

Du hast was gesehen?, fragte ich.

Du weißt schon, antwortete sie. Du weißt es nur zu gut.

Ich weiß nicht, wovon du redest, erwiderte ich.

Du bist mir vielleicht einer, sagte sie.

Komm tanzen.

Nein, sagte sie.

Warum denn nicht?

Ich gehe nach Hause.

Ich bring dich hin.

Nein, sagte sie, bleib, wo du bist. Ich glaube nicht, dass ich noch mit dir gehen will.

Damit ließ sie mich einfach stehen. Danach stahlen Dermot und ich vor der Polizeiwache ein Polizeifahrrad und stellten es hinter den Farnham Gardens ab. Über den zugefrorenen Kinnypottle trippelten Vögel. Als wir Steine über das Eis schleuderten, schlitterten sie mit einem Echo meilenweit flussaufwärts. Bums! Bums! Bums!

Fr 11.
Nichts Aufregendes unternommen.

Sa 12.
Mit Mary im Kino gesessen.

Schluss mit dem kontinentalen Scheiß, brüllte jemand. Die beiden Zwillinge, George und Phildy O'Rourke, patrouillierten mit ihren Stablampen im Kino herum. Ruhe da, riefen sie, alle miteinander!

In der ganzen Stadt zugefrorene Rohre.

Mo 14.
Mit den Kumpeln großartig gegessen und mich großartig amüsiert, danach zum Schwof im Schuppen hinter dem Bahnhofshotel. Der Plattenspieler wackelte, als wir Swing tanzten, und als Del Shannon aufgelegt wurde, stürzte ein Teil der Treppe ein, und Tony Coyle, der an der Tür stand, schlug hin.

Auf dem Heimweg hab ich mit Sheila am Telefon Schluss gemacht. Es gab Tränen und Gelächter.

Du willst doch bloß mit Mary gehen, sagte sie.

Will ich nicht, sagte ich.

Warum machst du dann mit mir Schluss?

Weil du mich darum gebeten hast.

Aber jetzt will ich es nicht mehr, erwiderte sie und fing an zu kichern.

Was willst du denn?

Ich weiß nicht.

Ich wollte noch was sagen, aber da blieb mein Penny stecken.

Di 15.
Hab Mary ins Haus geschmuggelt. Wunderbar rumgefummelt! Wir lagen auf dem Bett. Dann kam Tante Maisie vorbei. Mary versteckte sich unterm Bett.

Maisie sah zur Tür herein. Was machst du denn da?, fragte sie.

Meine Hausaufgaben, antwortete ich.

Du kannst mir viel erzählen, sagte sie.

Hinterher habe ich Mary zweimal im Regen nach Hause gebracht. Es regnete in Strömen. Dann liefen wir Sheila über den Weg, sie wich auf die andere Straßenseite aus, die Nase in die Höhe gereckt. Dann fing sie an zu rennen. Nachdem ich Mary nach Hause gebracht hatte, ging ich Sheila suchen und sah sie im Regen vor Woolworth's stehen.

Entsetzliches Wetter, sagte ich.

Verpiss dich, sagte sie.

Du bist vielleicht stinkig.

Ich hab auch allen Grund dazu.

Was ist denn los?, fragte ich.

Nichts, was dich angeht.

Willst du dich wieder vertragen?

Nein, niemals, sagte sie.

Soll mir recht sein.

Na bitte, sagte sie.

Wir blieben noch eine Weile stehen.

Können wir nicht einfach Freunde sein?, fragte ich nach einer Weile.

Nein.

Vielleicht eine Stunde lang standen wir so da und schauten uns nur an, dann verabschiedeten wir uns. Morgen geht sie wieder als Internatsschülerin aufs Loreto College.

Mi 16.

Ich ging in die Stadt und traf Johnny, der einen Opferstock für die Mission ausgeraubt hatte. Komm mit, sagte er. Wir begegneten Ollie McNally aus Virginia, der auf dem Weg ins College war, und zu dritt gingen wir ins Seitenzimmer des Bahnhofshotels. Die Smiths haben da ein Klavier stehen, Kinderspielzeug, zerbrochene alte Stühle und den braunen Fahrersitz eines Volkswagens.

Ollie setzte sich in einen Kinderwagen und machte *Puff-Puff.* Dermot Burke stieß zu uns und fing an, auf dem Klavier Segnungshymnen zu spielen. Andy aß zwei hart gekochte Eier zu seiner Flasche Stout, und Ollie ging ins College.

Bis morgen, sagte ich.

Wir sangen *Salutaris* und tranken jeder sieben Flaschen Smithwick's. Dann schaute ein schwarzhäutiger Arzt, der im Krankenhaus von Lisdarn arbeitet, zur Tür herein, um zu sehen, wer da sang.

Do 17.

Heute bin ich auf der Fahrradstange von Finbar Reilly zum College geradelt. Bei Saunderson's sind wir auf dem Eis ausgerutscht. Keiner von den Externen im Fahrradschuppen hat geredet. Wir rauchten eine Kippe, sahen zu, wie die Jungs aus Belturbet eintrafen, und zögerten alles bis zum letzten Moment hinaus. Als wir die Einfahrt hochliefen, lehnten sich die Internen aus den Fenstern und brüllten uns zu:

Geht nach Hause zum Half Acre!

Geht doch zurück nach Mullahoran, ihr Ärsche, brüllten wir zurück.

Als Erstes hatten wir Freistunden. Die Wände waren modrig und klamm, die Sitze feucht. Es gab ein Gebrüll, wir logen wie gedruckt. Dann fiel eine Klassenzimmertür nach der anderen zu, und auf den Gängen kehrte Ruhe ein. Lautlos rieselte der Schnee auf die Bäume. Wir sprachen ein Gebet auf Irisch. Die Priester wirkten fremd, wie Männer, die sich jahrelang im Ausland aufgehalten hatten. Jetzt, wo sie wieder zurückgekommen waren, gab es niemanden hier, den sie kannten. Alte Ängste stellten sich wieder ein. Und Socrates nannte uns Gentlemen. Stellen Sie sich vor, Gentlemen, sagte er und zog fröhlich die rötlichen Augenbrauen hoch. Packie the Case klatschte seine Aktenmappe auf den Tisch und schlug genau an der Stelle, wo wir in einem früheren Leben abgebrochen hatten, *Zwei Städte* auf. Benny schrieb eine algebraische Formel an die Tafel, als wäre es ein Todesurteil. Er roch nach Wein von der Frühmesse. Smigs roch nach Sherry. Fairy sang kummervoll. Dann sprangen endlich die Heizkörper an, unsere Hosen dampften, und Tropfen rannen über den Holzfußboden. Die Jungs aus der Stadt radelten zum Mittagessen nach Hause; die Jungs vom Lande tranken kalte Milch und aßen Schinkenbrote unter den hohen Fenstern und unterhielten sich über Celtic Rovers; die Internen strömten in den Speisesaal. Einen Frischling tunkten sie mit dem Kopf ins Klobecken. Der Friseur, Henderson, schnitt jemandem die Haare, mit leisem Plitschen fielen sie auf den Zementfußboden. In der Kapelle saß ein Mann aus Latt. Ein paar Interne rauchten hinter dem von Schneewehen bedeckten Handballplatz. Andere bolzten ein Leder über den zugefrorenen Footballplatz. Jungs mit Handschuhen spielten Basketball und dribbelten über den weißen Platz.

Einige Burschen spazierten den Half entlang, kickten den Raureif und unterhielten sich über Weihnachten. Am Nachmittag gingen die Heizkörper wieder aus, und alle wollten aufs Klo. Von den verschmutzten Toiletten drang ein Gestank nach Scheiße durch die Desinfektionsmittel und wehte tierisch durch den Korridor. In einigen Unterrichtsstunden saßen wir einfach da, blätterten Bücher durch und versuchten, unsere Hände warm zu halten. In der Griechischstunde stiegen wir zum Hades hinab.

Heute Abend schlich ich mit Mary die Keadue Lane hinauf. Hinters Kraftwerk. Entsetzlicher Gestank nach schaler Pisse.

Nicht, sagte sie.

Warum denn nicht?

Darum.

Sie fiel hin und fing an zu lachen.

Was geht da vor?, rief jemand von der Straße.

Um Gottes willen, sagte Mary.

Wir flohen über die Grünanlagen der Kathedrale. Sie waren weiß von Schnee. Später klaute ich aus Maisies Handtasche Geld. Sie war unten in der Toilette, und ihre Tasche stand auf der Ladentheke. Ich stahl mich hinein und holte ihr Portemonnaie hervor. Ich nahm acht Shilling an mich und ging zum Bahnhofshotel. Der schwarzhäutige Arzt gesellte sich zu uns.

Das beste alkoholische Getränk ist Gin, erklärte er uns.

Wir wurden alle besoffen, und Dermot spielte uns Melodien aus Operetten von Gilbert und Sullivan vor. So lässt sich's leben. Wurde Dritter in Latein, Fünfter in Griechisch und Zweiter in Naturwissenschaften. Nur sechs Prozent von uns haben in Mathe alles bestanden.

Fr 18., Oktave mit Gebeten um die Einheit der Kirche
Mary musste wieder ins College. Zweimal heute Handbetrieb. Einmal in den Bäumen hinter dem Fahrradschuppen, danach unterm Esstisch.

Ich vermisse Mary, und Sheila vermisse ich auch.

Warst du an meiner Handtasche?, keifte Maisie heute Abend.

Nein, antwortete ich.

Aber irgendjemand war da dran. Sie schlug mit der Faust in ihre Hand. Und wer immer es war, wird teuer dafür büßen müssen.

Liest du nach über die guten alten Zeiten?, fragte meine Mutter.

Ja, sagte ich und zuckte zusammen.

Bist du nicht froh, dass ich es aufgehoben habe?, fragte sie.

O ja, stimmte ich ihr zu.

Do 24., Oktave mit Gebeten um die Einheit der Kirche
Nach der Schule überreichte Josie mir einen Brief von Sheila. Es tut ihr Leid, dass wir Schluss gemacht haben, und sie findet, wir sollten noch mal von vorn anfangen und so lange zusammenbleiben, wie wir können, aber ich bat Josie, ihr auszurichten, dass ich nicht mehr mit ihr gehen will. Anschließend nach Hause, nichts Besonderes unternommen. Dann tat es mir Leid, was ich Josie gesagt hatte, und ich ging nach draußen und rief sie an.

Sag Sheila doch nichts, bat ich sie. Vergiss, was ich gesagt habe.

In Ordnung, erwiderte sie.

Das hab ich nur gesagt, um ihr wehzutun, sagte ich.

In Ordnung, sagte sie, ich weiß.

Woher weißt du das?

Nichts leichter als das, sagte sie.

Fr 25., Bekehrung des hl. Apostels Paulus
Mit Andy und Hickey oben am Swellan Lake Schlitten fahren. Es heißt, der See sei mehr als einen halben Meter zugefroren. Wir sausten den Hügel hinunter und rasten krachend aufs Eis, ungefähr zehn Meter auf den See hinaus. Der See donnerte. Ich zerschnitt mir die Hand. Später bin ich ins Busdepot eingebrochen. Eilish hatte einen Herzanfall. Wir setzten uns in den Bus nach Dublin, rauchten und unterhielten uns über einen Ausflug auf die Kanalinseln. Oder vielleicht zur Isle of Man. Der Bus war mit einer Schneeschicht überzogen. Im Hotel klopfte der schwarzhäutige Arzt den Schnee von seinen Schuhen, drückte mir eine Pfundnote in die Hand und zwinkerte mir zu. Ich gab eine Runde aus. Dann fiel Dermot vom Klavierhocker auf Kate.

Als ich die Tür zum Breifne aufschloss, wartete Tante Maisie in der Diele.

Wenn das so weitergeht, sagte sie, nehme ich dir den Schlüssel weg.

Sa 26.
Wieder ein Brief von Sheila. *Ich muss dich sehen*, schrieb sie. *Kannst du abends zum Loreto College kommen? Am besten zwischen acht und neun, wenn wir im Erdgeschoss Klavierstunde haben. Ich will nicht, dass du meinetwegen Ärger kriegst.*

Was meinst du?, fragte ich Andy.
Immer ran an die Buletten, antwortete er.

So 27., 3. Sonntag nach Heilige Drei Könige
Musste mich letzte Nacht übergeben. Heute Morgen stark verkatert. Als ich einschlief, drehte sich das Zimmer im Kreis, und als ich aufwachte, hatte es immer noch nicht aufgehört. Ich träumte, da wäre ein Klumpen Zeug aus nichts, der sich drehte und drehte und sich in ein Gesicht verwandelte und wieder zurück. Es gab einen Arm, der endete, bevor er begann. Und dahinter all die verkehrten Bäume. Ich versuchte aufzuwachen, konnte es aber nicht, und meine Zähne taten mir weh. Ich versuchte, sie mir zu ziehen, schaffte es aber nicht. Wachte schweißgebadet auf, und die Glocken läuteten zur Messe.

Dann sah ich durchs Schlüsselloch, wie Mary D. auf die Toilette ging. Junge, Junge!

Mo 28.
Habe an Sheila geschrieben und sie hingehalten – ich würde sie bald sehen. X! X! X!

Do 31., Festtag des hl. Johannes Bosco
Andy und ich sind die Bahnstrecke zum Loreto College entlanggelaufen. Nur im zweiten Stock brannten Lichter. Die Sicht war schlecht, wegen der dichten Schneeflocken. Auf dem Rasen kletterte ich auf eine Tanne, hockte mich in den Wipfel und hielt nach den Mädchen Ausschau. Auf allen Seiten fiel Schnee. Dann knipste eine Nonne in einem kleinen weißen Zimmer das Licht an und schaute geradewegs zu mir herüber. Ich dachte, sie hätte eine Glatze. Ich fiel brüllend vom Baum, durch Geäst und noch mehr Geäst, und rannte davon. Andy raste hinter mir her. Als wir unter der Eisenbahnbrücke durchkamen, hörten wir über uns den Streifenwagen entlangsausen.

Das sind die verdammten Bullen, sagte Andy.

Überall in der Klosterschule gingen die Lichter an, und Leute schauten aus den Fenstern.

Komm schon, sagte Andy.

Über die eisverkrusteten Bahnschwellen rannten wir zurück in die

Stadt, und ich war eben aufs Dach gestiegen und durchs Fenster gekraxelt, als Una den Kopf in mein Zimmer steckte, um nachzusehen, ob ich da war.

FEBRUAR

Fr 1., Festtag der hl. Brigitta, 1. Freitag

Erster Nichtsnutz, rief Smigs.

Ja, sagte Sean White aus Arva.

Bist du wach?

Ja, Hochwürden.

Gut, gut, sagte er.

Dann beugte sich Smigs so dicht vor mein Gesicht, dass ich den Kreidestaub auf den Haaren in seinen Nasenlöchern sah.

Guten Morgen, Zweiter Nichtsnutz, sagte er.

Guten Morgen, Hochwürden, sagte ich.

Soll ich nachsehen, was der junge Healy in seiner Hosentasche hat?, fragte er die Klasse.

Ja, sagte Jimmy McInerney aus Redhills.

Du kannst mich mal, Jimmy, raunte ich.

Smigs klopfte auf meine Hosentaschen.

Leer den Inhalt deiner Taschen aus, sagte er.

Ich kramte eine Schachtel Streichhölzer und ein Sixpencestück hervor.

Jetzt deine Innentasche, fuhr er fort.

Da ist nichts drin, Hochwürden.

Das kann ich selber am besten beurteilen, meinte er.

Er wollte hineingreifen. Ich hielt seine Hand fest, aber er bewegte sich so flink, dass er die Blätter schon hervorgezogen hatte.

Was ist denn das?, fragte er und trat zurück. Am Fenster unterzog er sie einer eingehenden Prüfung.

Sollen das etwa Gedichte sein? Und er fing an zu lachen.

Ich griff nach den Gedichten, aber er hielt sie über meinen Kopf.

Hinsetzen, Zweiter Nichtsnutz, sagte er.

Er las der Klasse die Gedichte vor, dann steckte er sie in seine Hosentasche, um sie dem Direktor zu zeigen.

Ach, Zweiter Nichtsnutz, sagte er, ich sehe, wie du dich in der Stadt Cavan mit den Mädchen vom Loreto College unterhältst. Habe ich Recht?

Nein, Hochwürden.

O doch, Zweiter Nichtsnutz, ich fürchte doch.

Er nahm mein Ohr zwischen Daumen und Zeigefinger.

Habe ich Recht?

Nein, Hochwürden.

Er zog fester. Ich bewegte mich mit seiner Hand.

Wie groß bist du?, fragte er mich.

Eins achtzig, sagte ich, als er mich am Ohr in die Höhe zog.

Eins achtzig *was*?, fragte er.

Eins achtzig, sonst nichts weiter, antwortete ich.

Jimmy McInerney bekam einen Lachkrampf.

Eins achtzig, *Hochwürden*!, sagte Smigs und knirschte mit den Zähnen. Dann griff er mit der anderen Hand nach unten und zog an McInerneys Ohr.

Habe ich Recht, McInerney?

Ja, Hochwürden, sagte Jimmy, und sein Mund wurde zu einem V.

Sa 2., Mariä Lichtmess

Ich beschaffte mir eine Flasche Stout und tauschte sie gegen ein helles Bier, dann holte ich mir vier weitere. Wir tranken sie aus und liefen die Bahngleise entlang zum Loreto College. Wir kletterten das Eingangsportal der Klosterschule hoch, dann hangelten wir uns am Gesimse des ersten Stockwerks entlang, um einen Blick auf die Mädchen im Hauptsaal zu werfen – all die Schönheiten aus Cavan waren am Tanzen! Eine hoch gewachsene Nonne spielte Schallplatten ab, und die Mädchen walzten in weißen Blusen und weinroten Röcken paarweise an uns vorbei, während eine andere Nonne mit hin und her nickendem Kopf die Schritte ausrief: *und eins, zwei, drei; eins, zwei, drei, Mädchen; eins, zwei, drei!* Ich war so fasziniert, dass ich, als ein Mädchen aufs Fenster zutrat, einen Schritt zurückwich und beinahe auf den Erdboden gefallen wäre, wenn Andy mich nicht aufgefangen hätte und meine Lederjacke nicht am Rauputz hängen geblieben wäre.

Himmel, Andy, sagte ich.

Um ein Haar, sagte er.

Meine Knie begannen heftig zu zittern.

Vorsicht!, sagte er.

Er nahm meine Hand und führte mich am Gesimse entlang. Wir kletterten hinunter und warteten in den Tannen, bis die Mädchen endlich in die unteren Zimmer kamen, um Klavier zu üben. Ein Fenster ging auf, und Sheila sah heraus. Ich kroch hinüber und sagte hallo. Sie legte einen Finger auf die Lippen, beugte sich heraus, gab mir einen Kuss und drückte ihre Nase gegen meine Nase, dann flüsterte sie Pst! Pst! und zog leise das Fenster herunter.

Steht da auch was über das Breifne?, fragte meine Mutter.

Ja, antwortete ich.

Ein furchtbares Leben, das wir damals führten, sagte sie, und du, du Scheißerchen, du hast mir das Herz gebrochen.

Ja, sagte ich.

Möge Gott dir verzeihen, sagte sie.

So 3., 4. Sonntag nach Heilige Drei Könige

Nach dem Mittagessen blieb ich zu Hause und las am Kamin *Huckleberry Finn*. An der Stadthalle ging der Feueralarm. Auf einem Damenfahrrad sauste Bud McNamara, der Feuerwehrmann, die Main Street hinunter. Dick Mulcahy und Joe Duffy kamen mit quietschenden Bremsen den Hügel von der Polizeiwache heruntergerast. Tommy Reilly vom Regal Shop ließ sein Mittagessen stehen. Von der Feuerwache hinter der Bücherei kam mit wildem Gebimmel das große Löschfahrzeug die Farnham Street heraufgebraust und hielt vor der Stadthalle an. Dann kam das kleine Löschfahrzeug. Die Feuerwehrleute zogen ihre Helme ab und standen in ihren großen hohen Watstiefeln herum, die sich um ihre Schenkel weiteten wie Champagnerkelche. Sie suchten den Himmel nach Rauchwolken ab.

Wer hat Alarm geschlagen?, fragte Joe Duffy, aber niemand wusste Bescheid.

Ich hätt ja nichts dagegen, sagte Frank O'Keefe, aber ausgerechnet an einem Sonntag. An einem gottverdammten Sonntag.

Mo 4.
Heute Abend ziemlich beduselt.

Di 5.
Wir stahlen Hickeys Auto und kurvten über den Cock Hill. Danach ging ich mit Dermot und einem streunenden Köter ins Ulster Arms. Ich trank zwölf Bier, er elf. Ich war noch nie so gut in Form, und er musste sich übergeben. Später rauchte ich vor Maisies Augen eine Zigarette.

Was machst *du* denn da?, fragte sie.

Ich rauche, antwortete ich.

Du bringst dich noch ins Grab.

Möchtest du auch eine?, fragte ich.

Nein, danke, erwiderte sie und starrte mich wütend an. Du hast vielleicht Nerven.

So saßen wir rauchend vor dem Spiegel, dann ging ich ins Bett und hörte Radio Luxemburg. Im Dunkeln wurde ich wach, das Radio war auf einen fremden Sender eingestellt, und die Stimmen überschlugen sich wie bei einer Auktion.

Mi 6.
Als ich aufwachte, war mir übel, und ich ging nicht zur Schule. Josie kam mit einem Brief von Sheila.

Sa 9.
Ich holte Josie ins Haus, um ihr unser Fotoalbum zu zeigen, abends arbeitete ich bei Noel's. Bekam meinen Lohn und zwanzig Kippen, nahm ein Bad und puderte Simon, dann zog ich meinen Anzug und neue Schuhe an und fuhr per Anhalter zu einem Swing-Wettbewerb im Festzelt von Butlersbridge.

Bist du der junge Healy?, fragte mich der Fahrer.

Ja.

Wir haben alle so unsere Probleme, sagte er.

Der Boden um das Festzelt schwamm in Dreck, und der Lieferwagen blieb stecken. Die Räder drehten durch.

Verdammtes Ding, sagte er, ich lasse ihn hier stehen.

Auf der Festwiese tranken wir was, dann betraten wir das Zelt. Die Leute vom Ort waren abgefüllt.

Du beschissene Asphaltpflanze, rief mir jemand zu. Lasst mich an ihn ran.

Immer langsam, sagte der Fahrer, er ist doch noch ein Junge.

Er ist vom Half Acre.

Verrat mir doch mal, fragte der Fahrer ganz bedächtig, was am Half Acre so schlimm sein soll?

Nichts, sagte der andere.

Lässt die sich ficken?, brüllte jemand.

Der Wettbewerb begann. Meine Partnerin war Lorraine McCarren. Wir schafften es bis zur Endausscheidung und wurden Zweite. Andy Murray und Eitna Wall wurden Sieger. Ich ging nach hinten raus und pisste auf Sägemehl. Der Fahrer lag in seinem Wagen und schlief, und ich musste zu Fuß nach Hause. Ich legte mich ins Bett, knipste das Licht aus und hielt mir das Radio ans Ohr. Tante Maisie schaute herein und meinte, dass ich meine Privilegien missbrauchte.

Wenn deine Mutter nach Hause kommt, geht's hier aber anders zu, sagte sie.

Ich zeigte ihr den Pokal, den ich gewonnen hatte.

Versuch bloß nicht, mich einzuwickeln, sagte sie.

So 10., Septuagesima

Zur Elf-Uhr-Messe gegangen und eingeschlafen. Nach dem Mittagessen zu Hause geblieben und heute Abend mit Andy die Bahngleise zum Loreto College entlanggelaufen. Die Mädchen waren unten in den Klavierzimmern. Sheila öffnete das Fenster, Andy pfiff durch die Zähne, und sie hielt den Zeigefinger an die Lippen. Dann gingen drei Fenster auf, und die Mädchen aus Cavan spielten verschiedene Sonaten, während wir von den Bäumen aus zuhörten. Es war herrlich. Eine Nonne kam in Sheilas Zimmer. Wir konnten sehen, wie sie miteinander redeten. Sie schimpfte. Dann gingen die Fenster eins nach dem anderen wieder zu.

Auf dem Heimweg schoss Andy einem Vogel mit einem Stein den Arsch weg.

Mo 11., Gedenktag Unserer Lieben Frau zu Lourdes
Verschlafen. Nicht zur Schule gegangen. Dann hat's mir Leid getan, dass ich nicht gegangen bin. Wieder eingeschlafen. Die Mädchen in der Backstube sangen. Ich träumte, ich sähe das Gesicht meines Vaters am Fenster. Er schaute mir eine Weile zu, wie ich schlief. Da habe ich im Traum geweint, aber aufgewacht bin ich mit trockenen Augen und pochendem Herzen. Stand um ein Uhr auf und arbeitete bei Noel's, dann hab ich Pongo gespielt.

Als ich nach Hause kam, spielten die Mädchen in der Backstube Akkordeon. Ich fürchtete mich vor dem Einschlafen, aus Angst davor, was ich sehen würde.

Di 12.
Nicht zur Schule gegangen. Hab dagelegen und an die Decke gestarrt, als Una mich vom Hof aus rief. Dann kam Maisie in mein Zimmer.

Aufstehen!

Mir ist schlecht, sagte ich.

Geh zur Schule!, knurrte sie.

Nein.

Sie rüttelte am Bettende, klatschte in die Hände und funkelte mit den Augen.

Ich habe für dich keine Verantwortung, sagte sie. Du bist nicht mein Kind! Hast du gehört?

Sie knallte die Tür zu. Als sie den Flur entlangging, verfluchte sie mich. Ich blieb bis zwei Uhr im Bett. Als ich aus meinen Träumen erwachte und das Essen roch, das unten in der Küche zubereitet wurde, bekam ich gewaltigen Hunger. Schließlich hielt ich es nicht länger aus. Ich nahm mein Mittagessen im Schuppen ein, zusammen mit den Katzen. Betty Quinne brachte mir einen Nachtisch hoch.

Deine Tante bringt dich noch mal um, sagte sie.

Mi 13.
Du stellst dich zur Seite, sagte der Disziplinarleiter heute Morgen bei der Namensverlesung, und wartest da, bis ich fertig bin. Die Externen riefen ihre Namen und gingen in ihre Klassenzimmer, bis ich der Einzige im Speisesaal war.

Wo hast du die letzten paar Tage über gesteckt?, fragte er.
Ich habe mit Durchfall im Bett gelegen, antwortete ich.
Hast du einen Brief von deiner Mutter?
Meine Mutter ist in England, antwortete ich.
Und wer passt zu Hause auf dich auf?
Meine Tante Maisie.
Bring mir morgen einen Brief von ihr mit.
Ja, Hochwürden.
Geh, sagte er.

Deine Handschrift hab ich noch nie lesen können, sagte meine Mutter.
Dann ist es ja gut, sagte ich ihr.
Aber ich weiß, entgegnete sie höflich, was drinsteht.

Do 14.
Ich folgte dem Disziplinarleiter in sein Arbeitszimmer. Er legte seinen Rohrstock auf den Tisch, setzte sich hin und las den Brief, den ich ihm übergeben hatte. Sorgfältig legte er ihn auf seinen Schreibtisch, strich die Ränder glatt und sah mich an.
Ist das die Handschrift deiner Tante?, fragte der Disziplinarleiter.
Ja, log ich.
Sagst du mir auch die Wahrheit?
Ja, Hochwürden.
Er stand auf, nahm seinen Rohrstock und trat ans Fenster.
Bist du dir sicher?
Ja, Hochwürden.
Na schön.
Eine Weile stand er schweigend da und blickte auf den Half und den Whole hinab, auf die weißen Footballplätze, den Basketballplatz und die Handballplätze. Mein Herz jagte. Sein weißes Haar leuchtete.
Buchstabier mal Diarrhöe, sagte er.
Diarrhöe?, fragte ich schwach.
Ja, Diarrhöe.
D – I –, antwortete ich, D – I – A – R – Ö.
Streck die Hand aus, befahl er und wandte sich um.
Warum, Hochwürden?

Streck die Hand aus, wiederholte er.

Aber ich habe doch nichts verbrochen, sagte ich und streckte die Hand aus. Sein Gesicht lief rot an, und mit dem Rohrstock hieb er mir sechsmal auf den Handteller. Mit der Rohrstockspitze tappte er auf das Handgelenk meines anderen Arms, der an meiner Seite herabbaumelte, und hob meinen Ellbogen an. Ich hielt die Innenseite nach oben, und wieder schlug er sechsmal zu.

Ich werde dich dem Direktor melden, sagte er. Geh jetzt.

Die Hände unter die Achseln geklemmt, stand ich eine Weile im Korridor. Dann ging ich aufs Klo, um zu rauchen. Mir war übel. Ich dachte daran, wieder nach Cavan zurückzulaufen und mich irgendwo zu verkriechen, bis sich der Sturm gelegt hätte, vielleicht im Heuschober oder in Lavells Spukhaus, wo auch immer. Die ganze Stunde über saß ich auf der Klobrille und lauschte ängstlich auf zuschlagende Klassenzimmertüren, die Schritte der hin und her laufenden Priester, gedämpften Gesang, die Küchengehilfinnen, die über die Fliesen eilten. Dann kamen die Schritte zielstrebig den Korridor entlang bis zur Toilette, verharrten einen Moment, zögerten. Jemand trat ein. Jede Kabinentür wurde aufgestoßen. Die Schritte kamen näher. Der Betreffende versuchte, die Tür aufzudrücken. Durch den Spalt sah ich die breiten schwarzen Schuhe und die schwarzen Hosenbeine.

Wer ist da drin?, fragte Vater Benny.

Dermot Healy, antwortete ich.

Komm raus!

Ich spülte die Toilette und tat so, als zöge ich meine Hose hoch. Dann machte ich die Tür auf, und er bedeutete mir, vor ihm her zu gehen. Ich spürte, wie er hinter mir herstapfte.

Warum kommst du zu spät zum Unterricht?, fragte Vater Benny.

Ich war beim Disziplinarleiter, antwortete ich.

Ich hoffe, du hast die Strafe weg, die du verdienst, meinte er.

Als ich vor ihm den Korridor entlangging, hörte ich, wie sich die Jungs im Klassenzimmer unterhielten. Als sie uns kommen hörten, verstummten sie. Alle Augen ruhten auf mir, als ich Platz nahm.

Wer hat dir gesagt, dass du dich setzen darfst?, fragte Benny.

Ich stand wieder auf.

Du brauchst mich gar nicht so anzusehen.

Tu ich doch gar nicht, Hochwürden.
Setz dich, brüllte er.
Ich setzte mich nicht, sondern wich zurück.
Setz dich, hab ich gesagt, brüllte er.
Ich setzte mich wieder neben Jimmy McInerney.
Du!, brüllte Vater Benny. Komm her!
Ich stand wieder auf.
Nicht du!, brüllte er und gab mir eine Ohrfeige.
Dann schrieb er etwas an die Tafel.
Wofür hat der Disziplinarleiter dich bestraft?, flüsterte Jimmy.
Ich konnte Scheiße nicht buchstabieren, antwortete ich.
Er versuchte, das Lachen zu unterdrücken, und seine Augen tränten, dann schnürte es ihm die Kehle zu. Ich radelte von der Schule in die Stadt und ging zu Noel's, um zu arbeiten und meine Hausaufgaben zu machen. Josie winkte mir von der Straße aus zu. Als ich zu ihr hinausging, lief sie hinüber zu Woolworth's, und ich folgte ihr.
Wir dürfen nicht zusammen gesehen werden, wisperte sie. Es gibt Ärger.
Was für Ärger?
Sheila soll von der Schule verwiesen werden.
Wieso?
Wegen dir, antwortete sie. Sie wissen, dass du im Loreto College herumspukst.
Ich wusste nicht, was ich sagen sollte.
Die bringen dich um, sagte Josie, und Sheila auch.
Ich begleitete sie zur Tür. Andere Mädchen vom Loreto College, die vorüberradelten, starrten zu mir herüber. Ich war überhaupt nicht in Form. Ich hatte ein schlechtes Gewissen. Dermot und ich führten ein langes Gespräch. Dann ging ich bei Andy vorbei. Wir treffen Vorkehrungen, um nach England zu gehen. Alles Geld, das wir haben, werden wir in einen Fonds einzahlen, und in Sean McManus' Auto werden wir nach Dublin fahren und die Nachtfähre nehmen. Noch am Abend packte ich einen Koffer und schob ihn unters Bett.

Auf mein Wort, sagte meine Mutter, du bist mir ein rechter Lump.
Was sagt sie da?, fragte Maisie, als sie sich ins Wohnzimmer tastete.

Sie meint, ich wär ein Lump, sagte ich ihr.

Begreifst du das etwa jetzt erst?, fragte Maisie und ließ sich aufs Sofa plumpsen. Ich muss schon sagen, Winnie!

Was sagt sie da?, fragte meine Mutter.

Immer hat sie so getan, als wär sie die Unschuld selbst, schnaubte Maisie. Aber trotz allem hat sie's geschafft, dich zu kriegen. Ihren geliebten Sprössling, lachte sie in sich hinein.

Die beiden Frauen musterten einander einen Moment lang.

Was gibt's im Fernsehen?, fragte Maisie und wandte sich ab. Meine Mutter betete wieder ihren Rosenkranz.

Fr 15.

Steh auf, sagte Una.

Ich habe Kopfschmerzen, entgegnete ich.

Während der große Mixer in der Backstube Teig verrührte, lag ich im Bett und träumte von einem neuen Leben in London. Die Geschichte drehte sich im Kreis. Die Mehlmänner kamen den Durchgang entlang. In ihrem Schlafzimmerfenster schüttelte Miss Reilly einen Kopfkissenbezug aus. Ein Auto hatte eine Fehlzündung. Auf den Dachziegeln des Tuchhändlers landeten kreischend die Dohlen. Das schwarze Gefieder stob. Ich schlief ein, und als ich erwachte, stellte ich fest, dass alles unverändert war. Ich fand wieder zum Anfang zurück und endete, wo ich war. Ich versuchte mir einzureden, dass nichts davon wahr sei.

Ich wälzte mich im Bett hin und her und versuchte, meinen Kopf zu entleeren. Aber es war stets da. Die Mädchen in der Küche riefen mich zum Frühstück, aber ich antwortete nicht. Sie riefen mich zum Mittagessen, aber ich ging nicht hin. Bald wurde das Licht im Zimmer fahler. Ich fühlte mich klein. Miss Reilly stand am Fenster und blickte in Richtung Gallows Hill. Im Speisesaal unten gingen die Lichter an, und der Kalkanstrich auf Burkes Giebelwand wurde langsam grau. Aus der erleuchteten Küche, wo die Tabletts hin und her getragen wurden und die Mädchen einander muntere Worte zuriefen, fielen lange Streifen Gelb darauf.

Vom Flur aus sprach Maisie mich an.

Was fehlt dir?

Mir ist übel, antwortete ich.

Ich blieb liegen. Es wurde dunkel. Im Haus erklang Musik. Geschirr klapperte. Am frühen Abend erwachte ich aus einem schrecklichen Traum, an den ich mich nicht erinnern konnte, und alles, woran ich mich nicht erinnern konnte, quälte mich und errichtete einen unheimlichen Abstand zwischen Dingen, die es nicht gab. Der Durchlauferhitzer hörte auf zu zischen. Die Stühle wurden mit der Lehne nach unten auf die Tische gestellt und der Speisesaal ausgefegt. Die Tür zur Backstube schlug zu.

Vom Durchgang rief Noel mit ferner Stimme: Kommst du zur Arbeit, Dermot?

Beschämt setzte ich mich im Bett auf und antwortete nicht. Eine Weile später schaute Una in das dunkle Schlafzimmer herein und fragte, ob ich das Licht anhaben wollte, aber ich verneinte, es sei gut so. Danach war ich auf benommene Weise froh, weil sie mich endlich in Ruhe lassen würden. Sie würden mich in Ruhe lassen. Ich wusste, dass Maisic auf ihr Zimmer gegangen war, weil plötzlich Radio Éireann aufgedreht wurde. Der Hunger, die Finsternis und die Furcht lösten große Schwaden Selbstmitleid aus. Im Dunkeln zog ich mich an und sprang in den Garten. Die Straßen waren menschenleer. Ich steuerte das Ulster Arms an und traf die Jungs. Dermot, der sich den Nachmittag freigenommen hatte, war da. Andy sagte, es würde Ärger geben. Bösen Ärger.

Stimmt, pflichtete Dermot ihm bei.

Wir sitzen in der Scheiße, sagte Andy. Kommt, wir fahren nach London.

Wir wandern aus, sagte er. Healy und ich hauen ab nach England.

Ach ja?, sagte Mr. McCusker, der Friseur. Gib den Jungs ein Bierchen.

Als wir um elf Uhr zum Central Café kamen, waren wir besoffen. Andy war überzeugt, dass wir nie wieder unser Zuhause sehen würden. Josie saß allein an einem Tisch.

Du kannst uns schon mal Lebwohl sagen, sagte ich, Sonntag dampfen wir ab.

Ich hab auf dich gewartet, sagte sie. Den ganzen Tag hab ich in der Stadt nach dir gesucht.

Wozu denn das?, fragte ich sie.

Um dir die Neuigkeiten mitzuteilen.

Was ist denn passiert?

Es ist alles in Ordnung, sagte sie. Der Sturm hat sich gelegt.

Ich traute meinen Ohren nicht. Also sind wir alle zur Spielhalle und haben uns in die Autoskooter gesetzt.

Sa 16.
Bin zur Namensverlesung gegangen, hab auf meinen Namen hin »Hier!« gerufen und mich bis Unterrichtsbeginn auf dem Klo versteckt, dann schlich ich mich über die hintere Ausfahrt zum Fahrradschuppen, versteckte mich da und las bis um ein Uhr *Entführt*, bis der halbe Schultag zu Ende war.

So 17., Sexagesima
Traf Josie im Central Café. Die Jukebox spielte *From a Jack to a King*.

Di 19.
Bin nicht zur Schule, aber nach dem Mittagessen bin ich raus, weil Maisie mir damit drohte, Mutter zu schreiben. Es gab eine Untersuchung. Fairy schickte mich zum Disziplinarleiter. Der Disziplinarleiter schickte mich zum Direktor. Vater Bob meinte, ich sei eine Enttäuschung für meine Familie.

Ich weiß, sagte er, dass du deinen Vater verloren hast, aber du musst darüber hinwegkommen.

Square gab mir auf jede Hand fünf Tatzen. Benny sagte, ich würde bald von der Schule fliegen. Dann musste ich einen Aufsatz für Packie the Case mit dem Titel *Eine Reise ins Ausland* vorlesen. In den hatte ich alles hineingepackt, was London meiner Vorstellung nach bot. Dann ging ich nach Hause. Ich zog mich auf mein Zimmer zurück, machte meine Schulaufgaben und hörte Radio Luxemburg. Eine Weile dachte ich, es stünde jemand hinter mir, aber da war niemand, und trotzdem war da jemand. Ich bekam's mit der Angst zu tun. Als es dunkel wurde, kletterte ich aufs Dach und über die Mauer von Provider's und lief die Ausfallstraße nach Dublin entlang. Kein Auto hielt an. Da bin ich die zehn Kilometer zu Josies Haus durch die pechschwarze Kälte zu Fuß gelaufen. Ihre Eltern waren nicht da. Wir legten uns auf den Wohnzimmerboden und hörten uns Platten an. Junge, Junge! Musste durch den Schneeregen wieder nach Hause laufen. Mir war elend kalt. Ich stieg durchs Fenster ein und ging aufs Klo. Als ich herauskam, tauchten Maisie und Una aus Vaters Zimmer auf, wo sie gewartet hatten. Sie prügelten mich windelweich. Dabei fiel Una hin.

Mi 20.
Andy fing Hühner, Dermot fiel unter den Tisch, oben wurde geschrien, ich ging hinauf, und sie waren unten.

Wo sind wir?, fragte meine Mutter, plötzlich hellwach.
Wir sind in Cootehill, antwortete ich.
Und du bist noch hier?
Ja.
Gut, sagte sie und schloss wieder die Augen.

23. Kapitel

So 24., Quinquagesima (Festtag des hl. Apostels Matthias)
Im Central Café legte ich Platten auf und rauchte die letzte meiner zehn Players. Nach der Elf-Uhr-Messe kam Sheila für den Tag herein. Sie sah wunderschön aus. Ihr Gesicht war gerötet, frisch und glücklich. Über ihrem plissierten roten Trägerkleid trug sie einen langen blauen Pullover. Über den schmalen Kragen ihrer Bluse hing eine goldene Kette mit einem Kreuz. Die gestreifte Krawatte war fest geknotet. Sie lächelte verschlagen, ging an ihrem Bruder und seinen Freunden vorbei, kam schnurstracks auf meinen Tisch zu und setzte sich mir gegenüber.

Dank dir, dass du all die Abende gekommen bist, um mich zu sehen, sagte sie, schob die Milch und das Salzfass zur Seite und nahm meine Hand.

In mir regten sich alte Gefühle. Sie strich mir mit den Fingern über die Hand, und wortlos saßen wir da und blickten einander an. Sie hatte dunkle Ringe unter den Augen, als hätte sie nicht genügend geschlafen, etwas Warmes und Ausländisches, das mich froh stimmte. Ich legte *Be Bop a Lula* auf. Sie drückte mir die Hand.

Wir sind vielleicht blöd, sagte sie. Wir hätten uns ganz schönen Ärger einhandeln können.

Ich weiß, erwiderte ich.

Wir dürfen es nicht wieder tun, sagte sie fröhlich und fügte hinzu: Glaube ich.

Sie führte meine Hand über den Tisch und presste die Innenfläche gegen ihre Wange.

Es ist nicht mehr lange hin bis Ostern, sagte sie.

Dann kam Josie mit Fotoapparat und Blitzlicht. Wir standen vor dem Busbahnhof, und sie machte Aufnahmen von uns, Arm in Arm,

Sheila mit zurückgestrichenem Haar, einen Fuß abgespreizt, und ich zusammengekrümmt, um mich ihrer Größe anzupassen.

Kannst du nicht mal lächeln?, fragte Josie.

Mi 28., Aschermittwoch

Als wir im Fahrradschuppen von unseren Rädern stiegen, hatten wir alle ein Aschenkreuz auf der Stirn. Wir führten einen Wettkampf durch: sich mit bloßen Händen an den Dachsparren entlangzuhangeln. Ganz schön anstrengend. Die Internen hatten größere Kreuze als wir, nicht mit dem Daumen aufgedrückt, sondern wie mit dem Farbpinsel aufgemalt. Zum Frühstück hatten sie angebrannten Toast, behaupteten sie. Alle sind fromm geworden, selbst McInerney.

Worauf verzichtest du in der Fastenzeit?, fragte ich ihn.

Mit dir zu reden, antwortete er. Mit dir handelt man sich nichts als Ärger ein.

Abends hab ich mich aus dem Bett gestohlen und bin die Main Street entlangspaziert. Die harten Burschen getroffen. Zieh Leine, du Arschkeks, sagte Johnny.

Wir tranken unten in der River Street und saßen auf der Stufe vor Johnnys Haus. Sein Vater, ein großer, beschwipster Mann mit einer alten Narbe quer über der Wange, kam aus dem CVJM und trug ein Queue.

Ich sehe unsern Johnny gern in guter Gesellschaft, veralberte er uns.

Fang bloß nicht an, Daddy, sagte Johnny.

Fang was an?, schrie sein Vater.

Immer musst du rumnölen.

Healy, sagte er zu mir, geh wieder dahin, wo du herkommst.

Dann kam Mrs. Galligan, das Haar mit Nadeln zurückgesteckt, in einem Herrenpyjama die Treppe herunter. James Galligan, sagte sie, komm von der Straße rein.

Ja, Mammy, sagte ihr Mann.

In dieser Stadt gibt's nichts als Klassenunterschiede, sagte er und ging ins Haus.

Ich zündete mir eine Kippe an. Johnny kotzte in den Kinnypottle. Andy war besoffen. Wir spinnen ganz schön. Ich endete damit, dass ich auf der Main Street herumgrölte.

Kommt in dem Ding auch Shamey Slacke vor?, fragt sie.

Er wird erwähnt, sage ich.

Und steht da was über Nancy?

Ein bisschen.

Ich hätte dich nach dem Tod deines Vaters nicht allein lassen dürfen, sagt sie, und ihr Kinn zittert nicht mehr. Nancy hatte es sich in den Kopf gesetzt, dass ich eine Pause brauche, und wie bin ich geendet? Als Putzfrau in der Nähe der King's Road. Und du – sie sieht mich an –, du bist auf den Hund gekommen.

MÄRZ

Sa 2.
Nicht zur Schule gegangen. Arge Kopfschmerzen. Nie wieder.

So 3., 1. Fastensonntag
Hab Josie auf dem Heimweg ein Stück weit mit dem Fahrrad mitgenommen, dann allein zum Bahnhofshotel, um zu sehen, ob irgendjemand von der Clique da wäre, aber der einzige Mann an der Theke war der schwarzhäutige Arzt in einem feschen grauen Gabardinemantel, wie Detektive sie tragen.

Wo hast du gesteckt?, fragte er. Schenk dem Burschen einen Gin ein.

Ich hatte meinen ersten Gin Tonic.

Er schmeckte großartig. Wir tranken noch einen. Er redete über Kalkutta, steckte sich eine Zigarre an, nahm einen raschen Zug und hielt sie weit weg vom Gesicht. Er schlug mir auf die Schulter und bestellte noch eine Runde. Seine Augen waren sahneweiß, seine Knöchel spitz und blau. Er lachte viel in sich hinein und sagte, er sei einsam. Da haben wir uns ein Taxi genommen und sind in die Oper gegangen, meines Wissens die erste, die in der Stadthalle gegeben wurde. Die Leute waren erstaunt, uns zusammen zu sehen.

Haben Sie vorbestellt?, fragte Miss Connolly.

Nein, antwortete ich.

Ich fürchte, wir haben nur noch teure Sitzplätze, sagte sie und rückte ihre Brille zurecht.

Ist schon recht, danke, sagte der Arzt.

Widerwillig schälte sie die Eintrittskarten von der Rolle, und so fanden wir uns vorne unter all den vornehmen Leuten in Abendkleidung. Die Frauen trugen weiße Handschuhe und die Männer Fliegen. Vor uns stimmte das Orchester die Instrumente. Violine, Violine, Violine. Cello. Die Kesselpauke. Ein paar verstreute Noten von der Querflöte. Im Vorhangspalt ein Kopf, der nachsah, ob das Haus auch voll war. Und der Arzt musste die ganze Zeit über lachen. Als die Lichter ausgingen, schlief er ein und wachte erst auf, als ich ihn in die Rippen stieß. Das Schlimmste war, es war eine traurige Stelle, und er sprang auf und applaudierte. Aller Augen drehten sich zu uns um. Am liebsten wäre ich im Erdboden versunken. Hinterher brachte ich ihn auf meiner Fahrradstange zum Krankenhaus. Auf der Zufahrt fielen wir in ein Gebüsch und blieben lachend auf dem Rasen liegen. Jedes Mal, wenn wir versuchten, uns aufzurappeln, bekam er einen neuen Lachanfall.

Das müssen wir noch mal machen, sagte er, irgendwann.

Mo 4. (Beginn der Gnadennovene)
Die Schule musste den McRory-Pokal abtreten, sodass wir nicht frei bekamen. Alle waren furchtbar enttäuscht. Am Abend durften sämtliche Interne von St. Patrick's und Loreto in die Oper gehen, also ging ich abermals in die Oper. Die Mädchen saßen vorne, und kurz bevor es losging, stand Sheila auf und winkte mir zu.

Mi 6., Quatember (Fasttag mit Abstinenz)
Josie zog ihren Elastikschlüpfer aus. Wollte nicht, aber hätte beinahe. Danach tranken wir vom Gin ihres Vaters.

So 10., 2. Fastensonntag
Nicht zum Handballplatz gegangen, sondern zu Hause geblieben und gebüffelt. Maisie um Geld fürs Kino angebettelt.

Du missbauchst deine Privilegien, sagte sie.

Bitte, sagte ich.

Nein, sagte sie, tausendmal nein.

Ich will doch nur ins Kino.

Nein, sagte sie. Von mir kriegst du kein Geld mehr.

Da hat Dermot für mich bezahlt, und Josie kaufte mir zehn Kippen und ein Softeis. Beim Fummeln im Magnet-Kino zerbrachen Josie und ich den Sitz. Sie fiel zu Boden und sagte: Herrgottsack. Alles lachte. Hinterher fuhren wir per Anhalter durch die Kälte zu ihrem Haus in Richtung Killeshandra, und ich lernte ihre Mutter kennen und spielte ihr ein paar Schallplatten vor. Sie schenkte mir einen Gin ein.

Wie alt sind Sie?, fragte sie.

Neunzehn, antwortete ich.

Interessieren Sie sich für Politik?, wollte ihr Vater, der Arzt, wissen.

Nicht so richtig, antwortete ich.

Sollten Sie aber, sagte er, wirklich. Wir unterhielten uns über Irland. Josies Mutter schürte das Feuer im Kamin. Es wurde zwei Uhr. Josies Vater sagte, er würde mich in die Stadt zurückfahren. Ich stieg ein, und er schüttete einen Kessel heißes Wasser über die zugefrorene Windschutzscheibe. Er fuhr an und setzte zurück. Josie stand am Tor, um mir zum Abschied zuzuwinken, aber auf dem Glatteis geriet das Auto ins Schlittern und fuhr sie an.

Ich rannte zu ihr.

Dermot, sagte sie, mir ist übel.

Sie steht unter Schock, sagte ihr Vater und gab ihr einen Klaps aufs Bein. Er war sehr mitgenommen.

Es ist alles meine Schuld, Daddy, sagte sie.

Ich führte Josie zurück zum Kamin. Sie hielt meine Hand. Ihr Vater umwickelte ihr Bein mit einem Umschlag, und ihre Mutter verabreichte ihr einen heißen Whiskey. Josie wollte nicht, dass ich ging, aber es blieb mir nichts anderes übrig. Ich sagte, ich würde zu Fuß nach Hause laufen, weil ihr Vater zu betrunken sei, um zu fahren. Als ich den Weg von ihrem Haus hinunterlief, verirrte ich mich im Schnee und musste mich an den Zweigen entlangtasten. In den Ställen brüllten die Kühe. Es war eiskalt. Ich rutschte den Graben entlang. Überall Sterne. Ich musste schon lange so gelaufen sein, als mich auf der Farnham Road ein Streifenwagen anhielt. Der Wachtmeister kurbelte die Fensterscheibe herunter. Ich spürte die heiße Luft, die aus dem Wageninneren kam. Er fragte mich nach meinem Namen.

Was treibst du denn hier zu dieser Nachtstunde?

Ich laufe nach Hause, antwortete ich.

Das sehe ich, aber wo kommst du her?

Von einer Parteiversammlung der Fine Gael, antwortete ich.

Ach, wirklich?

Und dann hatte ich einen Platten.

Ach, was für ein Pech, sagte er.

Als ich im Breifne ankam, war es drei Uhr, und auf der Treppe wartete Maisie auf mich. Ich sagte, ich hätte einen Unfall gehabt. Der einzige Unfall, den du je gehabt hast, erwiderte sie, war der Tag deiner Geburt.

Di 12., Festtag des hl. Gregor des Großen

Sechs Tatzen von Square, dem Disziplinarleiter, weil Fairy ihm gemeldet hat, dass ich im Gesangsunterricht mit Apfelsinenschalen geworfen habe. Dann warf Barney mich aus dem Naturkundeunterricht, weil ich für Unruhe gesorgt hätte. Schließlich schlägt mich auch noch Mitts. Josie steigt ins Auto.

Ich hab 'nen wunden Arsch, sagt sie und gibt mir einen Brief von Sheila.

In Cavan ist Markttag. Die Stadt ist voller Ponys, Kühe und roten Karren mit Schweinen. In der Markthalle wimmelt's von Saatgut. Der Hof ist mit Möhren, Kohlköpfen und Zwiebeln voll gestellt. Zwischen Markt und Gallows Hill ist alles auf den Beinen, weil sich dort die Viehpferche befinden. Die Kneipen sind gerammelt voll. Mit kräftigen Stöcken und schweren Gummistiefeln, die bei jedem Schritt quatschen, laufen die nordirischen Farmer steifbeinig die Straßen entlang und pissen in den Durchgang. Im Breifne bestellen sie Fritten und einen Imbiss aus Schinken, Tomaten und Schnittbrot mit einer Portion Butter, und Katie German steht den ganzen Tag am Herd und hat die Bratpfanne mit einem Teller bedeckt. Maisie saust im Laden herum. Una serviert in der Schuluniform der Armen Klarissen.

Rein mit dir, sagt Katie.

Bis das Restaurant schließt, muss ich im Breifne spülen. Im Speisesaal lassen die Mädchen sich auf die Stühle fallen und stecken sich Kippen an. Danach arbeite ich nebenan bei Noel's. Von der Seife und dem heißen Wasser ist die Haut an meinen Händen ganz weiß. Auf dem Hof zerbricht ein Mann auf dem Rücken seines Sohns einen Stock, dann treibt er ihn kreischend die Main Street hinauf. Im Woolworth's wird einer Frau von der zufallenden Tür der Arm zerquetscht. Einem Farmer setze ich eine Flasche Guinness mit einer Schnecke vor. Er spuckt sie aus, begutachtet sie auf der flachen Hand und fragt Noel, seit wann seine Kneipe ein Speiselokal sei.

Das ist gut, sagt Noel und gibt ihm einen Power's Whiskey, bevor der Farmer auf die Idee kommt, Schadenersatz zu verlangen.

Ein kleiner Mann bestellte einen Drink und erhob sich auf seinem guten Bein, um in seiner Hosentasche nach Wechselgeld zu kramen. Er war mindestens 1,83 groß. Bis um zehn war der Pub gefüllt, und Noel zahlte mir neun Shilling und zwanzig Kippen. Danach machte ich einen Spaziergang. Die Stadt war mit Mist und Spazierstöcken übersät.

Wieisses?

Wieisses?

Na, wie geht's?

Wie immer. Wie immer.

Mi 13.
Nicht zur Schule gegangen, immer noch Dünnschiss. Dermot hat mir ein paar Bücher zum Lesen dagelassen.

Do 14.
Nicht zur Schule gegangen. Den Tag im Bett verbracht. Mitten in der Nacht hat's ans Fenster geklopft, und vom Küchendach kam Andy in einem langen grünen Mantel des Territorialheeres hereingeklettert. Als Nächstes lehnt Dermot im Durchgang eine Leiter ans Haus, und zwei Mädchen klettern in mein Zimmer. Wir dachten uns, vielleicht hättest du gern Gesellschaft, sagte Dermot.

Sa 16.
Den ganzen Tag Geschirr gespült, danach ins Kino, um mir *Ben Hur* anzusehen. Neben Josie war kein Platz mehr frei, dafür aber einer neben Andy, sodass Andy sich in der Pause auf Josies Platz setzte und sie

sich auf seinen, und wir aßen Äpfel, die ich bei Blessing's gestohlen hatte. Ruhe da, brüllte George O'Reilly und leuchtete mir mit der Taschenlampe ins Gesicht.

Wo sind wir?, fragt meine Mutter beim Aufwachen.
Hier, antworte ich, im Bungalow.
Sie schließt die Augen und seufzt.

So 17., Festtag des hl. Patrick, Schutzpatron Irlands (kirchlicher Feiertag)
Der Festumzug kam die Church Street heruntergefegt. Es gab einen Spielmannszug aus Downpatrick und einen weiteren aus Kingscourt. Dann kamen die Festwagen. Provider's, Fegan's, die Elektrizitätsgesellschaft, Jackson's Reparaturwerkstatt, Smith's Reparaturwerkstatt. Die Pfadfinder. Die Kapelle der Christlichen Brüder, vorneweg Gerry Brady mit Bruder Cyril. Irische Volkstänzer. Roadstone.

Ich gehe nicht mehr auf dieses beschissene St. Pat's, sagte Ollie.

In Ordnung, erwiderte ich.

Ich hab genug von der Klitsche, sagte er. Ich geh nach Manchester. Kommst du mit?

Vielleicht.

Gut.

Mir geht's nicht gut, sagte Dermot und ging nach Hause.

Ich hab mir eben in den Finger geschnitten, sagte Ollie. Wie ist das passiert?

Keine Ahnung, antwortete ich.

Ollie und ich sind in der Stadt herumgelaufen. Nachts hab ich mit ihm in unserem Einzelbett geschlafen. Im Morgengrauen stand er auf, weil er Ärger befürchtete. Diesmal bin ich dran, sagte er. Um halb sieben stopfte er seine Fliege in die Hosentasche und machte sich auf den Weg in die Schule. Er sah elend aus.

Di 19., Festtag des hl. Joseph, Bräutigam der Gottesmutter Maria
Ollie bezog bei Square zehn Hiebe und eine Mahnung, dass seine Eltern Bescheid bekämen. Er sagte, ihm sei schlecht gewesen, und er habe im Farnham Arms übernachtet. Er bestritt, mit mir zusammen

gewesen zu sein. Als ich bei Packie the Case im Unterricht saß, ließ mich Bob, der Direktor, zu sich rufen.

Bist du draußen am Loreto College gewesen?, fragte er.

Nein, antwortete ich.

Bist du sicher?

Ja, Hochwürden.

Also, die Nonnen behaupten, das wärst du gewesen. Sie haben die Mädchen reden hören.

Ich war's nicht, Hochwürden. Wirklich nicht.

Ich muss dir wohl glauben.

Danke, Hochwürden.

Soll ich der Oberin sagen, dass du's nicht warst?

Ja, Hochwürden.

Das alles, Dermot, ist sehr traurig, sagte er.

Abends bin ich allein zu Josies Haus gelaufen. Als ich ankam, war ich todmüde. Wir haben uns stundenlang Musik angehört. Auf Josies Fahrrad in die Stadt zurückgefahren und es im Hof vom Regal Shop abgestellt. Es ist zwölf Uhr. Tante Maisie steht vor der Tür. Sie nimmt mir den Schlüssel weg.

Do 21., Festtag des hl. Benedikt
Josie meint, gestern Abend wär ich mit einer anderen ausgegangen. Und sie glaubt, Sonntagabend sei auch was passiert. Ich verneine. Wir unterhalten uns weiter am Telefon. Dann schaltet sich das Fräulein vom Amt ein. Hört auf mit dem obszönen Gerede, sagt sie. Wir reden weiter. Die Geschäftsleiterin des Ulster Arms kommt an. Raus aus der Telefonzelle, sagt sie, man hat sich bei mir beschwert. Sie hat mich auf die Straße gesetzt, ich bin zur Telefonzelle auf der Post und habe zurückgerufen. Wir haben geredet und geredet. Aber es hatte keinen Sinn. Sie glaubt mir nicht.

Du willst doch nur Sheila, sagt sie. Immer nur Sheila.

Sa 23.
Nicht zur Schule gegangen. Bei der Namensverlesung hat McInerney meinen Namen gerufen, sodass Square nicht merkte, dass ich nicht anwesend war. Hab mir bei Burke's einen Boxkampf angesehen, dann

mit Josie, die damit rechnet, dass ich Schluss mache, in die Matinee (*Die rote Schwadron*).

Wenn Sheila wiederkommt, wirst du mich nicht mehr wollen, sagte sie.

Doch, erwiderte ich.

Ich bin doch nur dazu gut, dir ihre Briefe zu überbringen.

Das ist nicht wahr.

Wart's nur ab, Ostern werden wir ja sehen.

Du irrst dich.

Und das Komische ist, sagte Josie, es macht mir nichts aus.

In Andy's Bar sah ich mir die Talentshow *Thank Your Lucky Stars* an, und um acht Uhr kam Mammy nach Hause.

Warst du brav?, fragte sie mich.

Ich sah Una an.

War er brav?

Ja, antwortete sie.

Darf ich zu einem Schwof nach Oldcastle?, fragte ich.

Ja, du darfst.

Sie machte ihr Portemonnaie auf, holte einen Pfundschein hervor und schleuderte ihn zu Boden.

Da, sagte sie, nimm. Geh doch, wohin du willst.

In dem neuen Hemd, das sie mir gekauft hatte, fuhr ich mit Joe Hill los, um mir die Clipper Carlton Showband anzuhören, und tanzte mit den Schwestern Sheridan. Joe fand eine Braut aus Kells. Als wir ins Freie traten, schneite es. Mit fünfzehn Stundenkilometern fuhren wir nach Kells. Manchmal setzte Joe den Wagen in den Straßengraben. Wir schlitterten um die Kurven. Endlich kamen wir in Kells an. Das Mädchen machte uns eine Tasse Tee, und ich wartete im Wagen, während sie miteinander fummelten, dann drehten wir um nach Cavan. Wir konnten nichts erkennen, weil der Schnee gegen die Windschutzscheibe wehte. Wir kamen mächtig ins Schleudern. Kurz vor Lavey rutschten wir in einen Entwässerungsgraben.

Das war's dann wohl, sagte Joe, und ich hab nicht mal 'nen Mantel dabei.

So mussten wir dann zu Fuß nach Hause.

Bei Tagesanbruch kam ich schneebedeckt im Breifne an. Auf dem

Flur machten meine Schuhe schlapp-schlapp. Als ich die Tür schloss, wachte Mammy auf. Sie kam ohne Brille in mein Zimmer.

Wie du aussiehst, sagte. Wie du aussiehst.

Wir hatten 'ne Panne.

Ich weiß Bescheid, sagte sie bitter, ich weiß genau Bescheid über dich. Allmächtiger Gott! Was soll nur aus uns werden? Dein Vater blickt auf dich herab, sagte sie. Vergiss das nicht.

24. Kapitel

Mo 25., Mariä Verkündigung
Gebüffelt. Nicht ausgegangen.

Di 26.
Nicht ausgegangen. Die ganze Nacht haben wir uns über meinen Vater und London unterhalten. Mutter sah mich lange unverwandt an, als wäre ich ein anderer.

Mi 27.
Wenn Mammy mir Geld gegeben hätte, hätte ich beim Pferderennen in Lincoln mit Kalminos gewonnen. Nicht ausgegangen.

Sa 30.
Beim Pferderennen sechs Shilling gesetzt. Out and About lag bis zur drittletzten Hürde in Führung. Hinterher mit Josie ins Kino: *Bestien lauern vor Caracas*. Alberner Film. Albernes Gefummel. Gebüffelt, Spritztour mit dem Wagen gemacht und zu Bett gegangen.

APRIL

Di 2.
Die Blonde von McDonnell's gefragt, aber stattdessen die Mieze aus Farnham rumgekriegt. Es hat zu tauen begonnen, und auf dem Swellan barst krachend das Eis. Und überall in der Stadt sind die Rohre geplatzt.

Hast du das Geld für den Milchmann?, fragt meine Mutter.

Ja.

Und wirst du mich zur Messe bringen?

Ja.

Sie betrachtet Padre Pios Gesicht. Sie liest ihr Gebet ab, legt das Blatt wieder in das silberne Gefäß und umklammert die Armlehnen ihres Sessels.

Hol mich hier raus, ruft sie.

Nein, sage ich.

Mi 3.
Dermot und ich haben uns fein gemacht und sind ins Loreto College zum jährlichen Konzert. Sheila stellte mich Mutter Josepha von Copertino vor. All die jungen Dinger wären beinahe in Ohnmacht gefallen.

Ich habe schon viel von Ihnen gehört, sagte die Nonne.

Sie hob meine Hand in die Höhe, sah mich scheel an, seufzte und nickte, aber nicht allzu streng. Dann gab sie mir meine Hand zurück – anmutig. Es war, als hätte sie mir verziehen. Sheila war sehr stolz. Wie Heilige saßen wir mitten unter den Eltern in dem Saal, an dem ich außen hochgeklettert war. Burke wurde zum Erwachsenen. Die Mädchen spielten die Klavierstücke, die Andy und ich von den Bäumen aus mit angehört hatten, sie sangen und sagten Gedichte auf, und als Männer verkleidet, in blauen Strumpfhosen und Schnabelschuhen, deklamierten sie Monologe von Shakespeare. Mit Rote-Beete-Broten, Jacob's Marshmallows und Tee klang der Abend aus. Großer Fetz. Hinterher zu einem Basar an der Railway Road, wo ich ins Schwarze traf und bei einem Zwerg eine Schale aus Schilfrohr für Mutter gewann.

So, so, ein Zwerg, sagte Maisie. Als ich jung war, wollte ich mit einem Akrobaten durchbrennen.

Wärst du nur, sagte ich.

Die hätten mich umgebracht.

Wir saßen am Kamin, rösteten Brot und unterhielten uns. Mammy schnitt sich die Zehennägel und badete die Füße in vergälltem Alkohol. Wir alle waren in Hochform.

Do 4.
Die Mädchen vom Loreto haben schon Ferien, aber obwohl ich die ganze Stadt absuchte, konnte ich Sheila nirgendwo finden.

Sa 6.
Nicht zur Schule. Mutter fuchsteufelswild. Beim Rasieren habe ich mir in die Lippe geschnitten. Wieder die ganze Stadt abgesucht, aber Sheila war nirgends zu finden. Zum Golfplatz gegangen. Saß im Café, aber sie kam und kam nicht. Mitten in der Nacht aus dem Fenster gesprungen und bis ein Uhr morgens vor Sheilas Haus gewartet. Keiner. Nichts. Niemand.

So 7., 2. Sonntag der Passionszeit (Palmsonntag)
Heute sind große Dinge zu vermelden. Mit Dermot zum Hochamt, anschließend zum Central Café. Sämtliche Weiber sind da, nur Sheila ist nirgends zu sehen. Bin nach Hause und habe mich an den Kamin gesetzt. Einen Aufsatz mit dem Titel *Zufriedenheit* geschrieben und zur Andacht gegangen. Die Kathedrale war überfüllt. Die Priester sahen aus wie eben erst dem Bett entstiegene Messbuben – müde, mit kalkweißen Gesichtern. Von Una Geld fürs Kino gekriegt. Saß für mich allein. Nach der Pause hörte ich endlich die Tür aufgehen und sah hinten Sheila stehen. Sie wartete, bis ihre Augen sich an die Dunkelheit gewöhnt hatten, dann kam sie geradewegs auf mich zu.

Meine Eltern haben mir Stubenarrest gegeben, damit ich dich nicht sehe, flüsterte sie.

Hab mich schon gewundert, wo du abgeblieben bist.

Sie lassen mich nicht aus dem Haus. Besonders mein Bruder.

Wieso?

Sie behaupten, wir meinen es zu ernst.

Glaubst du denn, dass wir es zu ernst meinen?

Nein, antwortete sie. Das Problem ist, wir meinen es nicht ernst genug. Liebst du mich?

Ja.

Sie sah mir ins Gesicht.

Ich muss dauernd von dir träumen.

Ich küsste ihr den Handrücken. Sie führte meine Hand an ihre Lippen.

Ich muss gehen, sagte sie. Wenn uns mein Bruder sieht, bringt er mich um.

Wir umarmten uns, dann ging sie.

Allein einen Brandy getrunken und mir die *Top Twenty* angehört. Danach Abendessen. Wahnsinnig glücklich.

Mo 8., Karwoche
Vater Teddy hat mir gesagt, er werde Ermittlungen über meine Griechischkenntnisse und meine allgemeine Intelligenz anstellen. Habe mir nachmittags schulfrei genommen und mich vor Katy Bannon's mit Sheila getroffen. Sie weinte. Ich brachte sie in die Backstube. Sie weinte immer noch. Ich konnte sie nicht beruhigen. Ihre Eltern wollen, dass sie mich nie mehr sieht.

Di 9., Karwoche
Dermot Burke ist mit mir durchgegangen, was in Griechisch ansteht. Auf der letzten Bank prüft Terry mich auf Herz und Nieren. Ich erhalte 98 von 100 Punkten.

Seltsame Dinge gehen hier vor, sagt er.

Danach kommt Geographie an die Reihe, daraufhin Mathe. Die Stunden ziehen sich hin. Endlich ist es vier Uhr. Ferien! Aber die Internen müssen bis morgen früh in der Schule bleiben. Ollie sprang aus einem Fenster und rannte zwischen den Bäumen hindurch zur Straße, wo ich schon auf ihn wartete. Wie der geölte Blitz sauste ich, Ollie auf der Fahrradstange, ums Triangle herum. Er hatte sich seine Fliege umgebunden.

Karamba, johlte er.

Um sechs kamen wir am Bahnhofshotel an, und um neun nahm er sich ein Taxi. Erst um halb drei nach Hause gekommen. Mammy macht Stunk.

Mi 10., Karwoche
Ollie kommt im Breifne vorbei. Er hat seinen Koffer dabei.

Es gibt Ärger, sagt er.

Square hat gesehen, wie er aus dem Fenster gesprungen ist. Der Disziplinarleiter ist in seinen Schlafsaal gekommen und hat gerufen: McNally! Steh auf! Er konnte seinen Atem riechen. Square fragte ihn, ob er etwa Healy sehen wollte. Ollie antwortete: Nein. War es ein Mädchen? Ollie antwortete: Nein.

Wenn Sie morgen Ihren Koffer packen, sagte Square, wird's das letzte Mal gewesen sein. Sie kommen mir nicht mehr hierher.

Jetzt weiß Ollie nicht, was er tun soll. Wir haben zwanzig Kippen geraucht und sind nach Balihaise gelaufen, um Harton zu treffen, der ihn in seinem Lastwagen heimfahren sollte. Ins Kino gegangen und mich neben Sheila gesetzt. Sie stand auf und rückte weg.

Ich ihr nach. Was ist los?, fragte ich.

Die ganze Zeit über hast du ein doppeltes Spiel mit mir getrieben, mit Josie, sagte sie.

Hab ich doch gar nicht, sagte ich.

Hast du wohl.

Nein, hab ich nicht.

Du brauchst mich nicht mehr anzulügen, Dermot. Du brauchst nicht zu lügen. Josie hat mir alles erzählt.

Ich kann alles erklären.

Nein, sagte sie, ich rede nicht mehr mit dir.

Ruhe da!, brüllte George O'Rourke.

Danach konnte ich dem Film nicht mehr folgen. In schlechter Verfassung ins Bett.

Do 11., Gründonnerstag
Vor Woolworth's Sheila getroffen. Ihre Eltern fahren für ein paar Tage mit ihr weg.

Um mich von dir fern zu halten, sagte sie.

Josie bedeutet mir nichts, sagte ich.

Das, sagte Sheila, macht die Sache nur noch schlimmer.

Wir verabschiedeten uns. Ich schlich mich hinten herum zu Stick Donoghue's. Mit Mary gefummelt. Pat getroffen. Die Messe ausgelassen. Und mich am Kopf gestoßen, als ich den Hof entlangrannte, um durchs Fenster einzusteigen.

Fr 12., Karfreitag
Sheila ist nach Wicklow. Auf den Straßen keine Menschenseele. Platten gespielt. Josie hat einen Laib Brot gekauft. Toast gegessen und früh nach Hause gegangen.

So 14., Ostersonntag
Gehst du mit Sheila?, fragte Mary.

Manchmal, antwortete ich.

Manchmal, sagte Gerty. Was soll denn das heißen?

Wir haben Schluss gemacht.

Ach, wirklich? Nun, wir wollen nicht die Überreste von jemand anderem, lachte sie sarkastisch. Wir wissen genau über dich Bescheid, du gerissener Halunke. Sieh dir Dermot Burke an – der würde nicht erst fragen, ob er die Hand hochschieben darf.

Stimmt das?, fragte ich.

Das stimmt, sagte Burke voller Stolz.

Möchtest du mit mir ins Kino gehen?, fragte ich Mary.

Ja, antwortete sie.

Du solltest ihm nicht so leicht nachgeben, meinte Gerty.

Kannst du dich um deine eigenen Angelegenheiten kümmern?, erwiderte ich.

Um neun Uhr kam Mary.

Ich dachte schon, du würdest nicht kommen, sagte ich.

Ach, ich wollte dich nicht sitzen lassen.

Da legte ich eine Hand auf ihre Titten, aber sie schob sie beiseite.

Nein, sagte sie.

Warum nicht?, fragte ich.

Darum.

So starrte ich, die Hände in den Hosentaschen, auf die Leinwand.

Bist du mir böse?, fragte sie.

Oh, ich bin bester Stimmung, versetzte ich.

Das freut mich, sagte sie. Siehst du, wir sind zu verschieden, um zusammen zu sein.

Ich hoffe, ich bin frei, sagte ich.

Was soll das heißen?, fragte sie.

Weiß nicht, sagte ich bedeutungsvoll. Die Zwillinge marschierten die Gänge entlang und wedelten mit ihren Stablampen.

Mo 15.
Auf dem Golfplatz verlor Dermot vier Bälle. Wir tanzten auf der Straße zu Radiomusik. Dann kauften wir uns ein Eis und spielten ein Doppelspiel Tischtennis. Dermot und Gerty gegen Mary und mich. Danach ging ich zur Kirmes. Als Garret hoch oben in der Schiffsschaukel stand, fiel ihm sein Gebiss heraus. Wir spielten Roulette und warfen mit Münzen, dann setzten wir uns in die Autoskooter. Sie spielten *Save the Last Dance for Me*, und zwar so laut, dass man es noch vom anderen Ende der Main Street hören konnte. Auf dem Heimweg sah ich, dass das Auto von Sheilas Vater wieder dastand. Ich hatte beste Laune.

Darf ich eine Fete geben?, fragte ich Mutter.

Wenn du das Haus anstreichst, darfst du eine Fete geben, antwortete sie.

Di 16.
Mir dreht sich alles vor den Augen, während ich das hier niederschreibe. Hab die Diele gestrichen, danach Sheila zum Golfplatz mitgenommen. Ach, ich liebe Sheila. Sie sagte, sie würde mir verzeihen, dass ich mit Josie gegangen bin, weil Josie gesagt hat, es sei nichts Ernstes gewesen. Sie hat mir aus Wicklow ein Geschenk mitgebracht: zwanzig Pall Mall. Ich liebe Sheila. Gerty wird alles zurücknehmen müssen. Hinterher sind Dermot und ich nach Lisdarn und haben den schwarzhäutigen Arzt abgeholt. Zwei Gin Tonic und neun Bier getrunken. Ich liebe Sheila.

Mi 17.
Ollie ist gekommen, um mir zu helfen, und wir haben die Diele, den Flur oben und die Wand über den drei Stufen gestrichen. Dann haben wir Vorbereitungen für den Schwof in unserem Haus getroffen. Die Clique kam mit Schallplatten, und die Sause ging los. Endlich kam auch Sheila. Sie war allein.

Ich kann nicht reinkommen, sagte sie an der Tür. Die Typen mögen mich nicht.

Das bildest du dir nur ein, erwiderte ich, komm schon.

Nein. Sie sah die Straße hinunter. Wer ist denn drin?

Ich sagte es ihr.

Das reicht, sagte sie, ich komme nicht rein.

Wer ist an der Tür?, fragte Mammy.

Sheila, antwortete ich.

Hallo, Mrs. Healy.

Herzlich willkommen, Sheila, sagte Mammy. Na, worauf wartest du noch? Immer hereinspaziert, wir wollten gerade essen.

Als wir reingingen, gab Gerty fiese Bemerkungen von sich. Wir halfen meiner Mutter beim Auftragen. Wir aßen zu jeweils sechst, ließen die Flasche kreisen und tanzten. Kevin stieß gegen die Säule und verlor das Bewusstsein. Croney fing an, wie verrückt zu bellen. Una kam heraus und tanzte mit mir Swing. Maisie ging zum Durchgang hinunter, sah zum Fenster herein und musste niesen, dabei hatte sie den Knöchel ihres Zeigefingers in der Nase.

Bleib bei mir, ja?, sagte Sheila.

Mach ich.

Tanz mit keiner anderen.

Mach ich.

Sie legte meinen Arm um ihre Taille.

Ich liebe dich, sagte sie.

Ich tanzte den ganzen Abend mit Sheila, und unter der Treppe fummelten wir.

Do 18.

Ollie und ich strichen den Rest des Flurs und die Tür zu Mammys Schlafzimmer. Er bat Pat, mit ihm zu gehen, aber sie wollte nicht, weil sie mit Andy gehen wollte. Da ist Ollie nach Virginia getrampt. Ich ging mit Sheila ins Kino. Mitten in einer Mordszene krachte der Sitz unter mir zusammen, und Sheila konnte sich nicht mehr einkriegen.

So 21., Weißer Sonntag

Um halb vier los, um mich mit Sheila zu treffen. Sollte schon um zwei da sein, aber in der Backstube war zweimal das Feuer ausgegangen, und so hatten wir nur Zeit, uns zu unterhalten, bevor sie wegmusste. Auf dem Weg zur Schule kommt Ollie vorbei. Er sagt, er will zur Schule, um herauszufinden, was morgen passiert.

Mo 22.
Unser letztes Zusammensein, bevor die Schule wieder losgeht. Sheila und ich sausen zu Reillys Torbogen, auf den Dachboden. Ihr Hemd hat keine Knöpfe. Es gibt niemanden, der uns nachspioniert. Sie fängt an zu weinen. Wir verabschieden uns.

Mi 24.
Nach der Schule sauschlecht Golf gespielt und ins Kino gegangen. *Die Marx Brothers im Wilden Westen*. Hervorragender Film. Ich vermisse Sheila. Wenn sie da gewesen wäre, hätte mir der Film noch besser gefallen.

Do 25., Festtag des Evangelisten Markus (Bitt-Tag)
Ollie darf nächstes Jahr nicht wieder auf die Schule. Sie machen meinen schlechten Einfluss verantwortlich. Vater Terry hängte eine Karte von Griechenland an die Wand, damit wir die Kriege Spartas verfolgen konnten. Er musste niesen, die Karte fiel runter, und Parrot furzte. Ollie ist allein um den Half gelaufen. Habe Josie getroffen und sie gebeten, Sheila auszurichten, sie soll den Anfang machen und als Erste schreiben, dann bin ich bis zum Einbruch der Dunkelheit auf dem Handballplatz geblieben.

Fr 26., Unsere Liebe Frau vom guten Rat
Ich bin zu Bob gegangen und habe mich für Ollie verwendet, aber er sagt, er kann nichts ausrichten. Er will zusehen, aber im Augenblick ist es ihm aus den Händen genommen. Er habe es zu weit getrieben. Gemeinsam laufen Ollie und ich um den Half. Die Schüler des fünften Jahrgangs stehen da und sehen uns zu.

Es dauert nicht mehr lange, Jungs, sagt einer.

Sie gingen hinter uns her und verhöhnten uns, sodass wir zum unteren Footballplatz hinübergingen.

Sobald das Trimester zu Ende ist, sagte Ollie, nehme ich die Fähre nach England. Kommst du mit?

Ja, sagte ich.

Wir werden mit Antiquitäten handeln, sagte er. Ich haben einen Onkel, der damit gut fährt.

In Ordnung, sagte ich.

Und auf die Klitsche hier scheißen wir.

Richtig.

Die können uns mal.

So 28., 2. Sonntag nach Ostern
In der Backstube Feuer gemacht und mit Maisie und Mutter ums Triangle spazieren gegangen. Als wir an Sheilas Haus vorbeikamen, hab ich Maisie gesagt, sie soll leise sein, da hat sie vor Lachen gebrüllt.

Mo 29.
Es heißt, in der Stadt wären fünfundzwanzig Frauen in ander Wetter. Wunderschöner Brief von Sheila, aber Josie bleibt nicht, um sich zu unterhalten.

Di 30.
Hab die letzten beiden Stunden geschwänzt und mich mit Sheila getroffen, der ein Zahn gezogen wurde. Ihr Mund war noch blutig. Bin Arm in Arm mit ihr durch die Stadt gelaufen und hab mich nicht darum geschert, ob uns jemand gesehen hat.

Wusste gar nicht, dass du schlechte Zähne hast, sagte ich.

Hab ich auch nicht, antwortete sie.

Was?

Ich hab nur so getan, damit ich in die Stadt konnte, um dich zu sehen.

Dann ging sie wieder in die Klosterschule.

Mi 1., Festtag des hl. Josephs des Arbeiters
Schlimmes Gerstenkorn. Nach dem Mittagessen sechs Hiebe von Square, weil ich die beiden Unterrichtsstunden geschwänzt hatte.

Sa 4.
Josie eine Krawattennadel für Sheila mitgegeben.

So 5., 3. Sonntag nach Ostern
Ich höre, Sheila ist in anderWetter, sagte Andy, als wir nach der Zehn-Uhr-Messe die Treppe runterkamen.

Ach ja?, fragte ich.

Sagt man.

Wer?

Die Leute. Die Leute reden darüber.

Ach, wirklich?

Ja.

Die können mich mal.

Du wirst noch Scherereien kriegen.

Werd ich nicht.

Es gibt Leute in der Stadt, die dich nicht leiden können, weißt du.

Warum?

Es wird Ärger geben, sagte er. Hab ich gehört, fügte er hinzu.

Ich ging zum Handballplatz und spielte den ganzen Tag mit den Soldaten.

Mi 8.
Heute Morgen gekotzt. In übler Verfassung. Mutter schaute herein.

Zeit aufzustehen, sagte sie.

Mir ist schlecht, erwiderte ich.

Tut mir Leid für dich, sagte sie, machte aber keinen Stunk. In meinem Kopf drehte sich alles. Die Tapete hing verkehrt herum an der Wand. Nach dem Mittagessen ging's mir wieder besser, und ich bin auf Noels Dachboden. Hab ihn wunderbar hergerichtet und mit Brettern vernagelt. Sieht grandios aus. Hab einen Teppich ausgerollt, den Frank

Conlon wegwerfen wollte, und eine Kommode von Burke's raufgetragen. Hab Eddie Cochran und The Searchers an die Wand gepinnt, dann eine Kerze angezündet und mich stundenlang in meinem neuen Daheim umgeschaut.

Maisie sah Winnie an und sagte: Arme Winnie.
Was sagt sie da?, fragte meine Mutter.

Do 9.
Hab eine Matratze aus unserem Dachboden durch den Garten zu Noel's geschleppt. Dann mit ein paar Rollen Tapete wieder hin. Wir haben sie festgekleistert.

So 12., 4. Sonntag nach Ostern (Weltbruderschaftstag)
Ich hatte eben in der Backstube Feuer gemacht, als es klingelte und Vater Bob vor der Tür stand.

Ich möchte, sagte er, mit dir und deiner Mutter sprechen.

Was hat er denn jetzt wieder angestellt?, fragte sie.

Nichts, antwortete er.

Das freut mich zu hören, sagte sie.

Aber ich glaube, es wäre ratsam, fuhr er ernst fort, wenn Dermot nächstes Jahr als Interner angemeldet würde.

Ganz, wie Sie meinen, Hochwürden, sagte sie und warf mir einen finsteren Blick zu.

Und ich glaube, er sollte in den Sommerferien in die *Gaeltacht*. Das würde seinem Irisch zugute kommen.

Hast du gehört, was Vater Robert gesagt hat?, fragte sie mich.

Ja, antwortete ich.

Und, wirst du fahren?

Ja, antwortete ich.

Das wäre also geregelt, sagte Vater Robert.

Mo 13.
Weiter Noels Dachboden austapeziert. Ein bisschen gestrichen. Eine halbe Flasche Cidre deponiert.

Noel steckte den Kopf durch die Dachluke.

Wie schaut's aus in deiner Burg?, fragte er.

Di 14.
Morgen kommen die Mädchen in die Stadt. Wir errichten eine Trennwand zwischen Kevins Matratze und meiner und besprühen den Dachboden mit Luftverbesserer. Dann laden wir Dermot ein, die Burg zu besichtigen. Sehr hübsch, meint er.

Mi 15., Festtag des hl. Johannes Baptist de La Salle
Ich sah zu, wie die Mädchen vom Loreto College an der Stadthalle ankamen. In ihren roten Schuluniformen und braunen Nylonstrümpfen entstiegen sie zwei Bussen, und die Mädchen aus der Stadt nickten uns an. Die anderen schauten verständnisvoll zu. Sheila tat so, als hätte sie mich nicht gesehen. Wir hielten unsere Blicke nach oben gerichtet, und als sie reingegangen waren, bin ich mit den Jungs auf die Galerie.

Die beiden Filme waren *Lord, erlöse meine Seele* und *Daniel und die Löwen*. Schwester Gabriel hielt den Mädchen einen religiösen Vortrag, wir klatschten, die Lichter gingen aus, und Sheila stahl sich auf die Galerie.

Dermot, flüsterte sie, wo bist du?

Hier, antwortete ich.

Wo ist hier? Ich riss ein Streichholz an, und sie setzte sich. Mir stockte fast der Atem. Mit der Hand berührte sie meine Wange und küsste mich auf den Hals.

Komm auf meine Burg, sagte ich.

Bist du verrückt?, fragte sie.

Ich habe dich furchtbar vermisst, sagte ich.

Ich dich auch.

Wir küssten uns.

Und bist du auch wirklich nicht mit einer anderen gegangen?

Nein, antwortete ich.

Schwörst du's?

Ja.

Dann ging sie wieder nach unten. Plötzlich tauchte auf dem Platz hinter mir ihr Bruder auf. Pass bloß auf!, sagte er.

Sa 18.
Gab Josie ein Buch namens *Damengolf* für Sheila mit.

So 19., 5. Sonntag nach Ostern
Morgens eine halbe Flasche Cidre getrunken. Fühle mich gut.

Mo 20.
Seit Ostern mir fast jeden Tag einen runtergeholt.

25. Kapitel

Do 23., Christi Himmelfahrt (kirchlicher Feiertag)

Nachmittags an die Hintertür von Slowey's Laden angeklopft, um Milch zu holen. Das rothaarige Mädchen, das dort arbeitet, sagte, es sei ein kirchlicher Feiertag. Ich weiß, erwiderte ich, aber wir haben nicht einen Tropfen im Haus. Sie sagte, sie müsste den Schlüssel holen.

Ich seh dich oft in der Stadt, sagte sie.

Kann schon sein, stimmte ich zu.

Und du bist dauernd im Kino.

Ja.

Wir gingen in den Laden. Als sie sich bückte, um die Milch zu holen, öffnete sich ihre Bluse weit.

Was guckst du denn so?, fragte sie.

Deine Sommersprossen, antwortete ich.

Du bist mir vielleicht einer, lachte sie. Sie gab mir mein Wechselgeld heraus. Sonst noch was?

Nein.

Nun denn. Sie machte die Tür auf und lachte erneut. Du bist vielleicht ein komischer Vogel, sagte sie. Hättest du Lust, mit *mir* ins Kino zu gehen?, fragte sie.

Liebend gerne, sagte ich.

Was hab ich mir jetzt eingebrockt?, sagte sie zu sich selbst.

Ich nahm ein Bad, wusch mir die Haare, rasierte mich und puderte Simon. Ich stand vor dem Magnet und dachte schon, sie würde nicht kommen. Aber sie erschien in einem blauen Kleid und Stöckelschuhen.

Ich dachte, du würdest nicht kommen, sagte sie.

Dasselbe hab ich von dir gedacht.

Wir gingen an den Jungs vorbei, und sie löste Karten für den zweiten Rang. Das Geld hatte sie abgezählt in ihrer Manteltasche. Sie wirkte etwas verloren. Wir waren das einzige Pärchen da oben. Als der Film anfing, langte sie herüber und legte mir die Hand aufs Knie.

Du hast doch nichts dagegen, oder?, fragte sie.

Nein, flüsterte ich.

Sie strich mir mit der Hand übers Bein, hielt eine Weile inne und sah mir in die Augen.

Hast du auch wirklich nichts dagegen?

Nein, sagte ich.

Sie ließ ihre Fingern über meinen Schenkel gleiten.

Gefällt dir das?

Ja.

Dann ist es ja gut.

Sie ließ sie hin und her gleiten, dann ließ sie die Fingerspitzen sanft auf meinem Bengel ruhen.

Na, was haben wir denn da?

Oh.

Was ist denn das für ein Kerl?, fragte sie. Durch die Hose zog sie sachte die Umrisse nach. Hat der auch einen Namen?

Nein.

Und jetzt bewegt er sich ganz von selbst.

Das passiert.

Ich merke schon. Er führt ein Eigenleben.

Ganz recht, sagte ich.

Tu ich dir weh?

Nein.

Ich hab so was noch nie gemacht, wisperte sie.

Keine Bange, sagte ich.

Ich hab so ein komisches Gefühl, sagte sie.

Ich auch.

Ich dachte, so einer wie du wäre sehr erfahren.

Nein, bin ich nicht.

Stimmt was nicht?

Wieso?

Du hast aufgehört zu atmen.

Nein, hab ich nicht.

Und deine Stimme klingt so merkwürdig.
Wirklich?
Du bist ein ganz Schlimmer, lachte sie.
Ein Geruch nach Palmolive, Kirschen und Schweiß wehte vorüber. Langsam knöpfte sie mir die Hose auf.
Wie alt bist du?
Fünfzehn.
Ich werd noch festgenommen, sagte sie.
Sie griff in meine Hose.
Gott, sagte sie, du kochst ja.
Ja.
Gott, sagte sie.
Ah.
Oh. Mache ich's richtig so?
Ja.
Du wirst hinterher auch nicht schlecht von mir denken?
Nein, antwortete ich.
Ich mag dich sehr gern, sagte sie.
Ich dich auch.
Ist das schön?
Ja.
Sehr schön?
Ja.
Oh, sagte sie. Oh.
Oh, sagte ich.
Oje, sagte sie.

Fr 24., Unsere Liebe Frau vom Wegesrand
Himmel, konnte heute überhaupt nicht laufen. Mir war furchtbar schlecht. Auf dem Handballplatz kein Glück mit dem Ball. Ellen wollte sich für heute Abend mit mir verabreden, aber ich bin nicht hingegangen.
Was ist denn mit dir passiert, fragte Maisie, du kommst ja so früh nach Haus? Haben dich alle verlassen?
Dann, um elf, klingelte es an der Tür.
Ich mache auf, sagte ich.

Nein, tust du nicht, erwiderte meine Mutter.

Sie kam zurück und sagte, es sei niemand da. Als ich ins Bett gehen wollte, fand ich einen Brief vor der Haustür.

Was ist los mit dir?, hieß es. *Tut's dir etwa Leid wegen gestern Abend? Alles Liebe, Ellen.*

Sa 25.

Habe Ellen eingeladen, mit mir auf den Dachboden zu kommen. Einen Moment blieb sie im dunklen Durchgang stehen.

Komm schon, flüsterte ich.

Was ist denn da oben?

Eine Matratze.

Eine Matratze?

Eine Matratze, sagte ich, und eine Flasche Cidre.

Sie tat ein paar Schritte auf den Hof und blieb stehen.

Es ist sehr dunkel, sagte sie.

Da oben gibt's Kerzen.

Das ist nicht recht.

Es wird dir gefallen.

Ich weiß nicht.

Komm schon, sagte ich.

Nein, sagte sie und wich zurück.

Warum denn nicht?

Weil ich Angst habe.

Aber vorgestern hattest du keine Angst.

Ich wusste, dass du das sagen würdest, meinte sie. Das war was anderes.

Wieso was anderes?

Das war vorgestern. Jetzt ist heute.

Na schön, sagte ich.

Jetzt bist du aber blöd.

Nein, bin ich nicht, sagte ich.

Du denkst wohl, ich bin nicht gut genug für dich.

Das stimmt nicht.

Also, ich könnte da nicht rauf, sagte sie.

Ist schon in Ordnung, erwiderte ich, weil ich auch nicht rauf will.

Du willst nicht?, fragte sie.

Nein.
Wir traten wieder auf die Straße.
Werd ich dich wieder sehen?, fragte sie.
Klar doch.
Das meinst du nicht ernst.
Doch.
Nein, sagte sie, meinst du nicht. Das spür ich.
Ich brachte sie bis zur Ladentür.
Wiedersehen, sagte ich.
Wiedersehen, sagte sie, du Blödmann.

So 26., Sonntag nach Christi Himmelfahrt
Mit Noel nach Castleblaney, um mir das Footballspiel zwischen Cavan und Down anzusehen. Sehr gut.

Mo 27.
Für die Prüfung gepaukt.
Als ich um zwölf ins Bett ging, blickte ich aus dem Wohnzimmerfenster und hätte schwören können, dass ich Ellen bei Con Smith's unter einer Straßenlaterne stehen sah. Aber als ich zur Haustür ging, war niemand da.

Di 28.
Die Prüfungen haben begonnen. Arithmetik und Irisch. Vater Hurley hat mich mit einem Spickzettel in Arithmetik erwischt. Beide Prüfungen bestanden. Nach Hause und gepaukt.

Mi 29.
Englisch. War mit Ellen verabredet, bin aber nicht hingegangen. Ellen hat mir einen Zettel unter der Tür durchgeschoben. *Seh dich in »König der Könige«*, stand drauf.

Do 30.
Hab Holz gesammelt, im Pleasure House, einem kleinen Jagdhaus am Rand vom Killykeen Lake, ein Feuer gemacht und sie in die Arme genommen.

Nein, sagte Ellen.
Ach, bitte.
Nein.
Warum denn nicht?
Ich will, dass du mich respektierst.
Aber das tu ich doch.
Nur mit der Schnauze.
Tu ich wirklich.
Hab ich alles schon mal gehört.
Aber ich meine es ernst.
Hör auf damit.
Ich kann nicht.
Mit den Mädchen vom Loreto würdest du das nicht machen.
Was soll das heißen?
Du weißt schon.
Ach, Ellen.
Ich weiß genau Bescheid über dich, sagte sie. Hör jetzt auf, oder ich gehe.
Na schön.
Kannst du nicht still liegen?
Ich geb mir Mühe.
Gib dir mehr Mühe.
Erst bist du verrückt danach und dann wieder nicht.
So ist das eben, sagte sie, mit uns Damen. Als Nächstes hörte ich, wie meine Mutter mich zur Schule rief.

Fr 31., Mariä Krönung
Algebra, Geschichte und Latein. In Latein sehr gut abgeschnitten, in Geschichte bestanden. In Algebra weiß ich noch nicht. Zum Handballplatz!
Hinterher Andy getroffen.
Du suchst wohl Ärger, sagte er.
Was willst du damit sagen?
Sheilas Bruder ist hinter dir her.
Wieso?
Es gehen Gerüchte, sagte er.

Sa 1., Vortag von Pfingsten (Fasttag ohne Abstinenz)
Ferienbeginn. Im Ulster Arms 'ne Runde geschmissen und mich auf leisen Sohlen davongeschlichen, um mich mit Ellen zu treffen, die wieder den Wagen ihres Vaters dabeihatte.

Wohin wollen wir fahren?

Solange es aus der Stadt rausgeht, sagte sie.

Ich habe einen Freund in Lisdarn, sagte ich. So fuhren wir denn zum Krankenhaus, und ich klopfte an die Tür des schwarzhäutigen Arztes. Er freute sich, mich zu sehen.

Ich habe 'ne Frau im Wagen, sagte ich.

Bring sie rein, sagte er.

Er nahm Ellens Hand und verbeugte sich.

Wir saßen auf seinem schmalen Bett, und er saß in einem Sessel. Er machte eine Flasche Gin auf und schenkte uns in Becher ein. Wir tranken den Gin mit Wasser, und er schmeckte nicht so gut wie mit Tonic, aber Ellen wurde trotzdem furchtbar beschwipst und schlang ihre Arme um den Arzt.

Ist Dermot nicht ein komischer Vogel?, sagte sie.

Er steckte sich eine große Zigarre an und zeigte uns ein Foto von seinen Eltern und von dem Haus, in dem er aufwuchs. Sie nahm ihm das Album ab und blätterte es durch. Sie wollte alles wissen. Wer das war und wer das. Seine Schwestern, seine Brüder, seine Tanten. Dann wollte sie alles über Operationen erfahren. Er wollte mit uns in die Stadt, was trinken, aber ich wandte ein, dass wir uns nur Ärger einhandeln würden.

Also fuhren wir zum Park Hotel in Virginia. Es fand gerade eine Hochzeit statt, und die Gäste wollten, dass wir uns zu ihnen gesellten. Der schwarzhäutige Arzt war der letzte Schrei. Sie wollten ihn einfach nicht in Ruhe lassen. Der Alkohol floss in Strömen. Er tanzte gesetzt mit Ellen, und ich tanzte mit der Braut, die aus Crosserlough stammte.

Ihr Bräutigam sei aus Denn, sagte sie. Sie presste ihren Schoß gegen meine Lenden und sagte, am Morgen fahre sie nach Mallorca in die Flitterwochen.

Dieser Tanz ist zum Abklatschen, sagte Ellen und trat zwischen uns. Also tanzte ich mit ihr, und der Arzt tanzte mit der Braut.

Um vier Uhr morgens fuhr sie mich nach Hause und brachte mir in der Main Street den Zungenkuss bei.

Durch die Glasscheibe in der Haustür sah ich die Umrisse meiner Mutter. Ich schloss auf.

Weißt du, wie viel Uhr es ist?, rief sie.

Ich war auf einer Hochzeit.

Du bist gesehen worden, sagte sie, mit Vagabunden. Mit Vagabunden!, wiederholte sie.

Mo 3., Pfingstmontag
Den ganzen Tag im Laden gestrichen. Zum Swellan Lake gegangen. Herrlicher Tag. Rose war da. Halligalli.

Di 4.
Das Tor gestrichen.

Mi 5., Quatember (Fasttag mit Abstinenz)
Die Hauswände gestrichen. Die Maler, Tom Dale und Dinny Brennan, haben mich furchtbar gestichelt. Guck dir den Angeber an, sagte Dinny. Hinterher mit Sheila einen Spaziergang am Flussufer gemacht.

Fr 7., Quatember, Freitag
Die Gartenbank repariert, die Daddy gezimmert hat, und blau übergestrichen.

Sa 8., Quatember (Fasttag ohne Abstinenz)
Vagabunden, sagte Mammy, als ich nach Hause kam. Nichts als Vagabunden, und dein Vater kaum unter der Erde! Eines Tages wird's dir Leid tun, aber dann ist es zu spät.

So 9.
Mit Sheila und ihren Freundinnen aus Balihaise einen Bootsausflug gemacht. Ich ruderte. Wir landeten am Death's Point.

Hier gefällt's mir nicht, sagte Sheila. Ich glaube, es wird was Schlimmes passieren.

Mo 10.
Meine Mutter um vier Shilling gebeten, damit ich Ollie in Virginia besuchen kann. Sie machte die Ladenkasse auf und warf das Geld auf den Fußboden.

Geh doch, wohin du willst, sagte sie.

Per Anhalter fuhr ich nach Virginia. Spazierte um den See und trank bei den Hearys, die meine Tante Jane gekannt hatten, eine wunderbare Tasse Tee. Danach zu Ollie. Er wohnt auf einer Farm am Hang eines kleinen Berges. Mit zwei Frauen und seinem Vater. Seine Familie ist nett. Ollie und ich steuerten die American Bar an, um ein paar Flaschen Stout zu trinken, und um ein Uhr liefen wir die sechs Kilometer zu Fuß zurück. Seine Mutter saß am Kamin. Sie briet uns was in der Pfanne. Sie fragte mich nach dem College aus und erzählte mir, Ollie sei das erste ihrer Kinder, das die Chance einer Schulbildung erhalten habe. Mir war nicht wohl bei dem Gedanken, dass sie bald herausfinden würde, dass Ollie nicht wieder aufs St. Patrick's durfte. In der Nacht stöhnte es im Gebälk, und ich hörte eine Stimme, die – vielleicht im Schlaf, vielleicht in der wirklichen Welt – zu mir sprach und von einem fremden Ort erzählte; ob Joe White noch da wäre? Von dem hab ich schon seit Urzeiten nichts mehr gehört, danke vielmals, nein danke, trotzdem vielen Dank, dann kamen Namen und Gebrechen, vom Himmel verhängte Geißeln, Ratten und Eselskarren und der Kartoffelbrand, wo war der Eimer, wo war nur der verfluchte Eimer, Gottsdonner, wo ist der Eimer hingekommen? Was war zu tun? Leitungswasser und Quellwasser, das war's, die Dachrinnen, die Traufen, das Kalb auf der Weide hinten, der Aal, die Katze hat einen Vogel im Maul, der Dünnschiss, als ich ihn schlug, flogen ihm beide Augen aus dem Kopf – es war furchtbar da draußen, ich hab dir alles erzählt, was du wissen musst, wer ist da an der Tür? Es gab niemanden mehr wie Michael, nie wieder Sadie, keine Sadie mehr, keinen Joe White mehr, tagein, tagaus nur dieselbe Clique, dann rief jemand, und die Stimme verstummte.

Di 11., Festtag des hl. Apostels Barnabas

Wollte nach Oldcastle trampen, aber es hat mich keiner mitgenommen. Saß im Straßengraben und rauchte meine letzte Kippe. Ich dachte schon an Kells, irgendwo, sogar an Navan, als Sonny Walsh vorbeikam und mich nach Cavan zurückfuhr.

Hast du deine Wanderungen beendet?, fragte meine Mutter.

Ich hab die Hearys besucht, antwortete ich.

Hast du nicht.

Hab ich wohl.

Dann ist ja noch nicht alle Hoffnung verloren, sagte sie. Und wie geht's der ganzen Familie?

Sehr gut.

Das freut mich.

Anschließend sind wir, Maisie, sie und ich, ins Kino gegangen, um uns *Manche mögen's heiß* anzusehen. Tante Maisie lachte sich krumm und kringelig, und meine Mutter fand, dass Tony Curtis ein hübsches Mädchen abgab. Nicht auszudenken, sagte Maisie. Die haben ja nicht alle Tassen im Schrank.

Wir saßen am Kamin und tranken Tee. Ich erzählte ihnen von Ollies Haus und von Virginia.

Siehst du, sagte meine Mutter, wie glücklich wir sein können, wenn du auch mal zu Hause vorbeischaust.

Mi 12.

Ich klingelte. Unas Freund machte auf. Als er mich sah, wäre er fast in Ohnmacht gefallen. Ich war blutüberströmt, von einer Schlägerei in der Bridge Street. Sheilas Bruder war auf mich losgegangen.

Bleib meiner Schwester vom Leib, sagte er und gab mir einen Kopfstoß. Dann prügelten seine Freunde auf mich ein, darunter auch Andy.

Heiliges Herz Jesu!, rief meine Mutter. Was soll nur aus uns werden?

Was ist passiert?, fragte Maisie.

Ich habe Prügel bezogen.

Ruf die Polizei, Winnie, sagte Maisie.

Nein, sagte ich.

Die lasse ich aufknüpfen, sagte Maisie und schug mit der Faust auf ihren Handteller.

Was treibst du dich auch auf der Straße, auf der verfluchten Straße herum?, klagte Mammy.

Ich saß in der Küche, und Una verband mir das Gesicht. Das neue Hemd war zerrissen. Im Bett konnte ich nur auf einer Seite liegen.

Hast du die Mülleimer rausgebracht?, fragte meine Mutter.

Ja, antwortete ich.

Wirst du bei mir bleiben?

Ja.

Gut.

Do 13., Fronleichnam (kirchlicher Feiertag)
Am Morgen war mir nicht gut. Ich setzte mir eine von Unas Sonnenbrillen auf und stellte mich im Esszimmer vor den Spiegel.

Du siehst vielleicht aus, sagte meine Mutter. Wo willst du denn hin?

Ich gehe aus.

So, wie du aussiehst, kommst du mir nicht aus dem Haus.

Ich muss aber, sagte ich.

Du bleibst, wo du bist.

Nein, erwiderte ich.

Ich ging zu Hickey's, dem Zahnarzt, und obwohl es ein kirchlicher Feiertag war, machte er einen Abdruck für eine neue Gaumenplatte. Dann schickte er mich zur Röntgenaufname über die Straße ins Krankenhaus. Ich musste eine Ewigkeit warten, weil alle zur Messe gegangen waren.

Dir haben sie aber übel mitgespielt. Was hast du denn angestellt?, fragte der Arzt.

Es war wegen eines Mädchens.

Das war ein Fehler, meinte er. Hast du Kopfschmerzen?

Nein.

Sonst etwas?

Mir klingen die Ohren.

Das wundert mich nicht.

Dermot und ich gingen die Main Street entlang. Die Fronleichnamsprozession zog vorüber. An der Ecke zur Bridge Street stand Andy und unterhielt sich mit Rose McNamara und Josephine Bravander.

Das hast du dir selber zuzuschreiben, sagte er und sah mich an.

Als wir ins Central Café kamen, erhob sich in der Clique, die sich nach der Messe dort versammelt hatte, lautes Gekicher.

Mamma mia, sagte Sean McManus.

Wir setzten uns an einen Tisch neben der Jukebox. Sheilas Bruder und seine Freunde deuteten andauernd mit den Fingern auf mich und lachten.

Was ist denn mit dir passiert?, fragte Lila Little.

Ich war in 'ne Schlägerei verwickelt.

Du siehst zum Fürchten aus, sagte sie.

Dann ging die Tür zum Café auf, und Sheila kam herein. Alles verstummte. Sie sah sich um und erblickte mich. Da ging sie an ihrem Bruder vorbei, kam herüber und setzte sich zu mir.

Ich hab gehört, was passiert ist, sagte sie, und es tut mir schrecklich Leid.

Schon gut, sagte ich.

Ich bin an allem schuld.

Nein, bist du nicht.

Und sie haben gesagt, wenn ich noch einmal mit dir rede, passiert das Gleiche noch mal. Dann verließ sie unter Tränen das Café.

Sa 15.

Ellen sagt, es tue ihr Leid wegen meines Gesichts, und wir haben Schluss gemacht. Im Ulster Arms einen Wodka und ein Carlsberg Special getrunken. Jack Healy war ein braver Mann, sagte Frank Brady, ich vermisse ihn. Andy brach die Klinke der Toilettentür ab. Ich wollte mich mit ihm prügeln. Andy sagte, sie hätten ihn gezwungen, mich zu schlagen. Sie behaupteten, ich hätte schlecht von ihm geredet. Da haben wir uns wieder vertragen. Wir stahlen Flaschen McArdle's und stellten sie in die Burg. Anschließend versteckten wir auf dem Cock Hill eine Flasche Sherry. Ich war besoffen. Mit einer Flasche Whiskey gingen wir durch die Stadt und die Eisenbahnstrecke entlang. Ich habe sie nicht angerührt. Dort draußen kam's zu einem Streit. Und Andy sagte: Castro ist genau der richtige Mann, so einer wie der wird hier dringend benötigt, Connolly haben sie umgebracht, aber morgen erobern wir die verdammten sechs Grafschaften zurück, stimmt's, sagte er, die Tage des protestantischen Nordens sind gezählt, und an meiner Schulter weinte er über das vereinigte Irland.

So 16., 2. Sonntag nach Pfingsten
Als Erstes zum Handballplatz und zehnmal hintereinander astreine Würfe. Den Sherry getrunken, wortlos an Sheila vorbei und mit Emer ins Kino.

Di 18.
Ich schlief bis zwölf, weil ich mir jede Nacht bis drei Uhr *Music in the Night* anhöre. Ich ging zu Hickey's, um mir meine neuen Zähne einpassen zu lassen. Sheila fing mich ab und sagte, sie hätte keine Angst, wenn ich keine Angst hätte. So sind wir mit Eamon Smith zum Lough Oughter geradelt. Wir nahmen Kekse und Limonade mit. Er fing einen Flussbarsch. Die Mücken führten sich auf wie besessen, und das Wasser war schläfrig. Dann nahmen wir uns ein Boot und ruderten hinaus zu O'Neill's Island. Wir angelten von den Felsen und brieten die Fische in der Burg. Ein richtiges Festmahl. Danach radelten wir wieder zurück, und kurz vor der Stadt trennten wir uns. Sie fuhr voraus, und ich folgte ihr.

Fr 21.
Um halb sieben stand ich mit 25 Pfund in der Tasche auf der Straße. Wurde von einem Tierarzt mitgenommen, der wegen des Verdachts auf Brucellose zu einer Untersuchung in ein Dubliner Krankenhaus musste. In der O'Connell Street setzte er mich ab. Wünsch mir Glück, sagte er. Ich hielt nach einem Anzug Ausschau. Im Geschäft durfte ich nicht lächeln, damit man nicht sah, dass ich keine Zähne mehr hatte. Bei Kingston's kaufte ich mir einen grauen Anzug, einen Burton-Outfit mit Röhrenhose und breitem Revers. Das Jackett nahm ich mit, die Hose wollten sie mir später schicken. Ich aß im Castle Hotel in der Gardiner Street zu Mittag, und um drei stand ich wieder auf der Straße. Auf der Ladefläche eines Mehlwagens von Rank's nach Kells, danach nahm mich ein Yank, der in Korea als Pilot gedient hatte, bis nach Cavan mit. Kam gerade noch rechtzeitig zum Kino. Später ging ich auf den Dachboden und saß dort eine

Weile allein, dann führte ich meiner Mutter vor dem Spiegel mein neues Jackett vor.

Er hat einen guten Geschmack, sagte Maisie. Erstaunlich für einen Mann.

Sa 22.
Lange geschlafen, ungeheuerliche Träume.

Habe mir ein neues Paar Schuhe gekauft, so richtig spitz, mit hohen Absätzen.

Das mit dem Geschmack nehme ich zurück, sagte Maisie.

Ich trug die Schuhe und das neue Jackett in der Main Street. Traf mich draußen vor der Stadt heimlich mit Sheila, und wir radelten wieder zum Lough Oughter, aber auf dem Hinweg nahmen wir eine andere Straße zu dem Privatsee, der Lord Farnham gehört. Merkwürdiges Gelände. Auf einem Schild stand PRIVAT – ZUTRITT VERBOTEN. Ein Feldweg führte über eine kleine Holzbrücke und in kilometerlange Spinnweben. Rechter Hand eine überflutete Mulde, wo kein Blatt wuchs, sondern alles nur vor sich hin faulte und irgendwelche Blattläuse die Rinde abfraßen. Endlich gelangten wir zu einer auf allen Seiten von Rhododendron überwucherten Lichtung. Der See lag glatt und ruhig da. Der Himmel füllte sich mit einem Ozean von Vögeln. In einem hölzernen Bootshaus war ein schönes blaues Boot mit wunderbaren langen Rudern und Riemendollen, das nur darauf wartete, zu Wasser gelassen zu werden. Hinter dem Bootshaus fanden wir eine kreisförmige Gruppe riesiger exotischer Bäume, wie ich sie noch nie zuvor gesehen hatte. Die Blätter waren blau und rot.

Beim ersten Auswerfen der Angel fing ich einen Hecht. Am Rand der Waldung hatte Sheila ein Feuer entfacht. Im Bootshaus fand ich zwei Blechteller. Wir rösteten den Hecht und legten uns hin. Mein Jackett hängte ich an einen Ast, und Sheila zog ihren BH aus.

So 23., 3. Sonntag nach Pfingsten
Wir saßen in ihrem Wohzimmer und hörten uns *Pick of the Pops* an. Später zogen wir los, um uns *Die Herberge zur 6. Glückseligkeit* anzusehen. Sheila überraschte mich in der Dunkelheit, und ich sagte ihr, dass ich sie liebe.

Mi 26.
Sheila will nach Dublin, um Präsident Kennedy zu sehen, also fahre ich mit dem Juden Harry Ross, der Schrott und Wolle sammelt, nach Castleblaney, Ballybay und Clones. Er zahlt mir fünf Shilling pro Tag. Ein paar Tage in der Woche erscheint Harry im privaten Esszimmer, um sein Mittagessen, Braunbrot und ein gekochtes Ei, einzunehmen. Er hat dicke Brillengläser, die wie die Unterseite von Stout-Flaschen aussehen. Seine riesigen Augenbrauen sind dunkel und buschig.

Er kommt schon seit Jahren ins Breifne, deshalb hat er Zutritt zum Allerheiligsten erlangt. Er betreibt einen verwinkelten Lagerschuppen im Hof der Martkhalle, wo er Blei, Alteisen und Schafwolle sammelt. Mit dem Schrott, sagt Maisie, hat er seine drei Kinder in Dublin durch die Uni geschleust. Jedes Wochenende fährt er heim nach Dublin. Harry redet wenig. Von seiner Familie spricht er nie. In ganz Monaghan suchen wir Kesselflicker, Farmer und Kfz-Werkstätten auf und beladen den kleinen Lastwagen mit Batterien, Blech und Wolle.

Schämst du dich der Arbeit nicht?, fragt er mich.

Nein, erwidere ich, mir gefällt sie.

Do 27., Unsere Liebe Frau von der immer währenden Hilfe
Der Lagerschuppen war mit Wolle voll gestopft. Schnaufend schleuderte Harry riesige Ballen davon nach hinten, und ich räumte Batterien ein und schichtete Eisenstangen übereinander. Mit einem Holzhammer zertrümmerte er einen Motor, und ich stapelte Badewannen ineinander. Wir zerbrachen eiserne Bettgestelle, hämmerten Blei zu Kugeln und machten eine Zigarettenpause.

Monty Montgomery, der Mann, dem der Schuppen nebenan gehört, schaute herein.

Ich sehe, Sie haben einen Lehrling, sagte er.

Stimmt, sagte Harry.

Nach dem Mittagessen setzten wir uns in den Lastwagen und brachen in die Grafschaft Meath auf, wo es laut Harry die beste Wolle gab. Wir fuhren vor einem Bauernhof vor, wo die Schur noch in vollem Gange war, setzten uns in die Küche und tranken Tee, bis die Männer fertig waren. Harry wurde herausgerufen, um die Wolle zu inspizieren.

Schließlich wurde man sich handelseinig, und wir beluden den Lastwagen. Die ganze Familie half uns dabei. Harry schleuderte mir die Ballen zu, und ich schichtete sie übereinander. Die Arbeit machte Spaß.

Fr 28.
Wir fuhren los, um die Zigeuner aufzusuchen, die vor Oldcastle kampierten. Die McDonaghs saßen auf den Stufen des Wohnwagens und sahen Harry zu, wie er die Gaskocher, bleiernen Dachplatten, Motorteile, landwirtschaftlichen Maschinen und alten Kochherde durchmusterte und dabei die ganze Zeit vor sich hin murmelte.

Sehen Sie nur, Mr. Ross.

Ich seh schon.

Das allein ist fünf Shilling wert.

Es ist drei wert.

Haha.

Dann lassen Sie's halt bleiben.

Ich nehme vier Shilling sechs Pence.

Nein.

Vier.

Nein.

Herrgott, Sir.

Drei Shilling sechs Pence, mehr nicht.

Ich hab die Frau hier und hungrige Mäuler zu stopfen.

Sie haben mich gehört, James.

Sie und ich, Mr. Ross, wir kennen uns nun schon so lange.

Das weiß ich.

Wir machen schon seit Jahren miteinander Geschäfte, Sir.

Dermot, sagte Harry, steig ein, wir fahren.

Wir kletterten in den Lastwagen. Der Zigeuner kam an mein Fenster.

Um Gottes willen, kannst du nicht mit ihm reden?

Nein, antwortete ich.

Er lief um den Wagen zum Fahrersitz. Harry ließ den Motor an.

Es gibt auch noch andere Händler, denen ich's verkaufen kann.

Dann tun Sie's doch.

Drei Shilling neun Pence, Mr. Ross, Gott segne Sie, sagte James McDonagh. Wir luden auf und fuhren in die Stadt Kells. Zur Küche eines kleinen Restaurants. Er holte sein Ei und sein Braunbrot hervor, und ich bekam Kochschinken und Kohl. Wir rauchten eine Zigarette. In Cavan luden wir aus. Auf der Main Street trennten wir uns, steif vor Müdigkeit. Er schlurfte zum Farnham Hotel. Ich ging nach Hause und erzählte meiner Mutter, wo wir überall gewesen waren.

Sa 29., Festtag der hl. Apostel Peter und Paul
Der Zahnarzt setzt mir meine neuen Zähne ein. Sie scheinen zu groß zu sein für meinen Mund, trotzdem ziehe ich meinen neuen Anzug an, denn gestern ist die Hose eingetroffen. In meinen neuen Schuhen laufe ich die Main Street hinauf.

Du siehst gut aus, sagte Sheila, als sie an mir vorbeikam.

Als ich abends nach Hause ging, riefen etliche von den älteren Ärschen: *Hier riecht's nach Healy, dem Mauschel! Judenfreund! Hältst du's jetzt mit den Mauscheln, Healy? Healy auf den Schrottplatz!* Ich ging einfach weiter und tat so, als würde ich sie nicht hören. Und das alles nur wegen Harry Ross. Heute Nacht träumte ich, meine Zähne steckten voller Fleisch, und ich könnte es nicht ausspucken.

So 30.
Sheila kam zum Handballplatz, um mir beim Spielen zuzusehen. Doc Galligan war da mit Seamus Ennis, dem berühmten Dudelsackpfeifer, langbeinig, ausgehungert, dünnschultrig und nervös. Sie lugten über die Mauer und gaben Kommentare ab. Als ich angeben wollte und versuchte, einen Ball zu fangen, der außer Reichweite war, schrammte ich mir die Fingerknöchel auf. Der Dudelsackpfeifer hob ein Miniaturfläschchen Power's an die Lippen und sagte, er mache für heute Schluss. Der Doc und er fuhren in einem blauen VW davon.

Die Soldaten waren mucksmäuschenstill. Und all die Straßenköter, die den Soldaten nachliefen, waren still.

Danach fuhren Sheila und ich mit unseren Rädern zum Killykeen Lake hinaus, und es begann zu regnen. Es regnete in einem fort. Auf dem Heimweg wurden wir völlig durchnässt. Es war ein warmer Regen. Wieder trennten wir uns am Stadtrand. Als ich am Ulster Arms vorbeikam, hörte ich schon auf der Straße Dudelsackklänge. Als ich hineinschaute, saß Seamus Ennis da und spielte die Uileann Pipes, und Garret Brown, der Guinness-Erbe, saß mit Seamus White, dem Tanzlehrer, in einer Ecke. Frank hinter der Theke war in seinem Element, und der Doc tanzte mit einer Sängerin aus Gowna. Sie tanzte sehr steif, die Arme an den Körper gepresst, während er winzige kleine Schrittchen machte, die Schuhe drehte und sich auf die Schenkel klatschte.

Als die Weise zu Ende war, bestellte der Doc mir ein Bier und gab mir ein Rätsel auf. Woher, fragte er, kommt die irische Musik?

Ich sagte, ich wisse es nicht.

Nun, es war da mal ein Mann, der lag auf dem Sterbebett und tat seinen letzten Atemzug, und er sagte zu seinem Sohn: Mein Sohn, sagte er, bring mir ein Glas Rum herauf. Und der Sohn tat es. Er goss ein Schlückchen dunklen Rum in ein Glas und flößte es seinem Vater langsam mit einem Löffel ein, bis das Glas leer war. *Da*, sagte der Sohn. *Da*, sagte der Sohn abermals. *Did-the-rum-do-Da, did-the-rum-do-day?* Und so nahm die irische Musik ihren Anfang.

Hast du was dagegen, sagte Seamus Ennis zu mir, während er prüfend mein Gesicht besah, wenn ich dich was frage?

Nein, antwortete ich.

Hab ich dich irgendwo schon mal gesehen?

JULI

Mo 1., Verehrung des kostbaren Blutes Jesu Christi
Als wir die Straße nach Navan entlangfuhren, schoss plötzlich ein Mercedes aus einer Seitenstraße, und Harry musste voll auf die Bremse treten. Wir schlitterten auf den Seitenstreifen. Er parkte und stieg wutentbrannt aus.

Haben Sie uns nicht gesehen?, brüllte er den Fahrer des Wagens an.

Natürlich, es tut uns Leid, sagte der Deutsche.

Was soll das heißen, tut uns Leid – Sie hätten uns alle umbringen können.

Ich habe Sie nicht gesehen.

Plötzlich schlug Harry auf das Dach des Wagens. Der Fahrer bedeckte den Kopf mit den Händen, und Harry begann in einer anderen Sprache zu wettern. Er umkreiste den Mercedes, trat gegen das Vorderrad und hämmerte auf die Kofferhaube.

Bitte, hören Sie auf, sagte der Fahrer und kurbelte das Fenster hoch.

Raus aus diesem Land!, schrie Harry. Raus!

Der Fahrer setzte zurück, fuhr um den Lastwagen herum und brauste davon, während Harry hinter ihm herrannte. Brüllend blieb er in seinem langen weißen Kittel mitten auf der Straße stehen, bis der Mercedes außer Sichtweite war. Endlich setzte er sich wieder neben mich und umklammerte das Steuerrad.

Hast du das gesehen?, fragte er.

Ja, sagte ich.

Ich hörte sein Herz klopfen. Sein ohnehin fahles Gesicht war kreidebleich. Es waren die letzten Worte, die er an diesem Tag sprach. Schweigend fuhren wir nach Hause. Er gab mir fünf Shilling, und ich wusch und rasierte mich, puderte Simon und ging auf eine Fete bei Doli's. Tolles Essen. Bei einem Quiz wurde ich gefragt, wer meine Lieblingssänger seien, und ich antwortete: Joe Brown, Ray Charles, Elvis Presley, Del Shannon, Gene Pitney und Mario Lanza. Meine Lieblingssängerinnen seien Helen Shapiro, Shirley Bassey, Connie Francis und Brenda Lee. Unter den Instrumentalgruppen wählte ich The Shadows, Kenny Ball and His Jazzmen, Mr. Acker Bilk, The Tornadoes und Joey Dee and the Starlights. Dann zog ich los, um mich mit Sheila in der Keadue Lane zu treffen. Morgen werde ich zur Rannafast *Gaeltacht* aufbrechen.

Schreib mir, sagte sie.

Mach ich.

Ich weiß, sagte sie, dass dir nicht über den Weg zu trauen ist.

Wir verabschiedeten uns.

Ich liebe dich, schrieb Sheila auf Deutsch in mein Tagebuch und setzte fünf X unter ihren Namen. Ich ging nach Hause und packte meine Tasche für morgen. Fühlte mich einsam. Mammy bügelte drei Hemden und gab mir sechs Pfund. Ich hörte bis Sendeschluss Radio Luxemburg.

26. Kapitel

Di 2., Mariä Heimsuchung
Der Bus hielt in der Stadt Donegal an, und wir tranken ein paar Flaschen Harp. Dann, als wir durch die Berge weiterfuhren, mussten wir unbedingt pinkeln. Versuchte, in eine Flasche zu pissen, schaffte es aber nicht, und es wurde sehr schmerzhaft. Schließlich sagte ich dem Busfahrer, einem Mann hinten sei übel. Er hielt an, und zu sechst stürzten wir hinaus. Wir gingen hinter eine Sandbank, um zu pissen. Was für eine Erleichterung! Aber dann fuhr der Bus ein Stück weiter, und alle konnten unsere tröpfelnden Kerle sehen. Bei dem Anblick jubelten die Weiber, und der Fahrer hupte. Und als wir in Rannafast ankamen, gab's für uns keine Unterkunft.

Ná labhair Béarla, sagte ein Mann.

Ausgehungert blieben wir bis halb zehn am Straßenrand sitzen. Dann kam eine Frau und sagte: *Rachaimid go teach Éamoinn. Ná labhair Béarla*. Jeder von uns erhielt ein gekochtes Ei und zwei Scheiben Weißbrot, und damit hatte es sich. Pete, Paul und ich teilten uns ein Zimmer mit zwei Musterknaben. Vor lauter Hunger konnte niemand einschlafen.

Mi 3.
Heute Bekanntgabe der Hausordnung. *Ná labhair Béarla*. Englisch sprechen verboten. *Labhair as Gaeilge*. Sprecht Irisch.

Daraufhin wurden wir in einen Saal gebracht, wo wir die Weiber begutachteten, und hatten den Nachmittag frei. Der Fraß im Haus ist furchtbar. Im Eimer blauer Schimmel. Die Plastikkartoffeln werden auf die Teller gematscht. Und von der Soße dreht sich einem der Magen um. Heute Abend gingen wir auf einen *céilí*. Eine Kapelle aus dem

Ort spielte auf, und ein Mann bellte die Tanzschritte *as Gaeilge*. Keine bemerkenswerten Blusen. Ich schätze, sagte Pete, die sind alle ganz scharf drauf. Die Musterknaben standen an der Wand und tanzten mit gesenktem Kopf, die Blicke auf die Füße geheftet. Pete und ich hatten wieder eine schlimme Nacht im Bett vor Hunger. Dann fing der *fear an tí* (der Mann des Hauses) hinter der dünnen Wand zu schnarchen an, sodass wir flüsternd dalagen und die Decke anstarrten.

Do 4.
An bhfuil éinne anseo as Cabhán?, fragte der Geschichtenerzähler. Ist hier jemand aus Cavan?

Pete und ich hoben die Hand.

Er musterte uns, zwinkerte uns zu und lachte.

Dia dhuit, sagte er. Es dauert nicht mehr lange.

Was dauert nicht mehr lange?, fragte Pete.

Der Geschichtenerzähler tippte an seine Nase und erzählte uns eine Geschichte auf Irisch.

Es war einmal ein Mann, ein Mann aus Gweedore, der trug Mädchenkleider, bis er zehn war. Als er fünf Jahre alt war, sagte der Vater zur Mutter: Der Junge sollte Hosen anhaben, es ist nicht richtig, dass man ihn in einem Kleid durch die Gegend laufen sieht.

Warte, bis er es sich verdient hat, sagte sie und streifte ihrem Sohn wieder das Kleidchen über.

Als der Junge sieben war, sagte der Vater: Jetzt aber, Bridie, sagte er, lass ihn in Hosen schlüpfen.

Noch nicht, versetzte sie, erst wenn er's sich verdient hat, und steckte ihn wieder in sein Kleid.

Als er neun war und Muskeln bekam, sagte der Vater: Jetzt aber, Bridie, jetzt ist er reif für Hosen.

Noch nicht, erwiderte die Mutter und kämmte ihrem Sohn die langen Locken, die ihm bis zur Taille fielen wie Schnee.

Niedergeschlagen suchte der Vater den Priester auf. Doch der Priester war nicht zu Hause. O nein. Er ging zum Schulmeister, aber der war im Urlaub. O ja. Schließlich ging er zum Arzt. Guten Tag, Dr. Timothy Brown, sagte er, tausend Segenswünsche. Guten Tag auch, Michael Joe, sagte der Arzt. Meine Frau, erzählte er Dr. Tim, hält ihren

Sohn für ein Mädchen. Ist dem so?, sagte Dr. Tim. Dem ist so, antwortete der Vater. Ich werd noch ganz *cráite*. Rammdösig.

Und er fuhr fort: Wenn die anderen Fußball spielen, sitzt er am Kamin, stopft Socken und zieht eine Schnute.

Hoho, sagte Dr. Tim.

Den lieben langen Tag, sagte Michael Joe, lässt sie ihn in einem Kleid herumlaufen.

Seit wann?

Seit das arme Kerlchen ein Dreikäsehoch war, so traurig es ist.

Aber richtig ausgestattet ist er, nehme ich an?, fragte Dr. Tim.

Durchaus, sagte der Vater. Und der Vater blickte verwirrt drein. Was kann man nur tun?

Was Sie tun, ist Folgendes – und hier hielt der Geschichtenerzähler unvermittelt inne. Den Rest hören wir morgen, sagte er und setzte seine Mütze auf.

Fr 5., 1. Freitag

Wo war ich stehen geblieben?, fragte der Geschichtenerzähler auf Irisch.

Was Sie tun, ist Folgendes, antwortete Pete.

Richtig, sagte der Geschichtenerzähler. Gut, dass es dir eingefallen ist, sonst wäre ich womöglich noch auf Abwege geraten. Er zog seine Mütze ab, schlug sich aufs Knie und hob an.

Was Sie tun, ist Folgendes, sagte Dr. Tim. Kratzen Sie einer Frau, die über sechzig ist, den Nagellack von den Zehen, zerdrücken Sie ihn in Ihrer Faust, und kippen Sie die Schnipsel und Schnitzel in das Bauchknöpfchen Ihrer lieben Frau, während sie schläft.

Kann ich das denn?, fragte Michael.

Natürlich können Sie das, erwiderte Dr. Tim.

Ich denke schon, sagte Michael Joe.

Als Nächstes nehmen Sie ein Glas, randvoll mit Quellwasser aus Tobar Bríd, darin soll sie, wenn sie aufwacht, ihre Beißerchen ausspülen. Können Sie mir folgen?

Ja.

Danach halten Sie sie zum Gebet an. Wählen Sie das Gebet selber aus. Dann ziehen Sie dem Jungen Gummistiefel an und gehen nach Norden.

Nach Norden, Euer Ehren?, fragte der verblüffte Vater.

Nach Norden, bestätigte Dr. Tim.

In Ordnung, sagte der Vater.

Tun Sie das, sagte Dr. Tim, und dann kommen Sie wieder zu mir.

So machte sich denn der Vater in der Gemeinde Gweedore auf die Suche nach einer Frau über sechzig, die sich die Zehennägel lackierte. Während der Sonntagsmesse inspizierte er die Füße sämtlicher Frauen. Im Laden ging er in die Hocke. Auf dem Postamt stand er wie eine Bachstelze da. Doch er fand und fand keine Frau über sechzig, die sich die Zehennägel lackierte. Ein Jahr verstrich. Er wollte schon aufgeben. Dann kamen die Touristen. Und eines Tages fuhr eine merkwürdige weißhaarige Frau in einem feschen Wagen vor dem Hotel vor, und als sie in ihren Sandalen die Treppe hinaufstieg, erhaschte Michael einen flüchtigen Blick auf roten Nagellack. Nun, die Frau setzte sich in die Lounge, um eine Tasse Tee zu trinken und ein Hühnersandwich zu essen, und der Vater kam auf Zehenspitzen herbeigeschlichen.

Schöner Tag heute, sagte Michael Joe.

Die Frau nickte, und er kniete sich hin.

Was machen Sie denn da?, fragte die Frau entrüstet – und der Geschichtenerzähler hielt inne, setzte seine Mütze auf und ging zur Tür hinaus. Dann drehte er sich um.

Wie geht's den Männern aus Cavan heute?, erkundigte er sich.

Táimid go maith, antwortete ich. Gut geht's uns.

Nicht mehr lange, sagte er augenzwinkernd. Wartet nur bis Sonntag in einer Woche, sagte er.

Danach schrieb ich einen Brief an Mammy daheim. Hier gibt es einen Geschichtenerzähler, schrieb ich, der hat nicht mehr alle Tassen im Schrank.

Sa 6.

Ich gab den Brief in Sharkey's Postamt auf und ging mit einem Mädchen namens Phyllis zur Schule. Sie erzählte, einer der Burschen in unserem Haus hätte einem der Mädchen in ihrem einen Heiratsantrag gemacht. Der Schulmeister blickte fortwährend aus dem Fenster und sah auf seine Armbanduhr. Unterhaltet euch *as Gaeilge* miteinander, sagte er. Dann sahen wir den sehr bekümmert dreinblickenden Geschichtenerzähler den Weg heraufkommen. Mit dem Zeigefinger gab der Schulmeister Peadar Rua zu verstehen, dass er hereinkommen sollte, doch Peadar legte eine Hand aufs Tor und blieb stehen, um auszuspucken, dann wandte er sich bleichen Gesichts ab.

Das wollen wir doch mal sehen, sagte der Schulmeister.

Er ging hinaus.

Peadar, rief er, Peadar Rua, so kommen Sie doch zurück! Doch der Geschichtenerzähler sagte: Ich muss kotzen, ging weiter die Straße entlang und sah sich nicht einmal um, und der Schulmeister blieb eine Weile stehen und wusste nicht, was er tun sollte, und so gingen wir im Poll an tSnámh schwimmen. Phyllis aus Ardee, die ein paar Zentimeter größer war als ich, breitete ihr Badetuch neben uns aus. Sie hatte ein großes, weit geschnittenes marineblaues Kleid an, eine Schnalle an der Taille und schwarze Haare, die ihr auf die Schultern fielen. Ich trug eine Jeans, ein kariertes Hemd und einen um die Taille geknoteten Pullover. Sie hatte schmale, flache, spitze Schuhe an und ich ein Paar Turnschuhe, die bis zum Schienbein hoch geschnürt waren.

Abends gingen wir zusammen zum *céilí*. Eine Gruppe aus Schottland heimgekehrter Männer des Ortes spazierte in blauen Anzügen vorüber und stellte sich, Whiskey in den Gläsern, vor den Limonadenausschank. Wenn einer von ihnen aufs Parkett trat, um mit den älteren Mädchen zu tanzen, brüllten sie was *as Gaeilge*. Sie stampften auf dem Tanzboden. Man durfte nicht sitzen bleiben. Man musste tanzen. Ich brachte Phyllis nach Hause. Es gab Zungenküsse. Ich dachte mir Namen für die Sterne aus. Am Strand zog sie die Schuhe aus. Als wir an einem Pub vorüberkamen, trat der Geschichtenerzähler aus der Tür und fing an, jemandem etwas auf Englisch zuzubrüllen – *anytime, anyday, whenever you like* –, und jemand kam heraus und legte ihm den Arm um die Schulter.

Schon gut, Peadar, mach dir nichts aus denen, sagte er, und zusammen zogen sie die Straße hinunter.

Die Musterknaben hörten im Zimmer Radio. Wir teilten uns ein Hühnchen, Cidona und Kekse und hörten uns die *Top Twenty* an. Die *bean an tí*, die Frau des Hauses, schlug gegen die Wand und rief: *Ciúnas! Ciúnas!* Ruhe!

Der *fear an tí* wurde aus seiner Schnarcherei gerissen.

Was ist denn jetzt schon wieder?, brüllte er.

Wir öffneten das Fenster, rauchten eine Zigarette und lauschten den Meeresvögeln.

So 7., 5. Sonntag nach Pfingsten
Stand mit Phyllis unter einem Felsen am Trá Mór, bis der Sturm abzog. Dann wateten wir ins Meer hinaus und liefen bei Ebbe hinüber zur Insel. Sammelten ein paar Taschenkrebse. Wurden klatschnass. Abends auf dem *céilí* die Weiber mit Krebsen beworfen. Ein Heidenspaß. Mit Phyllis fest liiert.

Do 11., Festtag des sel. Oliver Plunkett
Wo war ich stehen geblieben?, fragte der Geschichtenerzähler.

Was machen Sie denn da?, fragte die Frau entrüstet, sagte ihm Pete.

Richtig. Was machen Sie denn da?, fragte die Frau entrüstet, stehen Sie auf der Stelle auf, und gewöhnen Sie sich Manieren an.

Ich wäre Ihnen dankbar, sagte Michael Joe, wenn Sie sich von Ihrem Nagellack trennen könnten.

Oh, sagte die Frau erstaunt und betrachtete ihre Zehen. Warum haben Sie das nicht gleich gesagt?

Ich weiß nicht.

Ich habe nichts dagegen, sagte sie.

So kratzte ihr Michael Joe mit einem kleinen Taschenmesser ein paar Späne Nagellack von den Zehen, füllte sie vorsichtig in ein Taschentuch und dankte ihr überschwänglich.

Keine Ursache, sagte die Frau.

Er machte sich auf den Heimweg, endlich ein glücklicher Mensch. Der Stechginster glühte, und die Mutter brachte den Burschen in seinem Unterrock ins Bett.

Was für eine schreckliche Nacht, sagte Michael Joe.

Meinst du?

Ja. Wir sollten zu Bett gehen.

Noch nicht, entgegnete Mutter.

Am Kamin legte sie die Füße hoch. Er schaltete das Radio ein, dann schaltete er es wieder aus. Er aß eine Schnitte Brot mit Margarine.

Wollen wir jetzt ins Bett?, fragte er.

Immer mit der Ruhe, versetzte sie, noch nicht. Es ist noch zu früh.

Er ging hinaus, um nach dem Esel zu sehen. Er kickte eine Torfsode über die Straße. Auf das Abtropfbrett leerte er seine Taschen aus.

Wie wär's mit jetzt?, erkundigte er sich.

Was ist nur mit dir los?, fragte sie. Es ist doch erst kurz nach zehn.

Ich bin müde, sagte er nach einer Weile.

Dann geh schon voraus, erklärte Bridie, ich komme bald nach.

Und genau das tat er. Er stieg ohne sie ins Bett, stopfte das Taschentuch unter sein Kopfkissen und lag wartend da. Und schon brach der nächste Tag an. Er blickte zu ihr – da lag sie und schlief. Da zog er ganz behutsam das Bettzeug zurück und lüpfte das Unterhemd von ihrem nackten Bauch, langte unter sein Kopfkissen und holte das Taschentuch hervor. Dann kippte er ganz leise die Nagellackspäne in ihr Bauchknöpfchen.

Er legte sich zurück und dachte: Das hätten wir. Gut gemacht. Plötzlich fiel ihm das bis zum Rand mit Quellwasser gefüllte Glas ein. Er sprang auf, um zum Tobar Bríd zu rennen, als die Frau erwachte und – *Siné*, sagte der Geschichtenerzähler, das war's. Und er setzte seine Mütze auf und ging. Auf der Türschwelle kam es zu einem Streit zwischen ihm und dem Schulmeister.

Sie können mich mal, sagte Peadar Rua, und das war das letzte Mal, dass wir ihn in der Schule zu Gesicht bekamen.

noch Sa 6.
Schwimmen gegangen. Meine Badehose verloren, ein Mädchen aus dem Ort namens Catherine O'Donnell aufgetan. Skinny nahm ihr den Schuh weg. Wir spielten Karten. Begannen mit Schwarzer Peter, machten dann mit Twenty-Five weiter, anschließend mit einer Runde Poker. Ich bluffte und verlor fünf Shilling an Catherine. Sie mischt Karten wie ein Profi. Und trickst wie sonst was. Ich ging nach Rannafast zu ihrem Haus. Wir machten einen Spaziergang ans Meer. Es roch wie frisch gekochter Wackelpudding. Ach, Catherine ist 'ne ganz schöne Mieze. Sehr sexy. Mir wird ganz schwach. Man kann hier Zigaretten rauchen, wann immer man will.

noch So 7.
Traf mich mit Catherine unterm Felsen. Ein Mädchen umhalste Pete. Er sah mich dauernd an. Wir sind alle ganz wild auf Sex. Dann zogen wir los, um Karten zu spielen.

So 14., 6. Sonntag nach Pfingsten
Zum Poll an tSnámh gegangen. Die Jungen und Mädchen aus Annagry waren am Baden. Wir schlichen uns hinter die Hügelspitze, um zuzuschauen, wie die Mädchen sich anzogen. Wir krochen über die Düne und luchsten. Sie sahen uns nicht. Zwei von ihnen hatten unter ihren Badetüchern nichts an, und sie versuchten, sich gegenseitig die Tücher vom Leib zu reißen. Ich begann zu zittern, und Pete musste niesen.

Da erblickte uns ein Priester. Er setzte sich in Trab und fing an zu brüllen.

Is cuma, is cuma, schrie er Pete an. Komm her, du! Was bildest du dir ein?

Wir gaben vor, Cowboy zu spielen.

Und ihr habt nicht den Mädchen zugeschaut?, fragte er.

Was für Mädchen?, fragte Pete.

Er erkundigte sich nach dem Namen des Hauses, in dem wir wohnten, dann führte er uns über die Dünen davon. Alle konnten uns sehen. Wir waren beschämt. Wir liefen wieder zum Strand.

Und nach Hause. Als wir ankamen, wartete der Priester auf uns. Die *bean an tí* lief blau an.

So was ist hier noch nie vorgekommen, kreischte sie. Die haben Schande über uns gebracht, sagte sie zum *fear an tí*.

Ihr habt uns zutiefst enttäuscht, sagte sie und knallte die Tür hinter uns zu.

Sich nackte Mädchen anzugucken, gickelte Catherine abends beim *céilí*. Habt ihr nichts Besseres zu tun?

So 14., 6. Sonntag nach Pfingsten
Zum Siopa Cassaí, um mir im Radio das Footballspiel zwischen Cavan und Donegal anzuhören. In der Halbzeit schaute der Geschichtenerzähler herein und sagte: Du solltest keine Scheiße aufrühren.

Cavan verlor.

Mo 15.
Bin nicht tanzen gegangen. Zu Hause geblieben, aber die *bean an tí* hat uns erwischt und zum *céilí* abgeführt.

Fr 19., Festtag des hl. Vinzenz von Paul
Hab mich für Mitternacht mit Catherine verabredet. Bin am Abflussrohr runtergerutscht und nichts wie weg. Es hat geschüttet. Ich stand am Felsen, dann hörte ich einen Hund bellen. Ich kroch zurück über die Dünen und versteckte mich. Jemand in einem Regenmantel kam vorbei und blieb am Wasserrand stehen. Eine Furcht einflößende Gestalt, wer immer es war. Die Person blickte sich einige Male um. Ich wusste nicht, ob ich ihren Namen rufen sollte. Dann kam ein Hund aus der Dunkelheit herbei. Ich stahl mich davon und lief auf der Straße nach Hause, indem ich den Autos auswich. Ich kletterte wieder hinauf, aber das Fenster war geschlossen.

Ich klopfte an die Scheibe.

Nichts. Dann brach die Leiter unter mir weg. Die Musterknaben machten das Fenster auf.

Alles in Ordnung?, fragten sie.

Jedenfalls kam ich irgendwie rein, und wir aßen Apple Pie und Kekse, die die Musterknaben aus der Speisekammer stibitzt hatten.

Mi 24.
Zum *Céilí Mór*. Während des Singens bildeten die Jungen einen riesigen Kreis um die Weiber, und wir alle zogen in den Saal ein. Der *Rúnaí* und der *Uachtarán* schimpften. Die Donegals aus Schottland traten gemeinsam auf die Tanzfläche und tanzten eine ausgelassene Quadrille.

Wir tanzten bis um zehn, und es wurden Aufnahmen gemacht. Nach dem *Céilí Mór* saßen wir da, schauten aufs Meer hinaus und unterhielten uns. Woher wir kamen und was wir vorhatten. Und tauschten Adressen aus. Einige Leute verabredeten sich für den nächsten Sommer. Und dann gingen wir nach Hause. Wir klatschten unsere nassen Klamotten auf die Musterknaben und weckten sie auf. Großer Spaß. Auf den Gang geschlichen und Charlies Schlafzimmertür an der Klinke der Badezimmertür festgebunden.

Fr 26., Festtag der hl. Anna, der Mutter Mariä
Wurde davon wach, dass Charlie an seine Tür hämmerte. Mordsgaudi. Um zwei Uhr mit Bussen von Rannafast abgefahren. In Cavan von der ganzen Clique verabschiedet und Dermot begegnet.

Und der sagte: Sheila geht jetzt mit einem anderen.

Ach ja?, fragte ich.

Dachte nur, du hättest es gern gewusst.

Bei Burke's auf die Waage gestellt und festgestellt, dass ich drei Kilo abgenommen habe. Als ich klingelte, machte mir meine Mutter in ihrem blauen Hauskittel auf.

Willkommen daheim, sagte sie. Sag was auf Irisch.

Níl aon tinteán mar do thinteán féin, sagte ich.

Ist das was Nettes?, fragte sie.

Ja.

Gut, dann sag mir, was es bedeutet.

Eigener Herd ist Goldes wert, antwortete ich.

Ach, wenn das doch nur auf dich zuträfe, sagte sie.

Und ich erzählte von allem, was sich in Rannafast ereignet hatte. Als ich zu dem Geschichtenerzähler kam, blickte meine Mutter entgeistert drein.

Nagellack, sagte sie, wo in Gottes Namen hat der Kerl das denn her?

Ich weiß nicht.

Da hast du dein Irisch, Winnie, meinte Maisie glucksend. Wir kennen uns aber auch wirklich gar nicht aus.

Aber Nagellack, wiederholte meine Mutter, ausgerechnet Nagellack. Und verrate mir doch, warum er seine Geschichte nicht zu Ende erzählt hat.

Vielleicht hat sie kein Ende, antwortete ich.

Sie warf mir einen scharfen Blick zu. Du Schlingel, sagte sie, das hast du dir doch alles nur ausgedacht.

Hab ich auch, erwiderte ich lachend.

27. Kapitel

Sa 27.
Als ich das Central Café betrete, fangen meine Hände zu zittern an. Sheila sitzt mit ein paar Mädchen am Tisch. Sie sieht mir geradewegs ins Gesicht. Ich gehe genau so an ihr vorbei, wie sie an mir vorbeigehen würde, und spiele eine Platte ab, eine Platte, die ich nicht kenne, obwohl ich mich darüber aufhalte, als täte ich's, dann setze ich mich mit dem Rücken zu ihr an einen Tisch. Ausgerechnet Frank Sinatra. Das geht so eine Zeit lang. Ich komme mir idiotisch vor. Zwischen den Songs höre ich sie lachen und reden.

Ich weiß nicht, was ich tun soll, und ich weiß nicht, wie lange ich so weitermachen kann, als ich sie plötzlich hinter mir spüre.

Ich drehe mich um. Sie steht neben mir, die Arme auf dem Rücken.

Und, mit wem bist du in Rann na Feirste gegangen?, fragt sie.

Mit niemandem, sage ich.

Da hab ich aber was anderes gehört.

Dann hast du falsch gehört.

Ach ja?

Ja, sage ich, und du – du bist mit Jim gegangen.

Sie taxiert mich. Wer hat dir denn das weisgemacht?

Hat nichts zu sagen.

Ich hätt's nicht getan, wenn du mir treu geblieben wärst.

Aber ich bin dir treu geblieben.

Pah!

Plötzlich beugt sie sich über den Tisch, hebt ein Pfefferfass hoch und streut mir Pfeffer ins Gesicht.

Was soll denn der Scheiß?, frage ich.

Du brauchst gar nicht so dazusitzen und mir demonstrativ den Rücken zuzukehren, sagt sie. Ich fange an zu niesen. Sie stolziert zur

Tür hinaus, gefolgt von den Mädchen. Adel Murphy, die hinter der Theke arbeitet, kommt lachend vorbei. Meine Augen tränen. Ein paar Minuten später kommt Sheila allein zurück.

Tut mir Leid, dass ich mit Jim gegangen bin, sagt sie und setzt sich.

Schon gut, sage ich.

Und du, bist du in Donegal mit jemandem gegangen?

Überhaupt nicht, antworte ich.

Bist du dir sicher?

Ja.

Aber ich hab da was anderes gehört.

Glaub's nicht, sage ich.

Ich weiß nicht, was ich glauben soll. Ich bin's müde, darüber nachzudenken. Ich weiß nur, dass ich dich am Hals hab, leider, leider.

Könnte schlimmer sein, sage ich lachend und hoffe, dass auch sie lacht.

Zumindest lächelt sie.

Willst du mich immer noch heiraten?, fragt sie.

Ja, antworte ich.

So 28.

Bin von der Royal School über den Zaun in den Breifne Park geklettert, um mir das Footballspiel zwischen Donegal und Down anzusehen, und umsonst reingekommen. Klaue Geld und mache mich auf den Weg ins Congo, um ein paar Stout zu trinken, danach ins Kino, wo ich mit Sheila verabredet bin. Aber sie kommt nicht. In der Pause bitte ich Mary, bei Sheila zu Hause anzurufen. Mary reicht mir den Hörer.

Was ist los?, will ich wissen.

Es hat keinen Sinn, böse auf mich zu sein, sagt Sheila.

Ich hab auf dich gewartet.

Sie lassen mich nicht aus dem Haus.

Oh.

Siehst du, sagt sie, so ist es um mich bestellt, weil ich mit dir gehe.

Wirst du zum Tanz kommen?

Ich weiß nicht. Hör zu, ich muss gehen. Es kommt jemand.

Na gut.

So saß ich denn mit Mary im Kino, danach zur Tanzveranstaltung ins Sportzentrum. Aber Sheila tauchte nicht auf. Da forderte ich Rose Reilly auf und schlief bei Dermot, der mir sagt, dass Jim und Sheila immer noch miteinander gehen.

Di 30.
Heute wurde ich das Gefühl nicht los, dass irgendetwas nicht stimmte. Ich lief in der Stadt herum. Die Straße kannte mich nicht. Das Breifne fühlte sich nicht wie mein Zuhause an. Ich versuchte, das Gefühl abzuschütteln, aber es wurde nur noch schlimmer – da bin ich auf mein Zimmer und hab mich ins Bett gelegt, bin eingeschlafen und wieder aufgewacht, und jedes Mal, wenn ich aufgewacht bin, beschäftigte mich eine schlimmere Sünde – keine Sünden, die ich bestimmen konnte, sondern eine Art düsterer Irrsinn, der die Leute davon abhielt, einen zu erkennen – sie denken, was ist denn das für ein Arsch? –, Gedanken schossen mir durch den Kopf, kamen wieder, ergaben aber keinen Sinn, überhaupt keinen Sinn, Zuckungen, nicht, dass ich mich an sie erinnern könnte. Da bin ich allein ins Kino. Rose setzte sich neben mich.

Hast du was dagegen?, fragte sie.

Nicht im Geringsten, antwortete ich.

Zwei Reihen vor mir saß Sheila mit ihrem Vater, dem Filialleiter der Bank. Ich sah, wie ihr Kopf sich zur Leinwand hinneigte. Einer der Zwillinge rief: Ruhe! Als nach dem Film die Lichter angingen, drehte sie sich im Gang um und sah mich an. Ihr Vater schob sie weiter. Es dauerte eine Ewigkeit, bis sie vorbeigegangen waren.

Ist das nicht deine Freundin?, fragte Rose.

War sie mal, antwortete ich.

Die hat mir vielleicht einen Blick zugeworfen!, sagte Rose.

Mi 31., Festtag des hl. Ignatius von Loyola
Heute sagte ich Sheila, dass Rose gestern Abend rein zufällig im Kino neben mir saß.

Und du bist nicht mit ihr gegangen?

Nein.

Schwörst du's?

Ja.

Mit Noels Radio, Kippen und Cidre gingen wir auf die Burg im Schuppen. Wir sagten, wir würden noch einmal ganz von vorn anfangen. Dein Bruder kann mich mal, sagte ich. Hörten Radio Luxemburg und sangen. Dann begann das Wellblech zu donnern. Es waren Andy und die Jungs, die den Dachboden mit Kartoffeln und Steinen bewarfen. Nach einer Weile hörten sie auf.

Sie sagte mir, ihre Familie wolle nicht, dass sie irgendwas mit mir zu tun habe.

Würdest du mit mir durchbrennen?, fragte ich.

Wann?, fragte sie.

Morgen Abend, antwortete ich.

Morgen Abend?

Ja.

Bist du dir sicher?

Ja.

Wohin wollen wir?

Weiß nicht.

AUGUST

Do 1., Festtag des hl. Alfons Maria von Liguori
Ich packte eine Reisetasche, und gegen drei sprang ich aufs Küchendach, dann ging ich an Provider's vorbei auf die Main Street. Stellte mich in Fox's Schuhgeschäft gegenüber der Bank und blickte zu ihrem Zimmer hinauf. Es war dunkel. Halb vier kam und ging. Gegen vier ging eine Sekunde lang das Licht im zweiten Stock an. Ich drückte mich in den Eingang. Ich glaubte schon, ihren Kopf zu sehen, wie ich ihn zuvor gesehen hatte, geneigt. Das Licht ging wieder aus. Ich wartete, aber die Haustür öffnete sich nicht. Da fing ich an zu bellen wie ein Hund. Mrs. Reilly von nebenan sah erstaunt aus dem Fenster.

Ich gab auf und ging nach Hause, stopfte alle meine Sachen wieder in die Schubladen und legte mich ins Bett. Hinter meinen geschlossenen Lidern sah ich die Bank im Schein der Straßenlaterne. Sie schien vierzig Stockwerke hoch.

Fr 2., 1. Freitag
Was war gestern Nacht mit dir?, fragte ich Sheila.

Soll das heißen, du bist gekommen?

Ja, antwortete ich erbittert.

Ich hab nicht dran geglaubt.

Warum nicht?

Du redest immer so Zeug daher.

Diesmal hab ich's ernst gemeint.

Und wo wollten wir hin?

Wohin auch immer, antwortete ich. Sie hakte sich unter. Hast du mich nicht bellen hören?, fragte ich.

Bellen?, fragte sie und begann zu lachen.

Ja, bellen, sagte ich halb ernst. Hast du mich gehört?

Nein, Dermot, ich hab dich nicht bellen hören.

Na schön, sagte ich, das reicht.

Di 6., Verklärung des Herrn
Ihre Familie war in Dublin auf einer Fete, und Sheila und ich sahen uns *Vom Winde verweht* an. Während des amerikanischen Bürgerkriegs verzehrten wir Eiswaffeln und fummelten wunderbar miteinander, danach spazierten wir zum Gallows Hill. Der Himmel war nachtblau. Die Zigeuner, die auf dem Fair Green um ein Lagerfeuer saßen, riefen durch den Rauch etwas zu uns herüber, sie wollten wissen, wer wir seien.

Wir sprachen wieder davon, durchzubrennen.

Ich weiß nicht, sagte sie. Hast du denn Geld?

Keinen roten Heller. Ein paar Shilling vielleicht. Aber ich würde mühelos 'n Job kriegen.

Willst du denn nicht die Schule abschließen?

Nein.

Wie kannst du dir so sicher sein? Sie ging voraus, blieb stehen. Wenn ich daran denke, wird mir ganz einsam, sagte sie. Du musst mir Zeit geben, darüber nachzudenken.

Das Beste ist, überhaupt nicht zu denken, sagte ich.

Du hast leicht reden.

Was willst du damit sagen?

Du scheinst dir aus nichts was zu machen.

Ich mach mir was aus dir.

Weißt du, was ich glaube – ich glaube, du bist nicht ganz richtig im Kopf.

Morgen Abend um diese Zeit könnten wir in England sein.

O Gott, sagte sie, dräng mich nicht.

Wir kletterten hinunter auf die Nonnenwiese. Eine Schnepfe glitt über den grünen See, von dem ein Nebeldunst aufzog.

Ich lauf bis zum Zaun mit dir um die Wette, sagte sie.

Du willst mit mir um die Wette laufen?

Ja, sagte sie und rannte los.

Mi 7., Festtag des hl. Kajetan

Im Schlafzimmer meiner Mutter warf ich mich auf den Fußboden und sagte: Ich will nicht wieder in die Schule.

Und was willst du stattdessen tun?

Ich will Schriftsteller werden.

Schlag dir das nur aus dem Kopf, sagte sie, und spiel dich nicht so auf.

Sie widmete sich wieder *Women's Own*. Ich hörte wieder Radio Luxemburg.

Do 8., Festtag des hl. Johannes Maria Vianney

Nachdem ich mit Harry aus Trim zurückgekehrt war, fuhr ich per Anhalter hinaus zum Annagh Lake, um zu schwimmen und meine Haut von Wollfett zu reinigen. Ich schwamm hinaus durchs Schilf, wendete, machte ein paar Stöße und tauchte auf den Grund, aber da war nichts. Als Nächstes versuchte ich, unter Wasser zu brüllen. Um mich schlagend, sank ich nach unten. Aber da war immer noch kein Grund. Das Licht über mir brach sich und wurde schwarz. Dann berührte ich etwas mit der Hand. Es war Pat Gaffey, der unter Wasser an mir vorbeischwamm. Ich grabschte seine Badehose. Er machte sich los und riss mich mit sich. Als wir wieder an die Oberfläche kamen, setzte er seine Taucherbrille ab und schüttelte den Kopf.

Das war gar nicht komisch, sagte er.

Ich wär beinahe ertrunken, erwiderte ich.

Er löste meine Arme von seiner Taille und schwamm davon. Er

dachte, ich hätte nur Spaß gemacht. Die anderen waren auch da und schwammen wie immer. Keiner hatte gesehen, was passiert war. Auf Zehenspitzen watete ich ins Wasser und tastete den Grund ab, bevor ich den Fuß aufsetzte. Ein Zittern durchlief mich, sodass ich mich in der Badehose ins Seichte setzen musste, bis ich wieder zu mir kam. Ich versuchte, mich auszuziehen, kriegte meine Badehose aber nicht runter, sodass ich meine Hose drüberstreifte und heimwärts trampte. Das Haus fühlte sich eiskalt an. Im Breifne war niemand, die Frauen machten einen Spaziergang ums Triangle, die Mädchen hatten ihren freien Nachmittag und waren aufs Land gefahren, ich war wieder auf Hochtouren, es war alles wieder nur erdacht, es war die Zeit, wo alles nur erdacht war, das Radio spielte ganz von selbst, und in der Küche hörte ich nur ein ständiges Wispern und in den Trommelfellen laute Geräusche, die ich früher schon einmal gehört hatte, aber nicht bestimmen konnte, Ohrfeigen und Nebenbemerkungen; selbst im Garten, wo ich auf der blauen Bank saß, die mein Vater unter dem Efeu gezimmert hatte, dasselbe gefährliche Ineinandergreifen, dieselbe Ungewissheit, zu viele Ichs, die Hassstimme, und ich rannte zurück durchs Haus und zur Eingangstür hinaus, als wäre mir jemand auf den Fersen, blieb unter dem Vordach des Breifne stehen und schaute die Main Street hinauf, bis es vorüberging, dann erst trat ich wieder ein.

Sa 10., Festtag des hl. Laurentius
Ich lungerte in der Stadt herum und wartete darauf, dass Sheila aufkreuzte, aber sie war nirgends zu sehen, sodass ich schließlich mit Dermot und Mac bei Stick Donoghue's einen heben ging. Ich hatte dreizehn Shilling dabei. Wir tranken Smithwick's Number 1. Wir trafen Männer aus Kilnaneck und Frauen aus Killeshandra. Ich war sturzbetrunken. Dann traf ich auf der Straße einen aus der Clique von Sheilas Bruder.

Warum, zum Teufel, habt ihr euch gegen mich zusammengerottet?, fragte ich.

Verpiss dich, Healy, sagte er.

Ich polier dir die Fresse, sagte ich, du Stück Scheiße.

Wir gingen aufeinander los. Ich schlug ihm das Maul blutig, und er trat mir zwischen die Beine, dann spuckte er mir Blut ins Gesicht. Er zerriss mir das Hemd. Die anderen trennten uns, dann brachten mich die Jungs ins Ulster Arms und wuschen mir in der Toilette das Gesicht ab, und Dermot besorgte mir ein Hemd von sich. Ich zahlte für eine Mahlzeit in McGinty's, bekam aber keinen Bissen hinunter. In der Straße fing ich zu grölen an. Es lebe der Half Acre, brüllte ich, und alle, die je darauf gesegelt sind. Mutter erwartete mich an der Tür.

Du bist betrunken, sagte sie.

Bin ich nicht.

Morgen, sagte sie, besorgst du dir eine Temperenzlernadel. Hast du mich verstanden?

Ich habe dich verstanden.

Gott im Himmel, sagte sie, was soll nur aus mir werden? Und sie begann zu weinen.

Es tut mir Leid, Mutter, sagte ich. Es tut mir Leid.

Im Wohnzimmer knieten wir uns hin und beteten den Rosenkranz. Ich öffnete das Fenster und übergab mich in den Hof. Als ich ins Bett ging, sah ich, dass er mit der Stiefelspitze um ein Haar meine Eier getroffen hätte.

So 11., 10. Sonntag nach Pfingsten
Mit Sheila, die den Kopf in meinen Schoß gelegt hat, *Pick of the Pops* angehört.

Weißt du, was ich tun könnte?

Was?

Ich könnte vorausfahren und mir einen Job besorgen. Dann könntest du nachkommen. Wie wäre das?

Schön, sagte sie. Wenn du es möchtest.

Ich liebe Sheila. Sollen sie doch machen, was sie wollen, wer immer es ist.

Mo 12.
Bei Tagesanbruch aus dem Bett und mit Harry Ross nach Athlone unterwegs, wo wir mehr als fünfzig Ballen ablieferten. Zu Mittag eine Lammkeule gegessen, mit Blick über den Shannon.

Fr 16., Festtag des hl. Joachim, Vater der Gottesmutter Maria
Im Central Café sage ich Sheila, wie sehr sie mich verletzt hat, weil sie mit einem anderen gegangen ist. Hab mir 'ne Menge von der Seele geredet und bin bester Laune. Ins Kino gegangen. Nicht damit gerechnet, dass sie kommt, aber sie kam. Ich liebe sie.

Was geht da drüben vor sich?, fragte George O'Rourke und richtete den Strahl seiner Taschenlampe auf uns.

So 18., 11. Sonntag nach Pfingsten
Mit Onkel Seamus' Kindern im Central Café. Unterhalte mich mit Sheila und stibitze, ohne dass sie es sieht, einen Brief aus der Tasche ihrer Strickjacke. Als ich ihn zu Hause lese, stellt sich heraus, dass sie, während ich in Rannafast war, mit einem Kerl aus Ardee gegangen ist. Ausgerechnet aus diesem Scheißkaff. Ach, er möchte sie so gern irgendwann wieder sehen. Ich drehe durch. Sehr sogar. Aus Ardee, diesem Scheißkaff. Ich lese den Brief immer wieder durch, bis mir kotzelend wird.

Dann klingelte es, und Sheila stand vor der Tür.

Kommst du zum Schwof im Sportzentrum?, fragte sie.

Ich gab ihr den Brief. Sie betastete die Tasche ihrer Strickjacke, betrachtete den Bogen Papier und sah mich an.

Dermot, sagte sie.

Ich erwiderte nichts. Wir gingen die Main Street hinauf. Sie weinte sich die Augen aus dem Kopf.

Dermot, sagte sie wieder, sag was. Schimpf mit mir, aber bleib nicht stumm.

Wir gingen immer weiter.

Aber du bist auch nicht besser als ich, sagte sie, begreifst du das nicht? Du bist auch nicht besser als ich.

Am Eingang zum Sportzentrum trennen wir uns. Mit tränenfeuchten Augen bleibt sie vor der Bühne stehen. Die Jungs trinken auf dem Lokus *poitín*. Mal Elliot ist halb besoffen, und Dermot ist halb zugedröhnt. Der Alkohol steigt mir zu Kopf, und so tanze ich nur zwei-, dreimal mit Sheila. Sie tanzt enger mit mir als je zuvor.

Bist du immer noch wütend?

Nein.

Wir tanzen zu Buddy Holly.
Ich fahre los, sage ich, in den nächsten paar Tagen.
Du haust ab?
Ja.
Für immer?
Ja.
Ach.
Du kannst nachkommen, wenn du möchtest.
Meinst du das ernst?, fragt sie.
Ja, sage ich.
Auf dem Heimweg rufe ich Ollie an, und er sagt, ich sollte ruhig schon mal zum Pub seines Bruders in der Parnell Street kommen, dann würden wir weitersehen.

Di 20., Festtag des hl. Bernhard von Clairvaux
Ich hab in Dublin eine Arbeit, sagte ich Mammy, ab morgen.
Ach ja?
In Ollies Pub, sagte ich.
Wenn du gehen willst, kann ich dich nicht daran hindern.
Es ist nur für ein paar Tage.
Ja, sagte sie. Ich nehme an, du brauchst Geld.
Nein, erwiderte ich, ich habe gespart, was Harry mir gegeben hat.
Auf deiner Hose ist ein Fleck. Gib sie mir.
So gab ich ihr denn meine Hose, und sie weichte den Fleck ein.
Morgen liegt sie für dich bereit, sagte sie. Wir gingen aus dem Badezimmer zur Wäscheleine und hängten die Wäsche auf.
Abends klopfte sie an meine Tür.
Du willst also wirklich in die Großstadt?
Ja.
Nun, ich habe den Wecker gestellt.
Danke.
Komm wohlbehalten zu uns zurück, sagte sie. Und führ dich anständig auf.
Mach ich, sagte ich.
Sie stellte den Wecker auf den Fußboden, einen von diesen runden Weckern, deren Zeiger im Dunkeln leuchten.

Do 22., Fest des unbefleckten Herzens Mariä
Um sieben Uhr aufgebrochen. Um halb zwölf in der Parnell Bar. Ollie arbeitete als Kellner, weißes Jackett, Schleife und weiße Socken.

Soll ich gleich anfangen?, fragte ich Ollie.

Geh und vergnüg dich, sagte sein Bruder.

Also ging ich die O'Connell Street hinunter und sah mir *55 Tage in Peking* an, dann zurück zu Ollie, der den Nachmittag freihatte. Nach der Happy Hour gingen wir in einen Pub in der Capel Street, ein paar Pints Guinness trinken, anschließend musste er wieder zur Arbeit, und ich sah mir Elvis in *Ob blond – ob braun* an. Ich vergaß, dass ich in Dublin war, bis ich den warmen, mit Teppichen ausgelegten Korridor entlangging, die Platzanweiserinnen mit ihren feschen Käppis und dunklen Nylonstrümpfen sah und die Zeitungsjungen auf der überlaufenen Straße *Herald! Herald!* brüllen hörte. Von irgendeinem unwirklichen Ort her senkte sich die Dämmerung herab. Tauben flogen durch die dunkelnden Lüfte.

Vor dem Metropole stand ein zwergenhafter Fotograf und erbot sich, Aufnahmen zu machen. Das Blitzlicht von seiner Box beleuchtete ein Mädchen, das die Hand an die Wange hielt, er schälte ein Ticket ab und schwenkte herum, um ein Foto von mir zu machen. Ich sagte, ich hätte keinen roten Heller. Was machst du dann hier?, fragte er und ging schnurstracks an mir vorbei. Ich bummelte durch die Moore Street, um den Marktfrauen zuzusehen, wie sie ihr Obst und Gemüse für die Nacht wegräumten. Sie waren bester Stimmung. Ein Rettungswagen raste um den Parnell Square. Ich dachte, ich könnte ewig so weitermachen. Der Pub war voll, und Danny Doyle sang Balladen. Ich half beim Saubermachen. Mit den vier Serviererinnen, die rauchten und die Decke studierten, saßen wir bis um eins an der Theke.

Also, du bist der Typ, der mit Ollie auf die Schule geht?, fragte Mick, sein Bruder.

Der bin ich, antwortete ich.

Und ich höre, du suchst Arbeit?

Wenn's welche gibt.

Bist du denn teuer zu mieten?, fragte er und fing an zu lachen. Die Serviererinnen gingen nach Hause, und all die Kellner und Barmänner schliefen im selben Raum in drei Betten und unterhielten sich über Cavan.

Fr 23.

Wann fange ich an?, fragte ich Mick.

Das werden wir sehen, erwiderte er. Immer mit der Ruhe. Weiß deine Mutter, wo du steckst?

Ja.

Bist du sicher?

Ja.

Mach 'n Bummel, dann sehen wir weiter.

So wanderte ich denn am Vormittag durch die Stadt – Capel Street, Parnell Street, Moore Street, die Abbey Street hinunter, dann an der Liffey entlang und wieder zurück.

Wollen Sie mich jetzt?, fragte ich Mick.

Noch nicht, antwortete er.

Da freundete ich mich mit Johnny an, einem bleichgesichtigen Barmann, der in der Nacht zuvor neben mir im Bett geschlafen hatte, und bat ihn um seinen Pullover. In der kleinen Küche bereiteten wir uns ein Mittagessen zu – Schweinekoteletts mit Bohnen –, dann ging ich in Johnnys Pullover wieder in die Bar.

Und?, fragte ich Mick.

Keine Bange, sagte er.

Da zog ich erneut los, und nach vielen Umwegen fand ich endlich Gerry Moore, einen weiteren Mann aus Cavan, der in einer Bar bei den Four Courts arbeitete. Er gab eine Runde aus. Ich erzählte ihm, ich hätte eine Stelle sicher, wüsste aber noch nicht, ab wann. Danach aß ich in der Wimpy Bar einen Hamburger. Schmeckte großartig.

Wie schaut's aus?, fragte ich Mick.

Ach, sagte er, nimm dir heute Abend frei – hier ist ein Vorschuss.

Er gab mir zehn Shilling. Diesmal ging ich weiter als bisher. Ich zog meinen Anzug an und fand mich im Stephen's Green wieder. Von der Telefonzelle vor dem Shelbourne Hotel rief ich Sheila an.

Bist du's?, fragte sie.

Ich bin's, sagte ich.

Und wo steckst du jetzt?

In Dublin, sagte ich. Kommst du?

Es herrschte langes Schweigen. Ich weiß nicht, antwortete sie schließlich.

Warum weißt du's nicht?

Darum.

Also, was soll ich tun?

Komm zurück, sagte sie. Komm einfach zurück.

Ich lief zweimal um den Green, konnte aber den Heimweg nicht finden, bis mich ein Mann die Grafton Street hinunterschickte. Endlich landete ich vor dem National Ballroom im Parnell Square. Dem Türsteher sagte ich, ich sei neunzehn.

Ach geh, sagte er.

Ehrlich, sagte ich.

Ach geh, sagte er und hielt mir die Tür auf.

Niemand wollte mit mir tanzen. Die Mitglieder der Dixie Showband, als Frauen verkleidet, spielten ein Potpourri. An der Mineralwasserbar traf ich ein junges Ding, eine Krankenschwester aus Stevens. Sie nahm mich mit in ihre Wohnung in Phibsborough. In der Küche standen eine Menge anderer Weiber mit schmerzlich nachgezogenen Augenbrauen herum, die Thunfisch aßen und über Männer diskutierten.

Na, hast du einen abgekriegt, sagte eine von ihnen zu Mairlish. Sie musterten mich. Du warst wohl auf Kinderfang.

Wir setzten uns draußen auf die Treppe und unterhielten uns. Sie fragte mich, was ich triebe, und ich antwortete ihr, ich wolle Architekt werden.

Wo?, fragte sie mich.

Mir fiel nichts ein.

Ich hab noch nicht angefangen, sagte ich.

Flunkerst du immer so?

Ja, sagte ich, das hat mir mein Vater beigebracht – immer schön flunkern.

Auf dem Heimweg verlief ich mich und landete auf einem Obst- und Gemüsemarkt. Es war mitten in der Nacht, und sämtliche Lichter brannten. Lastwagen mit Äpfeln und Kartoffeln wurden entladen.

Ein Pub hatte geöffnet. Ich fragte nach dem Heimweg. Ich klingelte am Parnell, und nach langer Zeit machte Mick mir auf.

Ich dachte schon, das wär die Polente, sagte er.

Sa 24., Festtag des hl. Apostels Bartholomäus

Alles in Ordnung?

Alles in Ordnung, Mick, sagte ich.

Es war acht Uhr morgens. Wir gingen hinunter, um nach dem gestrigen Abend aufzuräumen. Ich staubsaugte die Lounge, spülte Gläser und leerte Aschenbecher. Kurz bevor um 10 Uhr 30 die Türen aufgingen, probierte ich Johnnys Kellnerjackett an, und es passte. Es war sein freier Tag. Er reichte mir ein Tablett.

Weißt du, wie man die Dinger hält?

Natürlich weiß ich das.

Dann versuch's mal.

Er stellte drei Pintgläser und eine leere Babychamflasche auf das Tablett, und ich hob es auf.

Nein, sagte er, du darfst es nicht am Rand festhalten, du musst es auf den Fingerspitzen balancieren. So, sagte er.

Als Erstes kam ein Polizist durch die Tür. Danach schlurfte ein Mann mit einem wilden Haarschopf in einem langen Tweedmantel herein. Er löste sein Schuhband und streifte den Schuh an einem Tisch ab. Die beiden Männer saßen an entgegengesetzten Enden der langen Theke. Mit zitternden Knien stand ich an der Tür, das Tablett in der Hand, das Haar mit Pomade angepappt.

Das Schweigen hielt an. Ich stellte die drei Gläser und die Flasche von der Theke aufs Tablett und bewegte mich ruhig, Schritt für Schritt, durch die lang gestreckte Lounge, drehte mich um und bediente in dem Bemühen, das Tablett ruhig zu halten, hinten an einem leeren Tisch. Ich wartete einen Moment, dann hob ich die Gläser und die Flasche wieder hoch, durchquerte festen Schrittes die Lounge, platzierte sie auf der Theke und postierte mich wieder an der Tür.

Ich muss mich erbrechen, sagte der Polizist zu niemandem im Besonderen.

Ich bediente wieder an dem leeren Tisch, kehrte zurück, nahm meine vorherige Position ein, und der rothaarige Mann sandte mir einen Blick zu, dann sah er wieder weg. Ich reihte dieselben Gläser auf dem Tablett auf, bewegte mich höchst behutsam durch die Lounge und bediente die eingebildeten vier Personen an dem leeren Tisch. Um jede der vier nicht vorhandenen Personen bewegte ich mich, als wäre sie vorhanden, beugte mich über den Tisch, servierte mit einem Lächeln die Pints und sagte, um das Maß voll zu machen: Eine Flasche Babycham für die Dame.

Ich nahm ihre neue Bestellung entgegen und hob die Gläser auf. Als ich mich, von neuem Selbstvertrauen erfüllt, mit schwungvoller Gebärde umdrehte, sah ich, dass die beiden Gäste mich entgeistert anblickten. Ich lächelte schwach. Die Gläser verrutschten. Hoppla, sagte ich und ging davon, und als ich die Lounge wieder durchquerte, folgten sie mir mit den Blicken. Ich stellte die Gläser ab und postierte mich an der Tür. Der Polizist starrte mich unverwandt an und wartete darauf, was ich als Nächstes tun würde. Der rothaarige Mann sah von mir zu dem leeren Tisch und wieder zurück.

Ich hielt stand und blickte auf einen Punkt in der Mitte der Lounge.

Er hat gerade erst angefangen, erklärte Mick, ohne den Kopf von seiner Zeitung zu heben.

So 25., 12. Sonntag nach Pfingsten

Als ich ins Bett gehen wollte, stellte sich heraus, dass Smith schon darin lag. Was redest du da?, rief er im Schlaf. Was redest du da?, erwiderte ich. Du liegst in meinem Bett. Und er sagte: Stell's an der Tür ab. Da schob ich ihn zur Seite und kroch hinein. Als ich am frühen Morgen aufwachte, spürte ich, wie er sich an mir rieb.

O Marian, murmelte er.

Hör auf, du Arsch, rief ich.

Er erwachte und sah mich zärtlich an, dann fuhr er entsetzt auf.

Was, zum Teufel, geht hier vor?, fragte er.

Du hast versucht, mich zu besteigen, antwortete ich.

Allmächtiger, sagte er und sprang aus dem Bett.

Sämtliche Barmänner standen auf, um zur Messe zu gehen, und ich tat es ihnen nach. Wir rasierten uns vor demselben zerbrochenen Spiegel, benetzten unsere Achseln mit kaltem Wasser und streuten uns Talkumpuder ins Unterhemd. In der Küche wurden die Schuhe gewienert. Wir nahmen die Anzüge von den Kleiderbügeln und aßen Weißbrot mit Marmelade. Im Gänsemarsch stapften wir durch die Lounge. Johnny öffnete die Tür, und zu fünft marschierten wir zwischen den Tauben hindurch die O'Connell Street hinunter in die Zukunft.

Später rief ich in Cavan an.

Sheila?

Ja?

Dermot.

Was machst du?

Ich bin Kellner.

Ich meine, was wirst du machen?

Ich weiß nicht.

Ich vermisse dich.

Dann kam ein Gespräch von zwei anderen Leuten dazwischen, und ich hängte ein. Nach Feierabend fuhren wir los, um uns im Palm Beach die Dickie Rock Showband anzuhören.

Hör auf, mich anzutatschen, rief die blonde Amerikanerin im Fond des Wagens. Hör auf!

Ach, komm, sagte Smith.

Hör auf!, kreischte sie.

Wir kurvten durch die dunklen, nassen Straßen.

Vor dem Palm Beach bremst das Auto scharf, es klingt, als würde ein Rock zerreißen. Etwas Düsteres ist passiert. Auf der anderen Seite des Parkplatzes singt Dickie Rock eine langsame Melodie. Wir gehen an Männern in Smokings vorbei. Die Amerikanerin betritt das Parkett, um zu tanzen, dann entschuldigt sie sich, sie müsse auf die Toilette, und ward nie mehr gesehen.

Mo 26.

Mein gutes Hemd wäre fast in der Wäscherei gelandet, ich konnte es gerade noch rechtzeitig zurückhalten. Ich rief Sheila an, packte meine Siebensachen, und Mick gab mir ein Pfund zehn Shilling. Einen meiner Pullover tauschte ich gegen einen von Johnny und verabschiedete mich.

Ollie begleitete mich nach Phibsborough. An der Kirche schüttelten wir uns die Hand, und ich ging weiter, froh darüber, bei hellem

Sonnenschein nach Hause zu kommen. An der North Circular Road begann ich zu trampen. Ein Mann, der auf einer Parkbank saß, beobachtete mich.

Wo willst du denn hin?, fragte er.

Nach Cavan.

Kannst du nicht den Bus nehmen?

Nein, den kann ich mir nicht leisten.

Hier sind fünf Pfund, sagte er.

Selbst wenn ich die fünf Pfund hätte, sagte ich, würde ich den Bus nicht nehmen.

Macht nichts, sagte er, nimm sie ruhig.

Kann ich Ihre Adresse haben?, fragte ich. Dann schicke ich Ihnen den Schein zu.

Nicht nötig, erwiderte er, gib ihn an jemand anderen weiter.

Phil Cullivan, der Architekt, nahm mich die ganze Strecke bis nach Cavan mit, und in meinem neuen Pullover steuerte ich geradewegs auf das Central Café zu, wo ich Sheila traf. Dann ging ich in die Stadt und kaufte Una Nagellack, meiner Mutter eine Brosche und Maisie Lippenstift. Für Sheila hatte ich eine hübsche Halskette, die Miriam gehörte und die sie zurückgelassen hatte, als sie nach Amerika ging. Dazu kaufte ich ihr einen Ring.

Und, was hast du erlebt, während du weg warst?, fragte meine Mutter.

Ich erzählte es ihr, so gut ich konnte.

Denk an den Fünfpfundschein, sagte Maisie.

Mach ich, sagte ich.

28. Kapitel

Mi 28., Festtag des hl. Augustinus

Nur noch sechs Tage. Mit Sheila einen Spaziergang auf den Shantemon Mountain gemacht, um Finn MacCumhaill's fünf Finger, eine Felsenformation, zu sehen.

Bist du froh, dass du nicht weggegangen bist?, fragte sie.

Ja, antwortete ich. Bist du froh, dass ich zurückgekommen bin?

Ach, ich weiß nicht, lächelte sie.

Du bist gut, sagte ich.

Wirst du wohl aufhören!, schnaubte sie.

Wir konnten kilometerweit sehen, fanden aber nicht heraus, wo die O'Reillys ihre Münzen prägten oder wo ihre Burg stand, sondern sahen nur felsgesprenkelte Äcker, zwei, drei alte Ruinen, durch deren eingefallene Dächer Eschen wuchsen, sodann Torfrauch, der aus einer Wellblechhütte nach Westen aufstieg, sonst nichts, außer dem Turm der Kathedrale in der Ferne und einigen wilden Pilzen. Wir hatten einen regelrechten Höhenrausch. Dann erspähten wir einen vermummelten ältlichen Mann, der zum Schutz gegen den Wind mit seinem Hund einen trockenen Straßengraben entlanglief. Auf den Rücken hatte er ein Bündel Heu gebunden, um eine Herde Kälber auf einer abgelegenen Weide voller Stechginster zu füttern. Wir wünschten ihm einen guten Tag.

Wie geht's?, fragte ich.

Nicht schlecht, antwortete er. Ich habe nicht viel gegessen, aber wenigstens abgewaschen.

Sheila begann zu lachen.

Viel Glück, sagte ich.

Immer mit der Ruhe, sagte er. Habt ihr euch verlaufen?

Nein.

Er musterte uns mit spitzbübischem Blick. Habt ihr was miteinander?

Ja, sagte ich.

Meinen Segen habt ihr. Ich weiß noch, damals. Er blickte zurück in die Richtung, aus der er gekommen war. Die Abende sind seltsam, sie werden kürzer, sagte er.

So ist es.

Na, dann überlasse ich euch mal euch selbst.

Als er winkte, flog ihm der Rotz aus der Nase. Sheila nahm meine Hand. Ihr Haar war frisch.

Wirst du mir schreiben, wenn wir wieder zur Schule gehen?

Ja. Jeden Tag.

Versprochen?

Versprochen.

Wir knutschten auf dem Gras zwischen den Steinen und sprachen davon, dass wir unser Leben miteinander verbringen würden.

Do 29.

Noch fünf Tage. Zum Fluss Deredis hinausgeradelt und in den Stromschnellen ein paar Mal die Leine ausgeworfen. Nichts gefangen. Über einem kleinen Feuer röstete Sheila Würstchen. Die Nacht brach herein. So geht's. Die Zeit wird knapp. Im Mondschein nach Hause geradelt.

Fr 30.

Noch vier Tage. Heute Abend hat Mutter in der Küche gebügelt, Hemden, Laken, Kopfkissenbezüge und alles, was ich für die Schule brauche, und sie schaute ins Esszimmer, um zu sehen, ob ich noch da sei. Ich war noch da und saß mit Maisie vor dem Kamin, weil Sheila zu Hause bleiben musste.

Sa 31.

Noch drei Tage. Wir sahen den Reihern zu, die sich auf dem Fluss Kinnypottle an dem Blut und den Fleischabfällen gütlich taten, die aus McCarren's Speckfabrik hinausgekehrt wurden. Die langbeinigen Vögel standen nickend mitten im Wasser oder hockten auf langen Ästen, die auf den Fluss hinaushingen, in der Düsternis ganz weiß und regungslos. Kein Laut. Als wär's ein Friedhof. Ein ekliger Ort. Sie nahm meine Hand. Dann schlug in der Gemarkung Swellan ein Hammer auf Wellblech. Ein Bus setzte in den Busbahnhof zurück. Ein Fahrrad. Eine Zeit lang sonst nichts, bis ein Puppenwagen vorübertrieb und eine Ratte durch eine benzinschillernde Stelle im Wasser behände in Richtung Stadt schwamm.

Wir liefen zurück nach Cavan. Die Straßenlaternen gingen an.

Es ist unheimlich, sagte sie. Es ist, als wäre jemand gestorben.

Wir wollten uns noch nicht verabschieden, und so ging sie eine Weile in die Bank, während ich mich in den Eingang der Hub Bar stellte, Teddy Maguire rief gute Nacht, und Rinty Monaghan kam auf einem Botenfahrrad vorbei, sie erzählte ihren Eltern, sie gehe mit den Mädchen auf einen Abschiedstanz, dann erschien sie in Faltenkleid, weißer Bluse, blauem Regenmantel und mit einem anderen Parfüm, wir gingen weiter spazieren, zu Cooke's Archway, an den Zigeunern auf dem Gallows Hill vorbei, die wieder an ihrem Lagerfeuer saßen und tranken, ein geschecktes Pony schaute über das Geländer ins blaue Wasserreservoir, von der Wiese flog ein Vogel auf, Regen prasselte auf den See, Da gehen wir aber nicht wieder hin, sagte sie, nicht wahr? Wir liefen durch den Obstgarten mit triefenden Apfelbäumen und traten in Kuhscheiße, dann streiften wir in Lavell's Spukhaus im Schein eines Streichholzes einige unserer nassen Kleidungsstücke ab und machten einander Angst, die Ringe unter ihren Augen wurden dunkler, immer sachte, sagte sie, du weißt, dass wir noch das ganze Leben vor uns haben, ich riss ein weiteres Streichholz an, und wir legten uns auf den Küchenfußboden, blieben so liegen, alles still bis auf Mäuse oder Vögel, die durchs Gebälk huschten, und den Regen, der auf dem Fenster plitsch! plitsch! plitsch! machte, ihr Kopf auf Johnnys Pullover und ihr Gesicht vor meinem, ich knöpfte ihre Bluse auf, bis ihre Brust entblößt war, sie sah einen Augenblick an sich herab und machte weiter, mit der flachen Hand strich sie über meinen Bauch, der Wind jagte durchs Gebälk, ist das dein Bein?, fragte sie, wessen Bein denn sonst?, fragte ich, schwierig festzustellen, ob's deins ist oder meins, sagte sie, sie fühlen sich gleich an, Da de da de dee, da dada da da dee, summte sie, dee dada dada dum, während sie meinen Gürtel löste, mit der Hand hineinlangte und herumnestelte und fragte, wie geht noch mal der Text zu dem Lied?, zu welchem Lied?, fragte ich, macht nichts, sagte sie, es fällt mir schon noch ein.

SEPTEMBER

So 1., 13. Sonntag nach Pfingsten
Noch zwei Tage. Ein letztes Mal zur Matinee in die Stadthalle. Die Galerie war überfüllt. Großes Geknutsche. Und hinterher großes Remmidemmi.

Mo 2.
Um zwei Uhr schlich ich auf Zehenspitzen an Mutters Schlafzimmer vorbei, wartete auf den drei Stufen unterhalb des Hausaltars und lauschte, dann lautlos die Treppe hinunter und hinaus auf die Main Street. Es herrschte Grabesstille. Drückte mich in den Eingang zu Fox's Schuhgeschäft. Die Tür zur Bank ging auf, Sheila trat heraus und schloss sie leise hinter sich. Jeder Laut echote durch die Straße. Einen Augenblick stand sie unsicher da, dann rannte sie zum Ulster Arms. Ich bellte. Dann bellte ich abermals und hüpfte über die Straße.

Hast du mir einen Schreck eingejagt, sagte sie.

Wir hakten uns unter und hielten auf Provider's zu, dann kam ein Auto heran, es bremste ab und begann, hinter uns herzufahren, Sieh dich nicht um, sagte ich, sieh dich nicht um, und wir mussten den Durchgang entlang zu Provider's gehen, und dann dachte ich, wenn ich mich nicht umsehe, bedeutet das, dass wir etwas verbrochen haben, also blieben wir an der Tür zum Breifne stehen, und der Streifenwagen hielt an, und ich dachte, das war's dann wohl.

Was treibt ihr denn hier?, fragte der Polizist.

Ich gehe nach Hause, antwortete ich.

Du wohnst hier?

Ja, antwortete ich.

Ich glaube, sagte er, ich muss wohl klingeln und die Sache mit den Inhabern klären.

Nicht nötig, sagte ich, ich habe einen Schlüssel.

Du hast einen Schlüssel?

Ja, antwortete ich.

Na, dann mach, sagte er und sah mir zu.

So musste ich denn den Schlüssel umdrehen, die Tür öffnen und mit Sheila hineingehen. Einen Moment lang dachte ich, er würde uns folgen, also sagte ich gute Nacht, schloss die Tür und knipste kurz das Licht an, dann knipste ich es wieder aus. Mit dem Rücken zur Wand standen wir im Dunkeln und trauten uns kaum zu atmen. Durch die Glasscheibe sahen wir ihn draußen stehen. Ich horchte auf irgendwelche Geräusche von oben, auf die Schritte meiner Mutter auf dem Gang, auf Maisie, die aus dem Wohnzimmer käme. Es schien, als sei er drauf und dran, zu klingeln, er spähte durch die Milchglasscheibe, dann drehte er sich um, und schließlich fuhr der Streifenwagen davon. Wir schlüpften wieder hinaus auf die Main Street, zu Provider's und um den Park zu Noels Dachboden.

Das war vielleicht ein Jux, sagte Sheila.

Um Haaresbreite, sagte ich.

In der Burg stand alles bereit. Ein kleiner Gasring, Koteletts, Bohnen, Madeira-Kuchen. Bei Kerzenschein bereiteten wir uns eine Mahlzeit zu.

Red mit mir, sagte Sheila, oder kannst du nicht?

Ich weiß nicht, was ich sagen soll, erwiderte ich.

Komisch, so zusammen zu sein, flüsterte sie. Als säßen wir in einem Spielhaus.

Ich hatte das Bett mit frischen Laken und einer Daunendecke bezogen, die für die Schule gewaschen worden war. In unseren Kleidern legten wir uns hin, ohne einander zu berühren. Ich stellte den Wecker mit den Zeigern, die im Dunkel leuchteten, und suchte im Radio einen Sender, aber es war schon überall Sendeschluss.

Das Gerede taugt auch nichts, sagte ich.

Du bist ja ganz nervös, sagte sie. Du zitterst ja richtig.

Ich weiß.

Was macht dich so nervös?

Um dir die Wahrheit zu sagen, ich fürchte mich.

Wovor fürchtest du dich?

Dir die Wahrheit zu sagen.

Worüber?

Über mich.

Sie richtete sich auf.

Schieß los, sagte sie.

Verstehst du, ich glaube nicht, dass wir weitermachen können, wenn ich dir nicht die Wahrheit über mich sage.

Dann tu's.

Und so erzählte ich ihr wie ein Idiot von sämtlichen Weibern, mit denen ich zusammen gewesen war. Dabei wusste ich im Grunde meines Herzens, dass ich es hätte bleiben lassen sollen. Ich begann mit Mary.

Ach, Mary, sagte sie, das weiß ich doch.

Dann war da Josie.

Ja, sagte sie streng, aber du hast mir weisgemacht, es sei nichts Ernstes.

Vielleicht war's das ja auch nicht.

Weiter, bitte, sagte sie ausdruckslos.

Dann war da Ellen von Slowey's.

Und war *das* was Ernstes?

Eigentlich nicht.

Und was war in Rannafast?

Na ja, da waren zwei Mädchen.

Zwei?

Ja.

Du hast mich angelogen, brauste sie auf.

Aber ich hab sie nur geküsst.

Sei so gut und erspar mir die Einzelheiten.

Ich wollte mir nur alles von der Seele reden.

Lass dich von mir nicht daran hindern.

Und schließlich, sagte ich und wurde gegen Ende immer schneller, war da noch Rose.

Rose?

Ja.

Du bist mit Rose gegangen?

Ja.

Mit Rose Reilly?

Ja.

Du Scheißkerl, sagte sie. Du blödes Arschloch.

Ich griff nach ihrem Hals, aber sie schlug meine Hand weg.

Aber du hast gesagt, du hättest es genauso arg getrieben wie ich.

Sie sah mich an.

Niemand könnte es so arg treiben wie du. Niemand!

Doch, du, sagte ich.

Nein, erwiderte sie. Und wenn ich mir vorstelle, dass du mich aufgefordert hattest, mit dir durchzubrennen.

Sie saß auf dem Matratzenrand.

Sheila, sagte ich sanft.

Warum musstest du das alles vor mir ausbreiten?

Ich dachte, ich müsste es. Weil wir morgen weggehen.

Es gibt Dinge, von denen man besser nichts weiß.

Langes Schweigen.

Es ist unsere letzte gemeinsame Nacht, sagte ich.

Darauf kannst du Gift nehmen.

Längeres Schweigen. Sie saß mit dem Rücken zu mir auf dem Matratzenrand, und ich streckte mich hinter ihr aus. Die Kerze erlosch. Der Zeiger der Uhr rückte vor. Die Dunkelheit dauerte an.

Ich möchte jetzt gehen, sagte sie.

Ich zündete ein Streichholz an, und wir kletterten die wacklige Leiter hinunter, liefen wieder um den nebelverhangenen Park auf die Main Street, und sie rannte zu ihrer Tür. Ich blieb stehen und schaute ihr nach. Sie drehte sich um und kam zurück. Wir gingen die Bridge Street hinunter, dann zur College Street und auf der Mill Street wieder zurück. Der Kinnypottle floss in der Dunkelheit vorüber. Dann kletterten wir auf den gespenstischen Half Acre, nur ein Hund, der hinter einer geschlossenen Tür anschlug, ein Kinderwagen voller Kohle, ein Fahrradreifen an einem Stromleitungsmast; auf den Tullymongan, vor einer Giebelwand aufgeschichtetes Brennholz, eine Herz-Jesu-Lampe, Wäsche, die an einem wuchernden Busch aufgehängt war; und von dort zum Gallows Hill. Wir saßen am Geländer des Reservoirs auf dem Fair Green und blickten auf die Stadt hinab. Der feuchte Geruch des alten Lagerfeuers stach in unsere Nasen. Das gescheckte Pony kam aus der Nacht herbeigelaufen und stierte uns lange an.

Also, sagte sie, wo du schon mal damit angefangen hast, sollte ich wohl auch lieber die Wahrheit sagen.

Nur wenn du möchtest, entgegnete ich nervös.

Also, da war Jim, aber das weißt du ja.

Das weiß ich, stimmte ich ihr zu.

Dann Kevin.

Ja.

Dann der Bursche aus Ardee.

Ach, der Kerl.

Dann war da noch ein Typ aus Dublin.

Sie verstummte.

War's das?, fragte ich.

Ich versuche nachzudenken.

Kannst du dich nicht erinnern?

Nein.

Himmel, Sheila!

Nein, ich glaube, das war's, sagte sie schließlich.

Gott sei Dank. Mehr könnte ich nicht vertragen.

Halt, sagte sie.

Was?, fragte ich erschrocken.

Warte, lass sehen.

Ach, leck mich doch.

Schon gut, sagte sie, hab nur Spaß gemacht.

Du bist gut, sagte ich.

Sie lachte und vergrub ihren Kopf an meiner Schulter. Der Morgen graute. Ein Esel trottete vorüber. Hand in Hand gingen wir an Cooke's vorbei. Alle paar Meter blieben wir stehen und küssten uns. Dohlen landeten mitten auf der Straße. Wir küssten uns vor dem Tuchhändler P. A. Smith, vor McCusker's Friseurgeschäft, im Regal Archway, dann verschwand sie, den Finger auf den Lippen, in der Bank. Keine Menschenseele regte sich. Ich stand gerade vor der Tür zum Breifne, als ich aus der Ferne Schritte nahen hörte. Sie kamen die Bridge Street herauf, und dann bog dort, wo früher das Swan Hotel gestanden hatte, eine Gestalt um die Ecke und überquerte, ohne auszusetzen, die Straße. Es war Mr. Allen, der Bäcker, auf dem Weg zu McDonald's Bäckerei, um den ersten Schub Brote in die Öfen zu schieben. Einen wunderschönen guten Morgen, sagte er.

Di 3., Festtag des hl. Pius X.
Du wartest auf das Startkommando, sagte Mutter.

Es war zehn Uhr. Ich war hundemüde. Den ganzen Vormittag waren wir am Packen. Dann musste ich über die Straße flitzen, aus Noels Schuppen meine Laken holen und sie in die Schultasche stopfen. An der Ecke zur Bridge Street traf ich Sheila. Ein letzter Kuss, und sie war fort. Sie stieg zu ihrem Vater in den Wagen und fuhr zum Loreto College. Ich ging nach Hause, holte meine Taschen und stellte sie in Dermots Auto.

Bitte, sagte meine Mutter, enttäusche uns nicht.

Nein, sagte ich.

Dermot und ich tranken sechs Flaschen Bier, dann fuhr er mich zum St. Patrick's College. Ich lutschte Pfefferminzbonbons, und ein Präfekt führte mich zum Schlafsaal Nr. 10. Alle bösen Buben sind in Nr. 10, sagte er. Auf jedem Bett stand ein offener Koffer. Es war ein Kreis ohne Mittelpunkt. Wir saßen auf den Betten und unterhielten uns. Stellten unsere Rasierer auf die Waschbecken, hängten unsere Handtücher auf die Halter und stopften unsere Kleider in die Spinde. Einige der Jungs trugen Skapuliere. Square schaute herein. Das Licht ging aus. Eine Stimme hier, eine Stimme da. Hatte eine schlaflose Nacht. Wälzte mich schwitzend im Bett. Traurig, von Sheila getrennt zu sein.

Do 5.
Wachte auf, umgeben von Schuhen, mit denen sie in der Nacht geworfen hatten, weil ich schnarche. Jeden Morgen um Viertel vor sieben aus den Federn. Um zehn ins Bett.

So 8., 14. Sonntag nach Pfingsten (Mariä Geburt)
Hab das Radio im Schlafsaal, um mir *Top Twenty* anzuhören. Warte, bis alle schlafen, bevor ich selbst einschlafe.

Di 10.
Vier Tatzen von Square.

Fr 13.
Im Tischtennis ungeschlagen, seit ich im College bin.

So 15.
Bin zum Footballspiel in die Stadt gefahren und habe mich fünf Minuten mit Sheila am Tor zum Breifne Park getroffen.

Mo 16.
Spiele für den fünften Jahrgang Football. Ein Geruch nach Käsefüßen. Rotz, der auf den Heizkörpern trocknet. Auf dem verdreckten Klo ein fürchterlicher Gestank. *The 'mell of it. The 'mell of it.* Kein Klopapier. *Crúiscín mór.* Lange Dünnschiss. Von den Duschen Gebrüll. Bekomme riesige Pickel im Gesicht, die aufplatzen und wie Nasenbluten die Wange runterrinnen. Träume davon, erneut beschnitten zu werden. Die Morgenglocke. Jäh gehen die Lichter an.

Square linst in den Schlafsaal.

Auf Zehenspitzen die Fliesen entlang. Um sieben, vor der Frühmesse, rauchen die Oberschüler im düsteren Kreuzgang Zigaretten. Die Footballplätze im Morgenlicht. Die Gehilfinnen spitzen aus der Küche. Vor dem Unterricht ein kurzer Spaziergang um den Half.

Di 17., Wundmale des hl. Franz von Assisi
Eifrig am Büffeln.

Im Studiensaal hält mich dieser große Scheißer McDonald an, der im ersten Jahrgang ist, obwohl er schon mehr als siebzehn Jahre zählt und in der Footballmannschaft der Oberschüler mitspielt, und sagt: Du bist als Nächstes dran, Healy. Er ist der größte Rabauke in der Schule.

Mi 18., Quatember (Fasttag mit Abstinenz)
Stand gestern Abend am Fenster und schaute in einen Sturm hinaus. Alle anderen im Schlafsaal poften. Von der Stadt kam ein seltsamer Lichtschein über die Bäume, ein rosa Lichtschein, und im Gang brannte, wie ich durch die Glasscheibe über der Tür sehen konnte, noch immer Licht. Es fiel auf das dunkelhäutige Gesicht des indischen Jungen, der neben mir schlief. Die anderen wälzten sich hin

und her, träumten und atmeten, eine Hand über die Augen gelegt, die Knie angewinkelt, ein Fuß unter der Bettdecke hervorlugend. Ein leise fistelndes Gewisper. Dann kam ein ferner Donnerschlag, der eigentlich Wind war. Der Regen prasselte gegen die Fensterscheiben, und die Bäume wogten hin und her. Dann schlug der Wind wie flatternde Laken gegen das düstere College. Drei Stockwerke tiefer wurden die glänzenden Wagen der Priester kräftig durchgerüttelt. Die Welt dort draußen heulte. Äste wurden über den Rasen geschleudert. Der Sturm fühlte sich an wie etwas Heiliges. Die Geräusche stampften vorüber, eines stärker als das andere, als wollten sie etwas einholen, etwas, das fast außer Rand und Band geraten war, dann trat eine Pause ein, die Bäume richteten sich auf, die schwarz dahinjagenden Wolken verhielten. Im Himmel tat sich ein graues Loch auf, sodass man die weiße Lippe des Mondes sah. Im Schlafsaal knarzte ein Bett. Jemand stieß einen Ruf aus. Der schwere Atem des Asthmatikers aus Gowna beschleunigte sich, dann hielt er die Luft an und drehte sich auf die andere Seite. Sein Skapulier hing über die Bettkante. Wenige Augenblicke später kam der Sturm die Einfahrt heraufgefegt, und ich sah von einer anderen Stelle hinab. Ich verlor die Orientierung. Das Fenster nahm riesige Ausmaße an. Fast eine halbe Stunde lang stand ich in meinem Schlafanzug so da, dann stieg ich ins Bett, doch alle paar Minuten stand ich wieder auf, um nachzusehen, und der Sturm wütete immer noch, schnitt mir in den Bäumen Gesichter, und der Wind kläffte. Der Regen drängte sich gegen die Fensterscheiben. Die Jungs ratzten.

Do 19.
Schrieb heute einen Brief an Sheila, in dem ich aus rein seelischen Gründen mit ihr Schluss machte, was die Ehe betrifft, dann legte ich vor mir selbst das Versprechen ab, mit dem Wichsen aufzuhören.

Mo 23.
Freier Tag, den ich mit Brady aus Mullahoran auf dem Handballplatz verbrachte. Stundenlang warfen wir Bälle, bis es so dunkel wurde, dass wir kein Fitzchen mehr sehen konnten.

Di 24., Unsere Liebe Frau von der Erlösung
Die Jungs ließen mich für den fünften Jahrgang Football spielen. Schoss das erste Tor meines Lebens. Um den Half stieg Jubel auf.

Du Glückspilz, sagte Big Eye.

Sa 28.
Heute in der Stadt. Sollte mir einen Zahn plombieren lassen, ging aber nicht hin. Stattdessen versuchte ich, Christine Keeler zu bezirzen. Nichts zu machen. Ballsy nahm mich auf seinem Fahrrad zur Schule mit.

Hast du in letzter Zeit eingelocht, Healy?, fragte er.

Lass deine dreckigen Bemerkungen, erwiderte ich.

Da war wieder das College. Ich saß im Studiensaal inmitten der anderen hundert oder so. Der Studienleiter hatte sich verspätet, sodass alle schwatzten. Dann ging die Hintertür auf. Man konnte kein Mäuschen hören. Nach einer Weile hielt ich mir die Hand vors Ohr und begann, in *Der Pfarrer von Wakefield* zu lesen, den ich über mein Naturkundebuch gelegt hatte und mit dem Arm verdeckte.

Dann kam das Plumpsackspiel an die Reihe, ein Frage- und Antwortspiel folgte, und zuletzt setzten sich alle zur Pantoffeljagd auf den Boden … Auf solche Art war meine älteste Tochter eingeschlossen; hochrot im Gesicht und in heller Aufregung, empfing sie von allen Seiten Schläge und schrie mit einer Stimme, die einen Balladensänger hätte taub machen können, immer wieder, man solle fair spielen, als – Höhepunkt der Verwirrung – niemand anders ins Zimmer trat als unsere zwei vornehmen Bekannten aus London, Lady Blarney und Miss Carolina Wilhelmina Amelia Skeggs.

Plötzlich schlug Hurley mit der flachen Hand auf das geöffnete Buch. Erschrocken fuhr ich auf.

Au, rief ich. Au Gott, Hochwürden!

Er fing an zu lachen, und die Jungs lachten ebenfalls, weil ich einen solchen Schreck bekommen hatte. Er las den Titel des Buches, schüttelte den Kopf, klappte das Buch zu und schritt weiter. Ich fing mit Mathe an, konnte mich aber nicht konzentrieren. Die Zahlen verflüchtigten sich einfach in der Unendlichkeit, also versuchte ich's mit

Geschichte. Wieder und wieder musste ich durchgehen, was ich bereits gelesen hatte, und trotzdem war es nicht das Gleiche wie vorher. Mir verschwamm alles vor den Augen. Ich versuchte, an etwas Fröhliches zu denken, dann suchte ich nach der Stelle und durchstach mit der Spitze meines Kugelschreibers eine gewisse Stelle auf meinem Wangenknochen, danach auf meiner Wange, danach breitete sich auf meinem Gesicht ein Kältegefühl aus.

So 29., 17. Sonntag nach Pfingsten (Festtag des hl. Erzengels Michael) Andy und Timmy kamen zum College heraus und brachten mir Kuchen und Limonade mit. Ich traf sie vor dem Umkleideraum. Dann scharte sich eine Gruppe von Schülern des vierten Jahrgangs zusammen.

Verfatzt euch zum Half Acre, brüllte einer von ihnen.

Sie umdrängten uns.

Zurück, sagte Andy.

Sachte, sagte Timmy.

Geht zurück, wo ihr hergekommen seid, rief ein anderer.

Wir sehen dich später, Dermot, sagten die Jungs, die böse auf mich waren, weil ich nichts ausrichten konnte, und zogen sich zur Einfahrt zurück, während die anderen ihnen Beschimpfungen nachriefen. Ich stand da mit den Geschenken, die sie mir mitgebracht hatten, und wusste nicht, was tun. Dann stieß mir jemand seinen Finger ins Gesicht und sagte: Bring diese Stadtstreicher bloß nicht noch mal ins College, Healy.

Ein Präfekt kam herbei und brachte mich durch die Menge zum Umkleideraum. Als ich den Studiensaal betrat, ließen sie abschätzige Bemerkungen fallen. Daraufhin beschloss McDonald, mir eins überzuziehen. Lächelnd kam er durch den Studiensaal zu meinem Sitzplatz. Ich konnte sehen, dass er es auf mich abgesehen hatte, mit seinen 1,90 Metern. Er rieb sich die Hände.

Es ist so weit, Healy, sagte er.

Ich wich nicht von der Stelle. Er streckte die Arme aus, um mich zu packen, und ich ließ ihn gewähren. Als er sich mit seinem ganzen Körpergewicht auf mich stürzte, ließ ich mich zurückfallen, stieß ihm mit voller Wucht die Füße in die Magengrube und schleuderte ihn über meinen Kopf. Er segelte durch die Luft, landete auf einem Pult und verlor das Bewusstsein. Er wurde weiß im Gesicht und lag da mit Sabber auf den Lippen. Ich bekam's mit der Angst zu tun.

Da schlug er die Augen auf.

Alles in Ordnung?, fragte ich ihn.

Ja, antwortete er.

Willst du in den Erste-Hilfe-Raum?

Nein, sagte er. Benommen saß er da. Dann erhob er sich und ging davon, ohne sich weiter mit mir zu befassen.

OKTOBER

Mi 2., Festtag der hl. Schutzengel
Mutt sagt, die Exerzitien würden dem fünften Jahrgang gut tun.

Hier haben wir eine Gruppe ausgemachter Dummköpfe, sagte er ruhig. Warum gebe ich mich damit ab?, frage ich mich. Oje, oje. Was soll ich nur tun?, jammerte er.

Do 3., Festtag der hl. Theresia vom Kinde Jesu
Sechs Tatzen von Hurley wegen eines Krakeels im Schlafsaal gestern Abend. Als ich sein Büro verließ, kam ich an dem von Socrates vorbei. Es wurde oft gesagt, dass er ausländische Radiosender höre. Als ich das Ohr an seine Tür legte, vernahm ich Stimmen in einer fremden Sprache.

Plötzlich ging seine Tür auf, und der Lärm des Radios ergoss sich auf den Gang.

Was machen Sie denn hier, Sir?, fragte Socrates mit erstaunten Augen unter buschigen Brauen.

Ich habe Ihrem Radio gelauscht, Hochwürden, sagte ich.

Es ist mir ein Rätsel, Mr. Healy, dass Sie, der Sie kein Griechisch sprechen können, obwohl wir uns alle Mühe geben, es Ihnen beizubringen, Deutsch verstehen, eine Sprache, die nicht auf unserer Reiseroute liegt, sagte er.

An der riesigen, runden Gestalt vorbei, deren Kragen offen stand, konnte ich in die Gelehrtenstube spähen. Die Wände waren von

Büchern gesäumt. Auf dem Fußboden Stapel von Büchern. In einer Ecke stand ein kleines Bett, das selber wie ein Buch aussah.

Also, Sir, erklären Sie sich.

Ich kam gerade vorbei, sagte ich, da hörte ich das Radio und habe versucht herauszufinden, um was für eine Sprache es sich handelt, Hochwürden.

Welche Neugier, Sir. Welch angeborene Neugier.

Es tut mir Leid, Hochwürden.

Wenn sich solche Neugier doch nur in Ihren normalen Studien manifestieren würde.

Ja, Hochwürden.

Er faltete die Hände vor dem Bauch.

Wissen, Sir, erwirbt man nicht durchs Schlüsselloch.

Nein, Hochwürden.

Doch sollten wir selbst für dieses dürftige Bemühen dankbar sein, nicht wahr? Verschwinden Sie, Sir, von meiner Tür.

Ja, Hochwürden.

Der Pfarrer von Wakefield, sagte Socrates. Er stand da und sah mir mit einem erfreuten Grinsen im Gesicht nach, dann fiel die Tür zu, und die deutschen Stimmen verdünnten sich zu einem leisen Gemurmel.

Fr 4., Festtag des hl. Franz von Assisi, 1. Freitag

Ich presse Curry gegen die Wand. Wir tun nur so, als ob.

Halt still, ich will sehen, ob du was taugst, sage ich.

Ich sehe, dass Curry über meine Schulter blickt.

Mach schon, sage ich, wollen wir doch mal sehen, ob du nur 'n Schwätzer bist.

Curry fletscht die Zähne.

Was ist denn los mit dir?, frage ich. Komm her, dass ich dir 'ne Tracht Prügel verabreiche.

Curry starrt an mir vorbei.

Hände hoch, sage ich.

Als ich mich umdrehe, gibt Square mir mit den Fingerknöcheln eine scharfe Kopfnuss gegen die Schläfe. Zu Bett!, sagt er.

Später, als die Lichter aus waren, sagte Curry im Dunkeln: Ich hab versucht, dich zu warnen. Ich weiß, erwiderte ich. Der hat dir aber ’ne ganz schöne Kopfnuss verpasst. Hat er, pflichtete ich ihm bei. Der ist ganz schön behände, Square. Ist er. Du hättest dein Gesicht sehen sollen, sagte Curry, das war große Klasse. Hat mir richtig gefallen, fügte er hinzu. Leck mich, sagte ich. Nee, war echt klasse, kicherte Curry.

Sa 5.
Um acht Uhr abends nehmen wir an Exerzitien teil.

In der Kapelle hält ein Mönch uns eine Gardinenpredigt.

Danach Schweigen. Hinterher machen wir jeweils allein Spaziergänge um den Whole und den Half, ein paar vereinzelte Typen laufen über den Footballplatz, einige stehen allein zwischen den Säulen des Kreuzgangs herum, andere laufen mit gesenktem Blick die Korridore entlang. Aus den Wäldern tauchen plötzlich Priester auf. Wir verständigen uns mit Zeichensprache, steigen in unsere Betten und hören das Quietschen von Squares weichen Schuhen, als er den Korridor entlangkommt und einen Augenblick vor der Tür von Nr. 10 verharrt, dann schreitet er weiter durch das Schulgebäude zum Schlafsaal der Frischlinge.

So 6., 18. Sonntag nach Pfingsten
Am Morgen waschen und rasieren wir uns wortlos. Die Mönche singen die Messe und respondieren einander über eine große Entfernung hinweg. Im Speisesaal beäugen die Frischlinge ängstlich die Oberstufenschüler. Zum Frühstück verzehren wir schweigend trockenen Toast, während ein braunäugiger Mönch, der einen großen Rosenkranz aus Holz schwenkt, vorbeimarschiert.

Als in der Küche eine Gehilfin aufbrüllt, fährt er auf seinen Sandalen wütend herum und wischt durch die Tür.

Den ganzen Tag über gehen wir zur Kapelle und setzen uns auseinander, starren auf den Altar und beten. Wenn die Tür auf- oder zugeht, blicken wir uns alle um. Aber es ist nur einer von uns. Auch nur so eine verlorene Seele wie wir. Das Gefühl der Gegenwart Gottes wächst. Ich bete fünfzehn Minuten an einem Stück, dann verlängere ich auf eine halbe Stunde. Und einmal auf eine volle Stunde. Mir wurde ganz leicht im Kopf. Wir liefen durch die Korridore, traten gewisse Reisen an, die einen wieder dorthin zurückbrachten, von wo man aufgebrochen war, dann fing man wieder von vorne an.

Um acht Uhr gab es einen ziemlich haarigen Sermon. Alles über Sex. Ich glaube, ich habe eine *Berufung*. Am Abend waren wir in Nr. 10 ziemlich beunruhigt, ich mehr als die meisten. Aber Square schaute nicht einmal herein.

Mo 7., Fest der Königin des hl. Rosenkranzes
Nach dem Frühstück erhob sich ein Jubelgeschrei, als hätten wir den McRory Cup gewonnen.

Sa 19.
Cullen hat mir für meinen Aufsatz 60 Prozent gegeben.

Do 24., Festtag des hl. Erzengels Raphael
Im Studiensaal kommt Hurly zu mir und sagt, ich würde an der Eingangstür verlangt. Una ist da, in einem Auto. Sie sagt, Tante Gerty, Mammys Schwester, sei tot.

Fr 25.
Bob kommt in Bennys Unterricht und fährt mich in die Stadt. In meinem neuen Anzug setze ich mich in den Trauerwagen. Wir fahren nach Finea. Der Leichenwagen hält einen Moment vor unserem alten Haus an. Am Kirchenportal stehen Tom Keogh und Mrs. Flynn. Charlie Clavin legt seine Hand auf meine und fragt: Bist du das etwa, Dermot?

Ich bin's, antworte ich.

Bei Gott. Dermot Healy?

Genau der.

Er schüttelt den Kopf.

Man hat's mir erzählt, aber ich wollte es nicht glauben. Er drückt mir fest die Hand. Herzliches Beileid, sagt er.

An der Kirche schließe ich mich dem Trauerzug an. Mammy, Tante Maisie, Tante Bridgie und Tante Nancy tragen einen schwarzen Schleier und laufen hinter ihrer Schwester her. Dann kommen die Söhne und Töchter. Alle paar Schritte halten die hoch gewachsenen Brüder O'Neill an. Onkel Seamus schultert den Sarg.

Lasst auch mal den Jungen ran, sagt Tony.

Auf der Straße zum Moor tritt Vincent beiseite, damit ich den Sarg seiner Mutter tragen kann. Pop O'Neill, ihr Mann, hockt mit wässrigen Augen und kleinen Füßen wie ein winziges Vögelchen am Grab. Die Totengräber stehen daneben, das Kinn auf die Schaufel gestützt.

Sa 26.

Schlief in meinem eigenen Bett, hörte Radio Luxemburg. Am Morgen als Erstes zum Handballplatz. Im Haus ein wunderbares Hühnergericht. Sean O'Neill gab mir zehn Shilling. Hab mich tüchtig mit ihm gestritten. Rauchte dreißig Luschen, und obwohl ich eine weitere Nacht in Cavan hätte bleiben können, beschloss ich mitten beim Leichenschmaus, mich im Dunkeln von Flood in seinem Taxi zur Schule zurückfahren zu lassen, wenn die Lichter gelöscht wären. Bin durchs Hauptportal reingegangen, das jemand hatte offen stehen lassen, vorbei an den Zimmern der Priester, ohne jemandem zu begegnen, desgleichen die Treppe hinauf. Ich wusste, das durfte ich nicht, und schlich mit meiner Tasche durch die seltsam zölibatäre Welt eines Korridors, den ich noch nie zuvor nachts allein durchschritten hatte: warmes Licht unter den Türen, ein Hüsteln, ein nachgebendes Dielenbrett, freundliche, leise gestellte Radios, das Klappern eines Kohleneimers, das Klirren eines Glases, die Tür zur Toilette eines Priesters, die offen stand und irgendwie sündhaft wirkte, klassische Musik, dunkle Schuhe vor einer Türschwelle, ein Gewehr, das neben einem Paar nasser Gummistiefel an einer Wand lehnte, Intimitäten, ein lautes Lachen, das ich in diesem Augenblick nicht zuordnen konnte, ein Geruch nach Pfeifenqualm.

In Nr. 10 zog ich mich in dem Licht, das vom Korridor hereinfiel, aus und stieg in mein Bett. Wie ich so dalag, versuchte ich mir Tante Gertys Gesicht zu vergegenwärtigen, aber das Einzige, was mir einfiel, war eine Pelzstola, ein einspänniger Pferdewagen, der die Straße von Gorey in der Grafschaft Wexford entlangjagte, und der Eindruck einer großen Frau mit breitkrempigem Hut. Ich versuchte, mich auf ihr Gesicht zu konzentrieren. Ich glaube, sie trägt Lippenstift. Sie lacht auf Pops Kosten. Plötzlich kommt mir ihr Gesicht abhanden, stattdessen sehe ich das Gesicht meines Vaters vor mir. Ich versuche, seine Gesichtszüge so zu ordnen, wie sie vormals waren, aber sie zerlaufen, doch an seinem Blick merke ich, dass er es ist.

Bist du zurück?, flüsterte Square plötzlich im Dunkeln und leuchtete mir mit der Taschenlampe ins Gesicht.

Ja, Hochwürden.

Wie bist du hereingekommen?

Die Tür stand offen.

Und warum hast du dich nicht bei mir zurückgemeldet?

Es war schon zu spät.

Du hättest dich bei mir zurückmelden sollen.

Ich war zu müde.

Na schön.

Leise zog er die Tür zu. Zum ersten Mal seit Jahren wandere ich, bevor ich einschlafe, nach Finea, an der Polizeiwache und bei Fitzsimon's vorbei, nehme die Biegung über die siebenbögige Brücke, zum Dorf hinauf und am Denkmal für Myles den Schwertschwinger vorbei, in unserem Fenster brennt Licht, ich bin fast da.

So 27., Christkönigsfest
Habe einige gute Freunde gewonnen.

Mo 28., Festtag der hl. Apostel Simon und Judas
Heute erzählte mir einer der jungen Burschen, die ich im Mittelstreckenlauf trainiere, er wisse eine Kur gegen Pickel. Er habe sie von seinem Vater in Drumshambo. Er nahm mich in eine der Duschkabinen mit und befahl mir, die Augen zu schließen.

Vielleicht hörst du mich ein Gebet sprechen, sagte er, aber mach keine Bemerkungen. Vertraue mir.

Ich vertraue dir, sagte ich.

Da schloss ich die Augen, und seine Finger berührten mein Gesicht, als würde mich eine Vogelschwinge streifen. Dann war es vorbei. Du kannst jetzt die Augen aufschlagen, sagte er. Wir traten aus der Duschkabine, und Hughie McGovern sagte: Seid ihr warme Brüder, oder was? Ich stoppte den jungen Kerl beim zweimaligen Umkreisen des Half. Er war dreißig Sekunden schneller als das letzte Mal.

Di 29.
Als ich heute Morgen erwachte, war der trockene Schorf von den Pickeln in meinem Gesicht abgefallen und lag auf dem Kopfkissen um mich her.

Do 31., Festtag des hl. Alfons Rodriguez
Versuchte, für den Abend in die Stadt zu gelangen. Bob sagte, er könne keine Ausnahme machen. Vom Fenster aus sahen wir uns die verirrten Feuerwerkskörper an, die über Cavan aufstiegen, dann reichten wir im Dunkeln Beutel mit Nüssen herum.

NOVEMBER

Fr 1., Allerheiligen, 1. Freitag
Nach dem Hochamt bin ich nach Hause, biss mir an einem Stück Schokolade einen künstlichen Zahn aus und ging ins Central Café. Die Weiber und Sheila waren da. Zu Abend gegessen. Mit Dermot bei Stick Donoghue's ein Bier und einen Wodka getrunken. Endlich mit Sheila allein im Central Café.

Ich vermisse dich, sagte ich.

Wie lange sollen wir eigentlich noch voneinander fernbleiben?

Ich weiß nicht.

Es ist schwer.

Ich weiß.

Tun andere Leute das auch?

Ich glaube, ja.

Du bist komisch, sagte sie.

Ja, sagte ich, ich bin ein komischer Vogel.

Wir spielten Platten. Ich wollte sie in die Burg einladen, unterließ es aber. Um sieben wieder ins College. Die Frischlinge rannten maskiert um den Half. Hinterm Handballplatz ließ jemand einen Knallkörper los. Mich die ganze Nacht im Bett gewälzt und an Sheila gedacht.

Sa 2., Allerseelen
Direkt nach dem Frühstück hoch zu Bob. Es kam zum Streit, aber schließlich durfte ich in die Stadt, um mir den Zahn ersetzen zu lassen. Ging zum Zahnarzt, Dr. Hickey, der einen Abdruck nahm, und bat ihn, den nächsten Termin für den späten Nachmittag anzusetzen, dann hob ich den Hörer ab und lud Sheila zur Nachmittagsvorstellung ein.

Willst du das wirklich?

Ja, sagte ich.

Zuerst saßen wir im Dunkeln nebeneinander, ohne uns zu berühren, dann fand ihre Hand meine Hand, und so saßen wir eine Zeit lang während der Wochenschau, aber als der Hauptfilm begann, fingen wir an, uns zu küssen. Eine der besten Fummeleien bisher. Hinterher tranken wir bei Finnegan's eine Flasche Wein. Dann ins Central Café, wo wir Fritten aßen. Little Peggy Marchs Song und Billy Furys *Halfway to Paradise* werde ich nie vergessen. *So near yet so far away*. Sheila erzählte ihren Eltern, sie fahre mit den Saundersons zurück ins Loreto College, und ich erzählte meiner Mutter, ich würde mit Burke zur Schule hinausfahren, dann mieteten wir Jack Floods Taxi und fuhren zuerst zum Loreto College, aber ich wollte sie nicht gehen lassen, und so fuhren wir weiter nach Butlersbridge und wieder zurück, dann noch einmal nach Farnham, am Golfplatz vorbei, und schließlich wieder zur Loreto Avenue. In einem Laubhagel verabschiedeten wir uns, danach setzte Jack mich am St. Patrick's College ab.

Im Fahrersitz drehte er sich zu mir um.

Ich wünsche dir viel Glück, sagte er.

Die Taxifahrt kostete mich all das Geld, das mich bis Ende November hätte durchbringen sollen, aber die Sache war es wert. Zum Abendessen gab es Nüsse, danach wurden zwei Filme gezeigt – *Die Olympischen Spiele* und *Harlem Globetrotters*, und Square ließ in Nr. 10 bis spät das Licht brennen, sodass wir uns lange unterhalten konnten.

Sa 9., Weihfest der Basilika des Allerheiligsten Erlösers
Mein Geburtstag. Beim Abendessen drängte sich alles lärmend um

mich. Großes Hallo. Nahm meine Geburtstagstorte mit an den Tisch und gab jedem der Jungs ein Stück. Prima geschmeckt. Im Schlafsaal ein weiterer Kuchen mit sechzehn brennenden Kerzen. Hörte Square kommen. Blies die Kerzen aus und schob den Kuchen unters Bett.

Er kam herein und schritt den Schlafsaal ab.

Er schnüffelte die Luft und leuchtete mit der Taschenlampe im Saal umher. Ich bildete mir schon ein, der Rauch stiege unter der Bettdecke hervor. Dann schritt er den Schlafsaal abermals ab und blieb am Fußende meines Bettes stehen. Mit der Taschenlampe leuchtete er direkt auf mein Kopfkissen, dann knipste er sie plötzlich aus und ging davon.

So 10., 23. Sonntag nach Pfingsten

Ich spielte gerade Tischtennis, als O'Connor sagte, draußen seien Freunde von mir. Andy und Timmy waren da. Sie waren gekommen, um mir zum Geburtstag zwanzig Kingsway zu schenken. Die Schüler des fünften Jahrgangs scharten sich um uns und fingen an zu grölen. Die Jungs reagierten nicht. Wir blieben sitzen und unterhielten uns. Dann ging oben ein Fenster auf, und sie überschütteten uns mit Wasser. Wir wichen nicht vom Fleck. Hinterher sprach die ganze Schule davon.

Sa 16.

Fahre in die Stadt, um mir den Zahn einsetzen zu lassen. Futtere im Central Café, anschließend in die Nachmittagsvorstellung. Versuche Adams. Nichts zu machen. Square macht Stunk und ruft bei Hickey, dem Zahnarzt, an, weil ich eine Stunde zu spät komme. Höre bis halb eins mit O'Connor Radio. Dann rechne ich mir die Chancen aus, mich aus der Schule zu verdrücken und wieder in die Stadt zu fahren.

Ich beschloss, es zu riskieren.

Ich zog mich an und streifte meinen Schlafanzug über, dann trat ich in Sandalen auf den Korridor. Ich ging zur Toilette und blieb stehen, um zu lauschen. Niemand. Da steuerte ich die Treppe an, ich wollte dieselbe Strecke nehmen, auf der ich in der Nacht von Tante Gertys Begräbnis gekommen war, an den Zimmern der Priester vorbei. Gerade hatte ich den ersten Treppenlauf hinter mich gebracht, als ich

Schritte heraufkommen hörte, also rannte ich zurück, den Korridor entlang und in die Nr. 10. Als ich eben ins Bett sprang, wurde hinter mir die Tür aufgerissen. Es war Square, und er war außer Atem. Er leuchtete jedem mit der Taschenlampe ins Gesicht. Der Schein drang durch meine Augenlider. Er beugte sich über mich. Der Schweiß lief mir am Rücken herab. Dann endlich Dunkelheit.

Ich rührte mich nicht, weil ich die Tür nicht hatte zugehen hören, und so lag ich mucksmäuschenstill und atmete ein und aus, so regelmäßig ich konnte. Ich versuchte, mich auf den Schlaf zu konzentrieren, doch die Hitze von meinen Kleidern unter dem Schlafanzug wurde immer stickiger, und er stand immer noch da. Ich wusste, dass er im Dunkeln dastand und nur darauf wartete, dass ich eine falsche Bewegung machte, und tatsächlich knipste er ungefähr zehn Minuten später seine Taschenlampe an, und ihr Strahl traf meine Lider. Er stand immer noch über mich gebeugt.

Ich wusste, dass er drauf und dran war, mich aufzufordern, aus dem Bett zu klettern, als O'Connor plötzlich im Schlaf wirr zu sprechen begann. Square fuhr herum. Die Jungs wachten auf. Ich öffnete die Augen und sah ihn an.

Was ist, Hochwürden?, fragte ich.

Leg dich wieder schlafen, sagte er.

Er weckte O'Connor auf und verließ den Schlafsaal. Unter den Laken befreite ich mich von meinen Kleidern und versteckte sie unterm Bett. Sehr viel später in der Nacht erwachte ich aus einem Traum und hätte schwören können, dass ich irgendwo dort draußen im Dunkeln noch immer Squares Silhouette sehen konnte, aber dann war ich mir doch nicht sicher.

So 17., 24. Sonntag nach Pfingsten
Trage meinen blau-weißen Pullover. Von allen bewundert.

Fr 22.
Mit Pete Duffy, Gallagher und Mullaly um den Half spazieren gegangen, als jemand, der sich ein Radio ans Ohr hielt, brüllte, Präsident Kennedy sei tot.

Fr 13.
Die Frischlinge besorgten für die Oberstufenschüler Botengänge zum Laden, vor dem Umkleideraum unterhielten sich die Externen aus Belturbet über Football, die Jungs aus Arva diskutierten über Autos, im oberen Korridor spielten die aus Drumshambo Touch-Penny, derweil die Oberstufenschüler aus Balieborough neben ihnen beim Six-Penny-Poker ihre Karten auf die Fensterbretter klatschten; die Typen aus Cavan sangen *Living Doll*, und auf dem Whole schmiedeten die aus Killeshandra Pläne, zwei Typen aus Ost-Cavan saßen schweigend im Wald, in einem leeren Klassenzimmer teilte sich ein Brüderpaar aus Manorhamilton ein Schinkensandwich; ein einsamer Bursche aus Ballinagh hockte auf dem Lokus und las einen 64 Seiten starken Comic; die Jungs aus Mullahoran standen wie Männer, die an der Giebelwand eines Hauses Schutz vor dem Wind suchen, an der hinteren Mauer des Handballplatzes; auf dem unteren Footballplatz sprang ein Junge aus Glan hoch und baumelte von der Querstange des Tores herab; Typen aus Killinkere stichelten gegen Typen aus Drung; die aus Cootehill rasselten eine Litanei mit den Namen von Footballspielern herunter und stritten sich darüber, wer im Jahre 1961 am Tag des Endspiels im Tor gestanden hatte; im Kreuzgang spielten die aus Shercock »Wappen oder Zahl?«; der elegante Bursche aus Ballyconnell blieb vor einem Fenster stehen, um sein Spiegelbild zu betrachten, dann zückte er seinen Kamm und strich sich kurz und kräftig über die Tolle; im Studiensaal saßen fünf oder sechs Pulte voneinander entfernt zwei, drei Oberstufenschüler aus Mullagh und summten *Down by the Riverside*; ein Kerl aus Carrickgallen schlief im Klavierzimmer ein; auf dem oberen Footballplatz entbrannte ein alter Streit zwischen zwei hoch gewachsenen Nachbarn aus Glenfarne, sodass sie ihre Mäntel zusammenfalteten und sich ineinander verkrallten; *Lavey! Lavey Strand! Behy! Behy Bog! Und Currahoe*, brüllte ein Frischling aus Bunoe; in den Duschkabinen stießen drei Typen aus Varginee Lästerungen aus; im Erste-Hilfe-Raum spuckte ein Junge aus Swad Blut ins Waschbecken; der Einzelgänger aus Moynalty dribbelte einen Ball über den Basketballplatz; ein Musterknabe aus Latt spazierte rasch um den Half, blieb

stehen, holte eine Streichholzschachtel hervor, die einen Schmetterling enthielt, und ging weiter; ein Spieler aus Ballyjamesduff ließ sich von einem Externen die Ergebnisse der Pferderennen vom Vortag nennen und stampfte mit dem Fuß auf; du siehst aber ganz schön schnieke aus, sagte ein Frischling aus Drum zu einem Oberstufenschüler aus Latt, der erwiderte: Ich geb dir gleich eins in die Fresse; ein Typ aus Dowra stahl sich in die Küche, während ein anderer aus Bawnboy Wache schob; ein Stipendiat riss einem Huhn, das seine Mutter ihm aus Kilnaneck geschickt hatte, den Flügel ab; im Umkleideraum saß der Bursche aus Gowna und stopfte sein Unterhemd; und als die Externen zum Fahrradschuppen gingen, mussten sie feststellen, dass jemand aus sämtlichen Reifen die Luft herausgelassen hatte.

Do 19.
Große Gaudi. Mullaly, Duffy und ich liefen rückwärts um den Whole und brüllten auf Teufel komm raus.

Fr 20. Quatember (Fasttag mit Abstinenz)
Heute haben wir Ferien gekriegt. Um sechs Uhr auf, und um Viertel vor neun in der Stadt angekommen. Die Mädchen ließen mich ein. Machte im privaten Esszimmer ein Feuer im Kamin und setzte Tee für Mutter auf, bevor sie herunterkam. Wir unterhielten uns, bis das Geschäft öffnete, und ich machte einen Spaziergang in die Stadt, nahm ein Bad und fuhr mit Dermot wieder hinaus zur Schule, um meine Taschen abzuholen. Ins Kino.

Sa 21., Festtag des hl. Apostels Thomas, Quatember (Fasttag ohne Abstinenz)
Nach dem Frühstück Sally geküsst, dann kam betrunken ihr Vater hereingestolpert. Nach dem Mittagessen mit Mary zum Golfplatz gefahren. Im Ulster Arms Paddy Kelly getroffen. Danach mit Phyllis auf der Straße spazieren gegangen.

So 22., 4. Advent
In der Backstube ist dreimal der Ofen ausgegangen, dann klingelte es,

und Sheila stand vor der Tür. Die Arbeiterkapelle marschierte die Farnham Street hinunter.

Mo 23.
Um Viertel nach acht weckte mich Dermot. Wir steuerten das Central Café an, wo wir kostenlos Kaffee tranken und süße Brötchen aßen, dann setzte uns Sean McManus in seinen Sportwagen, und wir brachen nach Dublin auf. Die ganze Strecke über sangen wir Opernarien. Hinter Virginia gerieten wir ins Schleudern und blieben in der umgekehrten Richtung stehen. Jedenfalls kamen wir an, und ich ging zum Parnell House, um Ollie, Johnny und all die Barkeeper zu sehen. Anschließend in Dublin herumgelaufen. Überall Dreck. Furchtbares Kaff. Sogar in der O'Connell Street Dreck. Woher kommt der bloß? Kaufte mir einen neuen Pullover, dann wartete ich eine Stunde vor dem Metropole auf Sean, und als er endlich kam, gingen wir hinein, was trinken. Wir brachen auf, hielten aber gleich beim erstbesten Pub wieder an. Dann machten wir hinter Navan, in Kells und im Park in Virginia Halt. Auf der ganzen Heimfahrt mächtig gesungen. Mit dreißig Stundenkilometern fahren wir in Cavan ein. Was für ein Tag!

Di 24., Heiligabend
Lief durch die Town Hall Street zurück, wo sämtliche Kinder sich im dämmrigen Hof versammelt hatten und darauf warteten, dass Bud McNamara, als Santa Claus verkleidet, Geschenke austeilte. Mit Frank Brady im Ulster Arms. Ich trug den neuen Schal, den meine Mutter mir gekauft hatte. Der arme Jack, sagte er. Gab allen Anwesenden – Sheila, Dermot, Paddy Kelly – eine Runde aus. Wodka und Bier. Dann überreichte Sheila mir ein Geschenk.

Aber nicht vor morgen aufmachen.

Geht in Ordnung, sagte ich.

Versprichst du's?

Ja.

Dann ging sie nach Hause, und ich ging mit den Jungs zu Donohue's. In der Bridge Street war mächtig was los. Getrunken und geraucht. Viel Spaß. Wir kamen zur Main Street, und ich sagte gute Nacht. Ich wollte nach Hause gehen, ich hatte es versprochen. In der

Auslage vom Breifne stand immer noch unser Santa und nickte. Ich betrachtete ihn eine Weile von oben bis unten. Mit seinem buschigen Bart und dem Konfetti auf den roten Schultern sah er ein bisschen abgerissen und verloren aus, und ohne die Kuchen und Pralinenschachteln wirkte das Schaufenster äußerst leer. Irgendwie war er gealtert, aber das hielt ihn nicht davon ab, in dem leeren Schaufenster vor sich hin zu nicken. Ein Nicken, *ja, du kannst haben, was du möchtest*, ein Nicken, *ja, was immer du willst*, ein Nicken, *brauchst nur zu fragen*, ein Nicken, *alles, was du dir wünschst*, er neigte den Kopf wie ein Messdiener vor dem Altar, ein Nicken, *aber natürlich, mein Bester*, wie ein Chinese vor seinem Herrn, ein Nicken, *die ganze Welt, wenn du möchtest*, seine kleinen gewienerten Stiefel auf einem Zierdeckchen, die schmalen Schultern; dann, als ich eintrat, rief Andy über die Straße hinweg: Healy, du Penner, und wir brachen zum Busbahnhof auf, aber da gab's keine Busse, sodass die ganze Clique zu den Bahngleisen zog, wir setzten uns auf den Bahnsteig und tranken. Der Himmel war sternklar. Überall bildete sich Glatteis.

Um eins ging ich nach Hause. Die Auslage war leer.

Wo warst du?, fragte Mutter.

Ich war in der Christmette.

Ein richtiger Heiliger, sagte Maisie.

Fröhliche Weihnachten, sagte meine Mutter, und sie lächelte. Sie war von einer seltenen Freude erfüllt. Wir saßen beisammen, packten die Geschenke aus und unterhielten uns bis in die Puppen. In dem goldenen Rand des Spiegels, auf dem Kaminsims und in den Bilderrahmen steckten Weihnachtskarten. Wir sagten gute Nacht und stellten die Wecker für den Morgen. Im Esszimmer flackerten die Leuchtstofflampen. Als ich auf mein Zimmer ging, stellte ich fest, dass ich den Schal und Sheilas Geschenk verloren hatte.

Mi 25., 1. Weihnachtstag

Um acht Uhr zur Frühmesse für Daddy, danach zu den Bahngleisen, um meinen Schal zu suchen, aber obwohl ich den Schal wieder fand, war Sheilas Geschenk nirgends zu sehen, so sehr ich auch suchte. Ich setzte mich auf den Bahnsteig, rauchte eine Zigarette und blickte die Gleise entlang. Ein Ostwind rüttelte an den kahlen Bäumen. Es war, als wartete ich auf einen Zug. Ich stopfte den weißen Schal in meinen blauen Gabardinemantel und machte mich über den Barrack Hill auf den Heimweg. Der Handballplatz lag verlassen da. In der rechten Ecke der hinteren Mauer wirbelte Staub auf. An Paddy Woods Tür war ein Kranz aus Stechpalmenzweigen angenagelt. Die Stadt war menschenleer. Plötzlich schüttelte der Wind die Schnüre mit Lichtern und Wimpeln, die über die Bridge Street gespannt waren: Klatsch! Klatsch! Klatsch!, aber in der Main Street war es noch schlimmer, sie klatschten, als wären wir in einer Geisterstadt: Klatsch! Krach! Klick! Klippklapp!, die Schnüre waren zum Zerreißen gespannt, es wirkte gefährlich, bunte Glühbirnen zersplitterten, die ganze Straße straffte sich, die Schnüre mit Lichtern über mir wackelten im peitschenden Wind, dann gaben sie wieder nach, keine Menschenseele war zu sehen, selbst Santa war aus der Auslage verschwunden und stand wieder auf dem Dachboden, bis zum nächsten Jahr; ein Nicken, *brauchst nur zu fragen*, ein Nicken, *alles, was du dir wünschst*; auf der Straße war kein Auto zu sehen, nicht einmal ein Hund, bis der junge Brady aufkreuzte und, als Cowboy verkleidet, mit zwei schussbereiten Revolvern die Main Street heraufstelzte. Du bist tot, sagte er, du bist tot, er zielte auf mich, und ich duckte mich, das Zündplättchen krachte, ich griff mir ans Herz, und er pustete eine gedachte Rauchwolke weg, steckte den Revolver ins Holster und sagte: Bis später, Partner, dann trabte er wieder die Main Street hinunter, wobei er den Arsch zusammenkniff, und ging in sein Haus, und ich ging in meins, blieb einen Augenblick in dem verlassenen Speisesaal stehen, die Tische mit ihren Platten aus weißem Marmor-Imitat waren mit kalten Mänteln, Hüten und Geschenken überladen, und lauschte auf den Fernseher und die Familienmitglieder, die drinnen plauderten und lachten, und öffnete die Tür, und da waren sie alle, Una, Maisie, Mutter – die Damen – einmal auf den Stühlen um den Tisch mit dem weißen Linnen und ein zweites Mal verkehrt herum im Spiegel. Mutter schlug sich schallend auf die Knie.

Da bist du ja, sagte sie fröhlich.

Der Wanderer, nickte Maisie.

Und schau dir an, wie er aussieht.

Ein richtiger Gammler, pflichtete Maisie ihr bei.

Und wo warst du?, fragte Mutter.

Ich habe einen Spaziergang durch die Stadt gemacht, antwortete ich.

Wir, zwitscherte Maisie und rückte ihre Brille zurecht, warten auf den Auftritt der Queen.

Ach ja?, sagte ich.

O ja, antwortete sie, sie wird jeden Augenblick auf den Balkon heraustreten, und sie wandte sich wieder dem Fernseher zu.

Fünftes Buch

Wenn der weiße Flieder wieder blüht

29. Kapitel

Mutter sitzt in einem Sessel neben ihrem Bett im Grafschaftskrankenhaus, wo man ihr im Alter von achtundachtzig Jahren ein Stück Schorf vom Kopf entfernen will. Vor zwei Wochen war sie in dem Bungalow in Cootehill, in den sie gezogen war, nachdem das Breifne zugemacht hatte, gegen einen Heizkörper gefallen. Der Umzug war eingefädelt worden, damit sie und Maisie in der Nähe von Una leben konnten, die auf einem Bauernhof weiter unten in der Straße wohnt. Unfähig, wieder aufzustehen, hatte sie vielleicht eine Stunde dagelegen, den Kopf gegen den kochend heißen Heizkörper gelehnt. Mein Bruder Tony und seine Frau Moira hatten sie mitten in der Nacht gefunden.

Moira war in ihr Schlafzimmer gegangen, um nachzusehen, ob alles in Ordnung sei, aber da war niemand. So suchte sie das ganze Haus ab, konnte sie aber nirgends finden. Daraufhin ging sie wieder ins Schlafzimmer und hörte einen unterdrückten Schrei. Mutter lag zwischen ihrem Bett und dem Heizkörper. Dies sollte der erste von unzähligen Stürzen sein. Sie waren von Toronto auf Urlaub nach Hause gekommen, um sie zu besuchen, und flogen in tiefster Verzweiflung wieder zurück.

Anfangs sah man die Verbrennung nicht, wegen der Schwellung, die der Aufschlag auf den Heizkörper verursacht hatte, doch heute wurde sie zu einer Operation in die Poliklinik eingeliefert. Man wird ihrem Oberschenkel ein Stück Gewebe entnehmen, um das Loch zu füllen, das die Verbrennung verursacht hat. Über der Wunde trägt sie ein kleines weißes Schädelkäppchen. Man will sie für die Operation aufpäppeln, sie aber möchte nach Hause. Man will sie nicht entlassen, deshalb weigert sie sich jetzt zu essen.

Hol mich hier raus!, sagt sie.

Ihnen geht's doch schon besser, sagt Mrs. English, die im Bett schräg gegenüber liegt.

O ja, sagt meine Mutter und lächelt süß, da haben Sie Recht.

Lass mich nicht hier, befiehlt sie mir.

Das tu ich nicht.

Aber du gehst doch.

Ich muss jetzt gehen, sage ich.

Zu dem Theaterstück?

Ja.

On Broken Wings, sagt sie zu sich selbst. Sie hebt die Stimme. Er verdient Hunderte von Pfund.

Sehr gut, sagt Mrs. English.

Sie nimmt meine Hand. Nimm mich mit, ja?

Ich würde, wenn ich's könnte.

Das stimmt.

Auf Wiedersehen, sage ich.

Du siehst wunderbar aus, sagt sie.

Hör sich einer das an, sagt Mrs. English.

Ich werde rot und stehe auf, küsse sie auf die Wange und gehe die Farnham Road hinab zur Stadthalle von Cavan, wo ein Stück von mir Premiere hat, benannt nach einem Lied, das sie früher immer sang. Das Lied heißt *On Broken Wings*. In Finea hatte sie es immer in der Küche gesungen.

Sie sitzt mir gegenüber in Cootehill, ihre Augen durchwandern die dunklen Korridore des Unbewussten.

Bring mich ins Bett, sagt sie.

Gleich.

Warum musste mir das passieren?

Du bist gefallen.

Das stimmt. Dann bring mich, sagt sie, runter zu Unas Haus.

Una ist weg.

Weg wohin?

Amerika.

Amerika, wiederholt sie und ist nicht überzeugt.

Die Wiederholungen erfolgen unaufhörlich, begleitet von Tränen und flehentlichen Bitten. Ich weiß, was sie meint und was sie möchte, aber ich weiß für sie keine Antwort.

Bring mich ins Bett, ja?
Es ist zu früh.
Führ mich zum Essen aus.
Wir essen bald.
Bring mich nach Hause.
Du bist zu Hause.
Nein, bin ich nicht.
Das ist dein Haus, Errigal.
Wo ist mein Haus?
Hier, Mutter.
Na, bring mich zum Essen dahin.
Im Nebenzimmer plärrt Maisies japanisches Transistorradio.
Ich halte das nicht aus, schreit meine Mutter, ich bin über achtzig Jahre alt, und sie verdreht die Augen zum Himmel.
Ich halte das nicht aus, weint sie, und ihre Lippen verziehen sich zu einem Wimmern. Voller Verzweiflung schüttelt sie ihre von Arthritis gezeichnete Hand mit den dunklen Adern. An ihrem Hinterkopf, wo der verdammte Heizkörper sich in ihren Schädel gebrannt hat, sind zwei Dellen zu sehen.

Damit die Wunde frisch verbunden werden kann, wird der Verband heute Morgen abgenommen, ein paar graue Haare bleiben daran haften. Sie hebt eine Hand zum Quell ihrer Schmerzen. Sie tritt nach mir. Jammert. Weint, als die Pflegerin ihr den Schorf abtupft.
Sie tun mir weh, weint sie. O Gott im Himmel. Warum lässt du zu, dass mir das angetan wird?
Er muss ausgewechselt werden, antworte ich.
Warum ist sie so grob? He?
Es ist bald vorbei.
Das sagst *du*.

Wir sitzen in einem Haus, von dem sie nicht glaubt, dass es ihr Zuhause ist. Manchmal bin ich nicht länger ihr Sohn. Wir alle sind Teil einer grausamen Verschwörung, darauf aus, ihr Schlaf, Nahrung, Ausflüge und inneren Frieden zu rauben.
Ich führe sie ins Wohnzimmer.

Ganz nett, nicht wahr?, sagt Maisie, die sich im Nachmittagsprogramm des Fernsehens einen irischen Country- & Western-Song anhört. Diese Milchbubis haben es ihr angetan. Und sie ist beruhigt, als sie sieht, dass Derek Davies, der Moderator, mit von der Partie ist.

Da ist ja Derek, sagt sie. Und er hat abgenommen, wisst ihr.

Im Alter von zweiundneunzig Jahren kennt sie sie alle – Miley in *Glenroe*, Gay Byrne von der *Late Late Show*, Pat Kenny von *Kenny Live*, sämtliche Nachrichtensprecher. Ihre Brillengläser wenden sich uns zu und nehmen alles auf.

Das neue Grafschaftskrankenhaus in Cavan ist *wunderbar*, behauptet sie, als sei sie selber da gewesen.

Von den Krankenschwestern, denen meine Mutter begegnet ist, redet sie so, als habe sie sie selbst gesehen. Sie beschreibt die Ärzte, die Größe des Gebäudes, die Rasenflächen, die Blumen auf dem Rasen. Die launische Nachtschwester. Mrs. English.

Mrs. English war da?

Das hab ich dir doch gesagt, sagt meine Mutter widerstrebend.

Und was hatte die?

Etwas mit dem Magen.

So was aber auch, sagt Maisie.

Durch ihre ständigen Verhöre hat sie meine Mutter Stück für Stück so weit gebracht, ihr alles zu beschreiben, was ihr während ihrer Abwesenheit widerfahren ist. Nun ist die Geschichte in Maisies Besitz übergegangen, und sie, die seit Jahren kaum einen Schritt vor die Tür getan hat, gibt sie treffend wieder. Hinter geschlossenen Türen zu sitzen, bändigt Maisies Neugier nicht. Einmal, in den achtziger Jahren, war sie dank grauem Star fast erblindet, fünf Jahre lang bettlägerig und lebte nur von Suppe und Valium. Oft trafen wir sie an, wie sie im Korridor des Breifne herumirrte und sich in ihr Zimmer zurücktastete. Wir verabreichten ihr kein Valium mehr, sie litt unter Entzug, und mit einem Trick brachten wir sie dazu, sich ins Krankenhaus einweisen zu lassen. Dann, nach ihrer Augenoperation, kam sie nach unten und nahm ihren alten Platz ein, als sei sie niemals fort gewesen. Ihr seid aber alle *alt* geworden, sagte sie und fing wieder da an, wo sie aufgehört hatte, erzählte von Dingen, die sie nie erlebt hatte, doch wenn man sie hörte, hätte man schwören können, sie sei selbst dabei gewesen. Auf dieselbe

Weise und mit großer Genauigkeit beschreibt sie Geschäfte in Cootehill, in die sie nie einen Fuß gesetzt hat. Sie erinnert sich an Hochzeitsfeste von Leuten, denen sie nie begegnet ist. Alles, was sie von Besuchern hört, wird wieder erzählt, ausgeschmückt und beglaubigt.

Während von Mutter die Realität abfällt, tritt Maisie mit über neunzig Jahren in eine neue Phase komplexer Strickmuster des Greifbaren und des Rätselhaften ein. Wenn sie von Raumfahrt hört, von Astronauten, schlägt ihr das Herz höher. Ein Spaziergang auf dem Mond verleiht ihr ein Schwindelgefühl von Transzendenz.

Es muss schrecklich sein – bei dem Gedanken schaudert sie –, dort oben zu sein.

Die arme Winnie, sagt sie und blickt über den Tisch hinweg auf ihre Schwester.

Trotz der Verhöre sprechen die beiden kaum noch miteinander. Winnie hält es nicht einmal aus, sich in demselben Zimmer aufzuhalten wie Maisie, fühlt sie sich doch außerstande, sich um sie zu kümmern. Nach so vielen Jahren der Fürsorge durch meine Mutter (wegen des Versprechens, das sie Großtante Jane gegeben hatte) findet sich Maisie nunmehr aus dem Mittelpunkt der Welt ihrer Schwester verbannt. Aber wenigstens ist Maisie immer noch bei uns, auf ihrem Streitross – ihrem Laufgestell – schaukelt sie den Gang entlang und stößt einen Blecheimer Pisse vor sich her.

Wenn sie aufwacht, schaltet sie als Erstes das Radio ein. In dem Glauben, am Lautstärkeregler zu drehen, geht sie Sender für Sender durch. Doch es ist ihr gleichgültig, was im Rundfunk läuft. Er ist ihr Tröster. Was auch immer, ob russische Sender, harter Rock, klassische Musik, Werbung, alles ist ihr recht. Während sie mit abwesender Miene Apfelsinen verzehrt, lauscht sie dem Lokalsender, der die Verkaufspreise von Schafen und Vieh durchgibt und für ein Mittel gegen Mastitis wirbt.

Ich beobachte sie. Sie sieht mich an, konzentriert sich auf mich.

Du solltest dir deinen Bart färben, sagt sie, er wird langsam grau.

Ich kann meinen Bart nicht färben.

Warum nicht? Und wenn du schon dabei bist, kannst du auch gleich ein paar Highlights in dein Haar machen lassen.

Ruhr, sagt das Radio. Köderwurm. Redblood. Räude.

Über die Jahre habe ich von Maisie so viele Wendungen übernommen und sie meinen fiktiven Charakteren in den Mund gelegt, dass sie selbst ein Geschöpf der Vorstellungskraft geworden ist. Sie liebt lackierte Fingernägel. Sie betrachtet ihre Fingernägel. Sie sieht zu meiner Mutter hinüber, die vor ihrem nicht aufgegessenen Abendessen sitzt, ein Lätzchen um den Hals, die Hände vor dem Schoß gefaltet. Der Nachtisch steht unberührt vor ihr.

Du solltest Dermot zuliebe essen, sagt Maisie und hebt die Stimme.

Kümmere dich um deine eigenen Angelegenheiten, sagt meine Mutter.

Was hat sie gesagt?, fragt Maisie

Sie hat keinen Appetit, antworte ich.

Du solltest essen, sagt Maisie laut und deutlich.

Lass mich hier raus, faucht meine Mutter und fummelt an ihrem Lätzchen.

Pass auf, sagt Maisie. Du stößt noch was um.

Bah!, sagt meine Mutter und droht Maisie mit dem Salzstreuer.

Ich führe die beiden Frauen nach nebenan, Winnie zu ihrem Sessel, Maisie zum Sofa, dann schalte ich den Fernseher ein.

Der grüne Hund auf dem Kaminsims steht am falschen Platz, beschwert sich Maisie. In diesem Haus gibt's Leute, die sollten Besseres zu tun haben, als die gewohnte Ordnung durcheinander zu bringen.

Ich rücke den Porzellanhund zurecht.

So besser?, frage ich.

Noch ein Stück.

So?

Ja, sagt sie. So ist es besser.

Nach kurzer Zeit schläft sie ein und kippt sanft nach rechts. Nichts liebt Maisie so sehr, wie zu dem tröstenden Geräusch des plärrenden Radios oder Fernsehers einzuschlafen. Bald schlafen beide Schwestern. Ich genehmige mir einen Brandy. Der Mund meiner Mutter öffnet sich wie der Schnabel eines soeben geschlüpften Vogels. Aus Maisies Mundwinkel tröpfelt Speichel. Auf *Today at 3* singt Jimmy Buckley wie auf ein Signal durch ihr Unbewusstes *All I can be is a sweet memory that drifts through your mind.*

Ich wechsele den Kanal. Sofort wird Maisie wach, rückt ihre Brille zurecht, sieht, was in der Kiste läuft, *The Clash of the Titans*, und dreht sich zu mir um.

Was ist passiert?

Nichts.

Etwas ist passiert.

Ich habe den Kanal gewechselt, sage ich.

Das dachte ich mir. Und ohne auch nur um Erlaubnis zu bitten. Sie sieht sich den Film an. Rülpst leise. Warst du schon mal im Reptilienhaus in London?

Einmal, glaube ich, antworte ich.

Mein Gott, wenn dich eine von diesen Schlangen zu fassen bekäme! Sie hebt die geballten Fäuste. Die zerquetschen dich. *Die zerquetschen dich.* Es ist furchtbar.

Sie wendet sich wieder dem Fernseher zu.

Die Dinger sehen Furcht erregend aus. Was ist jetzt los?

Ein Krieg.

Dasselbe wie immer, sagt sie nickend. In der Nacht, als die Waisenkinder in der Feuersbrunst bei den Armen Klarissen verbrannt sind, waren die Fenster im Breifne glutrot. Die armen Dinger saßen in der Falle. Es war schrecklich. *Schrecklich!* Und sie schlägt sich mit der Faust auf den Oberschenkel.

Bei dieser Bewegung erwacht meine Mutter. Sie greift nach ihrem Rosenkranz, dreht sich um und sieht mich vor sich.

Wo warst du den ganzen Tag?, fragt sie.

Ich war hier bei dir.

Das glaub ich dir nicht, sagt sie lächelnd. Und sie nimmt meine Hand.

Schläfst du hier?, fragt sie.

Ja.

Gott segne dich. Sie wägt ihre Umgebung ab, schaut flüchtig auf Maisie und fragt: Was für ein Tag ist heute?

Mittwoch.

Und wie spät ist es?, fragt sie und blickt kritisch auf ihre goldene Uhr, die nicht geht.

Viertel vor acht.

Nun sieh dir das Gesicht an, sagt Maisie, die fernsieht. Stell dir vor, du wachst morgens auf und findest *das* neben dir im Bett.

Wovon redet sie?

Von dem Film, rufe ich.

Schund, sagt meine Mutter. Nichts als *Schund.*

Jedenfalls, sagt Maisie, war da mal dieser Kayton, und der war hinter den Frauen her. Ach, was war das für ein Theater, lacht sie.

Gewäsch, sagt meine Mutter.

Und seine Frau war auf der Suche nach ihm. Dein Onkel Jim hat uns immer alles haarklein erzählt.

Noch mehr Gewäsch, fügt meine Mutter hinzu.

Na ja, es gibt so 'ne und solche.

Gib ihr einen Drink, sagt Winnie.

Sie hat schon einen.

Was sagt sie?, fragt Maisie.

Sie will wissen, ob du einen Drink hast.

Habe ich.

Dann nick ihr mit dem Kopf zu.

Für wen hältst du mich eigentlich, fragt Maisie, für Santa Claus?

Nick einfach nur mit dem Kopf, Maisie.

Wenn's denn sein muss.

Sie nickt. Einmal, zweimal, dreimal. Meine Mutter wirft ihr einen schrägen Blick zu.

Was ist denn mit der los?, fragt sie.

Sie sagt ja.

Richtig, stimmt Maisie zu. Ich nicke, wie der Santa im Schaufenster es immer getan hat.

Mutter schüttelt ungläubig den Kopf.

Wow, sagt sie.

Was?, fragt Maisie.

Das stimmt, sagt Mutter.

Was willst du damit sagen?

Mutter klappert mit den Absätzen.

Nichts als Geflüster. *Whistling Rufus!* Sie verdreht die Augen zum Himmel und sieht wieder mich an. Wann kommt dein nächstes Buch heraus?, fragt sie.

Es ist zu warm, sagt Maisie.

Erst ist es zu kalt, dann ist es zu warm, sage ich.

Stimmt, antwortet Maisie, ich bin eine Plage.

Nein, das bist du nicht.

Doch, das bin ich.

Sie dreht sich zur Glotze um.

Es ist schlimm genug, Astronaut zu sein. Aber dann gibt es da noch diese Bergsteiger, die im Schnee eingeschlossen sind. Diese Lawinen. Und ab mit ihnen, es ist schrecklich.

Sie hebt eine Hand und krümmt sie. Meine Mutter beobachtet sie.

Du solltest im Bett sein, schnaubt Mutter.

Was?

Gib ihr einen Drink in ihrem Zimmer, sagt meine Mutter.

Der steht schon da.

Was sagt sie?, fragt Maisie.

Sie will, dass du einen Drink bekommst.

Maisie sieht mich an. Sie überprüft meine Schuhe, meine Hose, mein Gesicht. Sie rückt ein wenig an ihrer Brille und fährt ohne Scheu mit ihrer Überprüfung fort. Eine lange Zeitspanne verstreicht.

Bist du nicht bei den Armen Klarissen zur Schule gegangen?

Das bin ich, antworte ich.

Und dann haben dich die De-La-Salle-Brüder geprügelt. Du bist verdroschen worden. Die hätten dich fast umgebracht.

Stell ihr einen Drink in ihr Zimmer, sagt Mutter. Ich kann's nicht.

In ihrem Zimmer stehen schon zwei Drinks.

Bist du dir sicher?

Natürlich bin ich mir sicher.

Wer hat sie da hingestellt?

Ich.

Oh. Hat er das?, fragt sie Maisie.

Nicke, sage ich zu Maisie.

Nicken, wozu?

Nicke Mutter zu.

Ich werde noch zum Santa Claus, sagt sie.

Sie nickt wie verrückt.

Mutter zeigt auf sie und lacht.

Der Santa, sage ich, steht oben auf dem Dachboden.

Und dann, dann bist du von der Schule geflogen, fügt Maisie hinzu, weil du losgezogen bist, um die Bachelors zu sehen. Keine Geringeren als *The Bachelors*. Und was ist mit den fünf Pfund, die du von dem Mann in Dublin geschenkt bekommen hast? Sie wirft mir einen vernichtenden Blick zu. Hast du die weitergegeben?

Ja.

Gut.

Ich stehe auf und schenke Maisie einen weiteren Brandy mit Ginger Ale ein.

Alle Spenden, sagt sie, werden dankbar angenommen. Auf dem Knochenacker werden wir noch lange genug liegen.

Deine Drinks sind in deinem eigenen Zimmer, schreit meine Mutter und droht Maisie mit der Faust.

Was?

Sie sollte schon längst im Bett liegen, sagt Mutter zu mir.

Hier sind wir wieder, mitten im Schmerzzentrum der Verantwortung. Als sie noch gesund genug war, um sich im Hause frei bewegen zu können, hätte meine Mutter ihre Schwester zu diesem Zeitpunkt ins Bett geschickt. In diesem Haus bricht die Nacht nach Lust und Laune herein.

Sind die Drinks für sie im Zimmer?, fragt Winnie, lehnt sich herüber und kneift mich.

Ja.

Sieh zu, dass sie's sind, und sie lässt die schwarzen Perlen des Rosenkranzes durch ihre Finger mit den scharlachrot lackierten Nägeln gleiten.

Ich gieße mir einen Brandy ein.

Genehmige dir noch einen, sagt Maisie, du kannst es gebrauchen. Wieder beginnt sie damit, mich prüfend zu mustern. Und Frank Brady ist gestorben.

Ja.

Der war vielleicht komisch.

Das war er.

Ja, der arme Kerl.

Junge, unterbricht Mutter.

Meine Mutter trägt schwarze Strümpfe, die ihr gerade bis an die Knie reichen.

Junge.

Was?

Nichts.

Sie erinnert mich an Charlie Chang, sagt Maisie.

Wer war das?

Der war noch vor deiner Zeit. Siehst du, Charlie Chang kannte alle seine Söhne nach ihrer Nummer. Da gab es Sohn Nummer soundso. Man hatte Sohn Nummer eins, und man hatte Sohn Nummer sechs. Und so weiter. Charlie war natürlich Chinese. Und einmal hat uns Val O'Neill, dein Onkel Val, Valentin, jawohl, oder Pop O'Neill, wie die Jungs ihn immer genannt haben, zum Chinesen mitgenommen. Val war zum Schreien. *Was ist da unter dem Haufen Fett?*, hat er gefaucht. *Wird hier irgendwo in der Nachbarschaft eine Katze vermisst?* Ich hätte vor Lachen sterben können.

Geh ins Bett, schreit Winnie. Die beiden Drinks stehen draußen.

Was sagt sie jetzt?, fragt Maisie und lacht.

In meinem Alter, sagt meine Mutter, kann ich nicht mehr so, und sie fasst sich mit der Hand ans Knie.

Als du in Cootehill einkaufen warst, sagt Maisie, konnten wir sie nicht bändigen. Man hätte Gewalt anwenden müssen. *Dermot hat uns verlassen*, damit hat sie angefangen. *Dermot ist in der Stadt*, hat Eileen ihr gesagt. *Er ist fort*, hat sie geschrien. *Das ist er nicht*, hat Eileen geantwortet, *er ist in der Stadt*. Sie hat gewartet, dann ging's wieder von vorne los.

Am Ende schenke ich die beiden Drinks ein, die Stein des Anstoßes waren, und bringe sie in Maisies Zimmer. Von dort höre ich Winnie im Wohnzimmer schreien: Bett! Bett! Bett!

Es ist noch zu früh, sag ich dir!, ruft Maisie.

Meine Mutter jammert.

Ich hab dir gesagt, es ist zu früh.

Bett!

Gott im Himmel!

Bett, hab ich gesagt!

Hör auf damit, Winnie!
Jajaja!

Der Schlaganfall, den meine Mutter erlitt, hat bei ihr einen Jähzorn hinterlassen, den ihre Zunge nicht artikulieren kann. Ja-ja-ja-ja-jama! Als ich ins Wohnzimmer zurückkomme, steht Mutter mitten im Zimmer.

Wenn sie hinfällt, kreischt Maisie, kann ich ihr nicht aufhelfen.

Mutter geht zu ihrem Sessel zurück und starrt Maisie wütend an. Die Schwestern sind einander entfremdet. Da sind sie nun, das Werk dessen, der uns geschaffen hat: veränderlich, hasserfüllt, lachend, ungeduldig, verstört.

Das Schweigen der Schwestern schickt sich nicht, wenn die wilden Bestien der Science-Fiction unbeholfen, auf enormen Tatzen, mit lautem Urwaldgebrüll in die Schlacht ziehen.

Setzt den Drachen frei, sagt Laurence Olivier im Film.

Mutter dreht sich zu mir um.

Ich bin aufs Kamingitter gefallen, sagt sie leise. Es war dunkel. Da ist es passiert. Sie berührt die weiße Kappe auf ihrer Kopfhaut. Aber jetzt geht's mir gut.

Als sie aufs Kamingitter fiel, war sie sechzehn. Aber die beiden Kopfverletzungen – das Kamingitter und der Heizkörper – haben sich miteinander verquickt. Eine Erinnerung ist verschwunden, eine andere hinzugetreten. Im Fernsehen kommt Pegasus über die Klippen geflogen und eilt zu Hilfe. Es gibt ein Happy End. Wir sitzen vor den metaphorischen Fabelwesen wie vor den Gestalten eines surrealen Rührstücks.

Aber Surrealismus ist die bewusste Ausblendung unästhetischer Effekte. Jemand übt Kontrolle über das Geschehen aus.

Im Geist meiner Mutter gibt es jedoch keinen Zensor. Keinen Künstler, der eine Illusion verfeinert. Alles, was geschieht, sickert ungekürzt durch. Der harte Aufschlag ist grob. Die Wiederholung von Kommandos taucht aus einer früheren Welt von Gewohnheiten auf. Einst hatte sie einen Verstand, und das stimmt sie verzweifelt. Frenetisch zupft sie an einem Knopf ihrer Bluse, den sie nicht öffnen kann, und die Befehle aus dem kranken Unterbewusstsein schwanken zwischen dem Mitleid Erregenden und dem Würdevollen.

Sie hält mir ihr Handgelenk hin. Ich führe sie durchs Haus. Wir spazieren zur Haustür, bleiben dort einen Moment stehen und blicken über die stille Wohnsiedlung. Die Mülltonne, sagt sie. Dann wieder zurück durchs Haus. Sie schaut in Maisies Zimmer, wirft einen Blick in mein Zimmer, dann kommen wir endlich bei ihrem Bett an.

Brille, sagt sie.

Ich nehme ihr die Brille ab und lege sie auf die Anrichte.

Ohrringe, sagt sie und berührt ihr Ohr.

Ich streife ihr die Schuhe ab. Ich ziehe ihr Pullover und Rock aus. Ich ziehe ihr das Nachthemd über den Kopf. Die ganze Zeit über blickt sie mich an. Sie befühlt ihre Kappe. Ich ziehe ihr das Bettlaken bis zum Kinn. Sie schließt die Augen.

Es hilft nichts mehr, sagt sie.

Natürlich tut es das.

Nein, sagt sie, der Verstand ist hin.

Bevor ich an diesem Abend einschlafe, erinnere ich mich an einen Augenblick in der Vergangenheit: wie ich, neunzehn-, vielleicht zwanzigjährig, in einem blauen Trenchcoat unter Bäumen im Regen dahinspaziere. Ich gehe irgendwohin. Ich versuche mir vorzustellen, wohin ich wohl gegangen bin, vermag es aber nicht. Macht nichts. Ich habe große Erwartungen. In der Dunkelheit glitzern die Blätter. Es hat den Anschein, als wäre ich glücklich.

Angestrengt lausche ich auf das kleinste Geräusch aus Mutters Zimmer. Nichts.

Nach einer Weile höre ich Maisie.

Was soll nur aus mir werden?, sagt sie zu sich selbst, und der hölzerne Deckel des Nachttopfs knallt zu.

Kurz vor Tagesanbruch öffnet sich einen Spalt breit die Tür meines Schlafzimmers. Eine Hand schiebt sich herein, das Licht geht an. Meine Mutter steht da, in ihren besten Sonntagskleidern, den roten Hut tief in die Augen gezogen und die Handtasche am Arm.

30. Kapitel

Ich habe einen entsetzlichen Albtraum. Mir träumt von Schnecken, die sich in schwarze Katzen verwandeln. Ich versuche aufzuwachen und hinauszugehen, um nachzusehen, ob mit Mutter alles in Ordnung ist. Ich bemühe mich, zum Bewusstsein vorzudringen, vermag es aber nicht. Vielleicht bin ich zu träge, vielleicht auch nur zu müde. Stattdessen versuche ich, im Schlaf zu lauschen, ob ich sie hören kann.

Ich höre nichts, habe aber das Gefühl, dass irgendetwas nicht stimmt. Dies geschieht nun schon seit so vielen Nächten, dass ich ein Seitenteil für ihr Bett besorgen und sie einsperren möchte, damit sie nicht hinauskann. Obwohl ihr Zimmer nur ein paar Schritte entfernt von meinem auf der anderen Seite des Flurs liegt und beide Türen offen stehen, sodass ich selbst das leiseste Geräusch hören kann, schaffe ich es trotz allem nicht, mich aus den Tiefen des Schlafes herauszureißen. Ich will aufwachen und rühre mich doch nicht. Statt aufzutauchen, sinke ich immer tiefer. Schließlich rufe ich: Helen! Helen!

Was?

Helen!

Ja.

Schau nach, ob mit ihr alles in Ordnung ist.

Helen geht aus dem Zimmer, kommt zurückgelaufen und ruft: Granny liegt auf dem Fußboden! Dermot! *Granny liegt auf dem Fußboden!*

Vor der Tür ihres Schlafzimmers liegt meine Mutter bäuchlings auf dem Boden, die Brille in den Teppich gedrückt. Sie zappelt wie ein gestrandeter Fisch. Wie ein von einem Boot angelandeter Fisch. Zusammen heben wir sie auf. Steif wie ein Brett kommt sie hoch und kann nicht aufrecht stehen. Ihre Beine knicken nach hinten weg und schleifen hinter ihr her. Sie versucht zu lächeln.

Mutter, ist alles in Ordnung?

Die haben was verrückt, antwortet sie.

Ja, sage ich.

Es war nicht da, wo es hätte sein sollen.

Ich weiß.

Sie hat sich die Lippen geschminkt. Trägt eine Bluse. Zittert unkontrolliert.

Mutter, warum bist du aufgestanden? Warum?!

Ich kann sie nicht länger halten, sagt Helen.

Wir haben Mühe, ihre Beine zu beugen. Wir setzen sie aufs Bett.

Ich bin achtzig Jahre alt, ruft sie voller Verzweiflung.

Möchte sie vielleicht eine Tasse Tee?, fragt Helen.

Ja, antwortet Mutter lächelnd.

In ihrem Unterrock und ihrer roten Bluse sitzt sie in der Küche, die Wunde hat sich entzündet, und auf ihrem bandagierten Kopf ist grüner Eiter zu sehen. Ihr Kinn bewegt sich auf und ab wie ein Motorkolben. Dankbar trinkt sie ihren Tee und verlangt Brot. Dann, als wir ihr das Brot nicht sofort bringen, ruft sie nach etwas Süßem. So geben wir ihr eine Scheibe von der Biskuitrolle.

Zu dritt sitzen wir am Tisch. Ständig rückt sie ihre Brille zurecht. Bei ihrem Sturz hat sich einer der Bügel verbogen. Es ist sechs Uhr morgens. Im Hintergrund schnurrt die Zentralheizung. Alles ist von einem tiefen, weißen Oktoberfrost überzogen.

Ist heute Sonntag?

Nein.

Bist du sicher?

Ja.

Wirst du für Sonntag meine Ausgehkleider fertig haben?, fragt sie Helen.

Ja.

Wir führen sie in der Küche herum, sie öffnet die Hintertür, späht hinaus, dann halten wir einen Moment am Abtropfbrett an, sie steht vor all den Dingen, die ihr einst so vertraut waren, dann gehen wir weiter ins Wohnzimmer. Ich führe sie zu ihrem Sessel, dann den Flur entlang, sie bleibt an Maisies Tür stehen, lacht ohne Sinn und Verstand und legt einen Finger an die Lippen.

Scht!, sagt sie. Maisie schläft.

Wir betreten ihr Zimmer. Sie legt die Hand auf den verfluchten Heizkörper, um nachzuprüfen, ob er heiß ist. Wir ziehen sie aus.

Brille, sagt sie.

Sie berührt ihre Brille. Ich lege sie fort.

Sie berührt ihre Ohren.

Ich nehme ihr die Ohrringe ab. Dann schiebe ich eine Hand unter ihr Hinterteil und die andere unter ihren Rücken und hebe sie ins Bett, während Helen ihre Hände hält.

Nicht so grob, sagt sie.

Nachdem wir sie unter die Laken gelegt haben, beobachte ich sie vom Fußende des Bettes aus, beuge mich hinab und küsse sie.

Da ist noch etwas, sagt sie. Ich fürchte, das da ist nicht meine Brille.

Als ich wieder in der Dunkelheit liege, höre ich sie wieder und wieder fallen. Doch jedes Mal, wenn ich in ihr Zimmer schaue, schläft sie, sagt Helen, wie ein Vogel.

Binnen einer Woche sind die Anflüge der Parkinson'schen Krankheit von ihrem Kinn zu ihren Händen und ihren Oberschenkeln hinabgewandert. Unsere Gänge ins Badezimmer sind eine rasante Angelegenheit.

Was früher einmal ein Tick war, den man geflissentlich übersehen konnte, ist nun ein Krampf geworden, eine Art physischer Morsekode, der eine schmerzliche Botschaft aus einem zerklüfteten Innenleben übermittelt.

Außer ihrem Rosenkranz, ihren Ohrringen und ihrer Brille verlangt sie kaum noch etwas. Ihr einziger Schmuck sind Lippenstift und Nagellack. Aber sonntags hat sie noch immer eine Vorliebe für gewisse helle Farben. Früher einmal ist sie eine sehr eitle Frau gewesen, nun dreht sie sich beim Essen zur Seite und spuckt ein Stück Fleisch, das sie nicht zerkauen kann, auf den Teppich.

Und gerade sie, die immer so auf sich geachtet hat, sagt Eileen, die jeden Tag ein paar Stunden ins Haus kommt, um zu helfen.

Was früher Ungeduld war, ist jetzt Besessenheit. Bei Tisch füllt sie ihren Mund derart, dass ihr schmaler Schlund damit nicht fertig wird, dann kommt es ihr hoch, sie ist auf den Beinen und zur Tür hinaus. Außer beim Dessert.

Dessert, ruft sie. *Dessert!*

Dessert, das bedeutet Kekse mit Rosinen, die sie in Mandarinen aus der Dose krümelt. Sie stopft sie ohne Unterlass in den Mund, nimmt ihr Lätzchen ab und drückt gegen den Tisch, während Maisie sämtliche Radiosender durchhaspelt. Die Disko beginnt. Nachdem sie den Sucher einmal gedreht hat, findet Maisie Hard Rock, danach Musik aus den sechziger Jahren, darunter Clarence Frogman Henry, und endlich Rap.

Wenn es eine Sache gibt, die ich hasse, erklärt Maisie, dann ist es Stille.

Ich öffne die Tür zum Esszimmer.

Warte auf mich, sagt Mutter. Ich würde auf dich warten.

Sie ist bereits auf den Beinen. Ich führe sie zu ihrem Sessel. Sie greift in den Metallbecher neben sich und nimmt ihren Rosenkranz heraus. Sie greift ein zweites Mal hinein, holt ein kleines Blatt mit dem Gebet des Paters Pius von Pietralcina hervor und betrachtet es eingehend. Legt es in den Becher zurück und betet.

Sie hat den Kopf zurückgelegt, und anfangs flüstert sie nur leise, nach einer Weile nehmen die Zischlaute an Lautstärke zu, sie bellt den Namen Gottes heraus und hält plötzlich inne, ihr runder Rücken strafft sich, dann zieht sie den Rosenkranz durch die Luft, findet die richtige Stelle und beginnt wieder von vorne.

Was kommt jetzt?, lacht Mutter, als ich mit den Pillen durch das Wohnzimmer auf sie zukomme.

Sie nimmt sie mit ihren lackierten Fingernägeln aus meiner Hand, legt sie auf ihre Handfläche, dann nimmt sie sie wieder auf, eine nach der anderen, und schiebt sie unter ihre Zunge. Sie nippt an ihrer Milch, wirft den Kopf zurück und öffnet dabei den Mund wie eine Elritze im Fluss, schüttelt ihre Wangen und gurgelt.

Zwei schluckt sie hinunter.

Ich gebe ihr noch eine.

Das reicht, sagt sie.
Nein, noch zwei.
Warum willst du mir das antun?! Und sie kneift mich.
Es wird dir gut tun.
Mit vor lauter Frustration zusammengekniffenen Augen nimmt sie die zweite Portion Pillen. Die rote Aspirin verfärbt ihre Zunge. Sie spült den Mund mit Milch. Wiederholt dieselben Bewegungen, schließt die Augen und schluckt. Dann, nach der letzten Pille, würgt sie. Ihre Augen tränen.
Gott im Himmel, sagt sie.
Oh, sie war schon immer so, sagt Maisie, schon als kleines Kind.
Mutter starrt Maisie wütend an.
Was weißt denn du?, sagt sie.
Haha, sagt Maisie.
Immer halblang, sagt Winnie.
Wir gehen zur Toilette. Auf dem Klosettbecken halte ich sie fest. Hinterher nötige ich sie, sich abzuputzen. Dann drehe ich den Wasserhahn für sie auf, damit sie sich die Hände waschen kann. Stattdessen greift sie nach ihrem künstlichen Gebiss.
Nein, nicht das Gebiss, sage ich, noch nicht.
Gütiger Gott, sagt sie.
Wasch dir erst die Hände.
Das Gebiss, das Gebiss, sagt sie.
Ich nehme ihr die Hände vom Mund. Sie wehrt sich. Ich schlage ihr auf die Hände.
Ich bin über achtzig Jahre alt, weint sie, und du misshandelst mich.
Beschämt stehe ich neben ihr, während sie sich die Hände wäscht, sie abtrocknet, dann nehmen wir uns gemeinsam das Gebiss vor. Wieder würgt sie, als ich ihr das Gebiss einsetze. Die Zähne drücken sich durch ihre Wangen wie Rippen. Sie rückt sie in die richtige Stellung. All ihre intimen Verrichtungen von früher, die Gewohnheiten, die sie erlernt hat, als sie allein war, folgen einem anderen Verlaufsmuster als vormals.
Vor den Zähnen die Hände waschen, sage ich.
Das stimmt, bestätigt sie.
Wir gehen zurück über den teppichbedeckten Boden, sehen in die

Räume hinein, an denen wir vorbeikommen, wie zwei Menschen auf einer Kirmes. Als sie an ihrem Sessel angelangt ist, nimmt sie sich wieder ihren Rosenkranz vor, legt eine Hand über die andere, schlägt zierlich die Beine übereinander und schließt die Augen.

Sie streckt eine Hand aus, um ihre Brille zu richten. Das ist nicht meine Brille, sagt sie, dann gleiten die Perlen durch ihre Finger.

Ich habe Eileen erzählt, dass ich nachts mitunter einen dumpfen Aufschlag höre, in Winnies Zimmer laufe und sie friedlich schlafend vorfinde. Erst dann gehe mir auf, dass das Geräusch, das ich gehört habe, aus Maisies Zimmer gekommen sei, die den Sitz des hohen hölzernen Nachtstuhls zugeknallt habe. Daraufhin hat Eileen, um den plötzlichen Aufruhr mitten in der Nacht zu unterbinden, ihr den Nachtstuhl weggenommen, aber nun war da nichts mehr, das den unschönen Inhalt des Nachttopfs den Blicken entzog.

Als Maisie am nächsten Morgen ins Esszimmer kam, war sie ganz die Alte. Ich saß nebenan bei Mutter und hörte, wie die Tirade begann.

Ich verlange, sagte sie, als Eileen ihr das Essen brachte, und schlug mit der Hand auf den Tisch, dass der Nachtstuhl zurückgebracht wird.

Sie haben Dermot nachts damit geweckt.

Sag ihm, dass ich mit ihm reden will, forderte sie und schlug lauter mit der Hand auf den Tisch. Wie kann er es nur wagen!

Den Nachtstuhl hat nicht er weggenommen, sagte Eileen, das war ich.

Ich will ihn zurückhaben.

Ja, Maisie.

Wir *können* nicht ohne Nachtstuhl leben. Ich will ihn zurückhaben, ganz gleich, wer ihn weggenommen hat.

In Ordnung, sagte Eileen.

Wir wollen ihn *umgehend* zurückhaben.

Ja, Maisie.

Es ist eine Schande, sagte sie und schaltete das Radio an, dass wir uns unsere eigene Pisse angucken müssen.

Der Nachtstuhl kam wieder an Ort und Stelle. Und wurde mitten in der Nacht zugeknallt, von nun an mit, wie mir schien, zusätzlicher Heftigkeit.

Meine Mutter schnarcht mit zurückgelegtem Kopf und offenem Mund. Die Brille ist verrutscht. Sie erwacht.

Kochen die Kartoffeln?

Ja.

Hast du Maisie zu essen gegeben?

Ja.

Was für ein Tag ist heute?

Um zu beweisen, dass heute nicht Sonntag ist, zeige ich ihr das Datum und den Tag auf der Titelseite der *Irish Press*, die zusammen mit der Milch geliefert wird.

Hast du den Mann bezahlt?

Ja.

Sind die Mülleimer hinausgestellt worden?

Bennie hat sie mitgenommen.

Und wie steht's in Sligo?

Sehr gut.

Nimmst du mich irgendwann mal mit?

Ja.

Du wirst mich zu deinem Haus am Meer bringen?

Ja.

Um das Purzel zu sehen, du Scheißerchen, du, sagt sie. Purzel ist ihr Kosewort für Porzellan. Einmal hatte sie mich in Sligo besucht und gesehen, wie wir das Geschirr draußen unter dem Wasserkran spülten. Sie war entsetzt gewesen. Sie lässt die Perlen des Rosenkranzes durch ihre Finger gleiten. Ich gieße mir ein Glas Wein ein. Süffeln, sagt sie.

Richtig, stimme ich ihr zu.

Immer am Süffeln.

Ein bisschen.

Dein Vater hat nie getrunken, sagt sie und kneift mich.

Doch, hat er.

Nein, hat er nicht. Der Schuldige hier bist du.

Mutter, er hat getrunken.

Niemals. Niemals. *Niemals*. Er hat auch nicht geraucht.

Er ist am Rauchen gestorben.

Ist er nicht. Und er ist zu Fuß von Finea nach Mullingar zum Gericht gelaufen und wieder zurück.

Das war dein eigener Vater, von dem du da redest.

Was sagst du?

Du redest von Thomas Slacke. Nicht von Jack Healy.

Jack Healy, sagt sie und lässt die Worte auf der Zunge zergehen.

Ja, Jack Healy. Du hast ihn geheiratet.

Das weiß ich doch alles.

Nicht Thomas Slacke.

Thomas Slacke. Oh, sagt sie und lässt die Worte wiederum auf der Zunge zergehen. Der war ein sehr religiöser Mann. Ein Heiliger. Hat die ganze Zeit gebetet. Zu Hause haben wir ihn nie zu Gesicht bekommen.

Aber Jack Healy, sage ich, erinnerst du dich an den?

Natürlich.

Nun, der hat getrunken.

Nein, sagt sie unsicher. Dann fügt sie hinzu: Er ist jung gestorben.

Das ist er.

Das stimmt, sagt sie und vertieft sich wieder in ihre Gebete.

Bringst du mich zum Altar?, fragt sie jeden Tag irgendwann. Oder: Bringst du mich zur Messe?

Jeder Tag der Woche wird zu einem Sonntag. Mitten in der Nacht wacht sie auf und macht sich schön für die Messe, zieht ihre besten Kleider an und schminkt sich die Lippen, dann geht sie leise ins Wohnzimmer und wartet dort, den roten Hut auf dem Kopf. Das kann an jedem beliebigen Tag passieren, Mittwoch, Donnerstag, jederzeit.

Ruf Una an und bestell das Taxi, befiehlt sie.

Einmal hatten Helen und ich sie zur Messe gebracht. Normalerweise ging sie mit Una, doch an diesem Sonntag war Una nicht da. Mutter trug ihr violettes Kostüm und ihren nicht dazu passenden roten Hut. Sie betrat die Kirche wie eine Elfe. Nickte und lächelte in Gesichter, die sie nicht erkannte. Die Perlen des Rosenkranzes glitten durch ihre Finger. Die Kommunion begann, wir beobachteten die Menge und vergaßen Mutter dabei völlig. Aus welchem Grunde auch immer, wir führten sie nicht rechtzeitig zum Altargitter. Der Priester hatte dem letzten Kommunikanten die Hostie gereicht und drehte sich eben mit dem Kelch zur Seite, als Mutters Hand sich wie eine Klaue auf Helens Hand legte.

Helen, die in einer anderen Welt versunken gewesen war, schrak auf und starrte mich an. Mutter grub ihre Finger in Helens Handgelenk. Sie schüttelte den Kopf und knirschte mit den Zähnen.

Hilf mir auf, flüsterte sie schrill.

Was?, sagte Helen.

Bring mich zum Altar, rief Mutter und stand auf. Warten Sie! Warten Sie, Sie da!, rief sie dem Priester zu.

Helen stand pflichtbewusst auf, die Leute in der Bank rückten zur Seite, und meine Mutter, ärgerlich und trotzig, schleifte Helen mit sich zum Altargitter. Ich tat so, als sei ich nicht anwesend. Der Priester hatte sich bereits abgewandt und kniete vor dem Sakrament nieder. Er war gerade dabei, den Kelch mit dem Tuch von den Resten des Weines zu reinigen, als er meine Mutter entdeckte. Sie winkte ihn mit dem Zeigefinger zu sich heran, während Helen vor der versammelten Gemeinde verlegen hinter ihr stehen blieb.

Der Priester kam zurück, gab Mutter ihren Teil, und sie verneigte sich. Als Helen sie zurückführte, warf sie ihr einen verächtlichen Blick zu. Sie kniete neben mir nieder.

Was ist nur in dir vorgegangen?, fragte meine Mutter. Zu denken, dass du mich die Kommunion verpassen lässt.

Es tut mir Leid, sagte Helen.

Pah!, sagte sie. Du hast doch keine Ahnung!

Schon gut, Mutter, sagte ich. Reg dich nicht auf.

Eine Messe ohne Kommunion!, spie sie.

Dann schenkte sie jemandem auf der anderen Seite des Ganges ein geheucheltes Lächeln und schluckte die Hostie hinunter.

Und die Kraft in ihrer Hand, sagte Helen hinterher, hätte ich ihr nie zugetraut.

Mittendrin in alledem fuhren Helen, Mutter und ich zu einer Hochzeit – Miriams Tochter verheiratete sich in Athy. Wir waren in einem Schloss am Stadtrand untergebracht. Die Reise dauerte fast fünf Stunden. Mutter verzweifelte, wollte wieder nach Hause und wollte endlich ankommen und fragte: Warum haben wir uns verfahren? Kannst du nicht einen Polizisten fragen? Ein Polizist kennt sich doch aus. Lieber Gott im Himmel, wann ist diese Reise endlich zu Ende?

Als wir in unserem Zimmer saßen, war Helen fertig mit den Nerven. Deshalb ging sie ins Freie und setzte sich in den Wagen, um einen Moment Ruhe zu haben. Als sie auf dem Rücksitz Mutters roten Hut sah, beugte sie sich darüber und zerknautschte ihn vor lauter Frustration mit der Faust, nur um später festzustellen, dass es ihr eigener Hut gewesen war.

Auf einem runden Tablett aus imitiertem Silber bringe ich Maisie ihr Frühstück. Auf einem Teller liegen kleine Portionen Banane und Käse, auf einem anderen eine in kleine Vierecke geschnittene Scheibe Toast ohne die Kruste, ein Schälchen Frosties und ein Becher Tee mit zweieinhalb Löffeln Zucker.

Ich klopfe an die Tür.

Guten Morgen, Maisie, rufe ich.

Guten Morgen auch, sagt sie vom Bett her und wendet mir den Rücken zu. Da sind wir wieder.

Es regnet.

Das würde mich nicht wundern.

Ich habe dein Frühstück.

Du fragst dich bestimmt, sagt sie, wann das alles hier ein Ende nimmt.

Überhaupt nicht.

Sie legt eine Hand aufs Gesicht.

Es wäre mir egal, sagt sie, wenn ich nie wieder etwas essen würde. Sie dreht sich um. Hast du dich schon mal so gefühlt?

Manchmal. Weißt du, wie sie den Schwan in Rosses Point bei Sligo nennen?

Nein.

Den Drumcliffe-Piloten, erkläre ich.

Den Drumcliffe-Piloten, wiederholt sie.

Denn siehst du, wenn die Leute einen Schwan über das Dorf fliegen sehen, wird, so das Gerücht, in dem Haus, das er überfliegt, jemand sterben.

Nein, so was, sagt Maisie.

Und da der nächste Friedhof früher überm Meer in Drumcliffe lag, hießen die Schwäne Drumcliffe-Piloten.

Schwäne, sagt Maisie.

So ist es.

Jeden Tag lernen wir etwas Neues, und sie faltet die Hände im Schoß. Als ich gehe, sitzt sie auf der Bettkante. Sie isst und grübelt über jedem Bissen. Kämmt ihr gefärbtes, ausgedünntes Haar. Und manchmal, wenn ich vergessen habe, den Pisspott aus ihrem Nachtstuhl zu leeren, schaukelt sie auf ihrem Streitross ins Badezimmer auf der anderen Seite des Flurs und schiebt ihn vor sich her. Sie hält sich eine Ewigkeit im Bad auf. Wenn ich nach ihr hineingehe, sieht das Zimmer wie ein Schlachtfeld aus.

Was geht hier nur vor?, frage ich sie. Ich musste im Klo hinter dir sauber machen.

Ich hab 'nen Flotten, sagt sie. Gestern war im Haus so viel von Scheiße die Rede, dass ich Durchfall gekriegt habe.

Ich bringe ihr Radio aus dem Schlafzimmer an den Küchentisch. Kurze Zeit später erscheint sie auf ihrem Streitross, bleibt mitten im Zimmer stehen und kontrolliert, ob jede der Porzellanfiguren auf der Anrichte an ihrem Platz ist. Dann prüft sie die Fotos und die Statuetten auf der Fensterbank. Wenn sich ein ungewohntes Objekt darunter befindet, bittet sie darum, es zu entfernen. Alles muss dort stehen, wo es gestern und vorgestern stand.

Dieselbe kritische Prüfung nimmt sie im Wohnzimmer vor.

Auf ihr Laufgestell gestützt, hebt sie die spanische Dame auf und blickt ihr ins Gesicht, spielt mit ihrem Kleid und stellt sie genau dorthin zurück, wo sie zu stehen hat. Sie verrückt den gelbhaarigen Porzellanjungen um einen Millimeter, sodass er dicht neben dem gelbhaarigen Porzellanmädchen zu stehen kommt. Sie berührt die großen grünen Hunde, die im Breifne auf dem alten Rundfunkempfänger saßen. Berührt die Blumenverkäuferin.

Zieht sich Zentimeter für Zentimeter zum Sofa zurück. Lässt sich hineinfallen.

Sind das nicht wunderschöne Blumen?, fragt sie und deutet auf einen Strauß verblasster Rosen aus Plastik. Sind sie heute schon gegossen worden?

Sie sind aus Plastik, Maisie.

Oh. Ungläubig sieht sie auf die Blumen. Sie fixiert mich. Wie hieß das Mädchen, mit dem du gegangen bist, als du jung warst?

Sheila.

Und wenn wir an ihrer Tür vorbeikamen, mussten wir die Klappe halten.

Das stimmt.

Und dieser Bart. Sie schüttelt sich. Warum nimmst du ihn nicht ab?

Ich habe ihn doch schon immer gehabt.

Genau das ist das Problem, sagt sie und nickt.

Sie rückt ihre Kissen zurecht, stützt den Ellbogen darauf und dreht sich zur Seite, um fernzusehen.

Was ist denn das für ein Unsinn?

Irgendein alter Film.

Charles Laughton.

Ja.

Und Cagney.

Ja.

Wo ist Winnie?

Sie schläft.

Es ist einsam ohne sie, sagt Maisie. Die arme Winnie. Sie weiß nicht einmal mehr die Tageszeit. Aber man will sie doch um sich haben.

Sie wendet sich zu mir.

Ruf Nancy an, Dermot, sagt sie. Ruf sie an und bitte sie zu kommen.

31. Kapitel

Frühmorgens sitze ich bei Mutter. Sie betet, ich schreibe. Es ist eine Zeit stillen Nachdenkens, unterbrochen von Besuchen der Toilette, Anrufungen der Mutter Gottes oder Jesu und Explosionen von Maisies Radio in deren Schlafzimmer.

Ich sehe auf. Meine Mutter beobachtet mich.

Bist du's?, fragt sie.

Ja.

Dermot?

Ja.

Hm. Wo ist Helen?

In Sligo, auf der Arbeit, antworte ich.

Und wie geht's ihrer Familie?

Gut, antworte ich.

Am besten geht es ihr unmittelbar nach dem Frühstück, wenn die Vorhänge weit aufgezogen sind und das Licht des Spätherbstes noch nicht ganz das Zimmer überflutet. Wir sitzen da und kehren der Außenwelt den Rücken. Wir sind gefangen in dem, was real zu sein scheint. Wir können uns nicht irgendwo anders hin aufmachen. Aber obwohl dies keine fiktive Welt ist, in der alles nur ein So-Tun-als-ob ist, fühlt sich der profane Alltag manchmal an wie eine Illusion – alles kann passieren, das Authentische ist ein Trick, und der Ausgang der Geschichte ist nicht bekannt, solange sie nicht erzählt ist.

Heute ist Mutter wohltuend guter Laune. Sie blickt zu mir herüber und lacht, während ich mir Dinge ausdenke, die nie passiert sind, oder falls doch, dann einem anderen, fernen Selbst, das von der Zeit besänftigt ist, das nie existierte, bis Worte es wieder ins Dasein befördern, um es einer genaueren Untersuchung zu unterziehen. Dann tritt das Unvermeidliche ein. Man hält inne. Die ganze Philosophierei stimmt verdrießlich. Sie büßt ihre Gelassenheit ein.

Sie wirft den Rosenkranz in seinen Behälter.

Hilf mir auf, sagt sie.

Nein, sage ich, bleib sitzen.

Kann ich nicht in mein verflixtes Bett gehen?

Nein, sage ich. Erst später.

Warum?

Wenn du jetzt schläfst, kannst du später nicht schlafen. Wenn du allein aufstehst, könntest du hinfallen. Und heute Abend kommt Nancy.

Nancy?

Ja, Nancy.

Sie widmet sich wieder ihren Gebeten. Ich gebe Maisie zu essen, mache das Abendessen, Eileen saugt die Teppiche, im Fernsehen der Lärm von Zeichentrickfilmen. Dreimal bringe ich Mutter nachmittags ins Bett, und dreimal steht sie wieder auf. Als um fünf Uhr Eileen kommt, um mich abzulösen, hat Mutter deshalb ihr gewohntes Nickerchen nicht gehabt. Im Regen schleiche ich mich in die Stadt und in den Supermarkt. Man erkundigt sich nach Mrs. Healy. Dann geht's weiter in Gene Bannon's Bar. Als ich um sechs Uhr mit dem Essen für morgen, Wein und Brandy aus dem Pub nach Hause komme, hat Eileen Mutter eine rosa Bluse angezogen, ihre Fingernägel sind frisch lackiert und ihre Haare ordentlich gekämmt.

Du siehst wunderbar aus, Mutter, sage ich.

Du hast mich verlassen, erklärt sie.

Er musste in die Stadt gehen, schreit Maisie.

Und ich musste sie festhalten, sagt Eileen, damit sie nicht ins Bett geht.

Verdammtes Miststück, braust Mutter auf.

Wir sind ein unartiges Mädchen gewesen, Mrs. Healy.

Jajaja, sagt Mutter.

Und die Kraft, die sie hat.

Ich will ins Bett, sagt Winnie, und dieser Drachen lässt mich nicht.

Es ist noch zu früh, sagt Eileen. Wenn Sie jetzt ins Bett gehen, werden Sie die ganze Nacht dableiben müssen.

Das stimmt, sagt Maisie.

Was sagt sie?, fragt Mutter.
Und überhaupt, Mutter, sage ich, Nancy kommt.
Nancy?
Deine Schwester.
Ich weiß, dass sie meine Schwester ist.
Das stimmt, Winnie, schreit Maisie, Nancy wird bald hier sein.
Wer redet mit dir?, sagt Winnie.

Wie versprochen, steigt Nancy, die achtzig Jahre alte Schwester der beiden Damen, um sieben aus Dr. Magaurans Wagen. Sie kommt mit einer Flasche Wein, einer riesigen Pizza von Quinnsworth und einer großen Baisertorte. Bei ihrem Anblick bricht meine Mutter in Gelächter aus. Da bist du ja, sagt sie.

Wie geht's dir, Winnie?

Meine Mutter lächelt.

Ich habe gefragt, wie's dir geht.

Das stimmt, sagt Mutter und dreht sich zu mir um. Die da ist immer gern geritten, sagt sie.

Richtig.

Du Schwuchtel, du, schenk Nancy einen Drink ein, sagt Mutter und bohrt ihren knochigen Finger in meine Schulter.

Und was ist mit mir, zwitschert Maisie, habe ich etwa keinen Mund? Gib ihr auch ein Glas.

Und jetzt zu dir, sagt Maisie.

Ich viertele die Pizza, und die drei Schwestern setzen sich erwartungsvoll an den Tisch. Ich schneide Maisies und Mutters Teile in kleine Stücke. Dann feuern alle drei Damen eine Ladung Salz auf ihren Teller.

Der Wein, Dermie, sagt Nancy.

Was ist denn das?, fragt Maisie und blickt auf ihren Teller.

Eine Pizza, erklärt Nancy.

Eine was?

Eine Pizza.

Ist das nicht eins von diesen Currygerichten, die er immer macht?, fragt sie.

Nein, das ist kein verdammtes Currygericht. Probier mal, du wirst schon sehen.

Wir werden vergiftet.

Maisie kostet ein Stück. Mutter beobachtet uns. Sie ist drauf und dran, das Essen frech zu verweigern. Ich binde ihr das Lätzchen um. Noch immer macht sie keine Bewegung. Dann nimmt sie ein Stück. Dann noch eins. Eine ausgelassene Unterhaltung hebt an. Sie lieben die Pizza, und zu meiner Überraschung bleibt kein einziger Krümel übrig.

Na, hab ich's dir nicht gesagt?, fragt Nancy.

Dessert!, ruft Mutter.

Immer mit der Ruhe, sagt Nancy, kannst du nicht warten?

Dessert!, ruft Mutter wieder.

Himmel, man könnte meinen, sie hätte einen Knallfrosch im Arsch, lacht Nancy.

Lass das unanständige Gerede, sagt Mutter lachend. Sie nimmt eine Erdbeere, tunkt sie in die Sahne ein, rollt sie im Mund herum und schluckt.

Gut, sagt sie.

Wir werden die ganze Nacht auf dem Lokus sitzen, sagt Maisie.

Als wir die Baisertorte aufgegessen haben, ist die erste Flasche Wein ausgetrunken. Danach machen Nancy und ich eine zweite Flasche auf und gehen hinüber ins Wohnzimmer. Maisie trinkt ihren dritten Brandy mit Ginger Ale. Mutter im Schlepptau, schlendere ich zu ihrem Sessel.

Sie trippelt wie ein Perlhuhn neben ihm her, sagt Maisie, Gott steh ihr bei.

Was jetzt?, fragt Mutter.

Nichts, antworte ich.

Mutter beginnt, sich aus dem Sessel zu hieven.

Wo willst du hin?, fragt Nancy.

Mutter lehnt sich zurück und lächelt.

Trink doch was, magst du nicht?, fragt Nancy.

Nein, antwortet meine Mutter.

Nimm einen Portwein.

Nein.

Der schadet dir bestimmt nicht.

Gib ihr einen Brandy mit Portwein, sagt Maisie.

Den trinke ich nicht. Sie schüttelt die Fäuste. Und damit basta.

Dickköpfig war sie schon immer, meint Nancy. Und immer heikel.

O ja, immer, pflichtet Maisie bei.

Aber Bridgie war der Liebling.

Das war sie.

Bald darauf ruft Mutter, dass sie ins Bett will, Maisie will Gewürznelkenbonbons, und Nancy will Brandy.

Wir haben keine Gewürznelkenbonbons im Haus.

Na schön, kann ich Weintrauben haben?, fragt Maisie.

Nein, antworte ich.

Siehst du?, sagt Maisie. Er will mir keine Weintrauben geben.

Davon bekommst du nur Durchfall.

Und ich mag so gerne gesalzene Erdnüsse, sagt Maisie, und ich sage euch, die wird er mir auch nicht erlauben.

Davon bekommst du nur Sodbrennen.

Doktor Healy, sagt sie höhnisch.

Oh, zu meiner Zeit hab ich auch unter Sodbrennen gelitten, sagt Nancy.

In der Tat, nickt Maisie. Ich hab so gern Zwiebelsandwiches gegessen, fügt sie nachdenklich hinzu und mustert mich.

Ich auch, erinnert sich Nancy, und dann wolltest du mich nicht zu dir ins Bett lassen.

Warum sollte ich auch? Sie schlägt auf das Kissen. Sie hat Zwiebelsandwiches gegessen, und davon ist ihr schlecht geworden. Und dann kam sie immer auf Zehenspitzen in mein Zimmer geschlichen. Sie starrt Nancy an. *Maisie*, hat sie geflüstert und war doch erst fünf Jahre alt.

Geh weg, hast du immer gesagt.

Und dann ist sie zu mir ins Bett gekrochen.

Und was war daran so schlimm?, fragt Nancy.

Wenn du draußen auf dem Abtritt gestanden hast, warst du kalt wie ein Frosch.

Lass mich in dein warmes Nest, hab ich gerufen.

Nein, hab ich geantwortet.

Heute Abend werden die Uhren zurückgestellt, füge ich hinzu.

Und die Leute auf dem Land, sagt Maisie, werden sagen: *Ist das die alte oder die neue Zeit?* Das hat sie immer durcheinander gebracht, verstehst du.

Was sagst du da?, fragt Mutter, lehnt sich zu mir herüber und kneift mich.

Ich habe gesagt, heute Abend werden die Uhren zurückgestellt.

In mehr als einem Sinn, kreischt Nancy.

Nun hör sie dir an, fügt Mutter hinzu. Gewäsch.

Die Flasche Brandy geht zur Neige. Als die drei Frauen, die zusammen die stolze Anzahl von 262 Jahren auf dieser Erde verbracht haben, ihre Erinnerungen an das Dorf um die Jahrhundertwende auszutauschen beginnen, treten Finea und seine Bewohner in das Zimmer – die Clarkes, die Clavins, die Keoghs, Brian Sheridan, Frauen, Hunde, der Tod. Sie brechen in stürmisches Gelächter aus.

Mary Jane hat mit ihren beiden Brüdern geschlafen, röhrt Nancy.

Was war das?, fragt Maisie.

Mary Jane, sie hat mit ihren beiden Brüdern geschlafen.

Und sie hat die Kühe immer in den verdammten Pisspott gemolken, fährt Maisie glucksend fort, die Augen zum Himmel verdreht. In den verdammten Pisspott.

Gütiger Gott, sagt Mutter, das hat sie wirklich.

Und der Priester kam mit der Hostie für die Messe ins Haus und hat die drei in einem Bett angetroffen.

Gütiger Gott, sagt Mutter und klatscht sich auf die Knie.

Und der olle Clarke ist auf seine alten Tage noch stierig geworden. Der ist Josie Flynn an die Wäsche gegangen.

Geschwätz, sagt Mutter.

Und das mit seinen neunzig Jahren.

Na, irgendwann musste es ihm ja mal zustoßen, stellt Maisie fest.

Der war so alt, dass er ’nen Pimmel nicht von ’ner Muschi unterscheiden konnte, kreischt Nancy.

Und bei Gott, sagt Maisie, er kam zurück und wollte mehr.

Was reden die da?, fragt Mutter.

Oh, als wenn sie das nicht wüsste, sagt Nancy.

Reden die unflätiges Zeug daher?

Ja, antworte ich.

Hab ich’s mir doch gedacht.

Und eine Zigeunerin, fährt Nancy fort, ist zum alten Clarke in den

Laden gekommen und hat gefragt: *Könnten Sie mir was für meine Blagen geben? Ich habe sieben Blagen. Raus! Raus! Raus!,* hat er gebrüllt – *du hast den Spaß dabei gehabt, nicht ich.*

Daran besteht kein Zweifel, sagt Mutter.

Ich schenke uns allen nach.

Squealer McHugh, kichert Nancy.

Oh, Squealer McHugh.

Der war Weihnachten mal so betrunken, dass er nicht aufrecht gehen konnte.

Da haben sie ihn in 'ne Schubkarre gesetzt, mit 'ner Laterne dran, und ihn ins Dorf geschoben.

Und jemand hat sie gesehen und gedacht, das sei die Heilige Familie, die da kommt.

Gütiger Gott, lacht meine Mutter.

Dann war da noch Marcus Somerville. Der war nicht ganz bei Trost. Erinnerst du dich noch an Marcus Somerville, Winnie?

Was sagst du?

Erinnerst du dich noch an Marcus?

Marcus? Der Marquis von Somerville, sagt sie und korrigiert die Aussprache. Natürlich erinnere ich mich noch, das arme Geschöpf. Den haben sie im Herrenhaus an die Luft gesetzt, und er ist zu uns gekommen.

So war's, bekräftigt Maisie.

Er hatte eine sehr gute Sprechstimme, verkündet Winnie.

Jeder Zoll ein Aristokrat, stimmt Nancy ihr bei, und ich war von ihm fasziniert.

Du warst von allem fasziniert, was Hosen trug, lacht Maisie. Sie dreht sich zu mir um. Hat sie dir je von Matti Sheridan erzählt?

Nein, antworte ich.

Oh, Matti Sheridan, sagt Nancy.

Der ist zu Nancy gekommen und hat gesagt: *Wenn der weiße Flieder wieder blüht.*

Stimmt, nickt Nancy, hat er.

Der hat versucht, mit dir anzubändeln. Dabei warst du eine grüne Witwe.

Dein Onkel Jim, erklärt Nancy, war damals in England.

Ja, *Wenn der weiße Flieder wieder blüht*, hat Matti Sheridan zu ihr gesagt.

Hat er, bestätigt Nancy, und die beiden lachen unbändig.

Meine Mutter blinzelt und lässt die Perlen ihres Rosenkranzes durch die Finger gleiten. Maisie beobachtet sie. Plötzlich rülpst sie und sagt laut: Gütiger Gott.

Winnie, sagt sie.

Meine Mutter antwortet nicht.

Es ist schrecklich zu denken, dass sie nicht weiß, was um sie her vorgeht, sagt Maisie traurig. Und sie hört kein Wort von dem, was wir sagen.

Winnie, schreit Nancy, trink doch was.

Meine Mutter wirft Nancy einen feindseligen Blick zu.

Bring mich ins Bett, sagt sie, lehnt sich zu mir herüber und kneift mich.

Gleich, sage ich.

Gesegneter Gott, seufzt sie.

Sie lässt ihren Rosenkranz in seinen Behälter zurückfallen und sitzt da, die Hände im Schoß gefaltet, die Augen zur Decke gerichtet.

Seamus, sagt Nancy mit gesenkter Stimme, war tief betrübt, als Mammy starb. *Ich habe ihr nie gesagt, wie lieb ich sie hatte*, hat er gesagt.

Das stimmt, pflichtet Maisie ihr bei.

Wir verstummen für eine Weile, die Zentralheizung bullert, und schweigsame Gestalten ziehen über den Bildschirm. Nancy blickt in ihr Glas und nickt vor sich hin. Sie vergießt ein paar Tränen und schüttelt den Kopf. Maisie stützt sich auf ihren Arm und beobachtet Mutter.

Dermot?

Ja?

Wie spät ist es in Kanada?

Ich weiß nicht.

Gehen die Uhren in Kanada vor oder nach?

Nach, glaube ich.

Nun, ruf Tony in Kanada an, sagt Maisie, und lass ihn mit deiner Mutter sprechen. Das würde ihr gefallen.

Möchtest du mit Tony sprechen, Mutter?, rufe ich.

Mein Ältester ist weit weg, sagt sie.
Ich kann ihn anrufen.
Lass mich in Ruhe.
Ich kann ihn anrufen, Mutter, schreie ich.
Hör auf, mich anzuschreien.
Tony, sagt Nancy. Möchtest du mit Tony sprechen?
Mit den Lippen formt Mutter ein paar Mal das Wort Tony, dann schließt sie die Augen, als wolle sie die Vorsehung versuchen. Ich beuge mich zu ihr und ergreife ihre Hand.
Was ist denn jetzt schon wieder?, fragt sie müde.
Komm mit, sage ich.
Gehen wir spazieren?
Ja.
Gut.
Sie versucht aufzustehen und fällt wieder in den Sessel. Ich nehme ihre Hände und ziehe sie hoch. Sie rückt ihre Brille zurecht und tappt verängstigt durch das Zimmer. Sie geht auf ihr Schlafzimmer zu, sodass ich sie vor mir her steuere, die Diele entlang zur Eingangstür. Wir öffnen die Tür und sehen hinauf zu den Sternen. Ich schließe die Tür und rufe Tony an. Nancy und Winnie warten hinter mir. Als er den Hörer abnimmt, sage ich: Einen Moment, Tony, hier ist Mutter. Ich reiche ihr den Hörer. Sie betrachtet ihn unsicher.
Mutter, höre ich Tony fragen, bist du's?
Das ist Tony, sage ich. Ich hebe die Stimme. Mutter, das ist Tony.
Sie lässt den Hörer fallen und geht davon.
Komm zurück, sagt Nancy, und sprich mit deinem geliebten Sohn in Toronto.
Ich bringe sie wieder zurück. Sie hebt den Hörer ans Ohr.
Mutter, sagt Tony.
Nun sag schon was, befiehlt Nancy.
Bringst du mich auf die Toilette?, fragt Mutter.
Wird gemacht, sagt Tony.
Dann legt sie den Hörer auf.

32. Kapitel

Vor einiger Zeit schrieb Kevin Myers in einer Satire für »The Irishman's Diary« in der *Irish Times*, alle paar Jahre tauche vor der Küste von Nord-Sligo, wo ich wohne, Hy Brazil auf, ein neues Atlantis. Das war mir neu. Ich habe es noch nie gesehen, aber an diesem Morgen muss ich daran denken, wie es, einem Walfisch gleich, aus dem Meer aufsteigt oder friedlich auf dem Grunde des Ozeans ruht und auf die nächste Gelegenheit harrt.

Während ich mit einem fürchterlichen Kater im Wohnzimmer sitze, denke ich an Hy Brazil. Meine Mutter döst in ihrem Sessel, Nancy schläft in meinem Zimmer, Maisie hockt neben dem Radio im Esszimmer, die Zentralheizung winselt. Nach einer mit Kissen auf dem Fußboden verbrachten Nacht beginnt der Schlafmangel bei mir Halluzinationen zu erzeugen.

Wenn ich die Augen schließe, glaube ich Hy Brazil vor mir zu sehen, ein Stück weit hinter Inishmurray Island, keine eigentliche Landmasse, nicht einmal eine ewige Stätte, sondern einen Ort, den Menschen lange vor mir sich vorgestellt haben und den nunmehr ich mir vorzustellen gehalten bin. Die Vorstellungskraft erlegt den Nachgeborenen eine Verpflichtung auf.

So ist es auch mit Hy Brazil. Da es nicht existiert, wünschen wir es herbei, denn in einer anderen Epoche hat ein anderer dies getan. Wie nach einem Stern, den man, sagen wir, alle zweihundert Jahre sehen kann, hält man alle sieben Jahre nach Hy Brazil Ausschau, in Wahrheit aber folgt die Insel keiner bestimmten Umlaufbahn, keine mathematische Formel kann ihr Erscheinen präzise zu einer bestimmten Stunde oder an einem bestimmten Tag voraussagen. Aber man möchte dabei sein, wenn es passiert. Selbst wenn es noch nie passiert ist. Selbst wenn es Hy Brazil nie gegeben hat, wünscht man es herbei. Man sehnt sich nach einer Sprache, die es dem Nichts abringt.

Hier in Cootehill in der Grafschaft Cavan habe ich keine Bücher zur Hand, die mir etwas über die imaginären Menschen verraten, die Hy Brazil bewohnten – wie sie dorthin gelangt waren, ob es Tír na nÓg gleicht. Sind es alterslose Menschen, die dort leben? Ist es eine von Helden bevölkerte Insel? Von Menschen, die ihre Gestalt wechseln? Ist es ein Ort, an den Selbstmörder gehen? Oder ist die Insel schon seit langem verlassen und steigt aus dem Meer, um uns an eine andere Zivilisation zu mahnen, die vor langer Zeit vom Angesicht dieser Erde verschwunden ist? Haben sich die Bewohner etwas zuschulden kommen lassen, sodass die Insel versank? Wurden sie eines schrecklichen Verbrechens wegen von einer Katastrophe heimgesucht?

Ist Hy Brazil der Ort, in den wir nach unserem Tod eingehen? Ich weiß es nicht, deshalb erfinde ich mein eigenes Hy Brazil.

Sobald ich jedoch beginne, mir Hy Brazil vorzustellen, versagt mein Verstand. Die Sprache will sich nicht einfinden. Stattdessen denke ich an triviale Dinge, an Irritationen, häusliche Angelegenheiten, an einen Traum der vergangenen Nacht, in dem eine frühere Geliebte mit erstaunlicher Vertrautheit zu Besuch kam; und ein Buch, das ich nicht vollenden kann, stellt sich ganz von selbst ein. Pflegen. Trinken. Wie es mich, als ich meine Mutter heute Morgen säuberte, beim Geruch ihrer Exkremente würgte.

Doch ich vermute, derlei Irritationen und Stimmungsschwankungen waren auch denjenigen, die Hy Brazil zusammenphantasiert haben, nicht unbekannt. Jeder Mythos hat etwas Schnödes. In den Geschichten wird die Furcht der Erzähler übertrieben. Das Unglaubliche nimmt menschliche Gestalt an. Was wiederholt geschehen ist, wird zum Ritual; was nicht geschehen ist, zum Mysterium. Die Insel ist bevölkert von unseren Ungewissheiten. Dem Frieden ist nur eine kurze Zeitspanne beschieden, ehe wieder der Schrecken über uns hereinbricht.

So muss es wohl für diejenigen sein, die auf Hy Brazil leben, und so muss es für die Schöpfer des Mythos von Hy Brazil gewesen sein, diejenigen, die es zusammenphantasiert haben und die es versinken und wieder aufsteigen lassen.

Es ist nicht die Insel, die aus dem Meer aufsteigt, sondern der Beobachter aus der Schläfrigkeit des Alltags. Und auf jenem Hy Brazil, das ich mir vorstelle, gibt es jemanden, der zu uns heraufblickt und sich wünscht, wieder von vorne beginnen zu können, wieder all den menschlichen und häuslichen Trivialitäten unterworfen zu sein. Jemand dort draußen würde vermutlich nur allzu gern den Platz mit mir tauschen, er würde gerne wieder menschliche Stimmen vernehmen, menschliche Verzweiflung und menschliches Lachen hören, zu einem neuen Tag erwachen.

Aber wie ich so an Hy Brazil denke, bekomme ich Heimweh nach meinem Cottage in Sligo. Ich sitze da und denke an das Cottage auf dieselbe Weise, wie ich früher vor dem Einschlafen an Finea dachte. Ich gehe die Straße hinauf, die im Sturm weggerutscht ist. Die Esel schreien. Die See brandet gegen die Felsen. Neben mir schläft meine Mutter und macht ein gurrendes Geräusch. Sie lebt – trotz Gebrechlichkeit, Krämpfen und Schwäche – auf ihrem eigenen Hy Brazil. Nebenan ruft Maisie nach Weintrauben. Im Fernsehen versammeln sich siebentausend Menschen auf der Shankill Road in Belfast, um neun von den zehn Menschen zu betrauern, die bei einer Explosion im Laden eines Fischhändlers ums Leben gekommen sind.

Um den zehnten trauern sie nicht.

Er hatte die Bombe gelegt.

Nancy stolpert aus dem Bett. Sie sieht bleich und ausgezehrt aus.

Gott, sagt sie.

Nancy, sage ich.

Ich wusste nicht, wo ich war.

Kann ich dir was zu essen machen?, frage ich.

Nein, danke. Sie wedelt abwehrend mit der Hand. Ich darf nichts Festes essen, höchstens Hering.

Tee?

Ein Tässchen vielleicht.

Geht's dir nicht so gut?

Ich fühle mich grauenhaft. Wie fühlst du dich?

Grässlich.

Wann sind wir ins Bett gegangen?

So gegen zwei.

Allmächtiger Gott.

So ist das eben.

Habe ich Brandy getrunken?

Ja.

Das hab ich mir gedacht. Sie setzt sich und legt die Hände in den Schoß. Ihr Kinn zittert. Dabei bin ich achtzig Jahre alt.

Ich weiß.

Warum machen wir so etwas?

Das weiß ich nicht.

Ich auch nicht. Und diese verfluchten Heizkörper. Das Getöse, das die machen. Es ist wie in einem Gewächshaus. Sie steht auf und schaut in den Spiegel. Gütiger Gott. Ich gehe wohl besser nach Hause. Rufst du bitte Raymond an?

Mach ich.

Sie betrachtet meine Mutter.

Mit den Puppen alles in Ordnung?

Ja.

Die arme Winnie, die macht einen noch verrückt. Ich war zwei Wochen allein hier und hab gedacht, ich komme nie mehr nach Hause. Niemand hat sich blicken lassen. Ich war völlig daneben. In der zweiten Woche dachte ich daran, aufs Dach zu klettern, wie das die Gefängnisinsassen tun. Das Haus hier ist schlimmer als Strangeways.

Da hast du Recht, lache ich.

Strangeways, lacht sie. Gott, sie zieht eine Grimasse, ich sollte nicht lachen.

Ich bringe ihr eine Tasse Tee.

Und Maisie?

Die sitzt in der Küche am Tisch.

Hat sie gegessen?

Ein ganzes Frühstück, antworte ich.

Wie schafft sie das bloß?

Ich weiß nicht.

Dabei ist sie über neunzig. Mein Gott. Nancy trinkt einen Schluck Tee, dann schiebt sie die Tasse beiseite. Und sie haben die Pizza gegessen.

Ja.

Das ist doch was.

In der Tür erscheint Maisie auf ihrem Streitross.

Bist du's, Maisie?

Ich bin's. Bin immer noch hier. Unkraut vergeht nicht.

Das sehe ich.

Und wie geht's der armen Nancy heute Morgen?

Red nicht davon.

Ansehen tut man dir aber nichts.

Hab ich einen Kopf.

Ach, und gestern Abend waren wir in Hochform.

Lass es gut sein, sagt Nancy.

Wir haben Brandy gesoffen wie toll. Und waren wieder auf Freiersfüßen.

Hör auf, sagt Nancy und hebt die Hand.

Wenn der weiße Flieder wieder blüht, sagt Maisie glucksend. *Wenn der weiße Flieder wieder blüht.*

Und auf ihrem Streitross reitet sie davon.

Sowie Nancy nach Cavan zurückgekehrt ist, sinkt die Stimmung im Haus. Eileen ist fort, sodass meine Nichte Grainne eine Stunde für mich einspringen muss, während ich in der Stadt einkaufe und einen trinken gehe. Als ich zurückkomme, ist Mutter krank, schläft jedoch, und Maisie übergibt sich. Maisies Hernie ist aufgebrochen. Ich bringe ihr Papiertücher sowie eine Plastikschüssel und rede ihr zu.

Ich bin völlig fertig, sagt sie.

Es wird schon wieder werden.

Mir geht es gar nicht gut. O Gott im Himmel.

Trink das hier.

Ich kann nicht.

Sie sitzt da, die Schüssel auf dem Schoß und die Hände auf den Knien. Ich stelle den Fernseher leiser.

Und lass den Fernseher an!, befiehlt sie.

Aus ihrem Mund ergießt sich ein Auswurf, der nicht aus ihrem Magen stammt. Ein Netz aus blauen Äderchen zieht sich über ihre Wangen. Ihre Augen tränen. Sie ringt nach Atem.

Zwischen den Anfällen sagt sie: Du musst genug von uns haben.

Nein, hab ich nicht.
Es ist furchtbar.
Mach dir nichts daraus.
Ich halte ihre Stirn. Sie schwitzt stark.
O Gott im Himmel.
Trink etwas Wasser.
Ich kann nicht.
Versuch's, bitte.
Dann überkommt sie ein neuer Würganfall.
Bring mich zur Toilette, sagt sie.
Ich gehe neben ihr her. Aus der Toilette dringt ihr Gestöhn. Binnen einer Stunde hat sich alles verschlimmert. Keinem geht es gut. Und ich kann die Besserung nicht einfach herbeiwünschen. Wieder stöhnt Maisie auf. Ich sitze da und warte. Wenn sie in der Toilette eingesperrt bleibt, muss ich die Tür eintreten. Mit jedem Hochwürgen von Galle hoffe ich auf einen Laut der Erleichterung. Dies ist der gewöhnliche – niemand trägt die Schuld daran! –, der gewöhnliche, schmachvolle Alltag. Das, was Una, Eileen und all die anderen durchmachen, wenn ich nicht hier bin. Ich warte auf das Schweigen, das anzeigt, dass es ihr besser geht.
Warum, ruft sie aus der Toilette, musste ausgerechnet mir das passieren?
Furchtbar! Furchtbar! Furchtbar!
Ich höre, wie die Schüssel geleert wird, das Rauschen des Wassers im Klosettbecken, und als sie wieder auftaucht, durchläuft mich eine Welle der Erleichterung.
Na, na, sagt sie zu sich selbst, während sie mit Hilfe ihres Laufgestells einen Schritt nach dem anderen macht.
Na, oh. Ihre Stimme ist die eines jungen Mädchens.
Sie bleibt stehen.
Wo ist es?, sagt sie zu sich selbst.
Geht weiter.
Sieh einer an, sagt sie.
Bleibt stehen.
Oh, Gott segne uns!, sagt sie.
Ich folge ihr in ihr Schlafzimmer.

Soll ich das Radio anstellen?, frage ich.
Ja, sagt sie, lass uns wenigstens ein bisschen Musik hören.

Dann gehe ich hinaus, um die Toilette zu reinigen. Erstaunlich, wie schnell Erbrochenes an Porzellan haften bleibt. Warum erwähne ich das? Weil es der Erwähnung wert ist, dass nach all dem Entsetzlichen stets ein weitherziger Geist da ist, der sagt: Lass uns wenigstens ein bisschen Musik hören. Die Musik würde uns nicht das bedeuten, was sie uns bedeutet, wenn wir nicht so viel durchgemacht hätten.

So scheuere ich also mit dem Vim, das bei der Hand ist, das Klosettbecken und denke: *Nur keine Panik. Schließlich bin nicht ich es, der hier eine schlimme Zeit durchmacht – es sind die beiden Mädchen.* Aber ich fühle mich machtlos. Ich rufe Maura, die Mutter meiner Tochter Inor, an. Sie lebt in Cavan und kümmert sich um ihre Mutter, die ebenfalls krank ist.
Wie sieht's aus?, frage ich.
Es ist nicht einfach, antwortet Maura.
Ich glaube, ich halt's nicht mehr aus.
Bleib am Ball, sagt sie.
Ein paar Tage zuvor waren Maura und Inor zu Besuch da gewesen.
Wer ist das?, fragte meine Mutter.
Inor.
Wer?
Inor, sage ich. Meine Tochter.
Sie blinzelte Inor an, hob ihre Hand und begann zu winken, so als nehme sie sie aus großer Entfernung wahr, winkte ganz langsam mit den Fingerspitzen, während Inor lächelte und nicht wusste, was sie tun sollte; so winkte sie zurück – die beiden winkten einander zu –, dann ließ Mutter ihre Hand fallen, schickte uns alle fort und schloss die Augen.
Ich lege den Hörer auf die Gabel. Schaue bei Maisie nach. Mit gesenktem Kopf sitzt sie auf der Bettkante.
Maisie?
Was?
Geh zu Bett.

Ich dachte, mir würde wieder schlecht.

Dir wird nicht wieder schlecht. Es ist ausgestanden.

Meinst du?

Ja.

Dann kann ich also einen Brandy haben?

Warum nicht?

Ich trete in Mutters Zimmer. Sie betet. Ohne die Brille sind ihre Augen schwach und farblos. Es ist kochend heiß im Zimmer. Dennoch ziehe ich ihr das Bettlaken bis zu den Schultern hoch.

Bist du's, Dermot?

Ja.

War Maisie schlecht?

Ja.

Aber du hast sie ins Bett geschickt?

Ja.

Weckst du mich morgen früh?

Ja.

Vergiss es nicht.

Bestimmt nicht.

Denn siehst du, ich glaube nicht, dass ich noch lange hier sein werde, sagt sie. Sie dreht ihr Gesicht zur Wand. Und lass das Licht an, fügt sie hinzu.

Ich bringe Maisie ihren Brandy. Die Lampe auf dem Beistelltisch gibt ein gedämpftes Licht. Der Raum ist dunkel. Sie trägt ihr blaues Nachthemd.

Bekomme ich nur den einen?

Nachher bring ich dir noch einen.

Tust du das auch bestimmt?

Ja.

Mein Gott, sagt sie.

Versuch einen Schluck.

Sie nimmt einen winzigen Schluck.

Und Nancy ist mit Raymond weggefahren?

Ja.

Mit Nancy hat man wirklich Spaß, nicht wahr? Und wie geht's Winnie?

Sie hat sich schlafen gelegt.
Die arme Winnie.
Ich bleibe eine Weile in der Tür stehen.

Sie lässt eine Hand auf dem Beistelltisch ruhen, senkt den Kopf und legt die Handgelenke aneinander gepresst in den Schoß. Sie hebt eine Hand zu ihrem schütter gewordenen Kopfhaar, dann presst sie wieder die Handgelenke zusammen, als sei sie mit Handschellen gefesselt. Ich warte noch etwas länger. Sie rührt sich nicht.

Maisie?
Was?, fragt sie erschrocken.
Ich bin's, Dermot.
Bist du immer noch da?
Ja.
Mit mir ist alles in Ordnung.
Bist du dir sicher?
Ja. Du kannst jetzt gehen.

Hy Brazil ist ein Ort, den man sich im Landesinneren nur schwer vorstellen kann. Während ich hier im Wohnzimmer sitze und Rioja trinke, vermag ich mich kaum noch an den Ort zu erinnern, an dem ich lebe, geschweige denn mir vorzustellen, dass aus der Bucht von Sligo das Unmögliche auftaucht, mit nachgeschleppten Algen und Kiesmassen. Steht man jedoch auf der Landzunge von Dooneel, ist es einfach, sich Wassergeister vorzustellen, die des Nachts über die Felsen schlendern. Das Wetter und das dahinjagende Licht haben es dort leichter, eine Insel heraufzubeschwören, kurz vor dem Losbrechen eines Sturmes.

Der Ruhe vor dem Sturm, während sich weit draußen schwarze Wolken zusammenballen, haftet etwas Magisches an. Die Dünung türmt sich auf, und auf Moffit's Feld landet Salz. An den Felsen bricht sich eine Woge, Ergebnis eines Strudels weiter draußen. Aber es gibt auch Tage, an denen man kaum darauf achtet. Man sitzt im Haus herum.

Es gibt Tage, an denen Hy Brazil aus den Fluten steigt, und man ist nicht zugegen.

Ich stoße Maisies Tür auf. Die Hände auf der Brust gefaltet, liegt sie auf dem Rücken und saugt die Luft in ihre Lungen ein. Ich knipse das Licht aus. Dann gehe ich auf Zehenspitzen in Winnies Zimmer. Ihre Augen sind geöffnet. Am Türgriff des Kleiderschranks hängt griffbereit das Sonntagskostüm. Auf dem anderen Bett liegt ihre gefaltete Bluse.

Ich decke sie gut zu. Ihre Blicke folgen mir.

Das stimmt, sagt sie.

33. Kapitel

Wie alt war Somerset Maugham, als er starb?, fragt Maisie.

Ich glaube, sechsundneunzig, antworte ich.

Mutter beobachtet uns. Sie trägt eine blaue Strickjacke, die bis zum Hals zugeknöpft ist. Sie sieht weg.

War er das wirklich?, fragt Maisie.

Ja.

Ich schätze, der war einfach nicht totzukriegen.

Mutter betrachtet eingehend die Perlen ihres Rosenkranzes. Sie strampelt mit den Füßen. Sie seufzt.

Und heute ist Vincent Price gestorben, füge ich hinzu.

Gott segne uns.

Dabei hatte er noch alle seine Zähne, versuche ich zu scherzen.

Manche haben sie bis zum Ende, nickt Maisie.

Lass mich hier raus, ruft Mutter und springt auf. Das Mädchen will mich mit dem Wagen abholen.

Bleib, wo du bist, sage ich und drücke sie in den Sessel zurück.

Aber das Mädchen wartet, beschwert sie sich.

Da ist kein Mädchen.

Gütiger Gott, gibt es denn nichts, was ich tun kann?

Sie presst ihre Tasche fest auf den Schoß und tritt nach mir. Sie sind draußen – wild blitzt sie mich an –, sie warten auf mich!

Nein, sind sie nicht.

Sind sie wohl. Der Wagen steht draußen.

Da draußen steht kein Wagen. Una ist in Amerika. Helen ist in Sligo. Da ist kein Wagen.

Sie stellt die Handtasche ab und nimmt ihren Rosenkranz heraus, dann hebt sie die Tasche wieder auf und lässt den Rosenkranz langsam, Perle um Perle, in die Tasche zurückgleiten.

Ich habe eine Verabredung, sagt sie und erhebt sich.

Was sagst du, Winnie?, fragt Maisie.

Hier, rufe ich und ziehe den Vorhang hinter ihr auf, da ist niemand, aber Mutter starrt geradeaus auf die Wohnzimmertür, die Handtasche am Arm.

Da ist niemand, schreit Maisie.

Wer ist die alte Frau da?, fragt Mutter und deutet auf Maisie. Wer ist das? Sie setzt sich wieder hin und wirft Maisie einen scharfen Blick zu. Da hebe ich sie hoch, bis ihre Füße nicht mehr den Boden berühren, und trage sie zur Tür.

Ich setze sie ab. Arm in Arm wandern wir aus dem Wohnzimmer den Flur entlang, vorbei an dem Spiegel aus dem Breifne, der hier die gesamte Diele ausfüllt, und halten an der Haustür an. Ich öffne die Tür, und wir treten hinaus in den kalten Oktoberabend. Ihre Finger graben sich in mein Handgelenk.

Siehst du?, sage ich. *Da ist niemand!*

Blumentopf, sagt sie.

Ja, das ist der Blumentopf!

Bei Eileen brennt Licht, sagt sie.

Ja.

Einen Moment lang betrachtet sie Eileens Haus. Sie hält den Kopf zur Seite geneigt, während ihre Augen sich vergebens abmühen, sich auf das Vertraute zu konzentrieren. Eileens Haus schwebt in der aufkommenden Abenddämmerung. Abrupt wendet Winnie sich ab. Mit alledem hat sie abgeschlossen. Langsam gehen wir zurück. Machen die Runde durchs Haus. Bleiben einen Moment lang in der Küche stehen. Gehen zurück und stellen uns vor den Spiegel. Sie fährt sich durchs Haar. Als wir ins Wohnzimmer zurückkommen, verharrt sie und mustert Maisie, die sie anlächelt. Ich führe sie zurück zu ihrem Sessel. In ihrer Handtasche kramt sie nach dem Rosenkranz. Nimmt das Bittgebet an die Jungfrau Maria heraus, legt es wieder weg. Richtet ihre Brille und schließt die Augen. Wer immer sie abholen sollte, ist nicht gekommen. Im Fernsehen wird Roddy Doyle der Booker Prize verliehen.

Coca-Cola, sagt Maisie ruhig, als die Reklame gesendet wird. Auf den rechten Arm gestützt, liegt sie seitlich auf dem Sofa. Noch eine Reklame.

Persil, sagt Maisie, für ein weißeres Weiß.

Und als die nächste Sendung beginnt, kichert sie. Arthur Daley, sagt sie. Das mag ich. Der riskiert was.

Maisie liebte Filme. Ihre Gewohnheiten änderten sich nie. Jeden Abend, außer an Samstagen, ging sie ins Kino und bekam jede Programmänderung mit. Sonntagabends war es das Magnet, montags die Stadthalle, dienstags das Magnet, mittwochs die Stadthalle, donnerstags das Magnet und freitags die Stadthalle. Alle meine Brüder und Schwestern und alle meine Cousins und Cousinen, die ins Breifne zu Besuch kamen, gingen mit.

In der Stadthalle saßen wir auf Holzstühlen in einer Lache aus Zigarettenkippen der Marke Afton, mit rotem Lippenstift beschmiert, und Yorkshire-Toffee-Papierchen, die Maisie weggeworfen hatte. Eine Nachzüglerin kam den Mittelgang herauf, vergaß, wo sie war, und beugte das Knie, bevor sie sich in eine Stuhlreihe setzte. Tante Maisie konnte sich vor Lachen kaum halten. Wenn eine Schauspielerin vor Schrecken aufschrie, klatschte Maisie einem mit der Hand aufs Knie. Wenn Peter Lorre, einer ihrer Lieblingsschauspieler, durch eine stockfinstere Villa stolperte, blieb ihre Hand unbeweglich in der Tüte mit den Süßigkeiten stecken. Wenn der Held einen Schlag abbekam, stampfte sie mit den Absätzen auf den Boden und schüttelte im Schoß ihre Faust.

Sie liebte Gangsterfilme, Kostümfilme und Dramen vor Gericht, vor allem aber Gefängnisfilme. Ihre Lieblingsfilme waren *Zeugin der Anklage*, *The Barretts of Wimpole Street*, *Zwei Städte* und *Der Gefangene von Alcatraz*. Ihre Lieblingsstars waren Stan Laurel und Oliver Hardy.

Manche haben's halt, pflegte sie zu sagen, und Stan hatte einfach alles.

Sie lernte das Patois der Gangster und verwendete es immer im Laden. Gossenhüpfer waren die Jungs, die Zigarettenkippen von der Straße auflasen. In der Lotterstraße wohnten die Taugenichtse. Willste 'ne Reise flussaufwärts machen?, fragte sie Brennan, den Anstreicher. Wir sind bald in Boothill. Zeit absitzen, was anderes tun wir doch nicht, sagte sie zu Mrs. English, wenn sie ihr ihre Scones aushändigte.

Im Magnet-Kino war es Catho Morgan, die die Eintrittskarten abriss, während Mr. Charlie McGriskin, der Geschäftsführer und Organist, das Ganze überwachte.

Guten Abend, Miss Slacke, sagte Catho.

Guten Abend, Miss Morgan.

Das Magnet gehörte zur gehobeneren Klasse. Im Licht einer Stablampe, die einer der O'Rourke-Zwillinge hielt, wurde sie durch die Dunkelheit zu ihrem Sitz geleitet. Dort sahen wir *Das Gewand* und *Dracula*. Gegenüber in der Stadthalle, wo Kriminalfilme in Schwarzweiß und Cowboyfilme vorgeführt wurden, leitete Mr. McKiernan die Geschäfte. Sein Kartenabreißer war Packie Cullen, der außerdem in der Stadthalle als Hausmeister arbeitete und sich auf dem Hof der Markthalle um das Vieh kümmerte. Er führte Maisie zu ihrem Sitz und wartete im Gang, bis sie sich gesetzt hatte. Dort sahen wir *Die Bestie mit den fünf Fingern*.

Wenn die Filmrollen gewechselt wurden, brach der Film ab, und die Zuschauer klapperten mit den Absätzen auf dem Boden.

Die Götter zürnen, sagte Maisie dann immer.

Die Beleuchtung wurde eingeschaltet, und Packie patrouillierte durch den Saal. Die Liebespaare im zweiten Rang lösten sich aus ihrer Umarmung. Ältere Bürger sahen sich verächtlich um. Leute hasteten zur Toilette. Mr. McKiernan rief nach Ruhe und Ordnung. Die Lichter wurden gelöscht, und über die Leinwand flackerten Zahlen, bis wir wieder an der Stelle waren, wo wir aufgehört hatten, bei irgendeiner Horrorszene. Die Leute vom Half Acre, die vorne saßen, verstummten und starrten wie gebannt auf die Leinwand. Als die fünf Finger in ein loderndes Feuer geworfen wurden, umklammerte Maisie, die Zigarette im Mundwinkel, plötzlich mein Handgelenk. Peter Lorre taumelte mit rollenden Augen zurück. Aus dem Feuer kam eine Hand, ihn zu holen. Sie packte ihn bei der Kehle.

Maisie drückte mein Handgelenk fester.

Als Peter Lorre sich von der Hand befreit hatte, entspannte sich Maisie und klopfte die Asche ihrer Afton höflich auf den Boden ab. Niemand rührte sich, bis das letzte Einzelbild sich aufgelöst hatte. Der Vorhang schloss sich. Voller Bedauern verließen wir das Kino und gingen durch die klirrend kalten Winternächte die Town Hall Street hinauf, als befänden wir uns in einer ganz anderen Welt. Es war das gleiche Gefühl, wie wenn wir mittwochs nach der Segnung heimgingen. Und am nächsten Abend saßen wir wieder da, mitten im Parkett des Magnet, sie mit ihrer Afton im Mundwinkel und der Tüte mit den Yorkshire-Toffees im Schoß.

Heute ist das Magnet-Kino bei den Damen völlig in Vergessenheit geraten. Als hätten all die Abende in der Dunkelheit niemals stattgefunden. Und das Merkwürdige ist, dass das Magnet einige Jahre lang von Eric Kinane, Nancys Sohn, geleitet wurde und später von ihrem anderen Sohn Ernie. Eric hatte seinen ersten Film zusammen mit Maisie gesehen. Von da an waren Filme ihm in Fleisch und Blut übergegangen, und eine seiner Beschäftigungen war die eines Filmvorführers in London gewesen.

Er hatte im Academy in der Oxford Street gearbeitet. Dies war ein privates Kino, wo zwei Jahre lang *Ulysses* gegeben wurde. Als der Film dann abgesetzt wurde, kannte Eric die Dialoge auswendig. Er arbeitete im Classic in Chelsea, wo ich umsonst hineinkam und wo ich *Ekel* von Roman Polanski sah. Als die durchgedrehte Friseuse in dem Film die King's Road entlanglief, kam sie am Classic vorbei, in dem ich gerade saß. Ich bekam einen heillosen Schreck. Das war ein Spezialeffekt, auf den Polanski stolz gewesen wäre. Eric wurde Geschäftsführer des Paris Pulman in Drayton Gardens in South Kensington. Hier habe ich viele Klassiker gesehen – indische, französische, russische, italienische. Die drei Kinos gibt es heute nicht mehr, glaube ich.

Als Eric endlich wieder nach Hause kam und sich im Magnet etablierte, waren Maisies Kinotage vorüber. Ich glaube, sie unternahm noch einmal einen Ausflug ins Magnet, um ihrem Neffen bei der Arbeit zuzusehen. Aber es war nicht mehr dasselbe. Sie war halb erblindet, der graue Star trübte ihre Linsen, als Eric, ihr Protegé, von phosphoreszierendem Licht umflutet, hoch oben im Projektionsraum auf einem Hocker neben den sich drehenden Filmspulen saß und sich eine Zigarette rollte, während rings um ihn herum Stimmen dröhnten.

Während der Christmette erlitt ein Epileptiker einen Anfall. Ich sah, wie der Mann von der Orgelempore heruntergetragen wurde. Das machte mir Angst. Aber der anschließende Gang nach Hause, durch die dunkle, erwartungsvolle Stadt, war der reinste Zauber. Die glücklichen Stimmen auf der Straße. Die Bezechten, die uns freudig ihre Grüße zuriefen.

Die Müdigkeit hob die Stimmung.

Im Breifne waren alle wie ausgewechselt. Es gab Brandy, Portwein und ein großes Kaminfeuer. Zwei Weihnachtsbäume, einen davon im Spiegel. Maisie war die Höflichkeit selbst. Sämtliche Weihnachtskuchen und teuren Pralinenschachteln waren verkauft. Onkel Seamus hatte seinen Auftritt. Mutter sang. Sie tanzte mit ihrem Bruder Walzer. Mein Vater ließ mich an seinem Guinness nippen. Wir waren bis in die frühen Morgenstunden auf den Beinen.

Weder Maisie noch Winnie sehnen sich in diese Zeit zurück. Cavan wird nur im Vorübergehen erwähnt. An ein früheres Milseanacht Breifne dagegen, das von ihrer Großtante Jane McGloughlin, einer der Mitbegründerinnen von Fianna Fáil, geleitet wurde, erinnern sie sich öfter. Damals servierten die beiden Mädchen Gruppen von Republikanern, die mit Tante Jane bis spätabends im Café saßen, Tee – Paddy Smith, dem nach 1916 die Todesstrafe drohte, der Gräfin Markievicz, angetan mit einem Schleier und ziemlich etepetete, und dem Chef, de Valera, der sich, so Mutter, wie ein Puterich aufführte.

Doch aus den Tagen, als sie die Verantwortung für das Breifne übernahmen, wird nur wenig in Erinnerung gerufen. Ebenso gut hätte es das Milseanacht gar nicht zu geben brauchen. Als sei Cavan eine Anomalie auf dem Weg von Finea, das sie in ihrer Jugend verließen, nach Cootehill, wohin es sie im hohen Alter verschlug.

Zufällig verheiratete Una sich mit Joe Smith, der aus Cootehill stammte, dem Sohn von Paddy Smith, der mehrfach Minister in de Valeras Regierung gewesen war. Nachdem das Breifne endgültig dichtgemacht hatte, zogen die beiden nach Cootehill, um in der Nähe meiner Schwester Una zu sein. Damals gingen beide Damen auf die achtzig zu. In der Zeit, die dazwischen lag, hatte das Geschäft ein grausames Band zwischen den beiden gestiftet.

Die ganze Zeit über war meine Mutter Maisies Dienstmädchen gewesen. Wo sie auch hinging, stets machte sie sich Sorgen um ihre

Schwester. Als das Geschäft zu gleichen Teilen auf das Paar überging, hatte Tante Jane gesagt: *Kümmere dich um Maisie, Winnie, mehr verlange ich nicht.* Und das tat sie. Ich kann mich nicht entsinnen, dass Maisie sich jemals eine Mahlzeit zubereitet hätte. Es ist an die zwanzig Jahre her, dass sie eine Tasse Tee gemacht hat.

Wegen des Geisteszustands meiner Mutter ist dieses Band nunmehr durchtrennt, und beide Parteien sind unsicher, welche Art Beziehung ihnen geblieben ist. Jetzt ist es Maisie, die sich um meine Mutter Sorgen macht. Sie bemüht sich, für sie eine Vergangenheit zu erinnern, die sich mehr und mehr verflüchtigt. Wenn ich ärgerlich bin, schimpft sie mit mir – *Das ist deine Mutter, mit der du da sprichst*, sagt sie. *Das ist deine Mutter!* Sie schlägt auf den Tisch. Die Ungeduld, die ich bei Mutters Seufzern, bei ihrer Dickköpfigkeit, ihren Klagen mitunter empfinde, erfüllt mich mit Beschämung. Die Charakterfehler, die sie hat, werden durch die Krankheit übertrieben, während ihre guten Seiten mit jedem Tag weiter ausgehöhlt werden.

Sie ist nicht länger die gesetzte Dame, von der die Leute sprechen. Aber etwas davon zeigt sich noch in der Art, wie sie ein Handtuch faltet, mit einem Armband spielt, sich mit dem Kamm durchs Haar fährt oder ihr Sonntagskostüm aufhängt. Es heißt, wenn eine Person, die man liebt, geistig zugänglich ist, werde das Selbstwertgefühl bereichert. Wenn nicht, werde die eigene Identität geschmälert. Man wäre überrascht, wie viel von dem, was man früher tat, die reinste Farce war, um ihre Gunst zu gewinnen. Nun wird einem kein Lob mehr zuteil. Sich um Mutter zu kümmern ist dasselbe, wie eine Sprache zu beobachten, die ihre Bedeutung verliert.

Manchmal gräbt sie völlig unvermutet einen Zeitungsausschnitt aus einer alten Ausgabe des *Anglo-Irish* aus, bringt ihn ins Wohnzimmer und legt ihn mir in den Schoß.

Lies, sagt sie.

Und da ist Una, die bei verschiedenen *feiseanna* tanzt, oder Miriam, die in einem Weihnachtsmärchen auftritt, Tony, wie er in Aden in der Sonne sitzt, oder ich selbst, der ich behaupte, für ITV ein Fernsehspiel verfasst zu haben. Aufnahmen von ihr selbst und Tante Bridgie an den Niagarafällen kommen zum Vorschein. Sie deutet auf eine Fotografie und lächelt.

Bridgie, sagt sie voller Zärtlichkeit.

Sie sieht mich an. Halte deinen Rücken gerade, du Scheißerchen, du, sagt sie und beginnt zu lachen.

Als ich in Pimlico in London lebte, zog einmal ein Astrologe, der aufgrund eines Stipendiums irgendeiner esoterischen Gruppe in Amerika nach Europa gekommen war, in ein Zimmer im dritten Stock ein. Er hatte einen aggressiven Verstand. Er war auf der Suche nach der Mathematik des Mysteriösen. Ich begegnete ihm verschiedentlich auf der Treppe, und bald ergab sich eine vage Bekanntschaft. Er sei, sagte er, an der irischen Psyche interessiert, wegen ihrer Unberechenbarkeit, Weiblichkeit und Konfusion.

So schickte ich ihn denn in ein Stück von Beckett im Royal Court.

In der Pause verließ er verstört das Theater, denn ständig sah er mich auf der Bühne. Also deshalb hast du mich dahin geschickt, sagte er. Nein, nicht deshalb, erklärte ich ihm. Woher hätte ich denn wissen sollen, dass du anfängst, Dinge zu sehen? Du hast es gewusst, sagte er. Dann begann ich ihn, ein um das andere Mal, überall zu treffen. Ich arbeitete als Angestellter bei der Sun Alliance Versicherung in Soho, und wenn ich in meinem Nadelstreifenanzug das Büro verließ, trat er aus einem Ladeneingang am Piccadilly, um mich zu grüßen. Ich traf ihn vor der Polizeiwache in der Rochester Row. Er löste sich aus einer Menschenmenge in der Victoria Station. Dann, eines Abends, traf ich ihn zusammen mit Bechy und John McCaffrey auf dem Flur vor meiner Tür, wo er auf mich wartete.

Er schlug uns vor, am nächsten Abend gemeinsam zum House of the Mediums am Eaton Square gehen, um eine Frau zu sehen. Als Medium für verschiedene tote Komponisten, unter anderem Beethoven, sei sie in der Lage, Musikstücke zu spielen, die die Komponisten geschrieben haben könnten oder unvollendet hinterlassen hätten. So verabredeten wir, ihn dort um kurz vor sieben zu treffen. Am nächsten Abend betraten John McCaffrey, Becky und ich ein fünfstöckiges weißes viktorianisches Haus, das zwischen verschiedenen Botschaften stand. Es war eine Minute nach sieben. Wir sagten der Dame an der Rezeption, wohin wir wollten.

Ich fürchte, Sie kommen zu spät, sagte sie.

Aber doch nur eine Minute oder so, erwiderte ich.

So verstehen Sie doch, erklärte sie, Mrs. – hat bereits begonnen.

Oh.

Und wenn sie erst einmal begonnen hat, können Sie nicht mehr hineingehen.

Das ist aber schade.

Es tut mir schrecklich Leid.

Wir wandten uns gerade zum Gehen, als sie hinzufügte: Aber Sie könnten Mrs. – um neunzehn Uhr dreißig sehen.

Ach ja?

Aber gewiss.

Und wer ist das?

Sie ist auch ein Medium.

Können wir einfach so hineingehen?

Natürlich können Sie das. Wir freuen uns, neue Gesichter sehen.

Wir betraten einen rosafarbenen Raum mit einer Stuckdecke. Die unterschiedlichsten Holzstühle, auf jeder Seite sechs, waren zu etwa neun Reihen gruppiert. Leute kamen einzeln in den Raum und setzten sich in respektvollem Abstand zueinander. Zwei Paare, Außenseiter wie wir, ließen sich rasch nieder und warteten. Natürlich nahmen wir Sitzplätze in der letzten Reihe, in der hintersten Ecke ein, am weitesten vom Geschehen entfernt.

Kein Laut war zu hören. Eine Frau, die ich für eine Zuschauerin hielt, kam herein. Sie trug einen Tweedrock, eine recht modische Bluse und kesse Schuhe. Sie setzte sich vor uns hin und sprach uns unerwartet in sachlichem Ton an.

Ich werde nur ein kurzes Gebet sprechen, sagte sie, kein Grund zur Beunruhigung. Und den Neuankömmlingen unter uns darf ich erklären: Wenn ich mit Ihnen spreche und Sie merken, dass ich jemandem begegnet bin, den Sie kannten und der verstorben ist, so sagen Sie bitte *ja*, sagen Sie *ja*, wenn sie zu Ihnen sprechen, denn wenn Sie *nein* sagen, nun, dann verliere ich sie.

Sie lächelte, sprach ein kurzes Gebet und wandte sich sogleich an eine Frau, die in der Mitte des Raumes saß.

James lässt Sie grüßen, sagte sie.

Die Frau nickte. Ja, sagte sie.

Er findet, Sie sollten unbedingt nach Kanada fahren.

O ja, stimmte die Frau begeistert zu.

Und vergessen Sie das Klavier.

Das werde ich.

Dann wandte sie sich einem Mann mit fuchsroten Koteletten zu, der einen weißen Anzug trug und in der vordersten Reihe saß.

Madeline ist hier, sagte sie.

Ja, sagte er.

Sie gibt sich große Mühe.

Ja.

Ich sehe Traurigkeit.

Ja.

Aber sie lässt Sie wissen, dass es damit ein Ende hat. Sie können das Ganze vergessen, sie will so sehr, dass Sie das wissen.

Ja.

Sie ist glücklich.

Zu Beginn bewegte sich das Medium so behände von einer Person zur nächsten, dass ich gar nicht gewahr wurde, dass die Trance bereits eingesetzt hatte. Ich dachte, es seien Leute, die sie kannte. Dass sie alten Bekannten Grüße ausrichtete. Aber dann fing sie an, Leute aufzurufen: *Sie* mit dem roten Hut, ja, Sie, oder: *Sie* in dem Regenmantel, und plötzlich wurde mir klar, dass sie mit Fremden redete. Ihr Gesicht zuckte. Ein Geist nahm so unmerklich Besitz von ihr, dass sie nur eine kleine Grimasse zog oder lächelte und ohne Zögern zu einer anderen verlorenen Seele überwechselte. Ohne innezuhalten, ging sie die verfügbaren Toten durch, bot Rat, Ermutigung, Vertraulichkeiten, auf die die Leute im Saal mit *ja* und einem Nicken reagierten. Gerade fragte ich mich, ob das, was ich hier sah, wirklich war, als ich sie plötzlich sagen hörte: *Sie*, Sie da hinten.

Wir schwiegen.

Sie neigte einen Moment den Kopf, dann starrte sie mich an.

Sie in dem blauen Hemd.

John und Becky sahen mich an.

Ja, sagte ich.

Ich habe hier einen Mann.

Ja.

Er scheint in einer Uniform zu stecken.

Ja.

Und er sagt: *Halt deinen Rücken gerade!*

Ja, sagte ich, denn das hatte mein Vater immer zu mir gesagt.

Ich frage mich, ob er Soldat ist.

Er ist Polizist, antwortete ich.

Ah, sagte sie, er hält sich nämlich sehr, sehr korrekt. Ja. Und er sagt, Sie sollen sich wegen des Schreibens keine Sorgen machen.

Ich spürte, wie John mich voller Verwunderung ansah.

Ja, sagte ich.

Er sagt, dass Sie nie durch die Vordertür kommen, sondern immer nur durch die Hintertür.

Ja.

Sind wir in einem Dorf?

Ja, sagte ich.

Und da ist Wasser.

Ja.

Und Sie sitzen auf einem Pferd.

Ich habe noch nie auf einem Pferd gesessen.

Doch, es ist ein großes Pferd. Und der Polizist, Ihr Vater, hält die Zügel.

Nein, sagte ich.

Aber wenn ich es doch sehe, sagte sie verärgert.

Es tut mir Leid, sagte ich, ich habe noch nie auf einem Pferd gesessen.

Aber wenn ich es doch sehe.

Nein, beharrte ich.

Dies war das erste Mal, seit das Medium zu sprechen begonnen hatte, dass eine solche Störung aufgetreten war. Ich fühlte mich beschämt. Alles war zum Stillstand gekommen. Einige von denen, die bereits gesprochen hatten, drehten sich nach mir um, musterten mich mit neugieriger Geringschätzung oder spornten mich dazu an, *ja, ja* zu sagen. Ich hätte nur zu gerne *ja* gesagt, aber ich wusste, dass ich noch nie auf einem Pferd gesessen hatte. Eine Zeit lang herrschte Schweigen im Saal, während sie mich einzuschätzen versuchte. Sie würde nicht so einfach aufgeben.

Haben Sie jemals einen Affen als Haustier gehabt?

Nein, sagte ich mit großer Bestimmtheit.

Da hob ein junger Bursche, der als Letzter gekommen war und neben mir saß, langsam die Hand.

Ich hatte mal einen Affen, sagte er.

Merkwürdig, sagte sie, ich konnte ihn auf seiner Schulter sitzen sehen. Nun ja.

Dann ging die Unterhaltung von mir zu ihm über und von ihm zu anderen, während ich nach einem Besuch von meinem verstorbenen Vater, der mit einer Frage nach einem Pferd geendet hatte, benommen dasaß. Becky erhielt Besuch von ihrer Großmutter in Texas, andere sprachen mit verstorbenen Ehemännern und Ehefrauen, und dann erhob sich die Frau so entschlossen, wie sie hereingekommen war, dankte uns, schritt hinaus und entschwand in die Nacht, und ein paar Minuten später folgten wir ihr.

Der Astrologe war verärgert, weil wir Mrs. – um sieben verpasst hatten, aber hocherfreut, als er herausfand, dass ich durch den Kontakt mit meinem Vater die Nerven verloren hatte.

Und der Affe?, sagte er aufgeregt.

Was soll mit ihm sein?, fragte ich.

Ja, weißt du denn nicht, was es bedeutet, einen Affen auf der Schulter zu haben?

Nein.

Es bedeutet, dass man süchtig ist, sagte er mit großer Befriedigung.

Jahre später, nach meiner Heirat mit Anne-Marie, erzählte ich ihr die Geschichte. Eines Abends kam sie mit einem alten Fotoalbum der Familie Healy, das sie sich angesehen hatte, in unser Schlafzimmer im Breifne gestürmt. Sie legte es vor mir hin und zeigte auf etwas. Da war ein Foto von meinem Vater, von dem nur das Profil zu sehen war, wie er neben einem Pferd mit großen, wunderbaren Scheuklappen stand, Tom Keoghs Pferd in Finea, während ich, etwa vier Jahre alt, fröhlich obenauf saß.

34. Kapitel

Heute ist Mutter ruhig. Die Pflegerin kam und sagte, Mutter sehe wundervoll aus, sodass Eileen und ich froh und stolz waren und sie ein ausgedehntes Frühstück zu sich nahm.

Heute ist Donnerstag. Am Sonntag, wenn Una aus den Staaten zurückkommt, reise ich ab, sodass wir nur noch wenige Tage zusammen haben. Die Routine, die wir hergestellt haben, wird durchbrochen werden. Natürlich werde ich froh sein, die Verantwortung für den Vierundzwanzig-Stunden-Tag abgeben zu können. Und doch glaube ich nicht, ihr jemals so nahe gewesen zu sein, vielleicht nicht gefühlsmäßig, aber auf eine intime Weise, die ich nicht näher bestimmen kann.

Es hat Momente gegeben, wo ich glaubte, den Verstand zu verlieren, aber dann stellte sich immer wieder die Routine her, Maisie erschien fröhlich mit ihrem Laufgestell auf der Bildfläche und gab eine kryptische, aber boshafte Bemerkung von sich, Eileen kam herein. Ich denke an Mutters Tod, einen Tod, den sie ständig im Munde führt, und doch kann ich mir nur mit Mühe vorstellen, dass sie den Körper, der ihr keinen Frieden gewährt, aufgeben könnte. Körperlich ist sie kräftig, und wenn sie ruhig ist wie jetzt, ist sie liebenswert, unschuldig, wieder eine Porzellanpuppe. Ungeduldig war sie schon immer, und diese Ungeduld beherrscht jetzt jedes ihrer Bedürfnisse. Die Hausarbeit lässt ihr keine Ruhe. Dinge, die sie sonst erledigt hätte, entfallen ihr, und sie leidet unter Schuldgefühlen und Déjà-vu-Erlebnissen. Der Geist ihres früheren Ichs huscht, mit der Zunge schnalzend, vor ihr durch die Räume, staubt ab, und sie stolpert hinter sich selber her. Selbst eine Orange, die sie früher gierig verschlungen hätte, ist ihr ein Rätsel. Sie stürzt sich in die Arbeit, nur um festzustellen, dass die eigentliche Aufgabe ihr nicht mehr einfallen will. Hals über Kopf hastet sie von Bett zu Tisch, von Tisch zu Sessel, von Sessel zu Toilette, von Toilette zu Bett und sucht nach irgendetwas, doch wo immer sie endet, entzieht sich ihr dieses Etwas.

Wenn sie so der Pflicht nachjagt, halten einzig Schlaf und Gebet sie auf. Diese beiden Pole sind ihre einzigen friedvollen Gemütszustände, es sei denn vielleicht, dass sie in einem Auto sitzt. Eine Autofahrt ist ein mächtiger Friedensstifter, doch jegliche Ankunft stimmt sie wieder ungeduldig. Ich kenne dieses Gefühl von mir selbst. Ihre Gene haben mir das gleiche Bedürfnis vererbt: wieder weg zu sein. Genau wie sie eile ich von einem Ruhepunkt zum anderen, kann es nicht erwarten anzukommen und kann es nicht erwarten, wieder fort zu sein.

Zuweilen haben wir vertrauten Umgang gepflegt, aber nicht lange, denn stets müssen wir weiterhetzen, und bei jedem Abschied müssen wir den Verlust verwinden. Und dieses Verlustgefühl bringt telepathische Kräfte hervor. Wie damals, vor Jahren, als meine Mutter im Breifne von mir träumte und jählings aufschrak, als sie sah, dass etwas gegen meinen Kopf schlug. In demselben Augenblick war ich wegen einer Kopfwunde in einem Londoner Krankenhaus in ärztlicher Behandlung. Und als wir einander wieder sahen, sagte sie: Ich hab dich bluten sehen, *bluten*, wiederholte sie, als sei das Wort für Blut selbst eine rote Flüssigkeit, die ihr auf die Zunge schoss, und ich bin aufgewacht, sagte sie, und es war kalt im Zimmer.

Ich habe, sagte sie, den Schlag verspürt.

Doch Telepathie bringt uns einander nicht näher. Vielmehr ist sie das Ergebnis der Distanz zwischen uns. Selbst wenn wir die Zukunft voraussagen könnten, wir könnten nichts gegen sie unternehmen. Sie würde eintreffen wie geplant. Unsere Naturen sind festgelegt. Der Verlust ist vorherbestimmt.

So wie ich hier sitze und schreibe, während meine Mutter betet, pflegte ich während der drei Jahre, die er im Sterben lag, im Krankenzimmer meines Vaters für die Schule zu lernen. Ich nahm mein Abendessen zusammen mit ihm in seinem Zimmer ein, er aß von seinem Tablett und ich von meinem, dann ging ich hinaus zum Handballspielen, kam wieder zurück und büffelte neben ihm weiter bis neun Uhr. Ich war sehr gerne so mit ihm zusammen. Die Stille, die ich damals bei ihm fand, finde ich jetzt bei Mutter. Wenn er nach Atem rang, tupfte er seine purpurrote Nase mit einem Taschentuch. Dann wartete ich darauf, dass der Anfall vorüberging, und wir machten weiter wie zuvor, genau so, wie ich jetzt darauf warte, dass die Unruhe meiner Mutter sich legt.

Morgens, wenn Winnie und ich stundenlang allein sind, reden wir kaum miteinander. Manchmal blickt sie mich über die Schulter hinweg an, als sei sie erschrocken, einen Fremden in ihrem Zimmer vorzufinden. Huch!, sagt sie. Sie versucht, meine Gesichtszüge neu zusammenzusetzen, bis sie ihr vertraut vorkommen. Ich lächele, sie fasst sich an einen Ohrring. Ich drehe eine Zigarette, sie konzentriert sich darauf.

Blätter?, fragt sie.

Tabak, antworte ich.

Mein Gott, sagt sie und widmet sich wieder ihrem Rosenkranz. Ihr Atem wird regelmäßiger. Der kleine Wortwechsel hat uns beide beruhigt. Doch binnen weniger Sekunden schlägt ihre Stimmung um, und sie versucht aufzustehen.

Wo willst du hin?

Auf mein Zimmer.

Nein.

Sie legt die Hände in den Schoß. Ihr Kinn bebt. Sie sieht niedergeschlagen aus. Sie studiert das Dessertschälchen aus glänzendem Aluminium, in dem ihr Rosenkranz, das Gebet des Paters Pius von Pietralcina und das Bittgebet an die Jungfrau Maria liegen. Der Ohrring zittert. Sie senkt den frisch verbundenen Kopf und betrachtet nachdenklich ihre Fingernägel. Irgendwo höre ich ein Geräusch. Bald begeben wir uns auf einen Rundgang durchs Haus und begegnen Maisie, die in der Küche unerlaubterweise Schubladen durchstöbert.

Was suchst du da, Maisie?

Äpfel, antwortet sie, grüne Äpfel. Gibst du mir einen?

Davon bekommst du nur Sodbrennen, wende ich ein.

Macht doch nichts. Ich bekomme von allem Sodbrennen. Darf ich nicht wenigstens einen haben?

Na schön.

Ach, genauso gut könntest du den Teufel beaufsichtigen, schnaubt meine Mutter und zupft mich heftig am Arm.

Wir gehen zur Haustür, statten der Toilette einen Besuch ab und machen uns auf den Weg zum Schlafzimmer.

Sie hebt das Kopfkissen an, um zu sehen, ob der zweite Rosenkranz darunter liegt. Ich ziehe ihr das Haarnetz über, und sie betastet ihren Schädel. Ich drehe sie auf die Seite.

Schreibst du wieder an einem Buch?

Ich bemühe mich.

Du verbringst ganz schön viel Zeit mit dem Stift in der Hand, sagt sie mit außergewöhnlicher geistiger Klarheit, und ich merke, dass wir uns die ganze Zeit gegenseitig beobachtet haben.

Wirst du mich morgen früh wecken?

Ich wecke dich zum Abendessen.

Gott segne dich, murmelt sie, endlich zufrieden. Ich drehe sie wieder um, sodass sie nicht mit der Kopfwunde auf dem Kissen liegt. Behutsam schließe ich die Tür. Gehe wieder zu meinem Sessel. Es erscheint mir sinnlos, die banalen Ereignisse dieser Tage niederzuschreiben, doch zugleich verschafft es mir Erleichterung. Es vertreibt die Zeit. Es ist eine Aufzeichnung von Tagen, an die ich mich ansonsten nicht erinnern würde.

Bald muss ich sie wecken. Mit zitternden Händen wird sie ihre Ohrringe anstecken und ihre Brille aufsetzen. Welcher Traum es auch ist, in dem sie sich aufhält, er wird sie noch stundenlang begleiten. Denn ihr Schlaf ist so tief, dass sie nicht abschütteln kann, wem sie dort begegnet.

Es wird Dinge zu tun geben, die sie nicht verrichten kann. Umherirrende Gestalten aus der Vergangenheit werden vor der Tür stehen. Das Haus wird vollkommen neu für sie sein, nicht wie das Haus, das sie im Schlaf vorgefunden hat, oder wie die letzte Biegung vor dem Haus, die sie gerade genommen hatte, bevor man sie so grob geweckt hat. Und wenn sie im Esszimmer gegenüber Maisie begegnet, werden das ganze Elend und eine Art Manie sie zusammenzucken lassen. Voller Genuss wird sie die ersten paar Löffel voll essen, dann den Teller von sich schieben. Ich werde ihn zurückschieben. Sie wird sich noch einen

Bissen in den Mund stopfen. Dann den Teller wegschieben. Ich werde ihn zurückschieben.

Ihren Tee wird sie voller Begeisterung trinken. Und wenn sie den Becher ausgetrunken hat, wird sie ihn schütteln, wie sie es in der guten alten Zeit tat, als noch richtige Teeblätter darin schwammen. Und bevor sie damit fertig ist, wird sie versuchen, sich aufzurappeln.

Fort! Fort wohin?

Um vier betrete ich ihr Zimmer. Es ist drückend heiß. Das untere künstliche Gebiss in ihrem Mund hat sich gelockert. Der Rand der Platte ist entblößt wie ein Fangzahn. Das Gebiss drückt gegen ihre Unterlippe und schwemmt die Wange auf, auf der sie liegt. Das lose Gebiss verleiht ihr das Aussehen einer Wahnsinnigen. Die andere Wange ist eingefallen. Es ist, als habe sie einen schweren Hirnschlag erlitten.

Sowie ich sie berühre, schlägt sie die Augen auf.

Dermot, sagt sie und lächelt.

Sie müht sich ab, etwas zu sagen, doch der Satz will sich einfach nicht artikulieren lassen. Ein paar Sekunden lang lallt sie etwas Unzusammenhängendes.

Zeit zum Aufstehen, sage ich.

Neinneinnein, murmelt sie und fängt an zu weinen.

Mit den Beinen zuerst.

Ich kann nicht.

Doch, du kannst.

Ich schiebe meinen Arm unter ihren Rücken, lehne ihr Kinn an meine Schulter und hebe sie hoch. Sie fällt zurück. Ich halte sie. Sie klammert sich an mich. Den anderen Arm schiebe ich unter ihre Knie.

Ich will – ich will, stammelt sie. Ich ziehe ihr die Schuhe an. Ich stecke ihr die Ohrringe an. Sie setzt ihre Brille auf. Sie streicht sich das Haar zurecht. Ich gehe durchs Haus voran, sie schwankt hinterdrein. Wir durchwandern einen Traum unerinnerter Gegenstände. Sie folgt mir, ihr Körper hängt nach links, und ihre Knie zittern.

Ich setze sie für eine Weile in den Sessel.

Hast du ihn repariert?, fragt sie mich.

Ja.

Dann unterschreibe, sagt sie und hält mir die Hand hin.

Mach ich.

Und beeil dich!

Sie betet mit zitterndem Kinn.

Dermot!

Was?

Bring mich hoch.

Nein. Du bist doch eben erst aufgestanden.

Gütiger Gott.

Sie betet, dann tritt sie um sich und bedenkt mich mit finsteren Blicken. Betet laut.

Tz, tz, sagt sie und fasst sich an die Kopfhaut. Wozu hast du mich aus dem Bett geholt?, will sie wissen.

Zum Abendessen.

Eine Weile kehrt Ruhe ein, aber sie gibt sich nicht zufrieden.

Sie widmet sich wieder ihrem Rosenkranz. Wie ein unartiges Kind stampft sie mit den Füßen auf. Fasst sich an einen Ohrring. Befiehlt mir erneut.

Dermot!

Ja.

Hilf mir auf.

Ich tu's und bringe sie ins Esszimmer.

Da bist du ja, sagt Maisie fröhlich.

Die beiden Damen sitzen einander gegenüber, vor sich kleine Teller mit Dosenlachs und Mayonnaise, geschnittenen Tomaten und gebuttertem Weißbrot. Mutter hebt ihren Becher Tee an die Lippen und trinkt durstig. Maisie betrachtet das Essen und stochert darin herum. Mutter schüttelt wiederholt das Salzfass. Sie isst alles auf. Hinterher putze ich ihr künstliches Gebiss, und sie klammert sich ans Waschbecken. Sobald wir wieder im Esszimmer sind, fängt sie von vorne an.

Bring mich hoch, sagt sie, wo ich meine Ruhe habe.

Nein, entgegne ich leise.

Bring mich raus, sagt sie nach einer Weile, während sie das Gebet des Paters Pius von Pietralcina liest, wo ich meine Ruhe und meinen Frieden habe.

Hier hast du auch deine Ruhe und deinen Frieden, erwidere ich.

Sie hebt mit ihrem Gesang an, der sehr der Klage der Sumpfarabe-rinnen ähnelt, und macht Anstalten aufzustehen. Ich stoße sie zurück. Sie tritt mich und will mir das Gesicht zerkratzen. Ich gebe ihr einen Klaps auf den Handrücken.

Mein Gott, ruft sie, er schlägt mich! Er schlägt mich! Und das mir mit meinen achtzig Jahren. Eine Stunde lang kämpft sie halsstarrig darum, wieder ins Bett zu können. Sie steht auf. Sie unternimmt vorgeschobene Ausflüge zur Toilette. Wir laufen hin und her wie Schlafwandler, bis endlich Maisie eintritt wie der Heiland selbst.

Weine, sagt Maisie, *und du weinst allein.*

Bald trifft Eileen ein. Wie der Blitz entwische ich zur Tür hinaus. Es ist meine freie Stunde im Pub. Als ich zurückkomme, begrüßt mich Mutter wie einen Fremden, den sie lange nicht gesehen hat.

Hast du dich gut amüsiert?

Ja, antworte ich.

Ich schenke Eileen und Maisie ein Glas Brandy ein.

Als du im Pub warst, sagt Eileen, hat sie mich gebeten, Una anzurufen. Und ich habe gesagt, Una sei in Amerika. Ruf an, hat deine Mutter gesagt, nur so zum Spaß, und sie hat angefangen zu lachen. Ich konnte es nicht fassen – *nur so zum Spaß*, hat sie gesagt.

Ich fange das Kreuzworträtsel an. Mutter entkrampft sich. Die Damen plaudern.

Wie buchstabiert man Ohrring?, frage ich.

Ohrring?, fragt Maisie abwägend.

Mit zwei r, nicht wahr?

Ich weiß nicht, antwortet Maisie. Was sind wir doch für Dummköpfe! Sie betrachtet Eileen. Princess Anne hat sich wieder verheiratet. Und ich kann's ihr nicht verübeln.

Hat Captain Mark Philips Ihnen nicht gefallen?, fragt Eileen.

Ein rechter Vagabund.

Gott, Sie sind aber streng, Maisie.

Captain Mark Philips, Gott steh uns bei.

Ich hüstele.

Du hast einen Frosch im Hals, meint Maisie.

Stimmt. Einen kalten.

Die verfluchten Zigaretten, sagt Maisie. Du solltest sie aufgeben.

Wie Monty Montgomery zu Mary Kate sagte – *verdammt, du wirst noch mal was aus dir machen.*

Sie wendet sich an meine Mutter. Winnie!

Was?

Wie alt ist Mary Kate Dowd heute wohl?

Vierzig, sagt meine Mutter.

Das war damals. Ich meine jetzt. Hörst du mich?

Ich höre dich.

Siehst du – wenn sie will, kann sie dich hören, bemerkt Maisie. Winnie!

Was?

Sonntag kommen unsere Reisenden wieder.

Was für Reisende?

Una und Joe.

Una, sagt Mutter und prüft das Wort mit der Zunge.

Ja, sie kommen von ihrem Auslandsaufenthalt zurück.

Eileen bringt Mutter zur Toilette. Als Mutter zurückkommt, fragt sie mich: Warst du auf Urlaub?

Ich hab mich nicht von der Stelle gerührt.

Una ist es, die auf Urlaub ist, bestätigt Maisie. Dein Sohn ist hier bei uns Puppen.

Una, sagt Mutter grüblerisch.

Wie schon Shirley Sheriff sagte, bemerkt Maisie, wir alle müssen sterben.

Ich weiß, was du meinst, sage ich.

Ich weiß, was du meinst, gibt Maisie mit einem Feixen zurück, aber das Gras ist nass.

Sie grinst lüstern.

Und der Zug ist weg, und du stehst da mit dem Huhn in der Hand, fährt sie schadenfroh fort. Nach dem Tod seiner Frau war Andy B. einmal in der Kirche. Er kniete in der Bank neben dem Sarg. Und der Küster kam zu ihm und sagte: *Die Kirche schließt jetzt. Siehst du, Kind,* sagte Andy, *sie war schon immer schwierig.*

Sie war schon immer schwierig, wiederholt Maisie, und Lachtränen treten ihr in die Augen. Ach, Andy B. Er stand in der Ladentür, schaute hinaus und sah Fegan auf seinem Rad vorbeifahren. *Nun schauen Sie sich Fegan an, Miss Slacke*, sagte er zu mir, *der hat zwei Eier wie die Gewichte von 'ner Standuhr.*

Maisie!, sagt Eileen mit gespieltem Entsetzen.

Dann war da dieser verfluchte Höllenteufel. Ein Jesuit. Ich trat in den Beichtstuhl, und er fragte mich: *Wie oft?* Ich sagte: *Ich weiß nicht mehr. Nun, wir haben jede Menge Zeit*, sagte er, das verfluchte Arschloch.

Was hast du denn verbrochen, dass er dir aufs Dach gestiegen ist?, fragte ich.

Nichts. Eine Kleinigkeit. Jetzt, wo ich eine große Sünderin geworden bin, sehe ich das. Das verfluchte Arschloch. Ich könnte ihm den Hals umdrehen. Hast du so was schon mal erlebt, Eileen?

Nein.

So ist es damals zugegangen.

Ich gebe Mutter ihre Pillen.

Gott steh ihr bei, sagt Maisie, sie nimmt ihre Pillen. Wenn du sie schütteln würdest, würde sie klappern. Und als sie jung war, hat sie's nicht gekonnt. Sie hat sie im Mund behalten, bis sie den Überzug weggelutscht hatte. Und beinahe hätte sie sich vergiftet.

Meine Mutter spuckt die rote Aspirin aus.

Siehst du, sagt Maisie. Was hab ich dir gesagt? Die arme Winnie, sagt sie bekümmert.

Dann schaut Eileens Mann herein.

Da ist der Müllmann, sagt Mutter.

Im Fernsehen gibt es einen Dokumentarfilm über wild lebende Tiere in Afrika. Maisie fängt an zu lachen.

Als die Elefanten von Duffy's Circus am Breifne vorbeidefilierten, erklärt Maisie, schienen sie bis zu den Fenstern zu reichen.

Bist du nicht mit einem Akrobaten durchgebrannt?

Ich nicht. Das war Babs.

Du warst zu hochnäsig.

Nicht doch, das waren nette Leute.

Gewäsch, sagt meine Mutter, nichts als Gewäsch.

Im Zelt hat er Babs schöne Augen gemacht, fährt Maisie fort. Die hat mir vielleicht Rippenstöße versetzt. Und als wir nach Hause gingen, trat er hinter einem der Wohnwagen hervor und hat Babs' Arm genommen, ohne auch nur um Erlaubnis zu bitten. Dann kam der andere Akrobat in einem schönen Anzug heraus und sagte zu Babs: *Ihre Freundin ist sehr hübsch*.

Noch mehr Gewäsch, sagt meine Mutter.

Sie wollte mich mit ihm verkuppeln, aber ich wollte nicht. *Das fehlte noch*, sagte Rose Smith. *Duffy's Circus, ausgerechnet!*

Du bist mit ihnen durch die Stadt spaziert, sage ich.

Bin ich nicht.

Bist du doch.

Warst du etwa dabei?, fragt sie mit strafendem Blick, zur Jahrhundertwende?

Nein.

Na eben, ich bin nicht mitgegangen. Sie nickt entschieden. Ich hab ihn zum Teufel geschickt. Ich hatte Angst, Tante Jane würde Wind kriegen von dem ganzen Theater.

Guck dir die Giraffe an, sage ich.

Ich mag Frösche. Die sind harmlos. Betty Ronaghan hat einem mal Hosen übergezogen. Allmächtiger! Sie kichert und wendet sich wieder dem Flimmerkasten zu. Da ist wieder der Elefant. Und schaut euch den kleinen Elefanten an. Der kommt ja kaum voran, das arme Kerlchen.

Ich lasse einen Furz.

Wer ruft da?, fragt Maisie mit fröhlichen Augen.

Wir sehen uns Zebras an, die an einem Bachlauf trinken.

Und um sich so was anzuschauen, zahlen die Leute gutes Geld, sagt sie. Ist das nicht wunderbar?

Ich gehe, sagt Mammy.

Und ein Wal ist so riesig. Hast du schon mal einen gesehen, Dermot, draußen auf dem Meer?

Nein, es gibt in der Gegend keine Wale.

Keine Wale, sagt Maisie verdrießlich.

Eileen, sagt meine Mutter, schenk uns nach, dann beugt sie sich vor und kneift mich.

Ich mach schon.

Mir tut der Kopf weh, sagt sie, sonst würde ich's ja selbst tun.

Das weiß ich, Winnie, sagt Eileen.

Meine Mutter greift in die Luft.

Mir tut der Kopf weh!, kreischt sie.

Gott hat eine Botschaft gesandt, die besagt, dass dir der Kopf nicht mehr wehtut, sage ich laut.

Was?, fragt Mutter.

Ich habe gesagt: *Gott sagt, du hast keine Schmerzen.*

Sie wirft mir einen eigentümlichen Blick zu.

Dein Sohn hat eine direkte Verbindung zu keinem Geringeren als Gott, sagt Maisie. Da fällt mir die Bibel ein. Was steht da? Da steht: Der Tod ist wie das Meer Macht Platz da, sagt das Meer und flutet und ebbt.

Whistling Rufus, schnaubt Mutter.

Schaut euch all die Vögel an, nickt Maisie. Kaum auszudenken.

Dreitausend Ringelgänse fliegen jeden Tag über das Haus in Sligo, und im März ziehen sie wieder zurück.

Die wissen Bescheid, sagt Maisie mit einem Kopfnicken.

Huah!, ruft Mutter.

Die wissen, wenn es so weit ist.

Huah! Huah!

Huah!, sage ich und schlage die Hand vor den Mund, wir haben einen Apachen im Haus.

Mutter lächelt, dann sagt sie: Du hast gut reden.

Eileen bringt Mutter eine Tasse Tee.

Wie viele Kinder haben Sie?, fragt Eileen.

Drei und eins in Übersee, antwortet sie sofort.

Und war Dermot ein braver Junge?

War er. Ich gehe jetzt.

Und was machte Dermot gern?

Sie mustert mich einen Augenblick. Er streifte gern herum.

Gott segne uns, sagt Maisie.

Hinauf!, kreischt Mutter. *Und hört auf mit dem Verhör!*

Maisie lacht Winnie an.

Die Queen hat auch so ihre Probleme, sagt sie. *Schwer ruht das Haupt, das eine Krone drückt.* Dann tippt sie mit dem Finger an ihre Wange. Wo ist der Himmel jetzt?, fügt sie hinzu.

Wer hat das gesagt?, frage ich.

Wo ist der Himmel jetzt?, sagte der Astronaut, als er hinaustrat in den Weltraum, erklärt Maisie.

Hat er das gesagt?

Ja. O ja, nickt Maisie, das hat er gesagt, und sie stützt sich auf den Ellbogen und wendet sich zum Fernseher, um die Nachrichten zu sehen. Zwei katholische Arbeiter sind ins Jenseits befördert worden, erklärt ein Priester. Dick Spring tritt mit einer Friedensformel auf. Noch mehr irisches Geschwätz, verkündet der unionistische Parlamentsabgeordnete John Taylor.

Als ich um vier Uhr morgens aufwachte, sah ich sie, bis auf ihre blaue Bluse nackt, im Haus umherwandern. Sämtliche Lichter brannten. Der Teppichboden neben der Kommode war nass und ihr Unterrock, den sie ausgezogen hatte, ebenfalls.

Mach's weg, sagte sie.

Ich kleidete sie wieder an und brachte sie ins Bett. Als ich mich eben hinlegen wollte, hörte ich, wie eine Tür aufging. Ich schlüpfte hinaus und traf auf Maisie, die wieder eine ihrer Reisen antrat. Ihre Finger mit den lackierten Nägeln tasteten sich um den Türpfosten.

Wo willst du hin, Maisie?

Was soll denn die ganze Festbeleuchtung?, fragte sie aus dem Dunkel ihres Zimmers.

Das war Mutter, antwortete ich.

Sie erschien in einem weiten roten Nachthemd, das ihre Knöchel umwallte, und einer weißen Strickjacke darüber.

Und wer wird die Stromrechnung bezahlen?

Mutter ist im Haus herumgelaufen, sagte ich lauter.

Ach so, sagte sie, verstehe.

Zaghaft schloss sie die Tür.

Um sechs wachte ich plötzlich auf, als das Licht in meinem Zimmer anging. Die Hand meiner Mutter mit den lackierten Fingernägeln lag auf dem Lichtschalter; sie selbst stand draußen auf dem Gang, außer Sichtweite. Dann zeigte sich der Kopf.

Gibt's was zu essen?

Ja. Bald.

Ich brachte sie wieder ins Bett. Diesmal hatte sie die blaue Strickjacke über der Bluse und ihre Pantoffeln an. Sie hatte ihr Bestes getan. Ich deckte sie zu. Sie musterte mich durchdringend.

Als ich um halb acht in ihrem Zimmer nachsehe, sitzt sie am Fußende ihres Bettes und kämpft mit einem Manschettenknopf. Aus dem linken Mundwinkel ragen ihre Zähne. Ein Auge ist halb geschlossen. Als sie mich sieht, hält sie mir ihr Handgelenk hin.

Una, sagt sie.

Ja, antworte ich.

Du bist ein braves Mädchen, sagt sie. Du bist alles, was ich habe, Gott segne dich.

Ich knöpfe die Manschette zu. Auf Zehenspitzen gehen wir ins Badezimmer. Ich richte ihr Gesicht. Auf der anderen Seite des Gangs ruft Maisie stöhnend Gott an. Wir sitzen im Halbdunkel des Esszimmers, als wäre es ein früher Schulvormittag. Als ich Tee brühe, ruft meine Mutter nach mir.

Dermot!

Was?

Bring uns ein Dessert.

Ja.

Dermot!

Was?

Wo ist das richtige Zimmer?

Hier! Und heute Abend kommt Helen. Mit dem Auto.

Helen?

Ja.

Das ist gut. Denn Dessert, Dessert ist alles, was ich will.

Ich zünde mir eine selbst gedrehte Zigarette an.

Herrlich, sagt sie und lächelt. Dann deutet sie auf den Tisch, wo der neue Verband für die Krankenpflegerin bereitliegt.

Schaff mir das Ding aus den Augen, sagt sie.

Ich nicke.

Sie winkt mich zu sich.

Ich hasse es, mit Maisie zusammen zu sein, sagt sie. Sie schlägt die Hand vor den Mund, als hätte sie etwas Verkehrtes gesagt. *Whistling*

Rufus!, sagt sie fröhlich. Dann haben wir nur noch dich, du Scheißerchen, du.

Als später die Zeitung kommt, gehe ich mit ihr die Schlagzeilen durch. Ich setze den Zeigefinger unter die Worte, und sie liest mir vor:

DRAMA UM DICK SPRING
ZWEI TOTE BEI NEUEN GEWALTTÄTIGKEITEN
LOYALISTISCHER DOPPELMORD RÜCKSCHLAG FÜR FRIEDENSHOFFNUNGEN
DOHERTY ZERMALMT KNOWLES
HEXEN AUF BLITZBESUCH
KRANKENSCHWESTERN ERHALTEN IHRE ABZEICHEN

Nur das Foto von den Hexen entlockt ihr eine Reaktion. Sie lacht und zeigt mit dem Finger darauf. Hexen, sagt sie. Die übrigen Berichte sind nur Worte. Noch mehr Worte. Wofür sie einmal standen, ist ohne jede Bedeutung. Ich öffne die Haustür, und langsam bewegt sie den Kopf hin und her wie ein kleiner Meeresvogel. Sie schaut nach, wo die Milchflaschen stehen müssten, dann zieht sie sich schwankend zurück.

In Maisies Zimmer spielen die Travelling Wilburys.

Endlich hören wir Helens Auto.

Mutter steht auf und ergreift Helens Hand.

Wie geht's der ganzen Familie?, fragt sie.

Gut, antwortet Helen.

Aber den Tuchwarenladen haben sie aufgegeben, weiß Maisie.

So ist es.

Wieso auch nicht? Man kann nicht sein Leben lang Sklave des Publikums sein.

Und wie lange bleibst du?

Bis Sonntag, antwortet Helen. Sonntag fahren wir wieder nach Hause.

Wir, sagt Maisie, was soll das heißen: *wir*? Und sie wirft mir einen tödlichen Seitenblick zu.

Du lässt uns im Stich, sagt Maisie, als ich ihr mitteile, dass ich am nächsten Tag abreisen muss. Una kommt doch nach Hause, entgegne ich.

Das macht keinen Unterschied, sagt sie verärgert.

Aber sie wird sich um euch kümmern.

Um mich braucht sich niemand zu kümmern.

Ich mache euch euer Frühstück. Euer Mittagessen. Euer Abendessen.

Danke bestens, das kann auch Eileen besorgen. Sie schlägt auf den Tisch. Ich brauche dich nicht. Sie schlägt abermals auf den Tisch. *Deine Mutter braucht dich.*

Aber Una wird sich doch um sie kümmern.

Du lässt deine Mutter im Stich.

Ich muss nach Hause.

Das hier ist dein Zuhause, sagt sie und hebt die Stimme.

Ich habe zu Hause Dinge zu erledigen.

Es gibt nichts, was du nicht auch *hier* erledigen könntest.

Hört auf, euch zu streiten, sagt Helen, alle beide.

Das hier ist sein Zuhause, schreit Maisie, und hier gehört er hin. Entschieden wendet sie sich dem Fernseher zu.

Mir ist so zumute wie damals, als ich jung und schuldbewusst war und Angst vor ihrer Gereiztheit hatte. Mutter sitzt dabei und schaut sich das Treiben schweigend an.

Gehst du fort?, fragt sie.

Ja.

Warum?

Ich muss.

Dann geh ich jetzt ins Bett.

Warum?

Ich will das Leid nicht mit ansehen.

Siehst du, sagt Maisie bitter.

Am Sonntag schlafe ich bis zwölf, und Helen füttert die Puppen. Ich gehe zum Pub, und als ich zurückkehre, ist das Mittagessen vorbei. Ich habe alles verkehrt gemacht.

Ich setze mich zu Mutter.

Ich werde traurig sein, wenn du gehst, sagt sie.

In zwei Wochen komme ich wieder.

Versprichst du das?
Ja.
Bleib doch noch bis morgen.
Ich kann nicht.
Was sollen wir nur tun?
Sie nimmt meine Hand.
Bitte.
Nein.
Sie macht Anstalten, sich zu erheben.
Wo willst du hin?
Auf die Toilette.
Ich bringe sie. Als wir zurückkommen, sitzt Maisie auf dem Sofa.
Da seid ihr ja, sagt sie leise.
Ja, antworte ich.
Aber du kommst bald wieder?
Ja, sage ich.
Gut.
Wir sehen uns Snooker an. Helen setzt sich zu uns.
Maisie, sagt sie, hat drei Richtige im Lotto.
Und?
Und weißt du, was sie vorhat, falls sie gewinnt?
Was?
Sie möchte ein Raumschiff heuern und zum Mond fliegen.
Aber der Mond ist nicht mehr der Mond, sagt Maisie, seit diese Kerle da gelandet sind. Früher hat er viel mehr bedeutet.
Das ist wahr, bestätigt Helen.
Meine Mutter greift nach meiner Hand.
Bring mich ins Bett.
Ich gehorche. In ihrem violetten Kleid schlüpft sie unter die rosa Laken. Sie beobachtet mich.
Bald darauf trifft Una mit Geschichten von New York und Kanada ein. Mutter kommt hereingewackelt und lächelt.
Amerika, sagt sie zu ihrer Tochter.
Ja, sagt Una. Wie geht's dir, Mutter Healy?
Mir geht's gut.

In der Abenddämmerung klingelt es an der Haustür. Als ich öffne, sehe ich eine Gruppe mit Masken und schwarzen Müllsäcken als Halloween-Gespenster verkleideter Kinder vor mir, die mit den Münzen in ihren Schachteln klimpern.

Kommt herein, sage ich.

Meine Mutter mustert sie ängstlich.

Hexen, sagt sie und fährt sich mit der Hand an den Mund.

Singt, sagt Maisie.

Können wir nicht, entgegnen sie.

Strohmänner, sagt Mutter und zeigt mit dem Finger.

Wer hätte je von Strohmännern gehört, die nicht singen können, kommentiert Maisie geringschätzig.

Da stimmt einer von ihnen *The Town I Loved So Well* an, doch schon nach der ersten Strophe bricht er ab. Schließlich spielt ein Mädchen auf der Flöte *Eileen Run*, und meine Mutter bewegt dazu ihre Füße im Takt. Ein anderes ruft: Gib mir was, sonst kriegste was! – ein ominöser Ruf, da erst in der Vornacht ein Killer in einem Dorf in der Grafschaft Derry genau das gerufen hatte, bevor er sieben Menschen erschoss. Sie alle stehen herum, bis wir das Geld zusammengeklaubt haben. Die Müllsäcke knistern. Die Kinder strömen zur Tür hinaus. Wir sitzen eine Weile beisammen, unterhalten uns und besprechen mit Una die Alltagsroutine. Dann verstauen wir unser Gepäck im Mini Metro. Ich küsse Mutter auf die Wangen, dann Maisie.

Dein Bart wird grau, sagt Maisie, du solltest was dagegen tun.

Was denn?

Du könntest ihn färben.

Auf Wiedersehen, du, sagt Mutter. Sie tätschelt ihr Haar und geht am Spiegel vom Breifne vorbei, ohne hineinzusehen.

Auf der Hausschwelle schließt sie die Augen und küsst mich abermals. Una lotst sie hinaus in die Novembernacht. Sie sieht zu, wie Helen den Wagen wendet, dann geht sie plötzlich hinein, ohne sich umzusehen.

35. Kapitel

Es ist die Vorweihnachtswoche 1993, und seit mehr als zwei Wochen hat Mutter nichts zu sich genommen. Sie erkennt kaum noch jemanden außer Una, manchmal Joe, manchmal mich. Meistens werde ich zu Joe. Una wird Grainne, ihre Tochter. Oder Grainne wird Niamh, ihre Schwester. Wir alle sind Erscheinungsformen voneinander geworden, niemand dominiert, und vielleicht sollte es so sein.

Vergangene Nacht schlief ich, während ich durchs Seitenteil des Bettes ihre Hand hielt. Bald wird sie entschlafen, wie ihr Mann vor ihr, zur Festzeit.

Mittels einer Spritze flößen wir ihr 7-Up und Mineralwasser ein. Zu Beginn eines jeden Tages heben Eileen und Una sie für ein paar Minuten auf einen Stuhl. Wie geht's der Familie?, rief sie Helen einmal zu, als sie gewaschen wurde, einer ihrer letzten vollständigen Sätze. Ihr Körper ist geschrumpft. Ihre Füße sind totenblass. Die Zehennägel sind die einer Leiche. Doch ihr Gesicht ist immer noch rosig, auch wenn es jeden Tag schmaler wird.

Ihr Schlaf ist eine Folge von Seufzern des Bedauerns und plötzlichem Stöhnen. Wenn sie aufwacht, tastet sie umher und stößt die Bettdecke von sich, dann zieht sie sie wieder hoch. Inzwischen ist sie zu schwach, um sich zu wehren, wenn die Windel gewechselt wird.

In der Nacht fiel Schnee. Una und ich schliefen abwechselnd in Mutters Zimmer. Die ganze Nacht über stieß Mutter die Bettdecke von sich, fächelte sich fast damit zu, die Knie gegen das Seitenteil gestemmt und die Hand in meine gelegt. Ich hatte schreckliche Träume. Sprang aus einem Auto, bevor es von der Klippe hinabstürzte.

Vor ein paar Wochen kam sie in ihrem Zimmer zu Fall, während ich auf der anderen Seite des Gangs schlief. Ich mühte mich ab wach zu werden, was mir schließlich auch gelang, und lauschte, hörte aber nichts. Dennoch wusste ich, dass etwas geschehen war. Und konnte mich doch nicht aufrappeln. Etwas in meinem Hirn klickte. Ein leises Geräusch machte sich bemerkbar. Das Knacken eines Knochens. Aber ich konnte mich immer noch nicht aufrappeln. Ich bildete mir ein, ich wäre auf den Gang gestürzt und hätte sie dort, wo sie hingefallen war, mit eingeschlagenem Schädel vorgefunden.

Und als ich mich endlich aufraffte und ihre Schlafzimmertür aufstieß, sah ich sie unbeherrscht zitternd auf dem Fußboden liegen. Ihre Beine schlotterten, und ihr rechtes Auge war eine weiche, lila Masse.

Sie musste mit der Schläfe gegen die Kommode gestoßen sein. Sie sah fürchterlich aus. Im Esszimmer gab ich ihr einen Becher Tee und badete ihre Stirn. Sie saß auf ihrem Stuhl und betrachtete ihr Spiegelbild. Dann hob sie eine Hand ans Auge.

Der Schmerz sitzt dort, sagte sie, in dieser Person.

Sie deutete auf sich selbst.

Dort, sagte sie.

Haben wir uns in andere Menschen verwandelt, so ist auch sie jemand anders geworden. Aber sie wusste, dass etwas Schlimmes passiert war. Jetzt war mir klar, dass wir so nicht weitermachen konnten. Noch am selben Tag brachte ich das eiserne Bettgestell in ihr Zimmer und befestigte ein Seitenteil daran, das ich im Krankenhaus besorgt hatte. Zu spät dachte ich an die Windeln, die Geschäfte hatten bereits geschlossen. So musste ich ihr am Abend Windeln anlegen, die uns eine an MS leidende Frau weiter oben in der Straße geliehen hatte.

Als wir ihr die Windeln umbanden, weinte sie bitterlich. Ich legte sie hin und schloss den Käfig um sie herum.

Jetzt bin ich hilflos, sagte sie.

Traurig sah sie mich aus ihrem Käfig an und wandte sich ab.

Nachts versuchte sie, die Windeln abzureißen. Schließlich wurde sie sogar von dem künstlichen Gebiss geknebelt. Es musste fort. Gefolgt von den Ohrringen. Von jenem Tag an fiel ihr Mund in sich zusammen, und ihr Geist ebenso.

In meiner Erinnerung vermischen sich die Reisen. Reisen nach Cootehill und Heimreisen nach Sligo. Unas besorgte Stimme am Telefon. Schuld, Angst und Ohnmacht quälten uns. Die Straße nach Blacklion, die Kurven bei Glenfarne, die Schlaglöcher um Clones wurden mir verhasst. Zu dem tristen Bungalow, wo eine trauernde Maisie auf ihrem Streitross vor Mutters Schlafzimmertür stand und zu ihrem Bett spähte. Dann wieder zurück ans rollende Meer bei Dooneel, zu den Eseln, die im Morgengrauen nach ihrem Winterfutter brüllten. Wenn ich nicht in Gesellschaft der beiden Damen war, konnte ich mich kaum an sie erinnern. Ich sah sie zwar körperlich vor mir, vermochte aber ihre Stimmen nicht zu hören.

Es ist, als hätte ich mich einer Beziehung entzogen, die so intensiv war, dass mein Bewusstsein sie nicht in sich aufnehmen konnte.

Ich bin zu Hause, und doch bin ich nicht zu Hause. Mein Zuhause ist in ihren Köpfen, unter all den Nuancen, Erinnerungen, Plaudereien, Wiederholungen, doch jetzt habe ich Abstand gewonnen. Ich habe die Verantwortung für sie abgetreten. Plötzlich aber ragt das Gesicht meiner Mutter wie ein Zeichen vor mir auf. Mit einem Schauer der Beschämung fällt mir ein, wie ich sie in den Sessel gedrückt hatte. Wir unterhielten uns über private Pflegeheime oder das Altenheim der Grafschaft. Heim wurde zum Schlüsselwort. Doch in Wahrheit spiegeln all diese Orte nur vor, ein Heim zu sein. Heim ist für Mutter eine Illusion.

Joe rief an und sagte, dass es nicht zum Besten steht. Ich verstaute mein Gepäck für den folgenden Morgen im Wagen, und abends ging ich Jimmy Foley besuchen, einen zweiundachtzigjährigen Mann, der allein ein Cottage mit drei Schlafzimmern und ohne Strom bewohnt. Über die Uferbefestigung sprühte Salzgischt. Das aufgewühlte Meer schwappte schwer über die Kiesel. Ich klopfte an sein Fenster und rief meinen Namen. Er saß drinnen und spielte für sich Akkordeon. Er legte die Quetschkommode weg, und im Dunkeln nippten wir an einem Glas Whiskey.

Er tunkte einen Finger in die Flüssigkeit, und Victor, der Hund, leckte ihn ab. Wir zündeten uns Woodbines an. Er schürte das Kaminfeuer.

Fühlen Sie sich jemals einsam?, fragte ich.

Einsam, sagte er und wägte das Wort ab. Nein, antwortete er schließlich, ich weiß ja, dass *ich* hier bin.

Am nächsten Morgen um sechs breche ich verkatert auf. Mit dem Wagen fahre ich durch einen Nebel, der vom Meer her aufsteigt. Auf meinem Schoß sitzt Clifford, der Kater. Es dauert eine Ewigkeit, bis ich in Cavan ankomme.

Maisie setzt sich auf ihr Streitross und besucht ihre Schwester.

Winnie! Winnie! Sie berührt ihre Wange. Winnie, willst du nicht aufstehen und ins Wohnzimmer kommen? Winnie! Ohne dich ist es nicht dasselbe. Maisie stellt ihr Streitross beiseite, setzt sich auf einen Stuhl am Bett und hält die Hand ihrer Schwester.

Ich gehe heim, sagt Winnie freundlich.

Was hat sie gesagt?, fragt Maisie mich. Hat sie gesagt, sie geht heim?

Ich glaube, ja.

Winnie! Tony kommt dich besuchen. Ist das nicht schön? Sie drückt Mutters Hand. Und du bist in guter Form. Du wirst dich freuen, Tony zu sehen.

Mutter betrachtet sie und bewegt die Lippen.

Warum redet sie nicht mit mir?, fragt Maisie.

Sie spricht doch mit dir, sagt Una, du kannst sie nur nicht hören.

Winnie! Jetzt, Winnie!

Maisie sieht uns an.

Keine Antwort, sagt sie.

Sie murmelt dir zu, sagt Una.

Ja, ich glaube auch.

Sie ist unruhig.

Ja. Was sagt sie da? Maisie neigt den Kopf. Was, meine Liebe? Was sagst du, Liebling?

Mutter versucht, ihren Tod zu beschleunigen, indem sie nicht mehr isst und nun auch nicht mehr trinkt. Una will ihr den Mund mit Glycerin ausspülen, aber sie verwehrt es ihr, indem sie wie ein gespenstischer Dirigent mit den Händen wedelt. Nur ein Tupfer 7-Up auf einem Wattestäbchen zur Säuberung der Ohren erhält sie am Leben.

Dann büßen wir Eileen ein, da ihr Mann Bennie erkrankt, und ein Mädchen namens Anne-Marie findet sich ein, um ihre Stelle einzunehmen.

Tony kommt aus Kanada und bezieht seinen Posten an Mutters Bett, durch die Zeitverschiebung völlig aus dem Rhythmus gekommen und orientierungslos.

Wir alle wollen unseren Namen von ihren Lippen hören, doch der einzige Name, den sie ruft, ist Una, ihre ständige Begleiterin bei Tanzabenden im White Horse, auf Partys und Einkaufsbummeln. Tony sitzt da, seine Hand in der ihren, und wartet auf ein Aufflackern des Wiedererkennens. Dann nimmt Miriam seinen Platz ein.

Mutter, sagt sie, ich bin's, Miriam.

Es ist ein eigenartiges Phänomen, dieser unser Wunsch, dass die Sterbenden wissen mögen, wer die Lebenden sind. Dann entbrennt zwischen uns eine Art Wettbewerb darum, wem sie die letzte Gunst erweist. Wer wird zugegen sein, wenn sie endlich loslässt? Doch in Wahrheit ist der einzige Grund, weswegen man dasitzt, weswegen ein Mensch den anderen ablöst, der: Wenn der Zeitpunkt gekommen ist, werden die anderen herbeigerufen werden.

Die Vergangenheit fliegt vorbei in wirbelnden, Schwindel erregenden Strudeln. In der Küche bereite ich einen Eintopf zu. Der junge Priester macht seine Aufwartung. Flüchtige Momente prägen sich ein und vergehen wieder. Und manchmal verkehrt sich Trauer in Wut. Wir verlieren die Beherrschung.

Sie spitzt die Lippen zu einem Kuss. Ich küsse sie. Sie hebt ein wenig den Kopf an, dann lässt sie ihn wieder sinken.

Man sitzt da und wartet darauf, dass der Nächste kommt und einen ablöst.

Vergangene Nacht schlief ich neben ihr. Ich hielt nicht die ganze Zeit über ihre Hand und flößte ihr auch kein 7-Up ein, weil sie sich nur verschluckt, sondern schlief, bis sie mich mit einem Kreischen aufweckte.

Ich hatte vergessen, dass sie im Sterben lag.

Stattdessen nahm ich durch das Seitenteil ihre Hand, und wie wir beide so in unseren Betten lagen, begannen wir zu flüstern wie Kinder, die nicht nur wie die Erwachsenen lange aufbleiben, sondern überdies zusammen schlafen dürfen, vorausgesetzt, sie verhalten sich mucksmäuschenstill. Und so liegen wir in einem fremden Haus, während alle anderen schlafen, und draußen fällt Schnee.

Mutter?

Sie wendet mir den Blick zu, als wollte sie sagen: Das stimmt.

Das stimmt.

Sie sprach nicht mit Worten, sondern mit Seufzern, die seltsam luzide waren. Die Seufzer waren belebt, ihre Atemzüge hastig, der Tonfall alltäglich. Wir unterhielten uns über banale Dinge, stimmten, so schien es, in vielen Dingen überein und ließen uns von dem, was sich unserer Kenntnis entzog, nicht bedrücken. Es war eine belanglose Plauderei, wie man sie mit jemandem, der vorübergeht, führen mochte. *Mit jemandem, der vorübergeht.* Wir hatten eine Schwelle überschritten und fragten uns, wo die Dinge waren und was benötigt wurde. Aus meinem Mund kamen lange, sorgfältig gegliederte Sätze, wie sie einem nur hin und wieder verstattet sind, und sie antwortete auf verständige Weise, auch wenn keines ihrer Worte verständlich war.

Alles war sinnvoll. War tröstlich. Ich deckte sie warm zu. Sie war sehr kalt. Ich rief Una, die auf der anderen Seite der Diele schlief.

Fehlt ihr was?

Sie ist kalt, antwortete ich.

Ich ging duschen. Als ich mich im Badezimmer abtrocknete, hörte ich draußen vor der Tür eine Gruppe Menschen vorüberstapfen wie eine Herde Vieh. Wer ist da?, rief ich.

Miriam, ertönte eine Stimme.

Dann hörte ich noch mehr Geschlurfe. Ich rannte durchs Haus und stellte fest, dass Una die Familie zusammengetrommelt hatte in dem Glauben, Mutters Tod stehe unmittelbar bevor. Sie war so kalt. Aber es sollte noch einen Tag dauern. Ich ging hinein und setzte mich zu Maisie.

Wie geht's?, fragte ich.

Ich bedaure das eine oder andere, antwortete sie.

Gib mir ein Beispiel.

Nun, sagte sie, wenn ich nicht so viel Blei im Arsch hätte, hätte ich mich den Akrobaten angeschlossen.

Ich schüttelte mich vor Lachen.

Ich liebe dich, sagte ich.

Sie maß mich mit Blicken.

Bist du dir sicher?, fragte sie.

Jawohl, sagte ich.

Tony erscheint, schenkt sich einen Brandy ein und führt ihn mit der Präzision eines Soldaten, der beim Defilee salutiert, elegant an den Mund. Dann setzt er sich zu Maisie, deren Gesicht sehr abgespannt wirkt. Geplatzte Adern verunzieren ihre Wangen, als hätte sie die Masern.

Wollen wir einen Spaziergang in die Stadt machen, junger Mann?, fragt er.

Trinkt nicht so viel, flüstert Una mir heimlich zu.

Zuerst sangen wir, mein Cousin Ernie und ich, einige Mantras.

Wenn ihr nicht mit dem Singen aufhört, sagte Joe, merken wir nicht, wenn sie tot ist.

Dann gaben wir ihr auf einer Woge von Gebeten das letzte Geleit. Die gesamte Familie war da. Ihre Hand, die ich unter der Decke in meiner hielt, begann zu schwitzen. Das war das Zeichen. Stundenlang atmete ich mit ihr, bergauf und bergab, und als Joe das Zeichen hörte, rief er die anderen herbei. Una improvisierte einen Rosenkranz, und sie und Tony ergriffen Mutters Hände. Es fiel uns schwer, ein Gesätz zu Ende zu bringen, da wir das Ehre sei dem Vater allesamt vergessen hatten. Jetzt schneite es ganz dicht. Als wir mit Beten fertig waren, flachte ihr Atem ab, folgte einer weicheren Tonart. Als der nächste Atemzug ausblieb, starrten ihre Augen gerade vor sich hin.

Anne-Marie wurde hereingerufen. Sie band Mutter ein Kopftuch um und saß stundenlang da, auf jedem Augenlid einen Zeigefinger. Holen Sie das Gebiss, sagte sie zu mir. Sie schloss Mutters Lippen zu einem Lächeln. Dann befahl sie Tony, das Fenster zu öffnen, damit die Seele hinausfliegen könne.

Mutter starb am 23. Dezember 1993, morgens um zwanzig vor fünf. Maisie starb ein Jahr später, am 26. Dezember 1994. Auch sie fiel gegen einen der vermaledeiten Heizkörper und wurde von Grainne aufgefunden, die als ihre Hausgenossin im Bungalow schlief. Eine Weile später starb sie an den Folgen des Sturzes. Bei der Totenwache für Mutter, die von den Bewohnern von Kill und Cootehill ausgerichtet wurde, blieb Maisie die ganze Nacht über auf und wollte sich partout nicht schlafen legen. Sie war unbezähmbar. Wir trugen Mutter auf unseren Schultern aus dem Haus; ihr Sarg wirkte überraschend schwer für ein so federleichtes Mädchen, weil wir alle unterschiedlich groß waren. Beide Leichenzüge verließen Cootehill und machten zuerst einen Moment vor dem Milseanacht Breifne in der Main Street der Stadt Cavan Halt. Im Breifne hatte man inzwischen eine Bausparkasse untergebracht. Die Einwohner wunderten sich, wer da wohl gestorben sei. Beide Empfänge wurden in demselben Hotel abgehalten, dem Crover House mit Blick auf den Lough Sheelin, den See, auf dem die Damen als Mädchen gerudert waren. Beide wurden in demselben Familiengrab auf dem Friedhof von Castletown beigesetzt, meine Mutter zusammen mit meinem Vater, und Maisie gleich daneben, zusammen mit ihren Tanten und ihren Eltern.

Auf der anderen Seite des Sees, am Fluss Inny, liegt das Dorf Finea, wo beide Leichenwagen ein zweites Mal anhielten, und zwar vor dem alten Familiensitz, wo schon der Trauerzug für meinen Vater vor einunddreißig Jahren einen Augenblick lang Halt gemacht hatte. Onkel Seamus trug alle drei Särge. An dem Tag, an dem meine Mutter beerdigt wurde, waren die Äcker mit Schnee bedeckt. Als wir um das Denkmal für Myles den Schwertschwinger bogen, wirkte das Haus kalt, feucht und unbewohnt. Sämtliche Bäume waren gefällt worden. Der Efeu, der nachts an die Fenster geklopft hatte, war verschwunden. Tante Nancy, die letzte überlebende Schwester, wandte sich ab. Wir hielten an, fuhren weiter. Als wir den Hügel oberhalb der Seen hinauffuhren, stießen die Bewohner von Finea zum Trauerzug, und Brian Sheridan, der mit meiner Mutter in der ersten Klasse gewesen war, kam aus seinem Ein-Zimmer-Wohnwagen, tippte angesichts der Prozession an seine Mütze, versetzte seinem Hund, um ihn fern zu halten, einen Tritt und verfütterte einen Runken Brot an einen Schwan, den er unlängst gezähmt hatte.